Towards the Macro-Sociology of Emotion

by Park Hyong-Shin and Joung Sunam

Published by Hangilsa Publishing Co., Ltd., Korea, 2015

감정은
사회를
어떻게
움직이는가

공포 감정의 거시사회학

박형신 · 정수남

HANGIL
LIBRARIUM
NOVAE HUMANITATIS
한길신인문총서 24
한길사

뭉크(Edvard Munch, 1863~1944)의 「절규」(1893)

감정은 인간이 자기 자신은 물론 세상을 인식하고 해석하는 인지적 틀의 토대이다.
감정사회학자들은 그러한 감정 중에서 일차적 감정으로 기쁨, 화, 슬픔, 공포를 들기도 한다.
그중 공포는 미래의 불확실성과 예측 불가능성에서 비롯되는, 인간이 지닌 보편적 감정이다.
뭉크의 「절규」는 공포와 불안을 가장 잘 표현하고 있는 그림으로 간주되곤 한다.
사실 우리는 이러한 감정적 느낌을 특정한 언어로 표현하지만, 그 언어는 감정의
모든 것을 표현하지 못한다. 느낌은 느낌으로 이해될 수 있을 뿐 언어로 다 표현할 수 없는
것이기 때문이다. 뭉크 자신이 마음으로 경험한 자신과 세계의 모습을 표현한
이 작품의 위대함은 우리로 하여금 현대인의 삶과 고통을 함께 느끼게 하기 때문일 것이다.

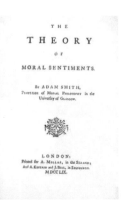

애덤 스미스(Adam Smith, 1723~90)와 『도덕감정론』(1759)

스미스는 『도덕감정론』의 저자보다는 『국부론』의 저자로 기억되어왔다.
합리성에 근거한 근대과학이 그의 『도덕감정론』이 도덕적 판단과 사회적 상호작용을
감정과 관련하여 설명했기 이유로 그 책을 폄하해왔기 때문이다. 그러나 우리는
스미스의 두 저작을 함께 이해해야만 그의 학문세계 전체를 완결적으로 이해할 수 있다.
왜냐하면 그가 말하는 개인화·분업화된 시장사회의 안정성은 자기애와 동정심의 감정동학을
통해 확보되기 때문이다. 이처럼 스미스는 합리성과 감정의 역동적 관계가 어떻게 근대사회를
형성하고 있는지를 설명한다. 특히 그가 『도덕감정론』에서 감정은 또 다른 사회적 행위의
결정요인임을 밝히고 있다는 점에서 『도덕감정론』은 우리가 이 책에서 개진하는
거시적 감정사회학의 하나의 디딤돌임에 분명하다.

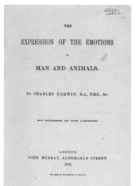

다윈(Charles Robert Darwin, 1809~82)과 『인간과 동물의 감정표현』(1872)

다윈은 『종의 기원』에서 인간과 동물이 공통의 조상으로부터 유래한다는 믿음을 입증했다면, 『인간과 동물의 감정표현』에서는 종을 가로지르는 감정의 공통된 생리적 원천을 입증했다. 나중 저작에서 감정표현의 생리학적 측면에 초점을 맞추고 감정을 개인에게 내재하는 것으로 파악하고 있다는 점에서 사회학적으로는 비판의 대상이 되기도 하지만, 감정과 몸의 관계는 부정할 수 없다. 또한 흥미롭게도 그는 수치심과 부끄러움에 대해서는 감정의 사회적 기반과 관련하여 설명을 시도한다. 수치심과 부끄러움이 근대사회의 도덕적 규범과 생활양식에 중요한 토대라는 것은 자명하다. 이런 점에서 비록 『인간과 동물의 감정표현』이 생물학의 범주에 속하는 책으로 분류될지라도, 불가피하게 사회학과 생물학 사이를 오가는 텍스트로 영원히 읽혀질 수밖에 없을 것이다.

뒤르케임(David Emile Durkheim, 1858~1917)과 『종교생활의 기본 형태』(1912)

뒤르케임의 사회학에서 '감정'이 차지하는 위치는 견고하다. 그가 제시한 사회학적 개념들, 이를테면 연대, 아노미, 집합적 흥분, 의례, 상징, 성스러운 것과 세속적인 것 등은 모두 감정과 직접적으로 연관되어 있다. 특히 그의 『종교생활의 기본형태』는 감정사회학의 교본이라고 해도 지나치지 않을 만큼 풍부한 감정사회학적 상상력을 담고 있다. 그중에서도 의례의 분석, 즉 의례를 통한 감정의 형성 과정과 그것이 사회의 토대로 작동하는 방식에 대한 논의는 오늘날 문화사회학자와 감정사회학자들에게 전거가 되고 있다. 그의 『종교생활의 기본형태』는 근대사회의 이중성, 즉 개인성과 사회성을 동시에 해명하고자 하는 뒤르케임의 사회학적 야망이 감정을 빼놓고는 실현될 수 없다는 사실을 증명해준다.

엘리아스(Norbert Elias, 1897~1990)의 『문명화 과정』(1939)

현대 문화사회학과 감정사회학이 가장 많은 빚을 지고 있는 사회학자가 있다면
아마도 엘리아스일 것이다. 그럼에도 가장 주목받지 못하는 사회학자가 있다면 그 또한
엘리아스일 것이다. 엘리아스는 감정사회학적 연구에 있어서도 숨어 있는 보석이다.
감정이 줄곧 심리학적 또는 현상학적 수준에서 분석되어 왔지만, 엘리아스는 개인과 사회,
사회의 역사적 변화과정, 근대 국가권력의 출현 등의 문제를 다룰 때 감정을 중심에 놓는다.
『문명화 과정』은 근대국가의 출현과 인간심리의 변화 과정을 엘리아스 특유의 결합태 방법론을
통해 밝혀낸 역작이다. 감정사회학이 역사적 분석의 과제를 맡게 된다면,
『문명화 과정』은 역사적 감정사회학의 한 텍스트로서 풍부한 상상력을 제공해줄 것이다.

아르놀트 뵈클린(Arnold Böcklin, 1827~1901)의 「페스트」(1898)

근대사회 이전에 인류에게 가장 큰 공포는 자연재해와 질병이었다. 인간은 이러한 공포의 근원이
우리의 통제권 밖에 있다고 보았고, 그러한 공포는 초자연적 존재 또는 신에 의지함으로써만
극복될 수 있다고 믿었다. 주술로부터 해방된 근대사회는 근대과학의 힘에 의해 그러한 공포를
극복해왔지만, 이제 근대과학은 이른바 '제조된 공포'를 양산해내고 있다. 인간에 의한 자연의 파괴,
핵공포, 지구온난화 등이 바로 그러한 것들이다. 우리 인간의 역사는 공포 극복의 역사라고도
할 수 있지만, 우리는 공포 극복의 노력으로 인해 새로운 공포에 빠지는 역설적 상황에 처해 있다.

1930년대 대공황기 실업자의 모습

오늘의 자본주의사회를 살아가는 사람이라면 누구나 인정하듯이 실업은
그 자체로 공포가 되었다. 실업의 공포 앞에서 언제 해고당할 지 한치 앞을 내다볼 수 없는
노동자에게 하루는 불안으로 엮인 순간에 불과하다. 이처럼 실업이 사람들을 극도의 공포로
이끄는 까닭은 자본주의사회에서 실업은 단지 생계의 위협을 넘어 사회적 관계를 단절시킴으로써
실업자를 한 사회에서 '잉여인간'으로 만들기 때문이다. 그러나 현행 자본주의 하에서
이러한 실업 공포를 극복하기 위한 노력 또한 고도경쟁이 초래하는 또 다른 공포에 갇히게 한다.
우리 시대에 노동자들은 공포를 극복하기 위한 전략이 공포를 낳는
'공포의 악순환' 구조 속에서 살고 있다.

베트남 전쟁과 네이팜탄 소녀

고대사회에서 전쟁은 인구밀도의 증가에 따른 자원의 부족이 주는 죽음의 공포를 극복하기
위한 전략의 하나였다. 그러나 전쟁은 또 다시 죽음의 공포를 항시 동반한다.
이러한 죽음의 공포를 극복하기 위한 근대적 전략의 하나가 분업을 통한 생산성의
증대와 연대의식의 강화였다. 그러나 생산성의 증대가 전쟁을 종식시키지는 않았다.
전쟁이 남긴 적대감은 모든 '다름'을 위협으로 인식하여 사람들을 아군과 적으로 구분하게 했고,
급기야 모든 타인을 공포의 대상으로 인식하게까지 한다.
이러한 상황은 다시 홉스의 말대로 만인에 대한 만인의 전쟁을 낳을지도 모를 일이다.
이것이 바로 전쟁이 인간과 사회 모두를 파괴하는 이유이고, 또한 영원한 공포의 대상이
될 수밖에 없는 이유이기도 하다.

머리말

언제부터라고 꼭 집어 말할 수는 없지만, 우리 사회에서 '감정'은 대중매체나 학계에서 갑작스럽게 화두가 되었다. 출판계만 보더라도 감정(감성)지수, 감성마케팅, 감정코칭 등을 표제어로 하는 대중 서적이 쏟아져 나오는가 하면, 감정노동, 감정자본주의, 감정독재, 감정수업, 모멸감, 감성사회, 분노사회, 허기사회 등 감정이라는 키워드를 앞세운 연구서들도 줄지어 출간되었다. 어쩌면 '감정의 시대'라기보다는 '감정 출판물의 시대'라고 칭할 수 있을지도 모르겠다.

그러한 수많은 책 중에는 왜 굳이 감정을 책제목으로 내세웠나 하는 생각이 드는 책들도 있다. 하지만 출판계도 우리 사회에서 새로이 일고 있는 분위기에서 자유롭지는 못했을 것이다. 우리가 흔히 접하는 상황을 잠시 살펴보자. 텔레비전을 켜면, 일반인 출연자는 물론 유명 인사들까지 줄곧 눈물을 보인다. 그리고 제작진들은 감동을 쥐어짜기 위해 온갖 편집기술을 발휘한다. 토크쇼나 예능 프로그램은 감동을 '주는' 것을 넘어 감동을 '팔고' 있다.

또 비행기를 타거나 백화점에 가면, 우리는 과도하게 친절을 베푸는 '예쁘거나 잘생기고 상냥한' 직원들을 만난다. 그/녀들은 어떠한 고객을 상대하든 미소와 친절을 보이기 위해 쩔쩔맨다. 그들에게 감정관리는 자신의 업무능력과 임금을 보증하는 핵심적 행위이다. 그리고 인간관계나 조직생활을 어려워하는 사람들에게 긍정 마인드를 고취시키는 다양한 프로그램들이 우후죽순처럼 생겨나고 있다. 이처럼 우리는 이제 감정을 사고 팔 수 있는 자원으로 여기는 시대에 살고 있다.

이러한 시대적 분위기 탓도 있겠지만, 오늘날 한국 사회학자들이 아직은 소수이기는 하지만 감정에 관심을 갖기 시작했다는 점은 고무적인 일이 아닐 수 없다. 인간의 행위를 이해하는 데서 출발하든 사회적인 것을 분석하는 데서 시작하든, 사회학의 궁극의 목표는 '지금, 여기'에 있는 인간을 이해하고 그들의 의미세계를 해석하는 것이다. 또한 우리가 이성적인 만큼 감정적 인간이라는 점을 감안할 때, 감정은 그러한 사회학적 작업에서 중요한 자원의 하나일 수밖에 없다. 그러한 점에서 감정은 일찍이 사회학의 연구대상이었고, 설령 지금껏 도외시되어왔다고 하더라도 이제 사회학적 연구의 중심으로 다시 들어와야 한다.

왜 그러한가? 그 이유는 단순하다. 우리의 행위에서 감정이 관여하지 않는 경우는 없고, 그러한 행위들 간의 상호작용의 결과가 바로 우리 사회를 틀 짓기 때문이다. 우리 주변에서 목도되거나 또는 듣게 되는 앞서의 예와는 또 다른 경우를 살펴보자. 우리는 경제적 이해타산을 따져 좀더 싸게 파는 대형마트를 찾기도 하지만, 짝사랑하는 아르바이트 직원을 보기 위해 더 비싼 동네 편의점으로 향하기도 한다. 우리는 다른 가게에서 싼 물건을 사고 싶더라도, 지인의 가게에 가서 웃으면서 여기 물건이 더 좋다고 말하며 팔아준다. 그렇지 않을 경우에는 지인에게 드는 뭔가 미안한 마음을 피하기 위해 굳이 더 멀리 있는 가게를 찾기도 한다. 그런가 하면 국가는 우리 농산물의 판매촉진을 위해 '신토불이'를 외치고, 재래시장을 살리기 위해 우리네 삶의 '정'(情)을 강조한다.

이러한 일들이 발생하는 까닭은 인간행위에서 감정적 차원이 경제적 합리성으로 환원할 수 없는 고유한 가치를 가지기 때문이다. 그렇다고 이러한 가치가 비합리적이라고 할 수는 없다. 감정이 인간을 한 뼘만큼이라도 자유와 행복에 이르게 한다면, 오히려 그것이 인간의 삶에 합리적일 수도 있기 때문이다. 이처럼 감정은 인간의 삶에서 그것 나름의 독특한 경험세계를 형성한다는 점에서 사회학적 사유의 제1원리의 하나가 된다.

그렇다고 해서 우리가 이 책에서 사회학적으로 '감정이란 무엇인가'와 같은 근원적인 질문을 던지고 답하고자 하는 것은 아니다. 그리고 현재 사회학에서 주로 논의하고 있는 방식으로 감정이 사회적·문화적으로 어떻게 구성되는가를 규명하고자 하는 것도 아니다. 우리가 이 책에서 시도하는 것은 이른바 '거시적 감정사회학'의 기틀을 마련하는 것, 다시 말해 사회/문화적 구성주의와는 반대로 감정이 사회를 어떻게 구성하고 움직이는지를 보여주는 것이다.

우리가 이러한 작업을 구상한 것은 개인사적으로는 좀 긴 역사를 가지고 있다. 우리 두 사람은 학부 수업시간에 선생과 학생으로 처음 만났다. 당시 선생은 정치사회학적 연구를 하며 한국 민주화의 지체에 관심을 두고 있었고, 그 원인 중의 하나로 공포라는 감정을 염두에 두고 있었다. 하지만 그러한 작업은 차일피일 미루어졌고, 제자가 대학원 박사과정에 있던 어느 날 술자리에서, 우리는 이 주제를 놓고 본격적으로 토론했고 이 작업에 매진하기로 의기투합했다. 그 첫 번째 작업이 맨날 책상 위에 그대로 놓여 있던 잭 바바렛의 『감정의 거시사회학』을 번역하여 출간하는 것이었다. 그 이후로 우리는 기나긴 시간 동안 자주 만나 논의하고 밤새 토론하며 감정을 거시적 차원에서 다룰 수 있는 이론적·방법론적 가능성을 모색했다.

그러나 제도적 틀 밖에서 연구활동을 하던 우리가 그러한 작업을 진척시키기란 녹록치 않았다. 그러던 중에 다행히도 우리의 기획을 펼칠 수 있는 행운을 얻을 수 있었다. 한국학중앙연구원의 김경일 선생님과 연세대학교의 김왕배 선생님은 우리의 작업을 발표할 수 있는 학술대회를 선뜻 연속으로 개최해주셨고, 후속 연구 프로젝트의 책임을 맡아 연구를 뒷받침해주셨다. 이 책에 실린 모든 글들은 이분들의 도움이 없었다면 애초부터 착수조차 하지 못했을지도 모른다. 두 분 선생님께 큰 감사를 드린다. 이 책에 실린 몇몇 글을 쓰기 위한 연구활동을 지원해준 한국학중앙연구원과 한국연구재단에도 고마움을 전한다.

또한 감정연구라는 이름하의 학술대회나 일련의 프로젝트를 항상 함께하면서 흥미로운 쟁점들을 제기해준 홍성민, 김홍중, 길태숙, 정미량 선생님, 프로젝트의 진행과정에서 인간적·학문적 도움을 아끼지 않은 여러 선생님, 수업시간에 함께 토론해준 수많은 학생에게도 감사의 말을 전하고 싶다. 그리고 우리가 번역을 하면서 연을 맺게 된 바바렛 교수가 보여준 호의와 배려, 충언은 잊을 수 없을 것이다.

이 책에 실린 글들은 일러두기에 표시해두었듯이, 이미 학술지에 발표된 것들을 일부 수정하여 엮은 것이다. 집필시기가 다르고 단독의 글로 쓴 것들이었기에 시간이 지남에 따라 그리고 일부 생각이 바뀜에 따라 글의 일부를 수정하고 추가할 수밖에 없었다. 그럼에도 불구하고 간혹 중복 인용의 경우도 눈에 띌 뿐만 아니라 시점의 차이가 남에 따라 왜 지금 이 이야기를 하지라고 생각할 수 있는 부분도 있다. 이에 대해서는 독자의 양해를 구한다.

이 책에 실린 글 중 하나는 우리 저자에 속하지 않는 다른 분과 함

16

께 집필한 것이다. 여기에 다시 한 번 당시 대학원생이었던 이진희 선생과의 공동작업은 참된 공동연구가 주는 기쁨을 맛보게 했다는 점을 기록해두고자 한다. 또한 논문을 발표할 수 있도록 지면을 할애해준 각 학술지와 편집위원 선생님들과 좋은 의견을 개진해준 심사위원들께도 감사의 마음을 전한다. 그리고 이 책에 속한 글 중 일부는 이미 단행본으로 엮여 출간된 바 있었다. 그 글들을 재수록하여 이 책을 완성할 수 있게 허락해준 이학사와 학지사에도 감사를 표한다.

마지막으로, 꼭 감사를 표해야만 할 분들은 우리의 가족이다. 특히 우리의 부모님들은 당신들의 감정을 드러내지 않고 우리의 작업을 묵묵히 지켜보시며, 우리의 기쁨과 고통을 함께하셨다. 우리는 보잘 것없는 이 책을 통해 감정통제의 시대에 당신들의 감정이 어떤 일들을 했는지를, 그리고 지금 그것이 우리에게 얼마나 중요한 자산이 되고 있는지를 조금이나마 세상에 보여줄 수 있게 되어 기쁘기 그지없다. 그리고 그간 고생을 함께 해준 모든 가족들에게 이 책이 조그마한 감정적 선물이 될 수 있기를 기대해본다.

한길사의 김언호 사장님과 김지희 대리는 우리가 글을 발표할 때마다 찾아 읽고, 이 책의 기획을 거듭 독려해주셨다. 우리의 연구를 인정해주는 것 같아 항상 힘이 되었다. 그리고 이 책이 깔끔한 모습을 갖추게 다듬어준 안민재 차장을 비롯한 한길사의 식구들에게도 고마움을 전한다. 아무쪼록 이 책이 우리가 모두가 감정적 주체임을 인식하는 계기가 되었으면 하는 바람을 조심스럽게 가져본다.

2015년 여름
창밖의 매미소리를 들으며
박형신 · 정수남

■ 일러두기

이 책은 제1장을 제외하고는 저자들이 단독 또는 공동으로
학술지에 발표한 논문을 일부 수정하여 엮은 것이다.
각 장의 원 저자와 논문 제목 그리고 수록된 학술지는 다음과 같다.
특히 제9장은 이 책의 공동저자가 아닌 이진희 선생과
공동작업의 결과였음을 밝힌다.

제2장, 박형신·정수남, 「거시적 감정사회학을 위하여」,
    『사회와 이론』 통권 제15집, 2009.
제3장, 정수남, 「공포, 개인화 그리고 축소된 주체: 2000년대 이후
    한국 사회의 일상성」, 『정신문화연구』 제33권 제4호, 2010.
제4장, 정수남, 「'부자되기' 열풍의 감정동학과 생애 프로젝트의 재구축」,
    『사회와 역사』 제89집, 2011.
제5장, 박형신, 「먹거리 불안·파동의 발생 메커니즘과 감정동학」,
    『정신문화연구』 제33권 제2호, 2010.
제6장, 박형신·정수남, 「고도경쟁사회 노동자의 감정과 행위양식:
    공포의 감정동학을 중심으로」, 『사회와 이론』 통권 제23집, 2013.
제7장, 정수남, 「'잉여인간', 사회적 삶의 후기자본주의적 논리:
    노숙인·부랑인을 중심으로」, 『한국 사회학』 제48집 제5호 2014.
제8장, 박형신, 「한국 보수정권 복지정치의 감정동학」,
    『사회와 이론』 통권 제20집, 2012.
제9장, 박형신·이진희, 「먹거리, 감정, 가족 동원: 미국산 쇠고기
    수입반대 촛불집회의 경우」, 『사회와 이론』 통권 제13집, 2008.

제1부

감정
사회
사회학

1 왜 감정인가

우리는 왜 감정에 주목했는가

우리가 '거시적 감정사회학'을 제기하고 나섰을 때, 가장 많이 받은 질문의 하나가 왜 사회학에서, 그것도 거시적 관점에서 감정을 다루는가 하는 것이었다. 그 배후에는 적어도 두 가지 가정이 깔려 있는 것으로 보였다. 하나는 아직도 거시적 사회문제가 산적한데, 지극히 개인적이고 비합리적인 것으로 보이는, 나아가서는 이성적 인간이라면 개인적으로 통제하고 관리해야 하는, 그다지 사회학적이지 않은 주제를 탐구하는 것 아닌가 하는 의구심이었다. 둘째는 '감정의 시대' 또는 '감각의 시대'라는 세평에 기대어 새로운 연구영역에 진입함으로써 세간의 주목을 받고자 하는 것이 아닌가 하는 의구심이었다. 이미 학계에서 문화연구에 대해 젠크스(Jenks, 1993: p.2)가 "자극적이고 이색적인 것의 선봉장"으로 치부했던 것만을 쫓고 있다고 비판하고 나섰던 것을 감안할 때, 이러한 시선도 무리는 아니다.

하지만 우리가 주목하고자 했던 것은 그것이 아니었다. 당시 우리를 혼란스럽게 하고 있던 것은 왜 개인은 점점 더 이성적·합리적이 되고 있는데도, 또는 개인들이 스스로 그렇게 되고 있다고 믿는데도 사회는 여전히 비합리적이라고 판단되는 것들로 가득 차 있고, 기존의 합리성의 사회학으로는 이해 불가능한 일들이 왜 그렇게도 많이 발생하는가 하는 것이었다. 어쩌면 이것은 사회학이 지금까지 밝혀내고자 해온 핵심주제일 수도 있다. 그때 우리가 깨달은 것은 아주 단순하고 상식적이면서도 그간 사회학이 주목하지 않았던 것, 즉 사회적 삶과 개인들의 상호작용은 이성 또는 합리성에 의해서만 이루어지지 않는다는 것이었다.

더 나아가 우리는 단순히 인간에게는 이성 이외에도 감정이 있다는 것만이 아니라 이성과 감정의 이분법적 구도에 의문을 가지기 시작했다. 그것에 단초를 제공해준 것은 우리가 번역하여 출간했던 바바렛(Barbalet)의 『감정, 사회이론, 그리고 사회구조: 거시사회학적 접근』(우리말 번역서의 제목은 『감정의 거시사회학』)을 접하고 나서였다. 그리하여 우리가 주목한 것이 바로 감정은 우리의 사회적 삶과 상호작용에서 어떻게 작용하고, 또 그것은 사회의 변화—변화의 촉진은 물론 지체에까지—에 어떻게 영향을 미치는가 하는 것이었다.

그러면 우리가 하루에도 수십 번씩 여러 사람들과 마주치면서 벌이게 되는 다양한 상호작용의 소용돌이 속에서 감정이 어떻게 작동하고 있는지를 잠깐 살펴보자. 익숙한 얼굴에서부터 낯선 얼굴들과의 대면에 이르기까지 상호작용은 우리의 삶에서 꿈속에서까지 멈추지 않고 계속된다. 그러한 모든 상호작용에서 우리는 항상 감정을 경험한다. 이를테면 익숙한 사람을 만났을 때 우리는 안락감과 편안함을 느끼고, 낯선 사람과 마주했을 때 어색함과 불편함을 느낀다. 그리고 누구와 마주치든 그와 맺고 있는 사회관계적 맥락이나 상황에 따라 우리의 감정적 반응은 매번 달라진다. 아무리 익숙했던 관계라고 하더라도 한순간의 말실수로 파탄나기도 하며, 반대로 초면에 몇 마디만 나눴을 뿐인데도 마치 10년 지기를 만난 듯한 느낌을 받기도 한다. 심지어 감정은 음식 먹기와 같은 가장 기본적인 행위에서 마저도 깊이 개입한다. 평소에 맛있어 하던 음식도 불편한 사람과 마주하게 되면 순식간에 맛없어지고, 지저분해서 평소에 먹지 않던 포장마차 떡볶이도 사랑하는 연인과 먹을 때면 가장 사랑스런 음식이 된다.

이렇듯 우리의 감정은 인간의 상호작용을 한편으로는 예측 가능하게 하면서도, 다른 한편으로는 한 치 앞을 내다볼 수 없게 만든다. 이처럼 감정은 개인적 관계를 변화시키고, 또 그 변화한 개인적 관계는 더 나아가 사회까지를 움직인다. 왜 그러한 일들이 발생하는 가? 사회학자들이 감정을 어떻게 파악하든 그들에게는 이에 대한 하나의 공통의 인식이 존재한다. 그것은 인간이 감정이라는 생래적으로 즉흥적이거나 원초적인 성격을 지닌 객체이기 때문이 아니라, 상호작용에 '민감한' 존재이기 때문이라는 것이다. 그리고 근대사회는 기능적 분화와 사회분업을 통해 개별성을 더욱 증대시켜왔고, 이는 우리가 점점 더 유동적인 세계 속에서 상호작용에 더욱 민감하게 반응하도록 만들고 있다.

이러한 세계에서 인간들이 어떻게 감정적으로 대응하는가는 사실 근대 사회학자들의 주요 관심사였다. 이를테면 게오르그 짐멜(2005: pp.41~43)은 대도시의 삶이 어떻게 근대인들을 '둔감'하게 만들고 '속내를 감추게' 하는지를 놀랄 만한 통찰력으로 간파했고, 어빙 고프먼(Goffman, 1963: p.84)은 일찍이 근대적 상호작용의 맥락에서 어떻게 '시민적 무관심'이 창출되는지를 포착했다. 그리고 고프먼의 주장대로, 오늘날 대도시에서 사람들은 서로 마주치는 순간마다 현기증이 날 정도로 계속해서 감정관리(emotion management)(Scheff, 2006: pp.43~45)를 하고 있다. 길거리는 물론 버스나 지하철에서도 인상관리와 감정관리는 쉴 새 없이 일어난다.

그렇다면 현대인은 왜 이렇게 감정적으로 민감해질 수밖에 없는 가? 그 이유는 이처럼 상호작용의 유동성과 강도가 심화된 세계에서 점점 더우리는 매순간마다 철두철미한 인지적 판단과 합리적 선택을 해나갈 수 없기 때문이다. 이러한 상황에서 우리가 인격적·비인격적 관계를 원활하게 유지하기 위해서는 감정적 자기관리는 필수적인 작업이다. 이러한 점에서 일루즈는 근대사회의 형성은 "아주 특화된 감정문화의 형성과정과 궤를 같이 하며," 따라서 감정 차원에 초점을 맞출 때, 우리는 우리의 삶과 사회조직의 또 다른 질서를 발견할 수 있다고 주장한다.(Illouz, 2007: p.4)

다른 한편 앞서의 복잡한 상호작용 외에도 예기치 못한 상황에 대처하는 데에서도 감정적 행위는 중요한 사회적 의미를 지닌다. 갑작스러운 상황은 항상 우리를 당혹스럽게 만들고, 우리에게 객관적이고 실체적인 판단을 내리기 어렵게 한다. 감정은 이러한 상황에서 행위의 가늠자 역할을 한다. 이를테면 만약 아이의 몸에 열이 나고 호흡이 곤란해진다면, 출근을 앞둔 엄마는 무단결근을 하고 아이를 병원으로 데려갈 수도 있다. 이 경우 아이의 몸 상태에 대한 엄마의 걱정과 불안이 여성 직장인에 대한 사회적 평가와 인사고과 등에 대한 객관적 판단에 우선한다. 그리고 그러한 엄마의 행동을 어떤 특정한 (사회적) 기준에 의해 전적으로 비합리적이거나 옳지 않다고 할 수 없다. 엄마의 입장에서 그것은 지극히 합리적인 행위일 수 있다. 이 사례가 보여주듯이, 감정적 행위가 비합리적이라는 등식은 성립할 수 없다. (그리고 우리가 제2장에서 논의하듯이, 설령 그것이 비합리적이라도 사회학적 연구의 대상이 되지 않는 것은 아니다.)

이렇듯 우리는 감정을 통해 사건의 중요성을 판단하고 사건에 대응하려는 적절한 행동을 한다. 우리는 사후적으로나 상호작용 과정을 인지적이고 합리적으로 설명할 수는 있을망정 상호작용의 매순간을 합리적으로 대응해나갈 수는 없다. 우리는 대체로 익숙해진 마음의 습관에 기대어 상호작용에 응한다.

가령 우리는, 지하철은 안전하게 설계되어 있을까?, 기관사는 제대로 운행매뉴얼을 지키면서 운행하고 있을까?, 탈선은 하지 않을까?, 강을 건너는 동안 철교가 무너지지는 않을까?, 내가 타고 있는 칸에 범죄자가 타고 있지 않을까?, 등 이 모든 물음을 제기하면서 지하철을 이용하지 않는다. 음식을 선택할 때는 어떤가? 오늘날처럼 전 지구적으로 음식사슬이 얽혀 있는 시대에 어떤 음식이 안전하고 신뢰할 만한 것인지를 어떻게 알 수 있을까? 매번 모든 식자재의 생산지를 확인하고 성분을 분석하고 파악한 다음 구입할 수 있을까? 아마도 우리가 음식을 고를 때 합리적으로 따질 수 있는 부분은 전체 행동에 (수치화할 수 없지만 감정적으로 표현하자면) 10분의 1 정도밖에 영향을 미치지 않을 것이다. 역설적이게도 이러한 질문을 던지는 것은 비합리적인 것이 된다.

기든스(1991)가 말했듯이, 현대사회를 살아가는 사람들은 전문가체계에 대한 '신뢰감'을 무의식적으로 갖고 있기 때문에 매번 합리적으로 따지고 계산하면서 지하철을 이용하거나 음식을 선택하지 않는다. 여기서 중요한 것은 '믿는다'는 감정이다. 그리고 이러한 감정의 반복은 '마음의 습관'이 되어 '지하철은 안전하다' '그 음식은 문제가 없다'라는 합리적 인지틀로 전환된다. 그렇지 않으면 우리는 평생 집 밖에 나갈 수 없을 것이다. 그 바탕에는 신뢰와 확신이 깔려 있다.

특히 오늘날처럼 상호작용의 유동성이 극대화된 시대에 사람들은 더욱 세밀한 감정적 대응을 요청받는다. 실시간으로 전달되는 디지털 메시지는 우리에게 합리적 의사소통이 아니라 감각적 의사소통에 익숙해지도록 만든다. SNS로 오가는 메시지를 천천히 생각하고

음미하면서 작성할 경우, 우리는 그에 상응하는 상대방의 감정적 응분을 감수해야 할지도 모른다. 여기서 감각적 의사소통은 인간이 원초적인 동물적 감각으로 소통하는 것이 아니라 또 다른 '합리적' 감각을 통해 타자와 관계를 맺는 것이다. 특히 이 경우에 언어라는 인지적 도구는 감정을 최대한 수반하는 방식으로 전환되어 전달된다. 대표적으로 이모티콘(emoticon)이라는 감정화된 언어는 인지적인 것과 감정적인 것의 경계를 흐릿하게 만들어버렸다. 이제 사람들은 문자 메시지에 찍힌 점 하나마저도 무시하지 못할 정도로 감정적으로 민감해져버렸다.

그런 만큼 우리의 오감은 더욱 민감해지게 되고 이를 매개하는 디지털 기기의 감각기능 및 증폭기능은 더욱 발달하게 될 것이다. 뇌과학과 인공지능 그리고 디지털 기술이 접수할 마지막 영역은 우리가 원하든 원치 않든 결국 감정영역이 될 것이다. 이미 스마트폰 체제는 인간으로 하여금 감각적 의사소통에 익숙해지도록 인간의 행동을 재조직화하고 있다.(김홍중, 2011) 이처럼 현대사회에서 감정은 잠시도 멈추지 않고 실시간으로 표류한다.

그렇다고 우리가 현 시대를 '감정의 시대'로 규정하고, 따라서 감정사회학을 시도하는 것은 결코 아니다. 대중매체나 사회 온갖 곳에서 감정, 감성, 정서라는 용어가 범람하고 있고 또 그것의 이름으로 많은 일들이 이루어지고 있다고 해서, 예전에는 인간이 감정적이지 않았고 오늘날에 와서야 감정적이 되었다고 보는 것은 역사적 오류다. 인간은 늘 감정적 존재였고, 감정적으로 관계를 맺어왔다. 다만 감정이 특정한 역사적·사회적 상황과 만났을 때, 어떤 감정은 부각되고 어떤 감정은 뒤로 숨어버릴 뿐이다. 이를테면 스턴스(Stearns, 1995)에 따르면, 지난 두 세기 동안 영미사회에서 경제적 요구, 종교적 기대 그리고 인구학적 변화에 반응하여 슬픔이라는 감정도 재정식화되어왔다. 보다 구체적으로 살펴보면, 19세기 이전에는 슬픔이 경시되는 경향이 있었지만, 빅토리아시대에 강박적이 될 정도로 지배적 감정의 하나가 되었다. 19세기 후반기 경에 애도의례가 번성하였지만, 20세기 첫 몇 년경에는 슬픔의례를 "통속적이고 불건전한" 것으로 보고 그것에 등을 돌렸다.

하지만 감정은 이처럼 사회적으로 형성되고 관리되는 것만이 아니다. 우리가 이 책에서 거듭 주장하고 정당화하듯이, 이처럼 관리되고 변화된 감정도 다시 행위의 원천이 되며, 사회를 또 다른 모습으로 바꾸어놓기 때문이다. 그럼에도 불구하고 지금까지 사회학적 연구들은 전자의 측면에 주목함으로써 후자의 측면, 다시 말해 감정이 사회를 어떻게 움직여왔는지에 관한 연구를 소홀히해왔다. 우리가 이 책에서 초점을 맞추는 것은 바로 이것, 즉 우리가 '거시적 감정사회학'(macro sociology of emotion)—이 용어는 바바렛이 1992년에 발표한 논문에서 제목으로 사용한 바 있다—이라고 지칭하는 것이다. 이에 대해서는 잠시 감정과 관련한 또 다른 용어들을 살펴본 다음에 다시 논의하고자 한다.

몇 가지 개념적 정리

우리가 한 학술대회에서 이 책의 제2장을 이루고 있는 「거시적 감정사회학을 위하여」라는 논문을 발표했을 때, 한 신문은 "사회학계, '감성(感情)'에 눈뜨다"라는 헤드라인으로 이를 보도했다. 여기서 주목해볼 점은 표제어가 한글로는 '감성'으로 표기되어 있고, 괄호 안의 한자는 '감정'이라고 쓰여 있다는 것이다. 그리고 2009년에 거의 동시에 두 권의 감정 관련 책이 번역되어 출간되었다. 하나는 사회학자 잭 바바렛이 엮은 『감정과 사회학』이고, 다른 하나는 심리학자 제롬 케이건이 쓴 『정서란 무엇인가?』이다. 이 두 책에서 '감정'과 '정서'는 모두 영어 emotion을 우리말로 번역한 것이었다.

우리는 또한 여러 학술회의에서 이러한 감정 관련 용어상의 문제 또는 유사한 단어들, 즉 느낌, 정서, 감정, 감상, 감성의 차이에 대한 설명을 자주 요구받았다. 참 당혹스러운 감정을 자아내는 질문이다. 왜냐하면 각각의 개념을 정의하고자 하는 노력이 없었던 것은 아니지만(이를테면 Thoitz, 1989; Fischer, Shaver and Carnochan, 1990; TenHouten, 2007; Burkitt, 2014), 감정 자체의 정의도 각 학자들이 터하고 있는 학문에 입각하여 조작적으로 정의되고 있고, 따라서 각 개념에 대한 합의된 학술적 정의란 존재하지 않기 때문이다.

그렇다고 기존의 논의가 무익한 것은 아니다. 이를테면 쏘이츠는 감정을 1) 상황적 자극이나 맥락에 대한 평가, 2) 생리적 또는 신체적 감각의 변화, 3) 자유롭거나 제지당하는 몸짓, 그리고 세 가지 요소 중 하나 또는 그 이상의 특정한 형태에 적용되는 문화적 표지라고 주장한다.(Thoitz, 1989: p.318) 이 정의는 매우 폭이 넓고 따라서 모호하지만, 이는 감정을 이해하는 하나의 단서를 제공한다. 왜냐하면 이 정의는 재스퍼가 주장하듯이, "감정은 기분, 감상, 정서, 느낌과 결합되어 있을 뿐만 아니라 퍼스낼리티와 성격 특질과도 결합되어 있는 무정형적 범주"라는 점을 잘 보여주기 때문이다.(Jasper, pp.409~410 n.21)

재스퍼는 이어서 감정과 관련한 개념들도 다음과 같이 정리하고 있다.

기분(mood)은 외부의 대상과 상황과 더 적게 결합되어 있는 반면, 우울함을 유발하는 생각과 같은 내부의 화학적 상태와 더 많이 결합되어 있다. 감상(sentiment)은 부모의 사랑, 국가적 충성 또는 자연에 대한 향수어린 견해처럼, 어떤 관념이나 사람(들)에게 광범위하게 적용되는 지속적인 감정들이다. 비구성주의적 견해에서 보면, 느낌(feeling)은 자주 감정과 융합되는 신체적 징후들이다. 정서(affect)는 단지 사람, 집단, 장소, 활동, 대상 또는 관념에 대한 긍정적 또는 부정적 평가일 뿐이다. 몇몇 심리학자들은 감정을 그것이 긍정적 정서를 담고 있는지 아니면 부정적 정서를 담고 있는지에 따라 범주화한다.(Jasper, pp.409~410 n.21)

재스퍼의 이러한 요약 또한 감정과 관련한 개념들의 관계를 이해할 수 있는 또 다른 단서를 제공해준다. 왜냐하면 그것이 각 개념들이 육체적·개인적 측면을 강조하는 것에서부터 사회적·문화적 함의를 부각시키는 쪽으로 이어져 있다는 것을 분명하게 보여주기 때문이다. '기분-느낌-정서-감정-감상'으로 이어지는 연속선이 바로 그것이다. (emotion이라는 용어를 심리학에서는 우리말로 '정서'로, 그리고 사회학에서는 '감정'으로 번역하고자 하는 경향도 이 연속선을 상정하고 또 그 학문들의 성격을 감안하여 바라보면, 충분히 이해될 수 있는 일이다.)

이러한 논의는 "우리가 하나의 느낌을 하나의 감정으로 확인하기 위해서는, 충동과 그것이 불러일으킨 행동 사이에는 일정한 지체, 즉 우리가 충동이나 느낌을 하나의 감정으로 확인할 수 있는 성찰의 여지가 존재해야만 한다"는 버킷(2009: pp.291~292)의 주장에서도 확인할 수 있다. 일루즈의 다음과 같은 감정 정의도 이를 뒷받침해준다.

'감정'은 생리적 각성, 지각 메커니즘, 해석 과정의 복잡한 결합물이다. 따라서 감정은 비문화적인 것들이 문화 속에서 부호화되고, 육체

와 인지 그리고 문화가 수렴하여 합체되는 경계에 위치지어진다.(일루즈, 2014: p.20)

다시 말해 앞서의 연속선은 윌리엄스(2009: pp.205~217)의 논의를 원용하면 단순한 '실제적 의식'(practical consciousness)에서 '담론적 의식'(discursive consciousness) 또는 '성찰적 의식'(reflective consciousness)으로 나아가는 과정의 지점들로 파악할 수 있다. 따라서 이 연속선상의 개념들은 감정현상의 순간성·일시성·무형성과 지속성·정형성의 정도를 나타내는 표현으로 이해할 수 있다.

하지만 이 개념들은 일상생활에서, 심지어 학술적 논의에서도 엄격하게 구분되어 사용되지 않는다. 단지 그 용어들이 사용되는 맥락에 따라 그 의미를 구분해볼 수 있을 뿐이다. 그리고 실제로 버킷은 감정과 정서가 무엇을 의미하는지를 길게 논의하고, 자신은 '정서'라는 용어가 감정과는 근본적으로 다른 어떤 것을 의미한다는 입장을 취하지 않을 것이라고 말한다.(Burkitt, 2014: p.14) 심지어 럽턴은 학술문헌들이 앞서의 각각의 개념을 잘 정의된 정확한 방식으로 구분하고자 시도하지만, 그럴 경우 그것은 자주 그러한 범주들 간의 회색지대를 인지하지 못한 채 일정 정도 조야한 환원론에 빠지고 만다고 지적하기까지 한다.(Lupton, 1998: p.5)

그렇다면 학자들마저 각기의 개념을 구분하면서도 실제로는 혼용하는 이유는 무엇인가? 이는 두 가지로 생각할 수 있다. 하나는 앞서의 기분, 느낌, 정서, 감정, 감상은 언어학적으로 '계열관계'에 있는 단어 또는 개념이기에 서로 바꿔 쓰는 것이 가능하기 때문이다. 둘째로, 거기에는 감정의 사회적·관계적 맥락을 강조하고자 하는 사회학자들 특유의 입장이 자리 잡고 있다. 다시 말해 각각의 용어를 통해 그 맥락을 보여줄 수 있기 때문이다. 우리 역시 이 책에서 이러한 입장을 견지한다.

지금까지의 개념 구분 논의가 개념들 간의 계열관계에 주목한 것이지만, 우리는 그것들 간의 '대립관계'를 통해 각 개념의 의미를 추론해볼 수도 있다. 왜냐하면 소쉬르(2006)의 구조주의 언어학에 따를 때, 각 단어는 대립관계를 통해 그 의미를 획득하기 때문이다. 익히 알다시피, 우선 감정(emotion)은 이성(reason)과 대비되어 사용되는 용어이다. 그것 이외에도 감정과 관련된 다른 단어들 역시 각기 대응하는 개념을 가지고 있다. 이를테면 느낌(feeling)-생각(thinking), 감각(sensation)-지각(perception), 정서(정동; affect)-행동(behavior), 감성(sensibility)-지성(intelligence), 감정성(emotionality)-합리성(rationality), 감상(sentiment)-사상(thought)이 그것들이다.

이러한 각각의 대립은 전체적으로 몸(body)-마음(mind)라는 이분법에 기초하여 파생한 것으로, 신체적 작용과 정신적 작용을 근간으로 하여 정형화의 정도에 의거하여 앞서 논의한 계열관계에 따라 배열된 것이다. 이들 용어들 중 정서-행동의 대비는 좀더 설명이 필요할 것으로 보인다.

최근 감정에 대한 사회학적 연구와 심리학적 연구에서 점점 더 유행하는 용어인 '정서'(affect)라는 개념도 학자마다 다르게 사용되고 있지만, 일반적으로 이 용어는 "행동에 영향을 미치는 감정 또는 욕망"이라는 의미를 포함한다. 심리학에서 이것은 자주 특정한 행동을 자극하거나 추동하는 인지적 또는 생리적 상태로서의 감정을 뜻한다.(Burkitt, 2014: p.14) 따라서 하나의 심적 표상으로 정의되기도 하는 affect는 우리말로도 행동과 대비하여 정동(情動)이라고 번역되기도 한다.

하지만 이러한 우리의 개념적 구분은 각 개념의 밑그림을 그려 독자의 이해를 돕고자 하는 것일 뿐이다. 따라서 각 개념을 독특하게 정의하는 학자들을 언짢게 할 수도 있고, 그들은 당연히 이에 반론을 제기할 수도 있다. 그들에게는 우리의 설명적 편의로 인한 과도한 단순화가 초래할 수 있는 문제에 대해 너그러운 양해를 구한다. 그리고 하나 더 지적해둘 것은 논의의 필요상 개념적 차이를 부각시키기 위해 이성/감정과 같은 이분법을 사용했지만, 우리가 그러한 이분법적 논리에 따라 감정을 이해하고자 하지 않는다는 점이다. 그 이유와 우리의 입장은 본문에서 논의하고 있기에 여기서는 논외로 하기로 한다.

감정연구의 몇 가지 조류

토머스 셰프(Thomas Scheff)는 1990년대 중반에 사회과학에서 감정은 '그림자 삶만'을 인도하고 있으며, "우리 문명의 대부분의 다른 사람들처럼 사회과학자들도 감정을 지나치게 부끄럽게 여기는 나머지 인과적 요소로서의 감정에 진지한 주의를 기울이지 않는다"고 지적한 바 있다.(Scheff, 1994: p.65) 재스퍼는 이에 대해 감정의 편재성 자체가 우리가 숨 쉬는 공기처럼 그것을 보이지 않게 만드는 것인지도 모른다고 진단하기도 한다.(Jasper, 1997: p.197)

하지만 사회과학 안팎에서 감정에 관한 논의가 없었던 것은 아니다. 셰프가 한탄하던 그 당시에도 감정을 확인하고 그것을 다른 사람들과 소통하는 방법과 다른 사람들의 감정을 이해하는 방법에 대해 저술한 자기계발서들이 세간의 주목을 받고 있었다. 이를테면 그 당시 미국 심리학자 존 그레이(John Gray)의 『화성에서 온 남자, 금성에서 온 여자』가 전 세계에서 인기를 끌었다. 사회학에서도 켐퍼(Kemper)의 『감정의 사회적 상호작용이론』(1978), 혹실드(Hochschild)의 『관리되는 마음: 인간 감정의 상업화』(1983), 그리고 덴진(Denzin)의 『감정의 이해에 대하여』(1984)의 출간 이후 크게 눈에 띄지는 않지만, 감정에 관한 사회학적 연구들이 진행되어왔다.

이러한 논의들은 그 안에서 커다란 입장 차이가 있기는 하지만, 심리학, 특히 임상심리학에서의 논의는 크게 치료요법적 접근방식(therapeutic approach)으로, 사회학에서의 논의는 사회적/문화적 구성주의적 접근방식(social/cultural constructionist approach)으로 대별해볼 수 있다. 먼저 심리학의 전통에서 볼 때, 특히 프로이트의 심리학적 전환 이후 감정은 독자적인 연구영역으로 부상했으며, '자아혁명'의 열쇠 역할을 하기 시작했다. 일루즈에 따르면, 프로이트가 문화에 미친 지대한 영향은 자아의 위치를 자신의 과거와의 관계를 통해 새로운 방식으로 상상함으로써 자아의 관계와 자아와 타인의 관계를 정식화했다는 것이었다.(Illouz, 2007: p.7)

이러한 프로이트 문화는 20세기 내내 미국 문화풍경을 지배해온 새로운 감정양식, 즉 치료요법적 감정양식(therapeutic emotional style)을 정식화해왔다.(Illouz, 2007: p.6) 프로이트의 정신분석학은 그것이 독특하게도 과학생산의 영역뿐만 아니라 엘리트 문화와 대중문화 모두에 자리를 잡으면서 자아, 감정적 삶, 심지어는 사회관계까지도 재편하는 하나의 새로운 일단의 문화적 관행이 되었다. 미국에서 임상심리학이 이러한 문화적 관행을 토대로 하여 만든 것이 바로 치료요법 담론이다.

감정에 대한 치료요법적 접근방식은 몇 가지 특징을 지닌다. 첫째, 그것은 인간존재의 본성에 관한 독특한 시각을 제공한다. 그것은 인간은 감정적으로 취약하다고 간주하는 동시에 그러한 감정적 취약성이 그들의 정체성을 정의하는 것으로 보는 경향이 있다.(Furedi, 2004) 따라서 치료요법적 접근방식은 감정 자체보다는 감정적 결함의 문제에 주목하는 경향이 있다. 따라서 감정은 빈번히 긍정적 감정

(즐거움, 행복, 만족감)과 부정적 감정(공포, 화, 증오)으로 분류된다.

두 번째는 첫 번째 특징에서 기인하는 것으로, 푸레디(Furedi, 2004: p.31)에 따르면, 치료요법적 담론은 감정을 병리화하고 의료화한다. 특히 부정적 감정은 체계적인 치료요법적 개입이 요구되는 병리상태로 간주된다. 따라서 처리되거나 관리되지 않은 감정은 사회를 괴롭히는 질병의 원인이 된다. 때문에 연쇄살인범, 아동유괴자, 성범죄자, 스토커들은 상상할 수 없는 감정적 충동에 따라 행동하는 극악무도한 사람들로 분류된다. 우리 시대를 규정하는 범죄들 중 많은 것은 폭력적 관계나 학대 관계 그리고 파괴적 개인의 행동의 산물이다. 따라서 감정은 치유의 대상 내지 관리의 대상이 된다.

셋째로, 일루즈(Illouz, 2007) 역시 지적하듯이, 이 같은 치료요법적 접근방식은 감정을 자아의 내면세계로 환원시켜버림으로써 감정을 지극히 개인적인 것이자 내면적인 것으로 만들어, 개인의 문제도 감정적 차원으로 환원시킬 뿐만 아니라 사회적 문제도 개인적 차원의 감정적 문제로 바꾸어놓는다. 따라서 이러한 관점은 대체로 개인이 어떤 상황이나 사건에 직면했을 때 개인의 내적 세계에서 작동하는 심리적 메커니즘을 분석하는 데 할애한다. 치료요법적 자기계발서들이 우울증을 모든 문제의 근원으로 보고, 그것을 해소하는 방법으로 상담치료기관이나 요가학원에 갈 것을 권고하고 긍정심리학적 담론이 범람하는 것도 바로 여기에서 연유한다. 세월호 정국에서 정부가 사회적 원인에 대해서는 묵묵부답인 채 희생자 가족 및 관련자의 트라우마 치료에만 집착한 데에도 이러한 시각이 자리하고 있다.

넷째, 치료요법적 접근방식은 시간적으로 과거지향성을 지닌다. 치료요법 담론은 기억의 서사로, 어릴 적의 고통을 가지고 모든 것을 만들어낸다. 즉 치료요법은 고통에서 벗어나게 하기 위해 고통스런 기억을 이용한다.(Illouz, 2007: p.54) 이를테면 우리의 낭만적 운명을 설명하는 열쇠 역시 어린 시절의 경험이며, 낭만적 비참함은 피할 수 없는 것이고 자초한 고통이다. 그리고 치료요법적 접근방식이 그러한 고통으로부터의 구원을 지향한다는 점에서 미래지향적이기는 하지만, 사실 현재 감정이 갖는 의미들은 그것의 시야에서 보이지 않는다. 이제 사람들은 당면한 문제의 원인을 개인의 내면세계 혹은 지난 과거로의 행동으로부터 도출해내고 그렇게 하도록 독촉받을 뿐이다.

다섯째, 이 접근방식에서는 개인이 경험하는 대다수의 문제가 과거의 고통으로부터 비롯되는 것은 물론 현재의 상호작용 또한 또 다른 고통의 원인이 된다. 따라서 개인의 내적 세계는 현재의 상호작용을 위한 쉴 새 없는 감정작업(emotional works)에 시달리거나, 그렇지 않기 위해서는 타인과의 상호작용을 아예 피해야만 한다. 따라서 푸레디는 치료요법 문화의 가장 중요한 특징은 자아를 증진시키기보다는 자신과 타자를 거리 두게 한다는 것이라고 주장한다.(Furedi, 2004: p.21) 이렇듯 치료요법 문화는 시종일관 오늘날 우리 사회를 지배하는 개인화 분위기를 만들어낸다. 치료요법 문화는 파편화와 소외의 경향을 반영하고 또 조장한다.

끝으로, 감정에 대한 이러한 접근의 결과, 이 접근방식에서 감정은 인간의 삶에서 종속변수에 머물게 됨으로써, 개인과 사회를 매개하거나 사회를 변화시키는 독립변수로서의 역할은 그곳에 자리할 여지가 전혀 없게 된다. 그리하여 결국에는 인간의 삶이 감정에 의해 결정된다고 보는 감정결정론에 빠지게 된다. 이러한 감정결정론은 감정이 삶을 지배하고 우리가 직면한 문제들의 많은 것을 유발한다는 세계관을 진전시킨다.(Furedi, 2004: p.30) 따라서 감정과 관련한 개인의 적극적 행위는 감정관리, 자기관리, 자기계발로 나타날 수밖에 없다.

이러한 치료요법적 접근방식은 자유주의 이데올로기나 근대자본주의 체제는 물론 최근까지 쟁점이 되고 있는 신자유주의적 자본주의 체제와 깊은 친화성을 갖는다. 개인의 문제를 개인의 내적 차원에서 그 원인을 찾고 그로부터 해법을 발견하려는 치료요법 문화는 신자유주의 이데올로기와 많은 지점들을 공유한다. 오늘날 성황을 이루고 있는 거대한 감정산업은 이를 반영하는 대표적인 예이다. EQ(감정지수), MBTI(성격유형지표), 감성마케팅, 감성치료, 명상치료, 심리상담 등과 같은 기법들이 교육, 성, 연애, 부부관계, 가정생활, 회사생활, 조직생활, 인간관계 등 사회 전 분야로 확산되고 있다. 이러한 기법들의 공통점은 문제의 원인과 해결을 자아로부터 시작해서 자아로 끝낸다는 점이다. 여기서 문제해결의 핵심 키(key)로 설정되어 있는 것이 바로 감정이다. 감정을 스스로 잘 통제·관리하고 타인과의 관계에서 감정조절을 잘하는 능력이 원만한 사회생활에 필수 항목이 되었다.

그리하여 감정은 이제 인간을 새롭게 유형화하기 위한 새로운 지표이자 자본으로 활용된다. 오늘날 인기 있는 대중서적, 방송 프로그램, 대중강연 중에서 감성·감정은 최고의 상품으로 등극했다. 여기에 해당하는 대부분의 컨텐츠 또는 연구들은 개인의 감정을 스스로 잘 다스리는 기법을 소개하고 이를 잘 포장하여 팔아치우는 데 목적을 둔다.

이러한 치료요법적 접근방식에서 사회가 차지하는 정도는 고작 황소 등에 붙어 있는 파리 한 마리에 불과하다. 오늘날 감정연구가 이처럼 개인의 내면세계로 침잠해 들어갈 때 감정이 지닌 폭발적이고 역동적인 힘을 사회적 차원으로 전환하지 못하는 한계를 드러내게 된다. 치료요법 문화가 신자유주의와 긴밀한 상관성을 갖고 있다는 점에서 감정은 사회구조의 결과물일 수도 있다. 그러나 이것을 밝히는 것이 감정연구의 궁극적인 목표가 된다면, 우리의 연구는 굳이 존재할 가치가 없을 것이다. 요컨대, 신자유주의의 모순과 폭력성이 감정을 통해 밝혀질 수 있다는 점에서 감정은 사회구조의 발생원인이 될 수도 있다. 이러한 접근이 통상적인 감정연구를 넘어 우리가 이 책에서 시도하는 감정사회학의 출발점이다.

다른 한편 그간 사회학에서 진행된 일군의 연구들은 미묘한 시각의 차이가 있음에도 불구하고, 대체로 사회적 또는 문화적 구성주의적 관점이라는 이름으로 포괄할 수 있다. 자신 역시 사회구성론적 입장을 취하고 있는 럽턴의 다음과 같은 요약은 이 관점의 특징을 잘 보여준다.

감정을 사회적으로 구성된 것으로 묘사하는 것은 감정이 사회적·문화적 과정을 통해 항상 경험되고 이해되고 이름 붙여진다는 것을 의미한다. 그러므로 사회구성론자들은 정도의 차이가 있기는 하지만 감정을 유전된 행동이나 반응이라기보다는 학습된 것으로 보는 경향이 있다. 일반적 수준에서 사회구성론자들은 감정과 관련한 규범과 기대가 특정한 사회문화적 환경 속에서 생산되고 재생산되며 작동하는 방식, 그리고 감정경험과 감정표현이 자아와 사회적 관계에 대해 갖는 의미를 규명하고 추적하는 데 관심을 기울이는 경향이 있다.(Lupton, 1998: p.15)

이 관점은 감정의 사회성을 부각시키고, 특정 감정이 어떻게 사회적으로 형성되고 관리되며, 사랑, 분노, 슬픔 같은 특정한 감정적 행위가 어떻게 사회적으로 제약받는지를 밝히고자 한다. 한마디로 이 관점에서 감정은 사회화를 통해 학습되고 구성된, 환원될 수 없는 사회문화적 산물이다. 특히 문화적 측면을 강조하는 같은 관점을 채택하고 있는 일루즈는 다음과 같이 언급함으로써 이 시각의 기본틀을 분명히 하고 있다.

우리는 문화가 감정의 구성과 해석 그리고 작동에서 상당한 역할을 수행한다고 예상할 수 있다. 문화는 감정경험이 조직화되고 식별되고 분류되고 해석되는 하나의 프레임으로 작동한다. 문화적 프레임은 감정에 이름을 붙이고 규정하며, 감정의 강렬성에 한계를 설정하고, 감정에 부착된 규범과 가치를 구체화하고, 감정을 사회적으로 소통할 수 있게 하는 상징과 문화적 시나리오를 제공한다.(일루즈, 2014: pp.21~22)

이처럼 감정은 생물학적이면서도 문화적이다. 문화란 특정 집단의 구성원들이 공유하는 상징체계이자 인식틀로서 다양한 맥락을 내재한 행위촉발 요인이자 해석의 자원이다. 감정도 마찬가지로 특정한 사회역사적 맥락을 탈각한 채 모든 상황에서 동일한 반응으로 나타나는 것이 아니라 각기 다른 상징체계를 공유한 사회성원들에 따라 다르게 표출된다는 점에서 일정한 상징체계로 작동한다.

따라서 감정은 사회성원들이 공유하는 상징체계에 따라 달리 표출된다. 이를테면 장례식장에서 사람들이 드러내는 감정표현은 축제에서의 그것과는 다를 수밖에 없다. 이는 장례식에서 표출될 수밖에 없는 슬픔과 애통함이 하나의 상징체계로 구성됨으로써 장례식장을 찾은 사람들은 이 상징체계가 요구하는 바에 따라 엄숙하고 비통한 몸짓을 취하게 된다는 점을 말해준다.

지난날 세월호 참사를 겪었을 당시 바닷물 속에 갇혀 있는 희생자들을 떠올릴 때나 바다를 바라보면서 억장이 무너지도록 애타게 자식과 가족의 이름을 부르는 장면을 볼 때나 희생자들을 위한 장례식이 거행되는 장면들을 볼 때, 우리가 자신도 모르게 눈시울이 뜨거워지고 가슴 미어졌던 것은 망자와 그의 가족들이 겪는 고통을 인지하는 상징체계가 우리의 오감을 통해 작동했기 때문이다. 이와 같이 감정은 공유된 의미체계이자 상징체계로서 특정한 사건에 대응하는 문화적 구성물이 된다. 따라서 감정을 문화적 구성물로 파악하는 학자들에게 감정규범, 감정규칙, 감정코드, 감정프레임 등은 중요한 연구대상이 된다.

이처럼 구성주의적 접근방식에서 감정상태는 전적으로 맥락적이며, 별개의 실체로 물화될 수 없다. 하지만 그렇다고 해서 이 관점이 감정의 사회적·문화적 결정성을 주장하는 것은 아니다. 이 관점의 지지자들은 감정을 개인의 측면에서의 적극적 지각, 동일시, 관리를 포함하는 자기성찰적인 것으로, 그리고 실제로 그러한 성찰성을 통해 창조되는 것으로 파악한다.(Lupton, 1998: p.15) 이러한 맥락에서 루츠(Lutz, 1985: p.65)는 감정을 "문화적으로 구성된 판단, 즉 사람들이 자신들이 처한 상황을 이해하기 위해 이용하는 문화적 의미체계의 한 측면"으로 기술한다.

따라서 감정은 역동적인 것으로, 즉 그것이 산출되고 재생산되고 표현되는 역사적·사회적·정치적 맥락에 따라 변화할 수 있는 것으로 간주된다. 그리하여 이 관점은 감정현상이 더욱 광범한 사회적·정치적 함의를 갖는 서로 다른 의미를 부여받는 방식에 주목한다. 그러나 구성주의적 관점에서 감정의 의미는 현재적으로 탐구된다. 다시 말해 특정한 감정이 현재 갖는 구성적 의미와 성격이 강조될 뿐 여전히 행위의 동인으로서 독립변수의 지위를 갖지 못하며, 행위주체는 다시 사회와 문화 속에 갇히고 만다. 따라서 이 관점에서 감정적 행위는 그 현재적 의미를 부여받을 뿐 미래로 나아가지 못하고 주저앉는다.

우리가 이 책에서 거시적 감정사회학을 제기하는 까닭은 바로 구성주의적 관점의 이러한 한계를 넘어서기 위한 것이다. 거시적 감정사회학은 감정이 사회적 결과일 뿐 아니라 사회적 원인일 수 있음을 주장하며, 특히 감정을 단순한 종속변수가 아닌 독립변수로서의 지위까지 끌어올리고자 하는 시도이다.

감정은 단지 우리의 가장 내밀한 욕망과 만족에 수반하여 유발되거나 사회문화적으로 구성되는 것만이 아니라 "우리의 생각, 정체성, 이해관계들에 스며든다."(Jasper, 1997: p.108) 따라서 감정 역시 행위의 한 동인이 되어, 다시 사회와 문화에 영향을 미칠 수 있다. 이러한 점에서 여기서 굿윈과 파프(2012)가 주장하는 '감정적 사회학'(emotional sociology)에 주목할 필요가 있다.

전통적인 사회학적 시각에서 단지 감정의 사회적 규정성을 파악하는 것을 목적으로 하는 감정사회학(sociology of emotion)과는 달리, 감정적 사회학은 감정이 사회적으로 규정된다는 것을 밝히는 것을 넘어, 사회생활에서의 감정, 기분, 감동의 편재성을 인정하고 감정을 단지 부수현상이나 종속변수가 아니라 잠재적인 인과적 메커니즘으로 또는 그러한 메커니즘의 구성요소로 다루는 사회학이다.(굿윈·파프, 2012: p.420) 여기서 재차 주목할 필요가 있는 것이 '잠재적 인과성'의 개념이다. 왜냐하면 맥락성·상황성·관계성을 강조하는 감정(적)사회학에서 단일한 감정이 행위를 결정한다는 감정결정론은 성립할 수 없기 때문이다. 따라서 여기서 중요한 의미를 갖는 거시적 감정사회학의 개념이 '감정동학'(emotional dynamics)이다.

감정동학은 행위자가 처한 상황적·관계적 맥락 속에서 감정적 행위의 주체로서 행위를 전개함에 따라 발생하는 역동적 과정이다. 그리고 감정동학을 이끄는 힘이 바로 바바렛이 말하는 배후감정(background emotion)이다. 이 배후감정도 행위자 자신의 생애 경험과 문화적 배경에 따라 달리 형성된다. 이 배후감정이 지향하는 시간성(과거 또는 현재)과 대상(자신 또는 사회)에 따라 감정동학의 방향이 달라지고 따라서 행위자들도 서로 다른 행위양식을 드러낸다.(이에 대한 구체적인 논의로는 제6장을 참고하라) 따라서 거시적 감정사회학은 이러한 배후감정과 그에 따른 감정동학을 포착하는 것을 주요한 목적으로 한다.

또한 이러한 논의는 감정을 '구조'와 '행위'를 잇는 연결고리의 역할을 하는 것으로 설정할 수 있게 한다. 왜냐하면 문화인류학자인 셰퍼-휴즈와 로크(Scheper-Hughes and Lock, 1987: pp.28~29)가 지적하듯이, 감정은 "몸과 마음, 개인, 사회, 그리고 정치체를 이어줄 수 있는 하나의 중요한 '잃어버린 연계고리'를 제공하기" 때문이다.(Lupton, 1998: p.5에서 재인용) 이제 구조적 감정사회학에서 감정은 인간의 취약성을 보여주는 것이 아니라, 성찰성과 주체성을 지닌 인간의 주체적 행위동력의 하나가 되어 그간 잃어버린 인과적 힘을 획득하게 된다. 그리고 그 과정에서 이제 감정은 과거에 속박되는 것이 아니라 현재의 삶을 살아가고 미래를 기획하게 하는 감정적 행위주체를 만들어내는 요소가 된다. 하지만 그 배후감정이 무엇인가에 따라 개별 행동은 달라질 수밖에 없고, 그에 따라 개인들의 삶의 굴곡은 물론 사회의 지체나 후퇴 또는 급진적 변화를 낳게 될 것이다. 그러한 감정동학을 포착할 때, 감정을 매개로 하여 사회학의 기본 과제인 사회질서(연대)와 사회변화(갈등)를 설명할 수 있는 길이 열릴 수 있을 것이다.

〈표 1-1〉은 지금까지의 논의를 요약한 것이다. 이제 절을 바꾸어 그러면 왜 거시적 감정사회학이어야 하는지, 또 그것의 의미와 지향점을 좀더 구체적으로 논의해보기로 하자.

〈표 1-1〉 감정연구의 접근방식들

	치료요법적 접근방식	구성주의적 접근방식	거시사회학적 접근방식
감정의 근원	개인	사회/문화	사회/문화
인간의 본성	취약성/수동성	성찰성	주체성
시간 범주	과거-(미래)	현재	과거-현재-미래
감정 형성과정	개인-개인	사회-개인	사회-개인-사회
감정의 지위	종속변수	종속변수	독립변수
담론 특징	감정결정론	사회문화의 맥락성 강조	감정적 행위주체 강조
핵심 개념	자아, 치료	감정규범, 감정규칙, 감정관리	감정동학, 배후감정

왜 거시적 감정사회학인가

통상적으로 사회학, 특히 거시사회학과 감정은 어색한 짝을 이루어왔다. 사회학에서 감정은 쉽게 무시되거나 사회적 행위를 분석하는 과정에서도 크게 고려되지 않았다. 여러 학자들은 베버의 행위 유형 분류에 기초한 파슨스의 감정제거 작업과 근대성 담론에 내재한 합리성의 신화에서 그 책임을 찾기도 한다. 하지만 더 큰 이유는 감정처럼 변화무쌍하고 역동적이며 인과적 논리를 갖지 않는 그 무엇을 사회학적으로 분석하는 데 따르는 인식론적·방법론적 난점에서 찾아볼 수 있다.

하지만 고전사회학에서도 감정이 전혀 등장하지 않는 것은 아니다. 단지 감정이 '그림자 같은 존재'로 등장하기 때문에 그 의미를 충분히 확인받고 있지 못할 뿐이다. 고전사회학자들, 특히 마르크스의 착취 개념에는 소외라는 감정이, 베버의 합리성 개념에는 불안이, 그리고 뒤르케임의 분업이라는 개념 뒤에는 연대라는 감정이 그림자처럼 자리하고 있다. 이 중에서 특히 감정을 비합리성과 연계시켜 감정을 무시하게 한 주범으로 평가되기도 하는 베버의 경우를 좀더 구체적으로 살펴보자. 베버는 『프로테스탄티즘 윤리와 자본주의 정신』에서 칼뱅주의의 금욕적이고 합리적인 직업노동윤리와 부의 정당화가 자본주의 정신을 가져왔다고 논증한다. 하지만 서구 근대자본주의는 칼뱅의 예정설이 시민계층에게 가져다준 전대미문의 '고립감'과 '불안감'을 결코 놓치지 않고 있다. 이 두 요인을 결합하여 해석할 때, 우리는 세평과는 달리 베버가 역사적 감정사회학의 단초를 마련했다고 해석할 수 있을지도 모른다.

이러한 형태의 역사적 감정사회학은 엘리아스에 이르러 확고한 인식론과 방법론을 획득하게 된다. 엘리아스(1995)는 서구의 문명화 과정을 근대국가의 형성과 그에 부응하는 서구인들 특유의 심성·인격·감정이 결합된 산물이라는 결합태적 방법을 통해 밝혀낸다. 여기서 결합태(figuration)는 시간적으로는 역사성을, 사회적 차원에서는 권력관계를, 개인적 차원에서는 심리구조를 통합적으로 고찰하기 위한 엘리아스 특유의 인식론이자 방법론이다.

엘리아스에 따르면, 중세 봉건제와 기사계급의 몰락, 귀족들의 궁정생활, 왕권강화, 근대 부르주아지의 급부상 등은 궁정사회에서 살아가는 귀족들에게 전에 없던 새로운 행동양식, 제스처, 에티켓을 요구한다. 귀족들은 자신들의 추락해가는 지위하락의 불안감을 해소하기 위해 다른 계급들과 구별될 수 있는 온갖 새로운 행동양식을 만들어내면서 수치심과 당혹감을 강력한 권력유지 수단이자 자신들의 정체성으로 활용한다. 이처럼 감정은 역사, 사회, 개인을 매개하면서 인간세계의 지속적인 변화 '과정'을 이끄는 동력이다. 추측컨대 엘리아스가 '과정'으로서의 사회학을 주창할 수 있었던 것은 감정이 갖는 다중적인 사회학적 의미, 그리고 그것이 추동하는 인간 삶의 변화무쌍한 모습을 일찍이 간파했기 때문일 수도 있다.

이처럼 고전사회학자들도 감정을 거시적 차원에서 다루어왔다. 이들의 사회학적 작업에서 감정이 차지하는 위치와 영향력을 규명하는 작업은 여전히 후속세대 사회학자들의 몫이다. 그런 면에서 잭바바렛의 베버에 대한 감정사회학적 연구는 시사하는 바가 매우 크다.(Barbalet, 2008) 바바렛은 베버의 사회학에서 모호하게 설정되어 있는 감정과 이성 간의 관계를 새롭게 검토하면서 베버가 놓쳐버린 이 둘 간의 관계를 연결시키는 데 주력했다. 최근 들어 거시적 감정사회학이 한국학계에도 조금씩 소개되고 있지만, 아직은 초기상태에 있다.

그렇다면 거시적 감정사회학은 어떠한 작업을 지향하는가? 우선 거시적 감정사회학은 감정과 사회구조 간의 연관성에 주목함으로써 특정한 사건에 대해 사회성원들이 왜 서로 다른 행위를 보이는지 규명한다. 가령 세월호 참사라는 대참극을 목격하고도 어떤 부류의 사람들은 유족들과 함께 슬퍼하고 공감하는 반면, 또 다른 부류의 사람들은 유족들의 움직임을 비난하고 조롱하는 태도를 취하기도 한다. 이러한 간극은 어디서 비롯되는가? 이러한 간극을 설명하기 위해서는 문화적 상징체계로 온전히 환원될 수 없는 사회적 관계의 복잡성에 주목할 필요가 있다.

사람들의 감정은 그들이 사회적 관계에서 어떤 자리에 위치해 있는지, 즉 권력, 지위, 계급, 당파 등에 따라 달리 표출된다. 그리고 행위자들의 권력관계의 형식—지배자와 피지배자, 기득권자와 아웃사이더, 갑과 을 등—은 그들이 처하는 상황에 따라 달라진다. 다시 말해 어떤 경우에는 아무런 권력도 행사하지 못하고 부당한 대우만 받는 피해자였다가도, 다른 상황에 처하게 되면 강력한 권력을 행사하는 지배자의 위치에 서게 되기도 한다.

따라서 세월호 유가족들에 대한 태도가 우호적이냐 적대적이냐하는 문제는 각각의 개인들의 아비투스와 현재 그들의 사회적 위치를 고려할 때 더욱 구체적으로 파악될 수 있다. 일베 회원들이 세월호 유가족을 향해 비난과 조롱을 일삼는 행위는 죽음을 해석하는 문화적 해석틀이 완전히 다르다는 데서 기인한다. 그것은 그들이 죽음 자체에서 느끼는 감정이 없어서가 아니라 그 사건에 대해 전혀 다른 감정을 투사하기 때문이다. 그들이 과연 자신의 사랑하는 가족이나 연인이 사망했을 때 슬픔을 느끼지 않겠는가? 결국 사람들이 표출하는 감정의 발생적 기원은 그들 개개인의 전기와 사회적 위치를 감안할 때 일정 정도 드러날 수 있을 것이다.

우리가 살아가는 현대세계는 이처럼 서로 다른 경험들을 점점 더 많이 할 수밖에 없는 상황들로 가득 차 있다. 왜냐하면 삶의 세계가 더 역동적이고 격렬해지고 있기 때문이다. 이러한 상황은 사람들이 서로 다른 감정적 행위를 표출하게 하는 것만이 아니다. 보다 중요한 것은 그러한 상이한 감정표출들이 모여 그 사회의 지형을 형성하고, 그 사회가 나아가는 방향을 규정짓는다는 점이다. 이것이 바로 거시적 감정사회학에서 우리가 앞서 논의한 전기, 문화, 맥락, 배후감정, 감정동학을 파악하는 것이 중요한 이유이기도 하다.

이러한 거시적 감정사회학의 작업은 타인의 사회적 행위를 해석적으로 이해하려는 베버의 이해사회학적 방법이 한층 더 확대될 필요성을 증대시킨다. 베버의 사회적 행위 유형론이 감정적 차원과 합리적 차원으로 이원화되어 있는 것처럼 보이지만, 그렇다고 베버에게 감정적 행위가 무의미한 행위인 것은 결코 아니다. 다만 그가 자본주의사회의 분석에서 목적합리적 행위와 도구합리적 행위를 자신의 분석에서 중심에 두었을 뿐이다. 또한 베버의 행위 유형은 어디까지나 하나의 이상형일 뿐 그의 저작 전체에서 감정과 합리성 간의 구분은 선명하지 않다. 이를테면 베버가 『프로테스탄티즘 윤리와 자본주의 정신』(베버, 2010)에서 설파한 것은 근대적 시민계층의 '직업윤리', 즉 세속적 금욕주의라는 에토스이다. 또한『직업으로서의 학문』(베버, 2006)과『직업으로서의 정치』(베버, 2007)에서 강조한 '책임윤리'도 감정과 합리성이 결합된 개념이다.

하지만 베버가 감정과 합리성의 관계를 분석상 상반된 것으로 설정한 것은 부인하기 어렵다. 베버에게서 감정은 합리성의 기반을 뒤흔들고 그것을 해치는 방해요소라는 점에서 여전히 감정은 즉흥적·일시적·충동적인 것으로 이해된다.(바바렛, 2007: pp.70~71) 그러나 그렇다고 해서 베버가 감정을 행위의 주관적 동기가 되지 않은 무의미한 것으로 본 적은 없다. 그가 감정을 논의의 대상으로 삼기로 꺼려한 까닭은 감정은 "개념적으로 명확하게 표현될 수 없으며", "본질적으로 불명확하며", "분석적으로 명확하게 표현되지도 않기" 때문이다.(Weber, 1975: pp.179~180) 이는 감정을 개념적으로 분명하게 표현하고 분석적 장치를 마련할 수 있다면, 감정은 사회학의 중요한 대상이 된다는 점을 역설적으로 보여준다. 우리는 앞서 언급한 감정사회학적 장치들이 베버가 느꼈던 분석적 한계를 극복할 수 있게 해줄 것이라고 믿는다.

따라서 거시적 감정사회학은 궁극적으로 행위의 사회학을 새롭게 복원하는 데 기여할 것이다. 거시적 감정사회학은 기존의 합리적 선택이론이나 의사소통 합리성을 걷어내고 감정동학에 따라 행위의 다채로운 스펙트럼을 파악해내는 것을 목적으로 한다. 그럼으로써 우리는 행위를 합리적인 인지틀에 끼워맞춰 이해하거나 통계숫자의 비율에 따라 파악하는 것이 아니라 감정동학의 흐름과 과정 속에서 이해함으로써 인간행위의 비논리성, 우발성·우연성·복합성 등을 세밀하게 읽어내고자 한다.

그렇다면 왜 그러한 작업을 수행해야 하는가? 그것은 감정의 '실천적' 성격 때문이다. 실제로 정확성과 합리성의 최극단에 위치한 사업가나 과학자들의 경우에조차 감정은 그들의 행위결과에 지대한 영향을 끼친다.(플람, 2009; 바바렛, 2009b) 그리고 그러한 일들은 우리 사회의 밖에서 그들만의 영역에서 일어나는 것이 아니라 우리 사회 안에서 일어나고, 그것이 우리 사회를 틀 짓고, 어떤 경우에는 우리 사회를 뒤흔들어놓기도 한다.

몇 가지 예를 들어보자. 사업가들의 투자나 거래 과정은 합리적 계산을 기초로 하지만, 확신과 신뢰라는 감정 없이는 이루어질 수 없다. 사업가들이 서로 원한관계에 있을 경우, 서로의 이득이 눈앞에 보이더라도 거래를 하지 않는 경우는 비일비재하다. 심지어 합리적으로 보일 법한 국가 간의 관계에서마저도 감정은 전쟁을 하느냐 마느냐 하는 수준에까지 영향을 미친다.(Scheff, 1994) 멀리 갈 것도 없이 남북관계, 한일관계, 한중관계, 한미관계 등 한반도를 둘러싼 국제관계는 원한, 애정, 열등감, 수치심, 충성심, 배신감, 멸시 등 여러 감정들이 복잡하게 얽혀 있으며, 이는 인지적 차원에서 해소될 수 없는 '감정의 지정학'적 접근(모이시, 2010)을 필요로 한다.

이처럼 거시적 감정사회학의 의의 중 하나는 인간의 사회적 행위에 대한 이해사회학적 지평을 확장시킨다는 데 있다. 합리성의 패러다임으로 해명될 수 없는 여백을 감정사회학이 메워준다면, 이해의 영역은 훨씬 더 풍부해질 것이다. 여기서 주목할 것이 관계성이다. 베버에 따르면, 사회적 행위는 타인을 지향한다는 점에서 관계성을 전제로 하며, 버킷(Burkitt, 2014)의 주장대로 감정은 그 관계에서 출현한다. 따라서 감정은 그 관계를 지탱하거나 존속·유지·해체시키는 동력 및 에너지로 작동한다.

하지만 사회적 관계는 그 자체에 내재한 다채로운 속성 때문에 의도하지 않은 결과를 수반할 수밖에 없다. 이 과정을 추적하기 위해서는 그것에 개재된 감정에 대한 이해가 불가피하다. 왜냐하면 앞서도 살펴보았듯이 감정은 행위의 경로들을 틀짓고 바꾸기도 하기 때문이다. 그리고 사회적 관계의 속성을 면밀하게 이해하려는 궁극의 목적은 개인, 즉 인간의 행위에 대한 '두꺼운' 이해와 해석, 또 이를 통한 '타자의 윤리학'을 구축하는 데 있다. 타자의 윤리학은 타인의 행위에 대한 인정을 전제조건으로 하는데, 이때 인정의 토대는 타인에 대한 '사랑'과 '존중'이다. 사랑은 사회적 관계를 자유롭게 해주면서 공동체적 질서를 구축할 수 있는 원초적인 감정이다.

하지만 감정은 타자에 대한 '악'감정을 형성하는 데에도 기여한다. 타자로부터 부당한 대우를 받거나 불의한 일을 당했을 때, 그에 대한 분노, 배신감, 적대감, 원한은 타자를 '악'으로 규정하는 데 기여한다. 물론 그러다가도 상대방이 그렇게밖에 할 수 없었던 이유나 상황을 알게 되면 곧바로 분을 삭이고 차분히 이해하려고 애쓴다. 이와 같이 사회적 관계가 어떻게 설정되는가에 따라 인간의 감정은 다양한 모습으로 출몰했다가 다른 감정으로 대체된다.

또한 감정은 이전의 사회적 관계를 순식간에 바꿔놓는 기제로도 작용한다. 소규모집단 내의 조직변화에서부터 사회변혁이나 혁명에 이르기까지 이 모든 변화는 기득권자들에 대한 아웃사이더들의 격분과 분노가 응축된 결과라고 볼 수 있다. 노동자들의 분노가 노사관계의 불균형을 바로잡는 데 기여한다거나 유태인을 비롯한 세계시민들의 나치정권에 대한 분노가 독일의 반성과 배상을 이끌어내듯이 감정은 사회적 관계를 변화시키는 동력이 된다.

다음으로 거시적 감정사회학의 또 다른 의미는 '사회적 관계의 정치학'과 관련되어 있다. 타인의 인격에 대한 존중은 의식적 차원을 넘어 감각적 차원에서 구현되어야 한다. 이는 타인의 삶, 이를테면 고통, 행복, 기쁨, 슬픔, 원통함 등으로 채워진 그의 삶의 과정을 공감하고 인정해주는 일종의 실천감각이 필요함을 의미한다. 그리고 그러한 감각의 수준에서 멈추는 것이 아니라 고통을 덜어내고 기쁨과 행복을 누릴 수 있는 사회적 관계는 어떻게 설정되어야 하는가에 대한 정치적 실천의 문제로 나아가야 한다. 합법적인 사회적 관계라고 해도 그 관계로 인해 누군가가 고통을 느낀다면 그러한 관계는 강요되거나 지속되어서는 안 된다.

정치는 고통을 유발하는 사회적 관계를 해체시키고 대안적 관계를 만들어내는 통치테크닉이라는 점에서 인간의 감정에 더욱 민감해질 필요가 있다. 타인의 고통, 슬픔, 배려에 무감각한 정치는 그것이 아무리 세련된 모습으로 나타날지라도 종국에는 아렌트가 주장한 '무사유'(thoughtlessness)와 '악의 평범성'이라는 파국으로 치닫게 될 것이다.(아렌트, 2006: 349).

이처럼 사회학이 감정에 주목해야 하는 이유는 인간에 대한 인간학적인 낭만성을 넘어 사회비판의 원천적 에너지를 제공해주기 때문이다. 이것이 곧 인간학으로서의 사회학을 복원하는 것이고, 데카르트의 "코기토"(Cogito: 나는 생각한다, 고로 존재한다)가 "나는 느낀다, 고로 존재한다"로 변경되어야 하는 이유이다.

이러한 거시적 감정사회학의 노력은 우리로 하여금 '성찰적 감정'(reflective emotion)의 필요성을 역설하게 한다. 성찰적 감정은 타인과의 관계를 '두껍게' 이해하려는 감각이자 더 민주적이고 수평적으로 관계를 도모하려는 아비투스이다. 사회적 분화와 복잡성이 날로 확대되어가는 현대세계에서 인간에게 성찰적 감정은 그 복잡성을 줄이면서 동시에 타인과의 관계를 돈독하게 하는 실천감각이다. 부당한 권력관계에서 비롯되는 인권유린이나 생존권 박탈에 대해 분노하고 피해자의 감정에 공감하는 것, 정의롭지 못한 행위에 대해 부끄러워하는 것, 타인에 대한 차별이나 무시에 민감해하는 것 등이 성찰적 감정에 내재한 비판성이다. 그리고 그것이 거시적 감정사회학이 도달하려는 궁극적 지점의 하나이기도 하다.

공포에 주목한 이유: 공포'전가'체제

이 책은 그간 우리가 학술지에 발표한 감정사회학 논문들 중 공포를 주제로 삼고 있는 것만을 모은 것이다. 독자들은 왜 사랑, 분노, 슬픔 등 다른 여타 주제들이 아닌 굳이 공포인가 하는 의문을 가질 수도 있다. 사실 오늘날 서구 인문학자와 사회학자들은 물론 최근 한국의 여러 학자들도 부쩍 공포에 대한 관심을 보이고 있다.(글래스너, 2005; 바우만, 2009; 푸레디, 2011, 2013; 안종주, 2012) 이는 아마도 우리 사회뿐만 아니라 전 세계적으로 나타나는 온갖 불안의 징후들에서 알 수 있듯이, 공포가 오늘날의 사회를 뒤덮고 있는 가장 지배적인 감정이라는 점을 반영하고 있을 것이다.

하지만 공포는 현대사회에서만 유독 부각되는 감정은 아니다. 공포는 미래의 불확실성과 예측가능성에서 비롯되는, 인간이 지닌 보편적 감정이다. 따라서 켐퍼나 터너와 같은 경우 공포를 기쁨, 화, 슬픔과 함께 인간의 일차적인 감정으로 규정한다.(Kemper, 1987; Turner, 2011: pp.3~9) 그들은 그 외 다른 감정들은 이 기본 감정들로부터 파생한다고 여긴다. 그럼에도 불구하고 특히 우리를 포함하여 사회학자들이 공포에 관심을 가지는 이유는 오늘날 공포가 이전과는 다른 형태의 메커니즘을 통해 발생한다는 점 때문이다.

감정이 특정한 시·공간성과 사회성을 지닌다는 점에서 오늘날 공포를 유발하는 시·공간성과 사회성은 분명히 전통사회의 그것과 다를 수밖에 없다. 그런 만큼 사람들이 공포를 벗어나는 또는 벗어나게 하는 기제, 즉 기든스(1991)가 말하는 '존재론적 안전'의식을 확보하는 방식 또한 다르다. 전통사회에서 공포는 우리의 통제 밖에 있다고 생각되는 자연적인 힘과 인간의 무지에서 오는 것들이 대부분이었다. 당시 인간이 인지적 능력을 통해 그러한 힘을 통제할 수 없었기에 미래에 대한 전망은 전적으로 초자연적인 존재 또는 종교적 존재만이 부여할 수 있는 고유한 권한이었다. 그리고 인간은 그것들을 통해 공포를 극복하기보다는 '망각'함으로써 자신의 안전감을 확보했다.

그러나 '주술로부터 해방된' 근대사회에서 미래는 전적으로 개인의 몫이다. 개인들은 이제 꿈, 희망, 기대를 스스로 정하고 스스로 부과하며, 그에 책임도 스스로 져야 한다. 이렇듯 근대사회는 개인에게 무한한 가능성을 부여하지만, 또한 개별화된 개인들의 극한적 생존을 위한 극한적 경쟁은 의미 있는 삶을 살아가는 능력을 심히 위협하기도 한다. 그리고 이러한 상황에서 발생하는 공포로부터 안전감을 확보하는 것은 사회의 책임, 보다 구체적으로는 국가와 전문가체계의 책임이 되었고, 사회의 합리화·과학화는 두 장치가 그것을 수행하는 과정이었다. 이는 바로 불안과 복잡성을 감소시키고 예측 가능성을 높임으로써 공포를 극복—비록 완전히 극복할 수 있는 것은 아니지만—하기 위한 것이기도 했다. 산업화, 민주주의, 복지국가의 발전은 그러한 과정이 만들어낸 산물이었다. 그리고 이것은 신뢰체계의 구축을 통해 공포를 적극적으로 '극복'하고자 한다는 데서 큰 의미를 지니는 것이었다.

하지만 지난 몇십 년 동안 그간의 사회안전망을 구축해오던 근대사회는 체계의 모순과 함께 그 역의 과정을 걷기 시작했다. 그간 생산력 증대를 통해 경제적 안전망을 확보하고자 했던 자본주의체계는 생산관계와 모순을 불러일으키며 사회안전망을 위협해오고 있다. 사회의 양극화, 민주주의의 위기, 복지의 축소, 지구온난화, 전 지구적 실업사태는 그 과정이 만들어낸 것이다. 이러한 것들은 그간의 신뢰체계를 무너뜨리며, 경제적 공포, 정치적 공포, 사회적 공포, 환경적 공포, 더 나아가 사람에 대한 공포에 이르기까지 공포를 전면화하고 있다. 이제 공포에 질식된 개인들은 스스로 미래를 기획하거나 심지어는 희망을 가지기조차 어렵게 되었고, 모순에 직면한 사회체계는 이제 공포극복이 아닌 공포 '전가'에 몰두하고 있다. 즉 사회는 개인들에게 공포의 책임을 전가함으로써 '사회적' 안전을 담보하기 위한 통치술을 발전시키는 데에만 에너지를 쏟고 있다.

한국 사회는 이러한 공포관리체제의 특성을 가장 잘 보여준다. 젊은 청년들은 일자리가 없어 미래를 빼앗기고, 복지 사각지대의 사람들은 빈곤에 시달리고, 무한경쟁에 처한 사람들은 그들의 인간적 감정까지도 박탈당하고, 그로 인한 죽음의 공포에 시달리는 사람들은 자살로 그 공포를 끝내고 있다. 하지만 한국 사회는 미래의 경제위기 공포만을 전면에 내세우고, 현재의 공포가 아닌 미래 세대의 공포를 줄인다는 명목 하에 이미 공포를 강화하고 있는 기존의 생산 레짐을 고수함으로써 공포를 극복하겠다고 나서고 있다. 이것 역시 푸레디(2013)가 말하는 식의 공포정치의 하나가 아닌가! 다른 한편으로 국가권력은 '불량식품', '성폭력', '학교폭력', '가정폭력'을 공포의 주범으로 삼아, 공허한 안전담론을 내세우는 데 여념이 없다. 하지만 애석하게도 국가는 그러한 4대악도 현재의 공포를 만들어내고 있는 체계에서 연원한다는 점을 인식하지 못하거나 그것을 애써 외면하는 것으로 보인다.

오늘날 우리가 겪는 공포는 앞서도 지적했듯이 과학과 합리성이 진전되는 과정에서 비롯된 '제조된 공포'가 대부분이다. 이를테면 원자력발전소 사고, 최첨단무기가 동원되는 전쟁, 광우병, 지구온난화, 대형사고 등에 대한 공포는 분명 전통사회에서는 경험할 수 없던 것들이다. 이러한 공포에 대한 논의는 일찍이 근대성 비판이나 '위험'을 다룬 여러 사회학자들(벡, 1997; 기든스·벡·래쉬, 1998; 바우만, 2008; luhmann, 1991)에 의해 활발하게 진행되기도 했다. 그러한 사건들은 고도로 발달한 산업사회에서 목격되지만, 그 발생 원인과 여파에 대해서는 누구도 예측할 수 없는 불투명성, 즉 예측 불가능성을 내포하고 있다. 근대사회가 고도의 기능적 분화과정을 거치면서 복잡성이 증대했을 뿐만 아니라 공간적 범위 또한 전 지구적으로 확장됨으로써 사건들이 통제 불가능한 미궁으로 빠져버릴 가능성이 매우 높아지고 있다. 그렇기에 공포는 더욱 더 가중된다.

그러나 이러한 사태의 진전에 한몫, 아니 큰 몫을 한 자본주의는 이 공포마저도 자신의 논리에 종속시키며 공포를 온갖 형태의 상품으로 탈바꿈시키고 있다. 공포의 상품화가 바로 그것이다. 대표적인 상품이 바로 보험과 보안시스템이다. 이제 모든 위험과 공포가 자리하는 곳에 공포상품이 따라다닌다. 오늘날 공포산업은 이제 거대한 블루오션이다.

여기에는 언론도 예외일 수 없다. 최근 메르스 사태가 발생했을 때에도 엄밀한 과학적 절차를 통해 어떻게 해결될지에 앞서 공포를 부추기는 기사가 진보·보수매체를 가릴 것 없이 난무했다. 24시간 미디어체제에서 어떤 특정 사건은 '영원한 현재성'을 획득하면서 우리의 감각을 쉬지 않고 자극한다. 메르스는 내 바로 옆에 있는 듯하고 내가 숨 쉬는 어느 때고 침투할 준비가 되어 있는 것처럼 위협한다. 매체들 간의 보도경쟁은 언론의 진실성과 상관없이 공포를 팔아먹을 수밖에 없다. 어떤 면에서는 진보매체가 공포를 상품화하는 데에 더 익숙할지도 모른다. 아이러니하게도 진보매체는 정부의 무능력까지 비판해야 하기 때문이다. 이제 메르스에 대한 엄밀한 조사나 방어능력이 없이 증폭된 공포 속에 빠지게 된 일반인들은 그저 마스크가 별 소용없는 줄 알면서도 불안감을 떨치기 위해 그것을 착용할 수밖에 없을 뿐이다. 그리고 소독제가 얼마나 유용할지에 대해 별로 신뢰하지 않으면서도 세정제를 틈틈이 사용한다. 과연 이러한 공포는 궁극적으로 누구에게 이득이 되는가?

이와 같은 상황은 현대를 살아가는 개인과 사회에 어떻게 영향을 미치는가? 물론 개인은 자신이 사회적으로 누리는 지위와 권력 등 각자가 처한 상황에 따라 공포를 다르게 경험할 것이고, 사회안전망의 구축 정도에 따라 사회가 공포에 대항하는 정도도 다를 것이다. 하지만 근원적인 공통의 문제는 공포가 개인적 차원과 사회적 차원 모두에 있어서 미래에 대한 기획과 사회변혁의 가능성을 점차 차단시킨다는 점이다. 개인이나 사회 모두 공포를 극복하기 위한 노력보다는 당장 직면한 공포를 최소화하는 데 초점을 맞춘 나머지 개인적 삶의 양식이나 사회구조를 변화시켜나가기 위한 새로운 도전, 실험, 기획은 그 자체가 공포를 촉발하는 원인이 되어버린다.(푸레디, 2011)

그렇다고 변화와 도전의 길이 가로막혔다는 것은 아니다. 다만 개인은 자율적 판단에 의해 사회모순이나 기득권에 대항하는 이상주의적인 도전이 아니라 기득권이나 지배계급이 제공한 '도전과 혁신 매뉴얼'에 따른 현실주의적 도전에 익숙해지고 있을 뿐이다. 오늘날 우리 사회에서 창궐하는 온갖 '도전'과 '혁신' 레토릭은 기득권자들의 지배를 좀더 견고하게 하는 데 봉헌할 뿐이다. 도전, 혁신, 창조, 개척정신, 자기계발, 인문정신 등의 언어마저도 국가권력과 기업에 의해 이미 장악되어버렸다. 하여튼 도전이고 창조이고 혁신이니 뭘 어쩌겠는가?

이러한 레토릭에 갇힌 수많은 사람들은 자신이 행하는 혁신과 도전의 궁극적인 지점이 어디를 향하는지를 냉정하게 바라보기보다는 차라리 자기계발서적으로 눈을 돌린다. 왜 그리고 무엇에 도전해야 하는지를 일일이 따지는 일은 공상이자 시간낭비이다. 그리하여 무모하든 무한하든 '도전'하는 것 자체가 미학적 권위를 획득한다. 다시 말해 이유야 어떻든 '땀 흘리는 것' 자체가 의미 있고 아름다울 뿐이다. 삶의 가치와 목적은 주변으로 밀려나고, 살아가는 또는 생존하는 방법만이 난무한다.

하지만 역설적이게도 이러한 무한도전은 자기계발과 극도의 '안전' 이데올로기가 된다. 안전을 위해서라면 맹목적인 도전마저도 불안을 잠식하는 합리적 선택이 되기 때문이다. 결국 이러한 도전과 안전추구는 새로운 지배이데올로기로 부상한다. 그리하여 오늘날 자기계발은 무한경쟁체제에서 버티기 위해 개인이 동원할 수 있는 가장 손쉬운 안전장치가 되었다. 맹목적인 도전 자체가 불안으로 가득 찬 개인들이 취할 수 있는 최선이 된 시대가 바로 '지금, 이곳'이다.

공포는 현대사회에서 '신'이 되었고, 안전은 '신앙'이 되어버렸다. '생명관리'는 의례가 되었고, '각자도생'은 윤리가 되어버렸다. 특히 한국 사회가 1997년 외환위기를 겪은 이후 거의 20여 년을 보내는 동안 공포는 우리의 영혼으로 스며들어 정신구조까지 바꿔놓고 있다. 사실이 어떻든 매스컴은 불안을 자극하는 기사를 실시간으로 업데이트하고 안전을 소재로 한 방송 프로그램이 날로 번창하면서 광고주들의 입맛을 유혹한다. 공포는 후기자본주의 시대에 새로운 이데올로기로 등극함으로써 계급, 권력, 사회구조적 차원의 문제를 안전의 문제로 바꿔놓았다.

오늘날 공포나 불안은 체계의 문제이지만 그럼에도 정작 개인들이 할 수 있는 것, 아니 생존을 위해 할 수밖에 없는 것은 가족과 내 한 몸을 안전하게 챙기는 것이다. 그리고 이것이 개인에게 지상명령이 됨으로써 자신의 안전을 위협하는 개인과 제도는 모두 공격의 대상이 되고, 그러한 대상에 무차별적 공격을 가한 사람은 자신의 사적인 안전을 위협하는 모든 세력을 상대로 스스로를 '희생자'로 치장한다. 일명 '묻지마 범죄'가 우리 사회에 난무하고, 범죄자가 죄의식조차 없는 것도 바로 이것에서 연유한다. 하지만 이것 역시 사적인 안전을 최우선적 가치로 만든 우리 사회가 만들어내고 있는 일이다.

이렇듯 공포는 이제 사람들의 삶을 짓누르는 하나의 감정을 넘어 개인들의 사회적 삶을 지배하는 윤리의 토대이자 사회를 또 다른 모습으로 바꾸어가는 힘으로 작용하고 있다. 그렇기에 공포는 우리가 거시적 감정사회학을 구축하는 데 하나의 적합하고 유용한 소재였고, 이것이 바로 우리가 이 책에서 공포에 주목한 이유이다.

이 책의 구성

이 책은 서론에 해당하는 이 글을 포함하는 제1부를 비롯하여 네 개의 부로 구성되어 있다. 제2장 '거시적 감정사회학을 위하여'에서는 이 책을 이루고 있는 모든 장의 논의를 이끄는 이론적 시각을 정립한다. 이 장에서 우리는 지금까지의 '합리성'의 사회학에 대비되고 또 그것을 보완하는 감정사회학의 필요성을 제기하고, 더 나아가 감정을 종속변수에서 독립변수의 지위로까지 끌어올려, 감정이 사회를 어떻게 구성하고 변화시키고 또 그 변화를 지체시킬 수 있는지를 논의한다. 다시 말해 우리는 사회학의 '감정적 전환'을 꾀하고, 더 나아가 '감정정치'의 필요성까지를 피력한다.

제2부 '공포, 일상, 개인의 삶'에서는 오늘날의 공포가 개인의 일상적인 삶에 어떤 영향을 미치고 그 안에서 우리는 어떤 주체로 살아가는지에 대한 논의를 전개한다. 이러한 논의의 하나로 우리는 제3장 '공포, 개인화, 그리고 축소된 주체'에서는 현대 한국 사회의 일상

적 삶의 특징을 공포를 통해 이해함으로써 일상생활에 대한 감정사회학적 접근을 시도한다. 특히 우리는 현재 우리 사회를 특징짓는 불확실성과 공포문화가 어떻게 공포의 '사사화' 현상을 초래하고 축소된 주체를 탄생시키는지를 포착한다.

제4장 '부자 되기' 열풍의 감정동학'에서는 1990년대 이후 한국사회를 뜨겁게 달구었던 부자열풍을 감정사회학적 시각에서 분석한다. 이 장에서 우리는 부자 되기 열풍이 단순히 사회구조적 산물이라기보다는 '부자 되기'라는 주체적인 행위의 차원과 결합된 집합적 열망이라는 점을 강조하면서, 그 감정동학을 공포-환멸-선망의 삼중주로 파악한다.

제5장 '먹을거리 불안·공포와 먹을거리 파동'에서는 먹을거리 불안과 먹을거리 파동이 발생하고 사라지는 구조적 메커니즘과 감정동학을 탐색한다. 우리는 그러한 작업을 통해 먹을거리 파동을 신뢰와 불신의 변증법적 과정으로 이루어지는 공포 커뮤니케이션 과정으로 파악하고, 그러한 먹을거리 파동을 줄일 수 있는 방법으로 '먹을거리 윤리학'을 제시한다.

이 책의 제3부 '공포, 노동, 후기자본주의'에서는 후기자본주의 체제에서 격렬해지고 있는 경쟁 메커니즘과 공포가 노동자와 극빈자들의 행위에 어떻게 영향을 미치고 그들이 어떠한 행위 특성을 보이는지를 살펴본다. 그중 하나인 제6장 '고도경쟁사회 노동자의 공포 감정과 행위양식'에서는 오늘날 노동자들의 좌절과 공포를 양산하고 노동자의 존재 기반까지 박탈하고 있는 상황을 '고도경쟁 레짐'으로 개념화하고, 그 속에서 노동자들이 느끼는 감정구조를 포착한다. 우리는 그 같은 상황에서 노동자들의 공포가 그 배후감정―분노, 수치심, 무력감, 체념―에 따라 어떻게 각기 다른 행위양식―저항, 자기계발, 예속, 체념―으로 발현되는지를 살펴봄으로써, 현재 왜 노동자들의 저항이 줄어들거나 약화되는지를 설명한다.

제7장 '노숙인, 공포, 후기자본주의적 감정통치'에서는 노숙인의 사회적 삶을 후기자본주의적 맥락에서 재구성해보고, 그들에 대한 장치(dispositif)의 꾸준한 개입에도 불구하고 노숙인은 사라지기는커녕 정체되거나 더 늘어나는지를 감정사회학적으로 밝힌다. 우리는 후기자본주의적 감정통치가 지닌 모순과 역설이 그러한 과정을 설명해준다고 주장한다.

제4부 '공포, 정치, 사회운동'에서는 공포가 정치와 사회운동에 끼치는 영향과 그것이 현실정치와 운동에 어떻게 반영되고 활용되는지를 분석한다. 제8장 '공포정치와 복지정치'에서는 보수정권 내에서 복지의 확대와 축소를 가져오는 요인은 무엇인지를 감정사회학적으로 해명한다. 우리는 이 장에서 집권 보수세력의 권력축소와 권력상실의 공포가 보수정권의 복지정치의 동학을 설명할 수 있다고 주장한다.

마지막으로 제9장 '먹을거리, 공포, 가족동원'에서는 2008년 '미국산 쇠고기 수입 반대 촛불집회'를 다룬다. 이 장에서 우리는 이 촛불집회의 주요한 특징 중의 하나가 '집회의 여성화', 그중에서도 특히 '가족단위의 동원'이었다는 점에 주목한다. 우리는 이 장에서 가족동원의 감정 범주로, '모성'의 사회적 실천, 정부와 전문지식체계에 대한 '신뢰'의 철회, 광우병이라는 미래에 닥쳐올지도 모를 '공포', 기본권 부정에 대한 '분노'를 설정하고, 이것들이 어떻게 구체적으로 가족동원을 이끌었는지를 분석한다.

우리의 이러한 작업이 우리가 제기한 감정사회학, 그것도 거시적 감정사회학적 시각의 적실성을 일부나마 보여줄 수 있기를 희망해본다.

2 거시적 감정사회학을 위하여

합리성의 사회학 넘어서기

사람들은 특정 사건이 발생하거나 특정한 행위가 일어날 때면, 이를테면 우리 사회에서 촛불집회가 발생하고 대통령 서거에 추모 물결이 일어났을 때, 대체 왜 그런 일이 갑자기 발생할까 의아해하곤 한다. 이러한 현상을 설명하는 것을 전문으로 하는 사회학자들 역시 당혹스러워하기는 마찬가지였다. 왜냐하면 자신들이 가지고 있는 전문지식, 그리고 최신의 서구 사회이론을 동원하더라도 그것들을 명쾌하게 설명할 수 없었기 때문이며, 그리하여 사회학적 설명의 한계를 절실히 느끼기도 했다.

그렇다면 이러한 사회학적 설명의 한계는 어디에서 오는가? 거기에는 여러 가지 이유가 있겠지만, 그중 가장 중요한 원인은 근대 사회학의 성격과 관련되어 있는 것으로 보인다. 사회학은 근대 세계의 합리성에 토대하여 성립했고, 그간 인간행위와 사회현상을 합리성으로 재단하는 데 몰두해왔다. 하지만 인간의 사회적 삶과 사회현상은 합리성의 구현물일 수만은 없다. 왜냐하면 인간의 삶과 행동에는 항상 감정이 자리하고 있기 때문이다. 그럼에도 불구하고 '합리성의 사회학'이 그간 설득력을 지닐 수 있었던 것은, 이른바 '이성의 시대'에 감정은 내면의 삶 속으로 잠복하거나 아니면 억제됨으로써 사회에서 발현되지 않거나, 발현된다고 하더라도 비합리적인 것 내지 병리적인 것으로 간주되어 통제되어왔기 때문이다.

하지만 이제 감정은 이 통제의 사슬에서 벗어나, 각 개인의 삶에서 적극적 가치 중의 하나로 인식되고 있고, 심지어 '감정의 상업화'에 대한 논의도 꾸준히 이루어져왔다. 이렇듯 감정이 인간의 삶과 사회현상 구석구석에서 지대한 부분을 차지하고 있음에도 불구하고, 사회학은 사회적 삶을 합리성으로 축소시켜 이해함으로써 많은 부분을 그 설명에서 놓치고 말았다. 그렇다고 그간 감정에 대한 사회학적 설명의 시도가 없었던 것은 아니다. 이는 두 가지 방향에서 진행되어온 것으로 보인다.

첫째는 감정사회학을 구축하고자 하는 시도였다. 즉 1970년대 중반 이후 켐퍼(Kemper, 1978)의『감정의 사회적 상호작용 이론』과 혹실드(Hochschild, 1983)의『관리되는 마음』의 출간과 함께, 일군의 사회학자들은 감정에 대한 사회학적 논의를 본격화하기 시작했다. 더나아가 미국, 영국, 호주 사회학회 내에 감정사회학 분과를 설립하기도 했다. 하지만 감정사회학은 여전히 전통적인 사회학의 틀에 갇히고 말았다. 즉 새롭게 시도된 감정사회학 역시 감정을 사회나 문화의 산물로 보거나 통계학적 방법을 통해 감정을 설명함으로써 감정의 사회구성론 내지 사회결정론에 머물며, 미시사회학의 한 영역 정도로 축소되었다.

다른 한편 전통적 사회학은 감정을 이성과 감정이라는 이분법적 시각을 통해 다루어왔다. 그리하여 전통적 사회학은 신뢰, 확신, 기대와 같은 긍정적 감정을 '이성화'하여, 행위 예측과 거시 구조의 설명에 활용하는가 하면, 공포나 불안 같은 부정적 감정을 이성적이지 못한 사람들에게서 매스컴이나 여론의 조작에 의해 발생하는 것으로 핍박했다.

감정이 인간행동과 사회과정에서 갖는 중요성에도 불구하고, 이렇듯 사회학 연구에서 주변부로 내몰리거나 심지어 통제 가능하고 예측 가능한 형태로 이성화되기까지 한 까닭은 사회학의 전통적인 이분법 속에서 감정이 제대로 자리매김되지 못했기 때문이다. 그런데 미시사회학의 영역에 머물렀던 감정사회학을 거시사회학과 연계시키며, 감정 범주들을 통해 사회과정을 설명하려는 시도가 최근 일고 있다. 이러한 작업을 촉진한 저작이 바로 바바렛(1998[2007])의 『감정의 거시사회학』이다. 이 장에서 우리는 서구 사회학계에서 진전된 거시적 감정사회학을 소개하여 한국 사회학에 그것의 터를 닦기 위한 작업을 시도한다. 따라서 이 장은 동시에 이 책 전반을 이끄는 이론적·방법론적 토대를 해명하는 장이기도 하다.

그간 국내에서도 감정사회학에 대한 논의가 없었던 것은 아니다. 김경동(1988)은 일찍이 감정사회학을 시론적으로 제기했고, 이성식·전신현(1995)은 미시적 감정사회학을 정리하여 소개한 바 있다. 최근 김홍중(2006)은 문화사회학 맥락에서 감정의 의미를 규명하고자 한 바 있으며, 윤명희(2008)와 엄묘섭(2009)도 감정사회학의 필요성을 이론적으로 역설하고 있다. 또한 신진욱(2007)은 감정사회학의 시각에서 5·18 광주항쟁을, 박형신·이진희(2008; 이 책 제9장)는 쇠고기 수입반대 촛불집회를 분석한 바 있다. 하지만 이러한 글들은 개별 감정과 사회구조의 관계 또는 집합행동에서의 감정의 중요성을 검토하고 있지만, 아직 거시적 감정사회학의 토대를 구축하기 위한 이론적·방법론적 탐색까지는 나아가지 않고 있다.

이 장에서 우리는 먼저 사회학의 연구 대상은 합리적인 것이 아니라 사회적인 것이라는 전제하에 감정의 사회성을 탐색하여, 감정사회학의 토대를 마련한다. 이어서 이러한 토대 위에서 미시적 감정사회학의 성과와 한계를 살펴보고, 행위와 구조를 연결 짓는 거시적 감정사회학의 필요성을 역설한다. 그다음으로 거시적 감정사회학의 방법론을 모색하고, 그간 개발된 거시적 감정사회학의 개념적 틀과 분석 사례를 살펴본다. 마지막으로, 결론에서는 이러한 '감정적 전환'이 갖는 사회학적 의미와 과제를 지적한다.

감정사회학의 터 닦기: 이분법적 전통 넘어서기

인간의 삶은 이성과 감정이라는 쌍두마차에 의해 이끌린다. 마차가 한 바퀴로 달릴 수 없듯이, 인간도 이성과 감정 어느 한쪽만으로 살아갈 수 없다. 하지만 근대사회의 성립과 함께 주술로부터의 해방이라는 이름하에 감정은 억압의 대상, 심지어는 타도의 대상이 되었다. 그렇다고 근대사회의 성립 이전에 감정이 제자리를 차지하고 있었던 것은 아니다. 남성은 이성, 여성은 감정이라는 이분법에 따라 남성 중심 사회에서도 감정을 무시하기 일쑤였다.

근대 사회학의 성립 이후에도 감정은 자연적 · 생물학적인 것으로 간주되었으며, 사회학의 영역에서 점점 멀어져갔다. 초기의 사회학자들이 사회, 사회변동, 사회적 관계에 관심을 집중하고, '자연적인 것'의 부정을 사회적인 것에 대한 설명으로 간주해왔기 때문이다.(Turner, 1991: p.8) 그렇다고 사회학의 성립 이후에 감정이 사회학의 논의에서 완전히 사라진 것은 아니었다.

일부 감정사회학자들조차도 사회학의 창시자들이 감정 문제를 소홀히 다루었다는 이유로 그들을 비난하며, 때때로 고전이론가들을 논의에서 배제해왔지만(예컨대 Thoits, 1989), 사회학이론의 주요 전통은 감정 현상의 사회적 · 도덕적 차원에 특정한 지향을 드러내왔다.(실링, 2009; 김경동, 1988 참조) 대표적인 몇몇 고전 사회학자들만 살펴보더라도 이는 분명하게 드러난다.

베버 사회학의 테제는 '사회의 합리화'라고 말할 수 있을 정도로 그의 논의에서 합리성은 핵심적 위치를 차지한다. 그리고 그가 근대 자본주의 발생의 문화적 에토스를 규명하는 과정에서 근대적 인간의 합리적 퍼스낼리티를 부각시키려는 데 목적을 둔 나머지 감정을 배제하는 전략적 선택을 함으로써 근대사회에서 감정의 역할을 경시한 것도 사실이다. 하지만 베버 역시 감정을 철저하게 무시한 것은 아니었다. 이는 그의 '카리스마적 지배'에 대한 논의에서 분명하게 나타난다. 그에 따르면, "카리스마는 한 개인이 지닌 자질로서, 이것 때문에 그는 초자연적·초인간적 또는 적어도 특수하게 예외적인 권력이나 자질을 지닌 비범한 존재"로 취급된다. 이때 카리스마적 인물의 정당성은 그 자신이 실제로 그러한 자질을 가지고 있는가가 아니라 복종자들이 그에게 보내는 "열광이나 절망, 희망 등에서 유래하는 완전히 인격적인 헌신"에 기초한다.(베버, 1991: pp.186~187) 카리스마적 지배는 이처럼 강렬한 헌신과 절대적 신뢰에 기초하기 때문에, 사회변화를 이끌 수 있는 특수한 혁명적 힘으로 작동한다. 베버는 결국 이 관료제화 과정이 사회변동 과정에서 작동하는 감정적 요소를 체계적으로 배제할 것으로 보지만, 또한 그것이 초래할 감정 없는 삶을 한탄하기도 한다.

다른 한편 뒤르케임도 심리학과 구분되는 사회학의 독자성을 확보하기 위해 '개인적 사실'과 대응되는 '사회적 사실'을 강조하고 나서지만, 감정을 개인적 사실로만 취급하지 않는다. 뒤르케임에게서 사회는 "개인들의 결합이 만들어내는 새로운 종류의 정신적 개체"이며, 그것의 심리적 속성은 '집합표상, 감정, 경향' 속에서 표현된다.(Durkheim, 1966: p.103, p.106) 하지만 뒤르케임에게서 중요한 것은, 그러한 속성이 개인주의 사회이론가들의 주장처럼 개인의식에서 나오는 것이 아니라, 사회적 조건에 의해 발로된다는 점이다. 뒤르케임이 『종교 생활의 원초적 형태』에서 보여주듯이 '성스러운 것'에 대한 집합적 감정은 사회질서의 근원이며, 『사회분업론』에서 보여주듯 연대감은 사회통합의 토대이다. 또한 뒤르케임은 『자살론』에서 근대사회에서 집합의식의 약화와 개인의식의 강화가 연대의 기초를 변화시키고, 사회의 조직 원리조차도 변화시킨다는 점을 분명하게 밝히고 있다.

또한 짐멜은 사회변동이 개인의 감정에 어떻게 영향을 미치는지를 연구한 대표적인 학자이다. 이를 잘 보여주는 글이 짐멜의 「대도시와 정신적 삶」이다. 이 글에서 짐멜은 베버와 마찬가지로 자본주의적 합리성이 감정을 체계적으로 대체해나가는 과정을 설명하지만, 한 단계 더 나아가 그것에 맞서는 개인들의 감정적 삶의 모습을 그린다. 그에 따르면, "대도시에서 삶이 복잡해지고 확대됨에 따라 요구되는 시간 엄수, 계산성, 정확성은 ……삶의 내용에 영향을 미치고, 인간의 비합리적·본능적·자주적 특질과 충동을 ……배제하게 하는 데 기여한다."(Simmel, 1971: pp.328~329) 다른 한편 개인들은 이러한 "외적 환경의 동요와 단절에 의해 삶이 위협받는 심각한 혼란에 맞서 삶의 보호기관을 만들어낸다."(Simmel, 1971: p.326) 이것이 그가 말하는 '둔감함이라는 감정'이다. 결국 개인들은 그렇게 둔감해지면서 자신들의 신경을 도시의 삶에 적응시키고, 그리하여 그들의 신경은 과잉 자극에 의해 소진되어, 그러한 자극에 대해 최소한으로 반응한다.

한편 엘리아스는 '문명화 과정'을 통해 인간의 감정 구조와 그것의 통제가 서구 사회에서 어떻게 이루어졌는지를 탐구한다. 그에 따르면, 문명화 과정은 "본능의 억제, 즉 심리화와 합리화"의 과정이다. 감정과 관련시켜 볼 때, 이 과정은 자기통제에 대한 사회적 강제의 강화, 감정의 통제, 수치심과 당혹감의 강화로 나타난다. "문명 단계에서의 통상적인 훈련은 자기통제의 형태로 주입된 두려움을 통해 ……욕구 표출을 억제하게 한다."(엘리아스, 1995: p.386) 이제 감정은 세련되고 합리적인 형태로 변형되어 문명화된 사회의 한 자리를 차지하게 된다. 그 대표적인 예가 사회적으로 허용된 호전성과 공격욕을 표현하는 스포츠 경기이다. 또한 자기통제의 강화는 내면의 불안감의 강화와 함께 수치심과 당혹감의 한계점을 극히 낮추는 결과를 초래한다. 이처럼 엘리아스에게서도 "욕망을 사회 발생적 자기통제로 억제하는 태도는 문명화된 사람의 중요한 특징"으로 나타난다.(엘리아스, 1995: p.384)

이처럼 고전 사회학자들의 논의 속에 감정이 중요한 자리를 차지하고 있으면서도, 사회학에서 이러한 전통을 잃어버리게 된 것은 사회학의 전개 과정에서 이분법적 패러다임이 강력하게 작동했기 때문이다. 계몽주의를 근간으로 한 근대과학은 이성/감정, 문화/자연, 합리성/비합리성, 몸/마음 등의 이분법을 통해 세계를 재해석함으로써 다양한 억압과 폭력을 내재한 담론을 구성해왔다. 이 이분법 안에서 감정은 앞서 논의한 고전 사회학자들에게서도 나타나듯이, 늘 합리성에 의해 극복되거나 통제되어야 하는 대상으로 사회학적 영토의 주변에 머물러 있었다.

고전 사회학자들이 감정이 사회에서 갖는 역할을 무시하지는 않았는데도 불구하고, 현대 사회학에서는 그 변두리에서마저 추방당한 까닭은 무엇인가? 많은 학자들은 그 이유를 파슨스에게서 찾는다.(실링, 2009; 바바렛, 2007; Barbalet, 2008) 다시 말해 파슨스가 사회학의 주체에 대한 관심을 사회적 행위의 규범적 성격에 대한 관심으로 대체함으로써 감정의 중요성을 주변화시키는 데 중요한 기여를 했다는 것이다. 바바렛(2007: pp.40~42)은 파슨스의 '감정 중립성' 개념이야말로 사회과정을 이해하는 데서 감정이 갖는 중요성을 세련되게 무시하고 있는 전형적인 사례라고 본다. 그는 파슨스가 감정이 근대사회에서 하나의 위치를 차지하는 것을 부정하고자 하지는 않지만, 감정은 그에게서는 사회통제의 대상이며, 따라서 그에게서 감정은 "개에게 있는 벼룩 정도로만 허용된다"고 주장한다.

파슨스가 현대 사회학 이론가들과 직·간접으로 맺고 있는 관계와 그의 영향력을 생각할 때, 파슨스가 감정의 추방에 미친 영향에 대한 바바렛의 공격적인 비판은 충분히 수긍할 수 있다. 하지만 현재의 논의에서 보다 중요한 것은 누가 감정을 사회학에서 추방시킨 주범인가가 아니라, 그 배제의 논리가 무엇인가 하는 것이다. 그것은 바로 앞서의 고전 사회학자들의 논의에서도 비치듯이, 감정은 비합리적이라는 가정이었다. 하지만 사회학에서 이러한 논리는 커다란 오류를 범하고 있다. 왜냐하면 사회학의 연구 대상은 그것이 합리적인가 비합리적인가가 아니라 그것이 사회적인가 개인적인가에 따라 결정되기 때문이다.

하지만 이 차원에서도 감정은 생물학적·생리학적·신경과학적 차원에서 발생하는 자동 발생적인 육체적 경험으로 간주되고, 개인적 차원에서 신경과학이나 심리학의 대상일지언정 사회학의 연구 대상은 아니라는 생각이 사회학을 지배해왔다. 그러나 우리가 감정의 신경생물학적 차원을 부정할 수는 없지만, 감정이 그러한 요인에 의해서만 결정되는 것은 아니다. 그리고 그간 사회학에서도 감정의 사회성과 관련한 연구가 꾸준히 진행되었고, 감정 역시 사회적이라는 점을 규명해왔다. 이러한 감정의 사회성은 몇 가지 범주로 나누어 살펴볼 수 있다.

첫째, 감정은 육체적 표징으로 표현되지만, 신체로 환원할 수 없는

'관계적' 속성을 지닌다. 즉 감정은 다른 사람이나 대상과의 관계 속에서 표현된다는 점에서 사회적이다.(버킷, 2009; Dumouchel, 2008) 손쉬운 예를 들면 사람들은 일반적으로 죽음에는 슬픔이라는 감정이 내재해 있는 것으로 가정하고, 죽음에 대한 개인의 내적 감정이 바로 슬픔이라고 생각한다. 그러나 어떤 사람의 슬픔의 정도는 죽은 사람과의 관계에 의해 결정되며, 심지어는 그 관계에 따라서 슬픔과는 정반대의 감정으로 이어지기도 한다. 예컨대 자신과 관계가 전혀 없는 사람의 죽음은 그 사람이 유명하고 유력한 인사라고 하더라도 한낱 하나의 사건에 불과할 수 있으며, 사회적으로는 영향력이 없더라도 친한 친구의 죽음은 슬픔을 넘어 충격으로 다가오기도 한다.

이렇듯 죽음이 가져오는 감정인 슬픔은 단지 죽음이라는 사실이 아니라 그 죽음으로 인해 초래되는 '관계의 상실'이 불러일으키는 감정이다. 따라서 어떤 사람의 죽음은 슬픔이 아니라 정반대로 기쁨을 가져다주기도 한다. 이를테면 자신이 증오하거나 적대적이었던 사람의 죽음은 외적으로는 슬픔을 표현하게 하지만, 내적으로는 기쁨으로 다가올 수도 있다. 이것이 바로 특정인의 죽음을 둘러싸고 감정 대립이 발생하는 이유이기도 하다. 이처럼 "나의 육체 속에서 주관적 느낌으로 경험된 감정은 나 자신과 타자 간의 거래의 일부이다."(바바렛, 2009a: p.13) 다시 말해 감정은 사회적 관계 속에 존재한다.

둘째, 감정은 이처럼 관계 속에서 개인에 의해 표현되지만, 그것은 개인의 내적 특성으로 환원할 수 없는 '맥락적' 속성을 지닌다. 즉 감정은 행위주체가 처한 상황적 맥락에 따라 다양하게 경험되고 표출된다는 점에서 사회적이다. 켐퍼(Kemper, 1978)는 이를 잘 보여준다. 이를테면 만약 당신이 어떤 관계에서 불충분한 권력을 가지고 있을 경우, 당신은 공포를 경험할 가능성이 크고, 만약 당신이 과도한 권력을 행사할 경우, 당신은 죄책감을 경험할 가능성이 크다. 만약 당신이 과분한 지위를 차지하고 있다면, 당신은 수치심을 경험할 가능성이 크고, 만약 당신이 능력에 비해 낮은 지위에 있다면, 당신은 의기소침할 것이다. 이렇듯 상황은 개인들이 경험하는 감정의 조건이며, 감정은 상황에 대한 개인들의 맥락적 반응의 형태이다.

셋째, 감정은 외부의 자극에 대한 반응의 형태로 표출되지만, 그것은 단순한 분출을 넘어 하나의 '행위'의 속성을 지닌다. 즉 베버의 사회적 행위 유형론—목적 합리적 행위, 가치 합리적 행위, 감정적 행위, 전통적 행위—에서도 분명하게 하나의 행위의 유형으로 등장하듯이(베버, 1997: p.147), 감정은 하나의 사회적 행위라는 점에서 사회적이다. 감정은 사회적 공백 상태에서 은밀하게 표출되는 것이 아니라, 타자를 지향하는 하나의 행위이기 때문에, 사람들 간의 상호작용과 사회적 관계에 영향을 미친다. 이를테면 어떤 사람이 화를 냈을 때 상대방이 어떻게 대응하느냐에 따라 관계의 유지 내지 변화, 또는 단절을 초래할 수 있다. 하지만 상대방이 똑같이 화를 낼 것인지의 여부를 결정하는 것 역시 앞서 언급한 관계와 맥락에 따라 달라진다. 이처럼 사람들은 감정적 행위를 통해 사회관계를 형성하고 유지하고 변화시킨다.

넷째, 감정은 이른바 표출적 행위로 규정되지만, 사회적 관계 속에서 통제되고 관리되고 또 특정 감정이 사회적 관계에 의해 요구되기도 한다는 점에서 '규범적' 속성을 지닌다. 즉 감정은 사회관계의 형성과 유지를 위해 일련의 사회규범에 의해 조정되고 규제된다는 점에서 사회적이다. 앞서 언급한 것처럼, 감정은 행위자들 간의 사회적 관계 내부에서 발생하지만, 그 감정의 표출에는 항상 제약이 따른다. 이를테면 장례식장에서 애도와 슬픔을 불가피하게 표현해야 할 때도 있으며, 연회장에서 기쁘지 않더라도 현장 분위기와 참석한 사람들 간의 원활한 소통을 위해 억지로 웃어야 하는 경우도 있다.

자신의 감정을 감추고 애도나 기쁨을 연출해야 할 때, 행위자들은 당면한 상황에 맞는 감정 코드를 활용하여 연극적 상호작용을 유지해나가기도 한다.(Goffman, 1959) 혹실드(Hochschild, 1979)에 따르면, 사회에는 사람들이 따라야 하는 '감정규칙'이 존재하고, 이를 통해 규제되는 감정이 일상적인 의사소통과 관례화된 일상이 지속적으로 유지되는 데 중요한 토대를 제공한다. 이런 점에서 애버릴(Averill, 1980: p.305)은 감정은 "하나의 사회적 역할이며, 사회적으로 구성된 증상"이라고까지 말한다.

마지막으로, 감정은 개인적으로 경험되지만, 사회에서 종종 집단적으로 표출된다는 점에서 '집합적' 속성을 지닌다. 감정이 외적 자극에 대한 반응으로 나타날 개연성 역시 존재하기 때문에, 개별적 감정이 유사한 상황과 감정적 분위기에서는 '집합감정'(collective emotion)으로 전화하기도 한다. 하지만 감정은 관계와 맥락에 따라 다르게 나타나고 규범에 의해 제약되기 때문에, 유사한 상황과 분위기라도 모든 사람이 동일한 감정을 드러내지는 않는다. 그렇지만 이 집합감정이 그러한 감정을 유발한 대상이나 사람을 지향할 때, 그것은 집합행위로 표출된다. 역사상 수많은 집합행위의 근저에 감정이 깔려 있었음은 분명하다.

사회학에서 감정이 하나의 연구 대상이 되었던 것도 바로 감정이 사회적·집합적 성격을 드러냈을 경우였다. 그러나 르봉의 『군중심리학』 이래로 사회학에서 집합감정은 비합리적인 것으로 여겨졌으며, 사회학은 집합감정이 왜 발생하는가보다는 그것을 억제하는 방책을 제시하려고 했다. 하지만 이러한 연구들은 역설적이게도 감정이 비합리적일지라도 사회적일 수밖에 없다는 점을 보여준다.

이상과 같은 감정의 사회성은 그간 사회학에서 감정이 비합리적이라는 이유로 부당하게 무시되어왔다는 사실을 보여준다. 왜냐하면 앞서도 언급했듯이, 사회학의 연구 대상은 합리적인 것이 아니라 바로 '사회적인 것'이며, 그렇다면 감정의 사회성에 대한 연구는 사회학의 주변 영역이 아니라 본령에 속하기 때문이다.

거시적 감정사회학의 터 닦기: 행위와 구조 연결 짓기

이상과 같은 감정의 사회성에 대한 인식은 1970년대 후반 감정에 대한 사회학적 연구를 활성화하며, 감정사회학이 '사회학적 풍경'의 일부가 되게 했다. 이 시기에 제출된 사회학적 논의들은 '실증주의적' 접근방식과 '사회구성주의적' 접근방식으로 대별된다.

실증주의 이론가들(Kemper, 1978; Scheff, 1979; Mazur, 1985)은 기본적으로 감정이 사회적 자극에 자동적으로 반응하는 인간의 생리적·유기체적 현상이라는 점을 전제로 한다. 이들은 감정을 내재적 생리 현상이 어떠한 사회관계의 결과로 나타나는 것이거나 사회적 관계들이 자율신경계에 의한 신체 현상을 통해 경험되는 것이라고 본다.

반면 사회구성주의 이론가들(Hochschild, 1979; Shott, 1979; Averill, 1980)은 생리적·유기체적 현상으로서의 감정보다는 인간의 인지적 해석 과정을 통하여 느껴지는 감정에 더 초점을 둠으로써 인간은 인지적이며 동시에 감정적인 존재라는 모델을 제시한다. 이 입장에 따르면, 감정은 단순히 생리학적 사실로 간주되어야 할 것이 아니라 사회관계 속에서 형성되며, 사회적으로 구성되고 문화적으로 규정되는 것으로 간주되어야 한다.(이성식·전신현, 1995: pp. 16~17)

사회구성주의 접근방식을 대표하는 것이 혹실드(Hochschild, 1979)의 '감정관리 관점'(emotional management perspective)이다. 그

녀에 따르면, 감정은 심리학이나 생리학에서와 같이 통제 불가능한 것이 아니라 일정 정도 관리되고 통제될 수 있는 것이다. 즉 행위자들은 '감정규칙'과 '감정작업'을 통해 감정을 관리한다. 모든 사회에는 사회성원들이 따라야만 하는 여러 규범과 마찬가지로, 주어진 상황에서 감정적으로 '느낄 것으로 기대되'거나 '느껴야만 하는' 감정규칙이 존재한다. 그러나 어떤 사람이 실제로 느끼는 감정은 감정규칙이 바람직한 감정으로 규정하는 것과 다를 수 있다.

이 경우 바람직한 감정을 불러일으키고 그렇지 않은 감정을 억누르는 것, 즉 감정을 변화시키려는 시도가 감정작업이다. 이렇듯 혹실드가 볼 때, 감정 역시 관리행위의 대상이다. 결국 그녀에 따르면, 감정은 사회적 규칙에 의해 통제받는 문화적 규범의 산물이다. 즉 행위자들은 감정을 표출할 때, 특정한 사회에서 구성된 문화적 규범이나 코드를 자발적으로 인지하여 드러낸다. 이를테면 장례식장에서는 슬픔이나 애도, 결혼식장에서는 기쁨이나 웃음 등으로 감정을 표현하는 것은, 장례식의 규범이 있고 결혼식의 규범이 있기에, 사람들이 규범에 따라 감정을 자발적으로 조절하고 통제하기 때문이라는 것이다.

실증주의적 입장을 대표하는 것은 켐퍼(Kemper, 1978)의 '권력-지위 이론'(power-status theory)이다. 혹실드의 입장이 감정의 생물학적 측면을 최소화하거나 무시한다면, 켐퍼는 정신생리학적 입장을 적극적으로 받아들인다. 이 입장에 따르면, 사회적 자극과 생리학적 과정은 서로 무관한 것이 아니라, 특정한 사회적 자극이라는 열쇠와 특정한 생물학적 과정이라는 자물쇠가 맞물려 특정한 감정을 낳는다.(Kemper, 1981: p.338) 이때 켐퍼에게서 특히 중요한 사회적 자극이 사회구조의 작동을 함의하는 변수, 즉 행위자의 권력관계와 지위관계이다. 그가 볼 때, 사회규범보다는 오히려 사회구조가 감정을 산출한다.

앞서 혹실드가 설명하듯이, 장례식, 파티, 결혼식을 지배하는 감정 규범이 존재하고, 사람들이 거기에 부합하는 감정적 노력을 하는 것도 사실이지만, 켐퍼는 표면상으로 드러나는 그러한 규범적 감정보다는 사람들이 실제로 느끼는 감정이 더욱 중요하다고 주장한다. 그에 따르면, 실제적 감정을 유발하는 것은 사회구조로 결정화된 권력과 지위의 관계이다. 이를테면 파티에서 기쁨을 느끼게 하는 것은 참석자에 대한 극진한 대접이 그의 지위를 높여주기 때문이다. 그리고 만약 죽은 사람이 자신에게 과도한 권력을 행사했거나 낮은 지위를 부여했다면, 그와의 관계 상실로 인해 진정으로 슬퍼하거나 애도를 표하지 않을 것이다. 이처럼 켐퍼에 따르면, 권력과 지위 관계상의 상이한 위치가 상이한 생리학적 과정을 유발하고, 이것이 다시 상이한 감정들을 낳는다.(Kemper, 1978)

켐퍼는 사회구성주의와 실증주의의 차이를 다음과 같이 정리하고 있다.

첫째, 사회구성주의자들이 일반적으로 특정 감정의 결정요인으로 생물학적·생리학적 특질의 중요성을 받아들이지 않는다면, 실증주의자들은 반대의 견해를 입증한다. 둘째, 사회구성주의자들은 감정이 대체로 감정에 대한 사회적 규범, 또는 '감정규칙'에 의해 결정된다고 가정하는 반면, 실증주의자들은 사회구조, 특히 행위자의 권력과 지위 관계의 결과가 감정을 결정한다고 주장한다. 셋째, 상징적 상호작용이론 모델을 따르는 사회구성주의자들은 행위자들이 감정을 경험하기 이전에 상황을 정의한다고 제시한다면(그러나 그들은 상황정의가 어떻게 이루어지고, 사람들이 상황을 정의하기 위해 어떤 범주를 사용하는지에 대해서는 설명하지 않고 있다), 실증주의자들은 상황을 정의하고 그러한 정의가 산출한 감정을 결정하는 특정한 사회구조적 범주 도식을 제시한다.(Kemper, 1981: p.336)

이렇듯 이 두 이론적 입장에서 나타나는 차이는 감정의 사회성을 설명하는 데서 생겨나는, 방법론적 차이일 뿐이다. 즉 감정의 생물학적 규정성을 강조할 것인가 감정의 사회구성적 측면을 부각시킬 것인가의 차이이지, 감정이 사회적이라는 데에는 동의하고 있다.

먼저 켐퍼가 정리한 두 입장의 차이 중 첫 번째 사항을 살펴보면, 사회구성주의적 입장 역시 감정의 생물학적·생리학적 측면을 무시하지는 않는다. 단지 생물학적으로 규정되는 감정 역시 행위자의 인지 능력에 의해 관리될 수 있음을 강조하고 있을 뿐이다. 반면 실증주의적 입장은 감정을 어떤 특정한 사회적 자극에 대한 생물학적 반응으로 본다. 결국 양자 간의 차이는 사회적 요인이 감정의 결정 이전에 개입하는가 아니면 이후에 개입하는가의 문제이다. 다시 말해 사회가 생물학적 감정을 결정하는가 아니면 생물학적 감정이 사회에 의해 구성되는가의 문제이다. 이것은 '사회적인 것'을 둘러싼 사회학의 오랜 방법론 논쟁 중의 하나, 즉 '방법론적 개인주의'와 '방법론적 전체주의'의 감정사회학적 반영이다.

두 번째 쟁점은 감정이 사회규범에 의해 결정되는가 아니면 사회구조에 의해 결정되는가의 문제이다. 후자의 입장에 따르면, 감정은 어떤 특정한 사회적 자극에 대한 자동적인 유형화된 반응이기에 인과관계를 설정할 수 있다면, 전자의 경우에는 감정은 결국 다양한 사회적 상황에 의해 규정되기 때문에, 어떤 결정론적 관계에 의해 법칙적으로 설명할 수 없다. 이것 역시 사회학의 '실증주의적 방법' 대 '해석학적 방법' 논쟁의 감정사회학 버전이다.

세 번째 쟁점은 사회적 요소가 감정에 개입하는 방식에 대한 문제이다. 사회적 요소가 감정에 개입하기 위해서는 블루머(Blumer, 1969)의 용어로 인지적 개인에 의해 상황에 대한 해석(interpretation)과 정의(definition)가 요구된다. 여기에서 중요한 것이 해석과 정의의 프레임(frame)이다. 사회구성주의의 프레임이 사회규범이라면, 실증주의의 프레임은 사회관계이다. 그러나 사회학에서 규범과 관계 역시 이분법적으로 구분될 수 있는 것이 아니다. 규범이 관계를 제약하는가 하면, 제도화된 관계가 규범의 토대이기 때문이다.

사회학 전반에서 이러한 방법론상의 쟁점이 결국 통합이론을 지향하게 했던 것과 마찬가지로, 초기 감정사회학에서도 양자를 통합하고자 하는 시도가 있었다. 그것이 바로 감정의 생물학적 속성과 사회적 속성을 결합시키고자 한 켐퍼(Kemper, 1987)의 시도이다. 그는 '일차적 감정'(primary emotion)과 '이차적 감정'(secondary emotion)을 구분함으로써 양자를 통합하고자 한다.

일차적 감정은 생물학적으로 자율신경계를 통해 본능적으로 발생하는 감정으로, 켐퍼는 그런 감정으로 공포, 화, 만족감, 우울감을 들고 있다. 이차적 감정은 사회화된 행위자가 일차적 감정을 자동적 반응으로 경험하면서, 그러한 감정을 정의하고 해석하는 것을 통해 획득하는 감정이다. 이를테면 죄책감은 해서는 안 되는 일을 함으로써 오는 처벌에 대한 두려움이며, 자부심은 사회적으로 정의된 만족감이 자아에 대한 기쁨으로 승화된 경험이고, 수치심은 자신의 무가치성에 대한 화를 스스로가 느끼는 방식이다. 그는 일차적 감정을 문화를 초월하는 생리학적인 보편적 감정으로, 그리고 이차적 감정을 사회 문화적 또는 역사적 조건에 따라 다르게 구성되는 감정으로 규정함으로써 실증주의와 구성주의를 통합하고 있다.

켐퍼의 통합을 비롯한 초기의 사회학적 감정 논의는 개인의 감정이 어떻게 사회적 맥락을 반영하고 어떻게 사회적으로 구성되는지를 밝히고 있다는 점에서, 감정을 사회학의 영역에 복원시킨 것은 분명하다. 하지만 감정은 여전히 합리적 개인의 인지적 차원에 의해 미시적 수준에서 사회적으로 구성되거나 결정되는 종속적 결과일 뿐이다. 따라서 이러한 접근 방법들에서 감정이 사회적 성격을 갖는 것으로 묘사되지만, 감정은 결국 합리적 개인에 의한 감정적 반응과 감정관리의 문제에 불과하게 된다. 그렇기에 감정사회학은 사회학 내에서도 사회심리학의 한 분과로, "사회학적 상상력의 범역(範域) 밖에서 주기적으로 관심을 끄는 '좀 별난' 주제들과 나란히 분류되는 하나의 사치스러운 호기심"으로 묘사되어버리고 말기도 했다.(실링, 2009: p. 26)

이처럼 초기 미시적 감정사회학이 사회학에서 홀대받은 것은 결국 감정 역시 하나의 사회적 산물로 파악되어, 감정이 사회에서 수행하는 역할을 무시하고 있기 때문이다. 그렇다면 감정은 대규모의 또는 거시적인 사회과정에서 어떤 의미를 지니며, 단지 개인들 간의 대면적 성격의 사회적 상호작용만이 아니라 역사적 맥락에서 사회적 행위자들을 집합적으로 동원하는 데서 어떤 역할을 수행하는가? 이것이 바로 감정에 대해 거시사회학적으로 접근하는 학자들의 질문이자 그 출발점이다.

거시적 감정사회학자들은 감정이 사회적 결과가 아니라 사회적 원인일 수 있다는 점, 특히 감정을 단지 종속변수를 넘어 "어떤 사회적 결과를 낳는 동기, 또는 주변 환경과의 관계를 지속시키거나 변형시키는 어떤 행동 경향"으로 파악하고자 한다.(Frijda, 1986) 즉 그들은 감정을 퍼스낼리티와 마찬가지로 행위의 동기 요인이 된다고 본다.(Turner, 1988)

이러한 인식은 고전 사회학자들의 입장에서도 나타난다. 이를테면 베버에서도 '감정적 행위'가 '목적합리적 행위'와 대비되지만, 감정적 행위는 무의미한 행위가 아니었다. 그에 따르면, 감정적 행위는 "어떤 예외적 자극에 대한 통제되지 않은 반응"일 수 있지만, "감정적으로 결정된 행위가 감정적 긴장의 의식적 방출로 나타나는 경우"에는, 가치합리적 행위나 목적합리적 행위로 전화될 수 있다.(Weber, 1968: p.25) 이를 보다 적극적으로 해석하면, 베버에게서 감정은 행위의 토대이고, 이 행위들이 사회를 구성하고 변화시킬 수도 있다. 뒤르케임 역시 감정이 행위의 중요한 원인 중의 하나임을 인정하고 있다. 뒤르케임에 따르면, "열광으로부터 종교적 관념이 출현"하는 것, 즉 사회가 출현하는 것은 물론, 그러한 감정적 힘은 하나의 행위의 원인된다. 그는 전쟁터에서 "자신의 깃발을 위해 죽는 병사는 자신의 조국을 위해 죽는 것"이라고 해석한다.(Durkheim, 1995: pp.220, 222)

이러한 맥락에서 감정을 미시적 행동을 조정하고 동기 지우는 중요한 메커니즘, 즉 사회적 에너지의 한 형태로 파악함으로써 거시적 감정사회학의 단초를 마련한 현대 사회학자가 바로 콜린스(Collins, 1981, 1984)이다. 콜린스는 자신이 '감정 에너지'(emotional energy)라고 부르는 것을 통해 미시적 행위와 거시적 현상을 연결 짓고자 한다. 그에게서 감정은 "거시사회학의 미시적 기초"로 등장한다. 그에 따르면, 사회구조는 미시적 사건이나 행위 그리고 상황들이 반복되는 과정에서 생긴 결과이다. 따라서 사회구조는 그 자체로 성립하는 것이 아니라 미시적인 요인들의 복합적인 상호과정을 통해서 생성되는 것이다.(Collins, 1981)

그런데 콜린스에 따르면, 이 같은 사회적 과정을 이끄는 메커니즘은 "인지적이라기보다는 감정적이다."(Collins, 1981: pp.993~994) 여기서 중요한 것이 '대화적 자원' 또는 '문화적 자원'을 가지고 이루어지는 '상호작용 의례 사슬'(interaction ritual chains) 속에서 형성되는 감정 에너지이다.(Collins, 1984) 이 감정 에너지는 사회구조를 뒷받침할 뿐만 아니라 사회구조에 의해 재생산되기도 하며, 또한 전체사회를 변화시키기도 한다. 따라서 그에게서 감정사회학의 과제는 사회학 일반의 핵심적 질문과 마찬가지로, 사회를 하나로 묶어주는 것—연대의 '접착제'—은 무엇이고, 갈등을 동원하는 것—집단동원의 에너지—은 무엇인가 하는 것이다.(Collins, 2004: p.103)

콜린스는 그의 상호작용 의례 이론을 통해 이 질문에 대해 답변한다.(Collins, 2004: pp.47~49) 콜린스에 따르면, 상호작용 의례는 다음의 네 가지 주요 구성요소와 촉발조건으로 이루어진다. 첫째, 두 사람 이상이 같은 장소에 물리적으로 모여 있어, 신체적 현존에 의해 서로에게 영향을 미친다. 둘째, 외부인과의 경계가 설정되어, 참여자들이 누가 참여하고 누가 배제되는지를 인식한다. 셋째, 사람들이 공통의 대상과 활동에 관심을 집중하고, 그러한 관심에 대해 의사소통함으로써 서로의 관심의 초점을 인식한다. 넷째, 그들이 공통의 감정이나 감정적 경험을 공유한다.

이러한 과정을 통해 구성 요소들이 성공적으로 결합되어, 서로 관심에 초점을 맞추고 그것에 대해 감정적으로 공유하면, 참여자들은 다음과 같은 경험을 하게 된다. 첫째, 집단의 연대와 성원 의식, 둘째, 개인들 속에 존재하는 감정 에너지(확신감, 의기양양, 의지력, 열광, 행동의 발의), 셋째, 집단을 표상하는 상징(성원들이 자신들과 집합적으로 연계되어 있다고 느끼는 엠블렘이나 여타 표상), 넷째, 도덕감정(집단을 지지하고 상징을 존중하고 위반자로부터 집단과 상징을 지키고자 하는 정의감과 집단의 연대와 상징적 표상을 해치는 것에 대한 부도덕감과 부정의감).

이처럼 콜린스에게서 "감정은 상호작용 의례에서 중요한 구성 요소이자 결과"이며(Collins, 2004: p.103), 그 결과인 도덕감정이 바로 연대와 갈등의 원인이다. 그렇다면 개인의 감정이 어떻게 사회적 연대를 낳는가? 콜린스는 의례의 구성요소인 감정은 일시적이지만, 그 결과는 장기적인 감정이라고 지적한다. 이를테면 장례식에서의 단기적 감정은 슬픔이지만, 장례식의 '의례 노동'(ritual work)은 집단 연대감을 산출하거나 회복하고, 파티에서의 감정적 요소는 우정이나 유머이지만, 그것의 장기적 결과는 그 지위집단의 성원의식이라는 것이다.(Collins, 1990: p.32)

그러나 감정 에너지 자체가 사회 속에서 스스로를 현시하거나 실현하지는 않으며, 도덕감정 역시 사회가 아니라 개인에게 담지되어 있다. 그렇다면 거시적 감정사회학에서는 이러한 감정 내지 감정 에너지가 사회 속에서 발현되는 방식에 대한 연구가 필수적으로 요구된다. 바로 이 점을 설명하는 학자가 바바렛이다. 바바렛은 모든 행위, 그리고 이성조차도 그것을 촉진하는 적절한 감정을 필요로 한다고 주장한다.(바바렛, 2009a: p.8) 그는 "자신의 행위에 대한 확신의 감정 없이, 권능 있는 타자의 행위에 대한 신뢰의 감정 없이, 성공을 다그치게 하는 실패에 대한 불만의 느낌 없이, 이익추구에 박차를 가하게 하는 경쟁자에 대한 시기심 등이 없이 어떤 사람이 어떻게 어떤 실제적인 문제를 제대로 해결할 수 있단 말인가?"라고 반문한다.

바바렛은 "감정적 관여 없이는 사회에서 어떤 행위도 일어날 수 없다"고 주장하며(바바렛, 2009a: p.9), 이처럼 행위의 배후에서 작동하며 사회과정에서 중요한 역할을 수행하는 감정을 '배후감정'이라고 규정한다.(바바렛, 2007) 더 나아가 그는, "감정은 상황을 즉각적으로 평가할 뿐만 아니라 사람들이 그러한 상황에 대해 반응하는 성향에 영향을 미치기" 때문에, "감정은 구조와 행위를 연계시킨다"고 주장한다.(바바렛, 2009a: p.11) 따라서 바바렛은 감정 범주 없이 특정한 상황에 처한 행위를 설명하는 것은 단편적이거나 불완전할 뿐이라고 주장하며, 이것이 바로 감정사회학이 필요한 이유라고 역설한다.

거시적 감정사회학의 방법론 모색

그렇다면 배후감정을 통해 행위와 구조가 연결되는 구체적 모습을 어떻게 사회학적으로 분석할 수 있을 것인가? 여기에 거시적 감정사회학뿐만 아니라 감정사회학 일반의 가장 큰 난점이 자리하고 있다. 감정사회학이 1970년대 후반 등장했다가 주춤거리거나 지체된 원인 중에서 가장 큰 이유도 아마 방법론적 난점 때문일 것이다. 특히 최근 새롭게 제기되고 있는 거시사회학적 감정연구가 이론적 수준에서 머물 뿐 경험적 수준의 연구로까지 그리 진척되지 못한 것도 같은 이유에서이다. 하지만 이는 사회학 방법론 자체의 한계 때문만은 아니며, 그것은 연구 대상인 감정의 속성에서 기인하는 것이기도 하다.

우선은 감정이 지닌 복합적 성격이 감정연구를 어렵게 한다. 앞서의 논의에서 거듭 살펴보았듯이, 감정은 신체적 표현 형태를 가지고 있으면서도, 생물학적으로 결정되지 않고 사회적으로 구성되기도 하며, 그 표현 형태 역시 사회적으로 관리된다. 그렇기에 감정은 신체와 사회 모두의 산물이면서도 어느 하나로 환원될 수 없다. 그렇기에 버킷(Burkitt, 1997; 2009)은 감정이 하나의 복합체(a complex)로 가장 잘 이해될 수 있다고 표현하기도 한다. 즉 감정은 적극적인 신체적 상태나 느낌, 그리고 그것이 표현되는 사회적 맥락에서만 의미를 지닌다. 그럼에도 불구하고 앞서 논의했듯이, 감정이 행위의 동인으로 작동하는 것은 기존의 많은 사회심리학적 연구에서 입증된 바 있다. 화나 좌절이 공격적 행동을 낳는다는 연구나 감사의 마음이 보은의 행동을 이끈다는 주장은 이제 실제 연구를 거론할 필요조차 없는 상식화된 견해다.

그러나 감정사회학의 입장에서 볼 때, 이러한 주장들은 여전히 사회학적 가정이거나 사회심리학적 연구 모델에 입각한 통계적 분석의 결과이지, 구체적 현실에서 일어나는 행위를 설명한다고 볼 수 없다. 그럼에도 불구하고 이것이 하나의 사회학적 사실로 간주되는 것은 통계학적 분석에서 검증되지 않은 가정들은 기각되어 연구 결과로 발표되지 않고 검증된 가정만이 연구 결과로 발표되어, 그것이 사실화되기 때문이다. 하지만 이를 전적으로 신뢰할 수 없는 까닭은 감정에 대한 통계학적 연구에는 몇 가지 한계가 존재하기 때문이다.

첫째, 통계학적 감정연구는 자신들이 비합리적이라고 간주하는 감정조차도 합리적인 연구 설계에 따라 수학적으로 계산하여 감정을 측정하고, 응답자 또한 자신의 감정을 합리적으로 판단하여 조사에 응한다. 특히 응답자들은 감정은 억제되어야 한다는 사회적 가르침에 따라, 설문 응답에서도 자기감정—부정적·반(反)사회적 감정의 경우 더욱더—의 드러냄을 관리한다.

둘째, 감정과 행위 간에는 실증주의자들이 주장하듯, 1대 1의 상응관계, 즉 인과관계가 존재하지 않는다. 왜냐하면 사람들의 행위를 결정하는 것은 감정만이 아니기 때문이다. 여기서 사회학적으로 중요한 요인이 바로 행위자가 처한 사회적 상황과 맥락이다. 이를테면 하급자는 아무리 화가 나더라도 상급자 앞에서는 공격적 행위를 자제할 수밖에 없으며, 상급자는 감사의 마음이 들더라도 하급자에게 꼭 보답 행위를 하지 않아도 된다.

셋째, 감정이 행위의 원인이 아니라 그 자체로 '표출적' 행위일 수 있다. 다시 말해 행위가 감정에 대한 하나의 대처 반응이 아니라 특정인의 행위나 상황, 사건에 대한 즉각적 대처 반응으로 발생할 수 있다는 것이다. 이를테면 신뢰하던 행위자의 배신이나 예기된 것과 정반대의 결과가 초래될 때, 거의 자동반사적으로 화가 발생하는 경우가 그것이다.

따라서 감정연구에서 감정과 행위를 통계적 수단을 통해 인과적으로 설명하기란 매우 어렵다. 즉 감정과 행위의 관계는 결코 기계적이지 않다. 왜냐하면 감정은 어쩔 수 없는 것이 아니라 마음이 쏠리는 것이기 때문이다.(바바렛, 2009a: p.13) 따라서 감정연구에서는 통계적 설명보다는 감정 특유의 메커니즘을 통한 설명이 필수적이다. 왜냐하면 감정은 상황에 의해 유발되고, 행위 성향이 변화할 때 경험되기 때문이다.

엘스터(Elster, 1999)에 따르면, 메커니즘은 "일반적으로 알 수 없는 조건하에서 또는 불확정적인 결과로 인해 촉발되는, 빈번히 발생하고 쉽게 인지할 수 있는 인과적 유형"을 뜻한다. 이러한 감정 메커니즘을 규명하기 위해서는 감정에 대한 '맥락적' 이해가 불가피하다. 이것은 우리가 소설 속 등장인물의 감정상태를 소설가가 설정한 상황과 관계를 통해 이해하는 것과 같은 맥락이다. 하지만 감정사회학이 다루는 감정은 소설보다 훨씬 더 광범위하고 확정되지 않은 사회적 상황에서 다양한 행위자에 의해 경험된다는 점에서 더더욱 이해하기 어렵다. 따라서 감정연구에서 중요한 것이 감정 경험자의 맥락을 설정하는 일이다.

이 문제를 극복하기 위한 전략 중의 하나가 감정 주체와 관련된 역사적 텍스트 자료나 당시의 상황 진술과 언론 보도 등 문헌 연구를 통해 시대적 배경과 상황적 규정 요인들을 탐색하는 것이다. 이것은 감정 경험의 거시적 요인을 탐색함으로써 감정과 사회구조의 관계를 조명할 수 있는 근거를 제공할 수 있다는 점에서 유효한 거시사회학적 감정연구 방법일 수 있다.

하지만 이러한 접근방식에도 문제가 있다. 왜냐하면 감정은 기본적으로 행위주체의 미시적인 주관적·정서적 경험이며, 앞에서도 계속해서 강조했듯이 감정은 생리학적 요인뿐만 아니라 구조적 요인에 의해서도 결정되지 않기 때문이다. 그렇기에 문헌연구에 의해서도 통계 조사와 마찬가지로 주관적인데다가 숨어 있는 감정과 그 감정이 표출되고 통제되는 감정동학을 포착하기 어렵다.

이러한 문제들을 넘어서기 위해 감정사회학이 사용할 수 있는 중요한 방법론적 기법이 심층면접, 구술사, 생애사와 같은 그동안 꾸준히 진척된 질적 연구방법이다. 이들 질적 연구방법의 가장 두드러진 장점은 행위주체가 자신의 상황이나 이야기를 자신의 입을 통해 직접 표현한다는 것이다. 즉 심층면접이나 구술생애사 방법론의 핵심은 당자사의 입장에서 문제를 재구성한다는 것이다. 이 방법론은 '작은 목소리'(Grele, 1991), '아래로부터의 역사'(Thompson, 1988)를 기반으로 현실과 역사를 재구성하려는 연구의 일환으로, 주체를 구조를 통해 재구성하는 것이 아니라 주체의 입장에서 스스로 말하게 하여 역사와 현실을 재구성한다. 이러한 방법론적 특징은 아래와 같은 감정의 속성을 고려할 때, 감정사회학의 방법으로 상당한 유효성을 지닌다.

첫째로, 감정은 '내밀한' 성격을 지니며, 표출된다고 하더라도 '일시성'을 특징으로 한다. 그리고 감정의 억제를 미덕으로 삼은 근대사회에서 감정은 더욱 표출을 억제당하고 있다. 따라서 감정은 경험적 관찰의 대상이 되기 어렵다. 하지만 겉으로 드러나지 않고 또 타인의 주목을 받지 못한다고 하더라도, 감정이 행위자의 행위에 영향을 미치지 않는 것은 아니다. 심층면접은 이러한 '숨어 있는 감정'을 포착해내는 데 중요한 수단이 된다.

그러나 구조화된 인터뷰 방법 역시 응답자의 감정 은폐를 초래할 수 있기 때문에, 인터뷰 자체는 응답자에게 가능한 한 자기 자신의 입장에서 자신의 설명과 경험을 제시할 수 있게 하기 위해 개방적인 방식으로 진행될 필요가 있다. 우리 사회에서 합리성의 화신으로 인식되는 경영자들 역시 자유롭게 말할 수 있는 기회를 주면, 자신들이 감추고 있던 사업 실패와 경력 실패의 두려움과 불안을 고백했다는 잭칼(Jackall, 1988)의 연구는 그러한 면접방식이 감정연구에서 갖는 의미를 잘 보여준다.

둘째로, 감정은 인간 내면에 지속적으로 흐르는 생리적 반응이라는 점에서 '연속성'을 지닌다. 따라서 감정주체가 살아온 생애 경험에 감정은 항상 동반된다. 그리고 감정은 행위주체가 경험한 일련의 생애사적 사건을 거치면서 내재화한 결과물로 발현된다. 이렇게 형성된 감정은 행위주체가 판단하고 기획하고 지향하는 일에 영향을 미치며, 마치 습관처럼 행위를 제약하기도 하고 재촉하기도 한다.

개인의 순간적이고 즉흥적인 생리적 반응으로서의 감정이 아닌 삶의 경험을 통해 축적된 산물로서의 내재화된 감정은 역사적 속성을 지니기 때문에, 생애사적 방법은 감정동학을 포착하는 데 매우 유용한 방법일 수 있다. 무엇보다도 생애사적 방법은 개인의 증언을 통해 삶의 과정이 사회구조와 제도의 변화와 함께 역동적으로 펼쳐지면서 개인이 감정을 어떻게 경험해왔고, 이를 통해 자아정체성을 어떻게 형성해왔는지를 생생하게 파악할 수 있게 해준다. 그리고 그것은 생애 이야기를 통해 사회구조적 변화에 따른 감정의 연속적 변화 과정 역시 파악할 수 있게 해준다.

셋째로, 감정은 개인의 내면과 사회관계, 그리고 나아가 거시적인 사회변화 간의 상호작용 반응으로 나타난다는 점에서 '사회성'과 '역사성'을 지닌다. 따라서 개인들이 가지고 있는 감정을 이해하기 위해서는 개인들이 사회적 관계와 거시적 사회구조의 변화 속에서 자신의 삶을 어떻게 정립하며 살아왔는지를 이해할 필요가 있다. 앞서 언급한 심층면접과 구술생애사는 감정 경험자 스스로가 진술한 생생한 생애 이야기를 통해 행위자의 입장에서 개별성과 사회적 맥락을 연결지을 수 있게 해줌으로써 그러한 감정 변화과정을 포착하는 데 도움을 줄 수 있다. 즉 심층면접과 구술생애사의 방법은 우리로 하여금 행위주체가 거시적인 사회변화—이를테면 전쟁, 경제 위기, 정치 변동 등—를 겪으면서 개인이 내화하고 누적해온 감정세계를 파악할 수 있는 길을 열어줄 것으로 보인다. 동시에 우리는 그러한 방법들을 통해 세대 감정이나 특정 집단의 공유 감정 등을 분석해볼 수도 있을 것이다.

이렇듯 감정연구는 행위주체가 직접 진술하는 이야기를 통해 과거의 경험을 복원하고 해석해야 한다. 이러한 작업이 가능한 것은 감정이 일시적으로 표출되면서도 연속성·사회성·역사성을 가지기 때문이다. 그리고 이것이 바로 감정에 대한 사회학적 연구가 가능하게 해주는 것이기도 하다. 하지만 감정은 통상적인 사회학적 방법, 이른바 '일반화의 방법'으로 연구하는 것을 어렵게 하는 또 다른 특징을 가지고 있다, 그것이 바로 감정표출은 일정한 '방향성'을 지니지 않는다는 것이다. 왜냐하면 감정은 사회적으로도 그리고 역사적으로도 결정되어 있는 것이 아니기 때문이다(이러한 비결정성은 어쩌면 감정만이 아닌 행위 일반의 특징일 수도 있다. 하지만 그 예측불가능성이라는 면에서 보면, 감정의 경우가 더욱 그러하다고 할 수 있다).

이 같은 감정의 '비결정성'은 다음과 같은 몇 가지 요인에 의해 설명될 수 있다. 우선, 감정은 외부 자극에 대한 반응만이 아니라 외부 자극에 대한 주체의 감정의 또 다른 감정적 반응일 수 있다. 이를테면 사람들은 똑같은 걸인에게도 당시 자신의 감정상태에 따라 동정심을 베풀기도 하고 화를 내기도 한다. 둘째로, 외부 자극은 단일한 요인이 아니라 복합적인 요인으로 다가오기도 하며, 또 이 복수의 요인이 상충하면서, 감정의 방향을 돌려놓거나 격화시키기도 한다. 이를테면 타인의 배려가 자신을 이용하기 위한 것이었다는 느낌이 들면, 신뢰의 감정이 배신감으로 바뀌고 격심한 분노를 산출한다. 셋째, 감정은 다른 사람의 행동이나 의도에 대한 반응일 뿐만 아니라 상대방에 대한 자극이기도 하다. 한 사람이 상대방에게 표출한 화는 상대방이 그것을 이해하는 방식과 감정적 반응에 따라 또 다른 감정적 반응으로 이어질 것이다. 따라서 감정의 이해에서는 이처럼 감정이 전개되는 '감정동학'(emotional dynamics)에 대한 이해가 필수적이다.

이러한 이해 방식에서 중요한 시사점을 제공하는 것이 기어츠(1998)의 얇은 기술(thin description)에 대비되는 두터운 기술(thick description)이다. 이러한 '깊이 읽기'의 방법론이 앞서 언급한 심층면접과 구술생애사적 방법이다. 이것은 우리에게 감정연구에서 감정의 맥락성을 이해하는 것이 얼마나 중요한지를 말해준다. 하지만 감정연구는 감정 발생의 맥락을 이해하는 것만으로는 가능하지 않다. 이럴 경우, 기존의 감정사회학의 구성주의적 접근방식에 머물고 말게 된다. 특히 거시적 감정사회학에서 중요한 것은 감정 형성을 넘어 감정이 어떻게 특정한 행위를 유발하고, 그것이 거시 구조와 사회에 어떻게 영향을 미칠 수 있는지를 밝혀내는 것이다.

그런데 감정과 행위의 관계를 살펴볼 때, 동일한 감정도 행위자의 지향성에 따라 상이한 행위를 이끌고 또 그것은 맥락에 따라 달라진다. 수치심의 경우를 예로 들어보자. 셰프(Scheff, 1988: p.398)에 따르면, "수치심은 타인의 입장에서 자기 자신을 바라봄으로써 자신의 행위를 모니터링할 때 발생하는 사회적 감정"이다. 전통적으로 수치심은 사회적 순응을 강화하고 사회질서를 유지하는 기능을 하는 것으로 파악되어왔다. 하지만 셰프에 따르면, 행위자가 타자의 부정적 평가를 시인하고 그들과 조화를 이루려고 하는 경우 결속력을 유지하지만, 타인의 부정적 평가를 수용할 수 없을 때 발생하는 '부정된' 수치심은 적대감을 고조시키고 결속력을 위협할 수도 있다.

바바렛(2007: p.209)에 따르면, 자신의 외적 결함에 의한 수치심도 외사될 경우에는 공격적 행위를 유발한다. 이렇듯 감정은 맥락과 행위 사이에서 복잡한 연관을 이루고 있다. 따라서 감정동학을 이해하기 위해서는 단지 깊이 읽는 것만으로는 부족하며, 그 과정과 단계들을 조밀하게 나누어 읽어내는 것, 즉 '끊어 읽기'가 요구된다. 이 같은 끊어 읽기를 통해 감정 메커니즘과 감정동학을 연계지어 설명할 때에만, 거시적 감정사회학이 성립할 수 있을 것으로 보인다.

거시적 감정사회학의 개념적 장치와 감정동학

하지만 감정의 거시사회학적 연구에는 여전히 매우 중요한 방법론적 문제가 남아 있다. 이는 감정은 개인적으로 경험되지만, 사회구조는 그 정의상 집합적 현상이라는 데서 연유한다. 이는 거시사회학적 감정연구는 한 개인의 미시적 수준의 감정이 집합적인 거시적 수준의 과정과 결과에 어떻게 기여하는지를 이해하고자 시도해야 한다는 것을 의미한다.(베레진, 2009: p.63) 감정사회학자들은 이 양자를 잇는 것으로 '집합감정'(collective emotions)을 논의한다. 그렇다면 무엇이 집합감정을 형성하는가?

이와 관련한 중요한 개념이 바로 드 리베라(de Rivera, 1992)가 말하는 '감정적 분위기'(emotional climate)이다. 드 리베라는 감정적 분위기를 '감정적 기운'(emotional atmosphere) 및 '감정 문화'(emotional culture)와 구별한다. 우선 감정적 기운은 사회구성원들 간의 감정적 관계보다는 어떤 공통의 사건에 집중적으로 표출되는 집합적 행동과 관련되어 있다. 이를테면 일군의 사람들이 폭동, 장례식, 결혼식 등에 참여했을 때 집합적으로 취하는 행위는 감정적 기운으로 설명될 수 있다. 이러한 상황에서 사회구성원들은 계층, 계급, 신분 등을 떠나 하나의 공통 목표를 추구하는 데 몰입하게 된다. 다음으로 감정 문화는 감정적 분위기에 비해 훨씬 안정적이다. 왜냐하면 문화는 사회화 관행에 의해 지탱되고 통상 세대가 바뀔 때나 변하기 때문이다.

반면 감정적 분위기는 감정적 기운보다 더 오래 지속되며, 집합적 감정이 아니라 사회구성원들이 감정적으로 어떻게 서로 관련되어 있는지를 말해준다. 그리고 감정 문화와 비교해볼 때 감정적 분위기는 정치적·종교적·경제적·교육적 요소에 훨씬 의존적이며, 같은 세대 내에서 변할 수 있다. 그러나 이 세 가지는 상호영향을 미치거나 관련되어 있다.

바바렛(2007: p.266)에 따르면, "감정적 분위기는 공통의 사회구조와 과정에 연루된 개인들로 구성된 집단에 의해 공유될 뿐만 아니라 정치적·사회적 정체성과 집합행동의 형성과 유지에 중요한 일련의 감정 또는 느낌"을 의미한다. 감정적 분위기는 사회적·정치적 조건과 그것을 다른 사람들과 공유할 기회 및 제약과 관련한 느낌과 감상의 준거점으로 기능함으로써 개인의 행동에 사회적으로 영향을 미치는 동시에 집합행위의 원천이 된다. 하지만 감정적 분위기는 그것에 빠져 있는 모든 사람이 동일한 감정을 경험할 것을 요구하지 않는다. 감정적 분위기는 집단 현상이고, 또 서로 다른 사람들이 집단 속에서 서로 다른 지위를 차지하고 서로 다른 역할을 수행하며 서로 다른 능력을 지니고 있기 때문에, 실제로 개인들의 감정적 경험은 서로 다를 가능성이 크다.(바바렛, 2009a: p.15)

이렇듯 감정적 분위기는 감정의 불확정성 속에서 감정의 형성과 그 방향을 예상할 수 있게 해주지만, 감정을 결정하거나 감정의 방향을 결정해주지는 않는다. 감정적 분위기에 대한 개인의 반응은 다양하며, 그것이 어떤 집합적 감정을 형성하는가가 사회의 재생산과 사회변동의 방향에 중요하다. 따라서 거시적 감정사회학자들은 감정과 사회질서 또는 사회변동의 관계를 설명하기 위한 개념 틀을 발전시켜왔다.

그렇다면 개인의 감정 경험과 행동이 어떻게 사회구조에 영향을 미치는가? 이는 거시적 감정사회학자들의 핵심적 관심사이자 거시적 감정사회학의 본령이라고 할 수 있는 것으로, 감정의 거시적 차원을 연구하는 많은 학자가 다양한 방식으로 이를 설명해왔다.

이러한 관심을 초기에 드러낸 학자에 속하는 고든(Gordon, 1990)은 감정은 지속적인 사회관계로부터 출현한다는 전제하에, 이를 '감정 문화'와 '감정의 사회화'라는 개념을 통해 설명한다. 그에 따르면, 감정 문화는 "감정 어휘, 감정의 표현과 느낌을 규정짓는 규범과 감정에 대한 신념 등을 포함한다." 그리고 아이들은 감정의 사회화를 통해 "감정 문화 내에서 인지적·행동적 기술을 배워 사회에 기능하는 성원으로 성장하게 된다." 고든은 한 사회의 감정 규범, 공식적인 감정 문화, '감정의 제도화'—이것의 한 예가 사랑의 제도화로서의 혼인이다—와 같은 감정관리를 통해 사회질서가 유지된다면, 개인들의 감정 능력, 타고난 기질, 서로 다른 감정에의 노출, 서로 다른 사회화는 다양한 감정 반응을 일으키고, 결국 사회구조의 변화를 가져온다고 시사한다.

거시 구조를 인간의 감정적 능력의 산물로 파악하는 해몬드(Hammond, 1990, 1996)는 '감정의 최대화'(affective maximization) 원리를 통해 사회의 형성과 변화를 설명한다. 해몬드는 인간은 긍정적인 감정적 각성을 추구하고 부정적인 감정은 피하려는 속성을 지니고 있다는 전제에서 출발한다. 그에 따르면, 인간은 긍정적인 감정적 발흥과 연관된 보상을 얻으려고 노력할 뿐만 아니라 긍정적인 감정을 최대화하려고 노력한다. 그는 사회적 연대는 이러한 강력하고 긍정적인 감정의 각성을 통해 지속된다고 파악한다.

그러나 해몬드는 이 과정에서 '습관화'(habituation)의 딜레마가 제기된다고 본다. 습관화란 어떤 종류의 자극에 익숙하게 되면 더 이상 반응하지 않는 현상으로, 자극이 반복적으로 제시되면 반응의 강도가 점진적으로 감소하는 것을 의미한다. 해몬드에 따르면, 감정을 최대화하도록 동기화된 행위자들에게서 감정 각성 관계가 지속될수록, 사람은 더욱더 그러한 감정의 수준과 유형으로 습관화되고, 시간이 지남에 따라 그러한 감정적 각성은 덜 보상적이게 된다. 따라서 습관화는 개인들이 반습관화(antihabituation) 전략을 찾도록 유도한다. 해몬드가 볼 때, 사회구조와 문화의 분화는 하나의 반습관화 전략의 산물이다.

그러나 이상과 같은 개념들은 개별 감정의 맥락을 설정하거나 거시 구조를 설명하기 위한 개념 틀일 뿐, 여전히 다양한 감정이 행위의 배후에서 작동하며 하나의 사건 내지 현상을 구성하는 감정동학에 대해서는 설명하지 못하고 있다. 사실 감정사회학의 과제가 행위와 행위 간의, 그리고 행위와 구조 간을 이어주는 감정 연결고리를 포착하여 설명해주는 것이기는 하지만, 감정의 복합적·맥락적 성격을 고려할 때, 이에 대한 일반화를 시도한다는 것은 실제로 불가능하며, 바람직하지도 않다.

따라서 거시적 감정사회학을 제기하고 있는 바바렛(2007)도 이론적 수준에서 분노·확신·수치심·복수심·공포가 거시적 사회과정에서 갖는 중요성을 논의하는 선에서 그치고 있다. 다만 경험적으로는 셰프(Scheff, 1988; Scheff and Retzinger, 1991)가 수치심과 관련하여 순응 및 폭력의 관계를 설명하고자 지속적으로 시도하고 있을 뿐이다. 그리고 최근에는 여러 학자가 감정이 사회의 각 영역, 예컨대 정치 현상(베레진, 2009), 경제학(픽슬리, 2009), 과학(바바렛, 2009b)에서 어떤 역할을 수행하는지를 연구하며, 흥미로운 결과를 내놓고 있다.

결국 감정동학에 대한 연구는 개별 사례에 대한 경험적 연구를 통해 축적되고 보완되어야 할 문제다. 이와 관련하여 켐퍼(2009)는 자신의 지위-권력이론을 토대로 9·11테러에 대한 감정사회학적 분석을 시도한다. 그는 화·슬픔·공포·기쁨·죄책감·수치심이라는 여섯 가지 감정을 9·11테러와 관련된 뉴요커/대부분의 미국인들, 열렬한 이슬람주의자, 이스라엘인, 테러리스트 등 10개 집단의 공중에게 적용한다. 그에 따르면, 화는 자신의 지위 상실에서 기인하고, 공포는 다른 사람에 비한 자신의 권력 상실에서 초래되고, 슬픔은 돌이킬 수 없는 지위 상실에서 오고, 기쁨은 지위 획득에서 발생한다. 그리고 죄책감은 어떤 사람이 자신이 다른 사람에게 과도한 권력을 사용했다는 것을 알았을 때 느끼는 감정이며, 수치심은 어떤 사람이 지위에 걸맞게 처신하지 않았을 때 느끼는 감정으로 이해된다. 그는 이러한 감정을 각 공중의 실제적·상상적 또는 회고적인 사회적 상호작용의 결과와 관련하여 예측한다.

최근 국내에서는 박형신·이진희(2008; 이 책 제9장)가 미국산 쇠고기 수입반대 촛불집회와 관련하여 가족 단위의 동원 메커니즘을 감정사회학적으로 분석하고 있다. 이 연구는 이성과 감정의 이분법, 구조와 행위의 이분법, 가치이원론 등 이분법에 근거한 설명을 비판하고, 양자를 이어주는 연결고리로 촛불집회의 '배후의 감정'을 탐색한다. 즉 가족 동원의 감정 범주로, '모성'의 사회적 실천, 정부와 전문지식체계에 대한 '신뢰'의 철회, 광우병이라는 미래에 닥쳐올지도 모를 '공포,' 기본권 부정에 대한 '분노'를 설정하고, 이것들이 어떻게 구체적으로 가족 동원을 이끌었는지를 분석한다. 그리고 이 같은 촛불집회를 이끈 윤리는 후손의 미래에 대한 책임이라는 '도덕감정'이었음을 밝힌다. 하지만 이러한 논의들은 여전히 거시적 감정사회학의 집을 짓기 위한 일종의 블록들이며, 이 장은 바로 이러한 블록들을 만들어내기 위한 하나의 디딤돌이다.

'감정적 전환'의 사회학적 의미와 '감정정치'

이상의 논의를 통해 우리는 사회학의 '감정적 전환'을 꾀해왔다. 그 이유는 모든 사회적 사건이나 행위에는 감정이 연루되어 있음에도 불구하고, 합리성의 사회학이 우리의 삶을 이성의 잣대로만 해석해왔다는 반성 때문이었다. 그렇다면 이러한 감정적 전환은 사회학에 어떤 의미와 한계, 그리고 어떤 실천적 의미를 지니는가?

그간 사회학에서는 사회학의 한계를 극복하기 위해 다양한 '전환'을 시도해왔다. 그중 가장 강력한 영향을 미친 것이 '문화적 전환'이다. 이러한 문화적 전환은 사회적 행위를 문화적 상징체계를 동원하여 설명함으로써 행위의 물리적 토대주의를 극복해왔고, 더 나아가 감정의 사회적 구성이라는 중요한 측면을 지적함으로써 감정사회학의 성립에 지대한 영향을 미친 것도 사실이다. 하지만 문화가 인간의 행위를 규정함에도 불구하고, 문화 역시 인간의 행위에 의해 구성되며, 그러한 인간행위의 배후에는 인지적 판단은 물론 감정 역시 자리하고 있다.

하지만 그간의 문화사회학은 문화를 행위주체의 인지적 차원에 주목하여 해석함으로써 감정을 종속변수로 몰아가고 말았고, 감정적 행위주체는 다시 문화 속에 갇혀버렸다. 감정적 전환은 행위와 구조, 행위와 문화 사이에서 상황성과 맥락성을 바탕으로 이 둘을 매개하고 있는 감정 범주를 설정함으로써 인간행위와 사회적 사건, 그리고 사회현상에 대한 다각적인 해석을 통해 인간의 인식체계의 지평을 확대하려는 시도이다.

이 같은 시도는 사회학에 다음과 같은 함의를 지닐 것으로 예상된다. 첫째는, 사회학에 '숨어 있던' 감정 인식의 전통을 복원한다는 것이다. 앞에서도 논의했듯이, 감정은 고전 사회학자들의 논의에서 핵심 변수로 부상하지는 않았지만, 이미 그 핵심 변수들의 밑바탕에 깔린 채 논의되고 있었다. 이러한 고전 속의 감정인식의 복원 작업 및 새로운 해석은 합리성에 의해 황폐화된 사회학적 심성을 교정하고, 인간행위의 격렬성은 물론 따뜻함을 헤아리게 할 것이다.

둘째로, 감정적 전환은 우리에게 사회학에는 합리성의 사회학이라는 하나의 사회학이 아니라 감정의 사회학을 포함한 여러 사회학이 있다는 것을 알게 해준다. 그간 하나의 사회학이 사회세계를 재단함으로써 우리의 삶을 단순화하고 축소시켰다면, 이제 사회학은 여러 사회학을 통해 삶의 다양성과 풍부성을 확인하고 또 확대할 수 있게 해줄 것이며, 사회학이 너무 거시적인 틀에 집착하기보다는 조밀조밀한 인간의 삶을 섬세하게 포착할 수 있게 해줄 것이다.

셋째로, 거시적 감정사회학은 다양한 감정 범주를 통해 구체적인 사회적 현상과 사건을 이해하게 함으로써 '사회학적 상상력의 빈곤' 속에서 진부한 주제를 반복적으로 연구하여 식상하다는 느낌을 주고 있는 사회학적 작업에 그 지평을 넓혀주고 활력을 줄 것으로 기대된다. 이를테면 외모지상주의, 출산율 저하, 높은 교육열 등의 다양한 사회·문화 현상의 배후에 자리하고 있는 감정을 포착함으로써 이러한 현상을 더욱 심층적으로 이해할 수 있게 해줄 것이며, 불평등의 감정 구조를 찾아냄으로써 불평등을 둘러싼 갈등을 해소할 수 있는 방안을 구축하게 할 수 있을 것이다. 또한 단순한 형식적·절차적 민주주의를 넘어 관용·화해·사랑·호혜·베품·나눔 등으로 표현되는 심미적 또는 감정적 차원의 민주주의를 제기함으로써 정치발전을 한 단계 끌어올리는 데 기여할 수도 있을 것이다.

하지만 전통적인 사회학의 입장에서 볼 때, 감정사회학은 일정한 한계를 가진다. 감정사회학은 앞에서 누누이 강조한 감정의 비결정성 때문에, 특정한 사회적 사건이나 현상이 발생한 후에 그러한 개별적 사건이나 현상을 구체적으로 설명할 수는 있지만, 그것의 예측은 거의 불가능하다. 아마도 인과성을 강조하고 그것에 근거한 과학적 예측을 하나의 생명선으로 삼고 있는 기존의 사회과학, 특히 거시적 사회과학이 어쩌면 감정의 중요성을 인식하고도 그것을 도외시할 수밖에 없었던 것도 바로 이 때문일지도 모른다. 하지만 기존의 사회과학 역시 이러한 단선적 인과성에 바탕하여 개별적 사례가 갖는 특수성과 구체성을 사상시킴으로써 인간의 삶을 공허하게 구성하거나, 그러한 인과성에 근거하여 정책을 입안함으로써 행위자들의 상황과 감정상태를 배려하지 못한 비현실적인 획일적 정책 대안만을 제시해온 것도 사실이다.

실천적인 입장에서 거시적 감정사회학의 의의는 기존의 사회학과는 달리 감정이 행위자의 행위의 배후에서 작동한다는 인식하에, 행위자의 감정 형성의 메커니즘과 그 동학을 포착하여, 사회나 국가의 관점이 아닌 개별 행위자의 관점에서 개인에 맞는 구체적이고 현실적인 '맞춤형' 사회정책을 개발하는 데 기여할 수 있다는 점이다. 왜냐하면 감정사회학은 행위나 사건을 '예측'할 수는 없지만, 감정 형성의 상황성과 행위자의 지향성을 바탕으로 구체적으로 '예단'해볼 수는 있기 때문이다.

빈민의 이해와 정책 구상을 예로 들어보자. 빈민의 감정 형성을 먼저 빈곤의 책임이라는 측면에서 살펴보면, 그 책임을 개인으로 귀속시킬 경우 그 감정은 수치심일 것이며, 사회로 책임을 돌린 경우 그 감정은 분노일 것이다. 그리고 행위의 시간 지향이라는 측면에서 살펴보면, 과거를 지향할 경우 그 감정은 무력감 내지 좌절일 것이고, 미래를 지향할 경우 그 감정은 희망 내지 야망일 것이다. 책임을 개인에게 돌리고 과거를 지향할 경우 그 행위 형태는 퇴행적일 것이며, 사회에게 책임을 돌리고 과거를 지향할 경우 그 행위 형태는 체념적일 것이다. 반면 책임을 개인에게 돌리고 미래를 지향할 경우, 그 행위는 체계 순응적이거나 개인적 혁신일 것이고, 사회에 책임을 돌리고 미래를 지향할 경우, 그 행위 형태는 사회개혁적 또는 투쟁적일 것이다.

이와 같은 각각의 경우에 대한 감정사회학적 이해는 빈민을 위한 보다 구체적인 정책 방향을 설정해줄 수 있다. 이를테면 퇴행적 행위자에게는 재사회화 전략을, 체념적 행위자에게는 직업교육 전략을, 순응적·자기 혁신적 행위자에게는 정책적 배려 전략을, 그리고 사회개혁적·투쟁적 행위자에게는 제도 개선의 전략으로 대응할 수 있을 것이다.(이에 대한 논의를 발전시키고 구체화한 것으로는 이 책 제6장을 보라.)

이처럼 감정적 전환은 단지 사회학의 하나의 이론적 패러다임을 넘어 '감정정치'의 가능성을 제기한다. 하지만 거시적 감정사회학이 합리성의 사회학과 그것에 기초한 물질적·법적 차원의 정책 설계를 대체하고자 하는 것은 아니다. 거시적 감정사회학은 행위의 또 하나의 토대로서의 감정에서 출발하여, 거시적 사회현상의 이해는 물론, 감정적 차원의 사회정책 설계를 제안함으로써, 기존의 사회학과 정책 설계에서 놓치고 있던 연결고리를 잇고자 하는 것이다. 이 장은 바로 이러한 작업을 위한 이론적·방법론적 밑그림이며, 이를 채색하기 위해서는 수많은 경험적 연구가 요구되고, 그 연구 성과들이 사회에서 실현되기 위해서는 감정정치의 구체화가 필요하다.

제2부

공포
일상
개인의 삶

3 공포, 개인화, 축소된 주체
2000년대 이후 일상성의 감정사회학

불안과 공포의 일상화

지난 수십여 년 동안 한국 사회는 많은 충격적인 사건·사고를 경험했다. 당장 떠오르는 사례만 언급하더라도 노동자들의 대량해고, 미군 장갑차 여중생 압사 사건, 대구지하철 화재 사고, 유영철 연쇄살인 사건, 김선일 피살 사건, 연천군 군부대 총기난사 사건, 서해안 원유유출 사고, 광우병 촛불집회, 용산 참사, 천안함 침몰 사건, 윤일병 구타 사망사건, 그리고 여전히 가슴을 억누르는 지난 2014년 4월 세월호 참사 등. 이 외에도 우리가 망각한 사건들이 즐비하다. 뿐만 아니라 먹을거리나 생활상의 안전문제와 관련한 사건·사고들은 연일 발생하고 있다.

그런데 이러한 사건들이 지닌 공통점은 위험사회 이론가들이 지적해왔듯이, 쉽게 예측하거나 통제할 수 없는 사건이자 한국 근대화 과정의 내재적 산물이라는 점에 있다. 이들 사건이 배태하고 있는 위험은 전통사회에서 경험했던 위험과 질적으로 매우 다른 특징을 갖고 있다. 첫째, 시·공간적 제약 탈피로 인한 사건·사고의 예측 불가능성, 둘째, 사회자본주의적 질서의 붕괴에 따른 미래에 대한 회의적 전망과 희망 결핍, 확고한 목적 설정의 불가능성, 셋째, 지구화의 심화에 따른 사회적 통제 불가능성의 증대 등을 특징으로 하고 있다. 공포는 이러한 불확실성의 맥락에 항상 따라다니며 출몰한다.(Garland, 2003; 푸레디, 2011). 즉 오늘날 공포는 예측할 수 없고 자유 부동하는 특성을 지니고 있다.(Beck, 1992) 그리고 지구화에 따른 이질적인 문화 간의 폭발적인 교류와 소통은 이전의 생활양식과 매우 다른 형태의 시·공간체제로 일상을 재편하고 있다.

지구화는 개별화된 이질성을 경험할 수 있는 기회를 증가시키는 동시에, 위험을 동반하는 사회적 불확실성을 불가피하게 경험해야 하는 상황을 초래하고 있다. 그리하여 한편에서는 국가 간 경계소멸, 지구사회, 포스트모던 문화가 논의되면서도, 다른 한편에서는 지구적 빈곤, 테러리즘, 민족주의, 종교적 광신주의, 파시즘이 증식하는 이중구조가 전 세계를 무대로 확산되고 있다.

이러한 상황은 사람들에게 불안과 공포를 일상화하며, 우리가 불안과 공포의 시대를 살고 있는 것은 아닌가 하는 생각을 갖게 하기도 한다. 혹자는 사람들이 이렇게 불안과 공포에 휩싸이는 것은 대중매체의 테크놀로지가 사건을 실시간으로 스펙터클하게 구성해서 반복적으로 보도하고, 위험을 상품화하여 이윤을 획득하려는 기업이 그것을 과장하고 있기 때문이라고 주장하기도 하지만, 현대인의 불안의 기저에는 "나도 언제든 저 같은 일을 겪을 수도 있다"는 우려가 자리하고 있다. 누구도 예측하지 못하는 불확실성, 이러한 불확실성에 비례하여 공포는 가중된다.

이와 같이 예측이나 통제가 불가능한 일들은 발생과 동시에 전 국민을 순식간에 공포와 불안의 소용돌이 속으로 몰아넣으면서, 사회 구성원들 간의 관계를 재편하는 감정적 분위기를 형성한다. 감정적 분위기는 드 리베라(de Rivera, 1992)의 지적대로, 단순한 집합감정이 아니라 사회구성원들이 감정적으로 어떻게 서로 관련되어 있는지를 암묵적으로 보여준다. 앞장에서도 인용한 바 있듯이, 이에 대해 바바렛은 감정적 분위기는 "공통의 사회구조와 과정에 연루된 개인들로 구성된 집단에 의해 공유될 뿐만 아니라 정치적·사회적 정체성과 집합행동의 형성과 유지에 중요한 일련의 감정 또는 느낌"이라고 주장한다.(바바렛, 2007: p.266) 따라서 특정한 감정적 분위기는 사람들로 하여금 그에 상응하는 행위를 유도하거나 제약한다고 볼 수 있다. 즉 감정적 분위기는 행위의 방향성을 근거 짓는 좌표로서 기능한다.

그러므로 공포 감정이 사람들 사이에서 공유되었을 때, 공포 분위기는 각자 사람들이 당장 취할 행위와 실천을 촉발시키고, 나아가 사람들의 정체성 형성에까지 개입한다고 볼 수 있다. 그린(Green, 1994: p.227)에 따르면, 공포는 가족 내, 이웃 간, 동료 간에 불신의 쐐기를 박음으로써 사회관계를 불안정하게 만들고, 그리하여 사회관계가 이전에 구축되어 있는 관계망과는 전혀 다르게 재편되기도 한다.

오늘날 우리의 일상생활을 공포 분위기로 몰아넣은 가장 근접한 직접적인 원인은 1997년 외환위기 이후로 지속된 경기침체와 노동시장의 유연화에서 찾아볼 수 있다. 기업의 구조조정과 노동시장의 유연화는 일반 노동자들이 기대하던 기본적 삶의 시간지평을 축소시켰고, 고용불안정과 단기성 고용문화로 인해 그들의 삶의 지속성은 더 이상 보장받을 수 없게 되었다. 수시적인 대량해고, 명예퇴직 압박, 비정규직 고용 증가, 노조조직률 저하, (청년)실업 양산 등 노동시장의 신자유주의적 전환으로 인해 노동자들의 일상생활은 매우 불안정한 토대 위에서 재구성되었다. 공포는 이런 장기전망의 결핍에서 비롯된다.

이러한 흐름은 2000년대를 경유하면서 경제영역뿐만 아니라 사회의 모든 분야로 확산되었다. 이제 일상성은 단기성, 경쟁, 축소, 불안정성, 불확실성, 즉시성을 특징으로 한다. 그렇다면 이러한 일상성의 재구조화는 오늘날 한국 사회에 어떤 함의를 갖는가? 이러한 일상성이 한국 사회 전체구조를 다시금 어떻게 재조직화하고 있는가? 이러한 흐름이 지속될 경우 일상생활의 영역에서 어떤 현상이 발생하고 확산될 것인가? 이 장에서 우리는 이러한 질문을 바탕으로 하여 현대 한국 사회의 일상성에서 변화된 모습을 감정사회학적 시각을 통해 살펴보고자 한다.

일상성은 매우 미시적이면서도 거시적인 사회 흐름을 압축하고 있다. 제1장에서 주장했듯이 감정은 미시적 요소와 거시적 요소를 결합하는 연결고리로서의 역할을 한다. 왜냐하면 감정은 개인 내면의 생물학적 에너지(미시)이지만 동시에 사회적 관계 내에서 출몰한다는 점에서 지극히 사회적인 것이기 때문이다.(박형신·정수남, 2009: p.203; 이 책 제2장) 이 장에서 우리는 2000년대를 전후로 한 한국 사회의 일상성과 주체의 문제를 특히 그 시대를 덮고 있던 공포라는 감정을 통해 고찰하며, 사람들의 일상적 행위와 에토스의 변화를 추적할 것이다.

불확실성과 공포문화의 구조적 형성

현대사회를 위험사회로 규명하는 많은 논의는 오늘날 위험은 사회의 내적 요인에 의해서 발생한 것이며, 사회에 배태된 위험은 불행하게도 예측불가능하고 해소불가능한 공포를 동반한다고 주장한다.(바우만, 2009a: p.55) 군사력, 경찰, 정보기술, 감시체계, 의료체계 등 보안 및 안전체계가 발달해가는데도 불구하고, 우리는 그 어느 시대보다도 강한 불확실성, 불안, 공포, 안전집착증을 경험한다.

현재 우리 주변에서 발생하는 각종 범죄, 폭력, 사고 중에는 과거에 비해 줄어든 부문이 있는가 하면 반대로 증가하는 부문도 있다. 특히 성폭력, 가정폭력, 노인학대, 아동범죄, 살인, 자살 등이 증가하고 있다. 이를테면 강간은 2000년 6,982건에서 2008년 13,634건, 살인은 1997년 789건에서 2008년 1,120건, 아동성범죄는 전체 아동인구 10만 명당 2005년 10.0건에서 2008년 16.9건으로 69퍼센트 증가했다.(한국형사정책연구원 홈페이지 자료, 2010) 자살률 역시 2000년대 들어서 꾸준히 증가해왔는데, 인구 10만 명당 2002년 17.9명, 2005년 24.7명, 2010년 31.2명, 2012년 28.1명으로 나타났다.(통계청, 『사망원인통계』, 2014)

이와 관련한 연구도 꾸준히 증가해왔다. 김왕배(2010)는 한국 사회의 자살현상을 '목표달성주의적인 저돌적 산업화' 시대가 남겨놓은 미성숙한 시민문화, 사회안전망의 취약함, 그리고 경박한 자본주의 정신이 결합되어 나타난 산물이라고 진단한다. 그는 이러한 특성을 지닌 한국 사회는 불안사회로의 해체위험성을 지니고 있으며, 그 속에서 자살을 추동하는 분노, 수치, 모멸, 체념, 좌절, 소외감과 같은 감정이 확산되고 있다고 주장한다.(김왕배, 2010: pp.219~220) 뿐만 아니라 누구도 예상하지 못한 대형사고들을 포함해 광우병, 사스, 기후변화 등 건강 및 생명과 관련한 전 지구적 차원의 위험 또한 확산되고 있다. 특히 먹을거리와 관계된 위험은 현대사회에서 가장 일상적인 공포로 자리 잡았다고 할 수 있다.(박형신, 2010; 이 책 제5장)

한편 대중매체는 사람들의 마음속에 자리하고 있는 이러한 공포감정을 더욱 증폭시킨다. 왜냐하면 대중매체의 관심은 우리가 위험과 불안을 최소화하기 위한 장치를 얼마나 갖고 있느냐가 아니라 우리가 얼마나 큰 위험과 불안에 빠져 있느냐에 초점을 맞추기 때문이다. 영화, 드라마, 시사 프로그램도 그 내용의 상당 부분을 일상에서 흔하게 겪을 수 있는 위험을 강조하는 데 할애하고 있다. 특히 지난 몇 년 동안 급증한 (시사)고발 프로그램들은 일상생활에서 발견되는 위험, 폭력, 질병, 위생, 사기, 범죄 등을 다루는 데 치중하고 있다. 이 것에만 의존해서 보면, 한국 사회는 회복 불가능한 '위험공화국'이 다. 이러한 위험담론은 공포문화를 형성하는 데 일조한다.

오늘날 한국 사회에서 공포문화가 형성되는 데에는 다음과 같은 구조적 메커니즘이 작동해왔다. 우선, 공포문화는 지구적 자본주의 의 확장에 의한 시장의 불확실성과 고용불안, 그리고 복지시스템의 위기와 직접적으로 관련되어 있다. 특히 1997년 IMF 외환위기는 이 러한 문제가 집약적으로 표출되는 결정적인 계기였다. 현대문명의 역설로 인해 발생하는 환경, 전쟁, 대형사고와 같은 위험과는 달리 외환위기는 사람들의 생존문제와 직결된 사건이었다. 생계유지에 대한 절박함은 다른 잠재적인 위험에 대해 느끼는 불안감과 비교할 수 없을 정도의 가장 강렬한 실존적 고통이다. 나아가 경제적 파탄은 건강, 가정, 사회적 관계까지 악화시키는 원인으로 작용한다.

외환위기 직후 김대중 정부는 정치적 민주화에 착수하기에 앞서 경제위기를 극복해야 하는 과중한 책임을 떠안았다. 김대중 정부는 IMF의 요청에 따라 신자유주의적 경제시스템을 적극 수용함으로써 빠른 시일 내에 위기에서 탈출할 수 있었지만, 그것의 또 다른 결과 로 한국 사회에서 중산층의 비율은 지속적으로 감소했고, 이들 중 상 당수가 하층계급으로 전락했다. 그리고 계급양극화가 심화되면서, 하층민들의 빈곤탈출도 구조적으로 어려워지고 있다. 보건사회연 구원이 2006년부터 시작한 복지패널조사를 분석한 결과에 따르면, 2014년 빈곤탈출률은 22.6퍼센트로 역대 최저치를 기록했다.(보건 사회연구원, 2014: p. 201) 이 같은 결과는 희망상실에 대한 증오, 하강 이동의 공포, 그리고 상승이동의 구조적 제약에서 오는 체념 섞인 문 화를 낳는다.(정수남, 2010: pp. 68~82)

다른 한편 노동시장의 유연화를 명분으로 한 기업의 구조조정이 상시화되고 있으며, 그로 인한 고용불안정으로 인해 비정규직 노동자의 수는 외환위기 이후부터 전체 노동인구의 절반 이상을 차지해 왔다. 비정규직으로서의 삶이 노동자들에게 부과하는 근본적인 불안은 저임금, 고노동과 같은 물리적 차원에 앞서 단기성이라는 시간적 차원에서 기인한다. 그리고 작업장 내에서의 생존경쟁 역시 더욱 치열해졌고, 업무스트레스 및 동료들 간의 견제와 소외도 한층 더 심화되었다. 물론 정규직 노동자라고 해서 이러한 상황으로부터 완전히 자유로운 것은 아니다.

또한 청년실업은 더욱 심화되었고, 국가와 시장은 외환위기 이후 내내 이 문제를 해결하기 보다는 청년세대에게 더욱 치열한 경쟁만을 강요하고 있다. 그 결과 청년세대에게 학교졸업 후 취업 전까지의 백수생활(또는 취업준비기간)은 생애주기 중 마치 의무기간처럼 받아들여야 하는 불가피한 체념적인 선택이 되어버렸다. 대학에서도 졸업유예자들이 증가해왔는데, 이는 취업에 대한 불안을 학교라는 울타리 안에서 상쇄하면서 동시에 취업준비를 위한 안정적인 시간 확보를 위한 것이다. 이처럼 노동시장의 불확실성은 생존과 관련된 삶의 미래를 매우 불투명하게 하고 개인의 삶을 장기적으로 설계하기를 점점 더 어렵게 만들며, 불안과 공포를 더욱 가중시키고 있다.

둘째로, 오늘날 공포문화는 점점 더 심화되고 있는 국가나 사회제도에 대한 불신과 깊이 연동되어 있다. 우선 사회적 삶을 더욱 불안하게 만드는 것은 위기나 위험으로부터 사회구성원을 보호해주는 사회안전망(특히 사회복지)에 대한 불신에서 기인한다. 1998년 김대중 정부 이후로 정치적 민주화가 다소 진일보했다는 일각의 의견을 감안하더라도 사회안전망은 여전히 물질적 토대를 충분히 갖추지 못하고 있다. OECD 국가들 중 사회보호 분야 국가재정지출(2011년

기준) 비율을 보면, 덴마크가 43.8퍼센트로 가장 높고 뒤를 이어 독일
(43.3퍼센트), 룩셈부르크(43.2퍼센트) 순이며, 일본은 42.7퍼센트인
데 반해, 한국은 미국의 21.3퍼센트 다음으로 13.1퍼센트에 불과할
정도로 사회안전망의 물질적 토대가 매우 빈약하다.

특히 비정규직 노동자나 빈곤층일수록 사회보험 가입률은 매우
낮아서 사회적 위험에 가장 많이 노출되어 있다. 한국보건사회연구
원에 따르면, 2008년 현재 빈곤층은 사회보험 중 산재보험은 77.3퍼
센트, 고용보험은 77.5퍼센트가 미가입 상태이다. 이 같은 상황은 국
가가 국민이 겪는 불안과 불확실한 미래에 대한 공포를 감당할 책임
을 회피하는 것이다. 오히려 국가가 제공하는 최소한의 복지를 제외
한 나머지 안전판은 대다수의 국민이 각자 알아서 확보해야만 하는
실정이다. 2000년대 이후 사적 보험시장의 엄청난 성장은 사회적 공
포에 대한 부담을 개인이 책임지는 문화가 심화되고 있음을 반증해
준다.(새로운 사회를 여는 연구원, 2014: pp.323~327)

셋째로, 국가나 시장 영역 외에도 시민사회에 대한 신뢰 저하 역
시 공포문화의 확산에 일조하고 있는 것으로 보인다. 서울대학교 사
회발전연구소의 『국민의식조사』(2007)에 따르면, 행정부, 사법부, 국
회, 정당, 경찰 등 국가기관에 대한 일반 국민의 신뢰도는 1997년에
비해 2007년 들어 훨씬 더 낮아지는 경향을 보였다. 1990년대 중반
이후 시민사회운동이 확산되면서, 시민단체나 이익집단은 정부와
정당에 대한 사람들의 불신을 일정 정도 만회해주는 역할을 해왔다.
그러나 2000년대에 들어서면서 이와 같은 상황은 역전되었다. 동일
한 조사에 따르면, 1997년에 비해서 2007년에는 언론, 시민단체, 대
학, 노조 등 비영리단체에 대한 국민들의 신뢰 정도가 급격히 낮아진
것으로 나타났다. 또한 종종 발생하는 노조위원들의 부정부패 사건
이나 비정규직과 정규직 간의 갈등으로 인해 정규직 노조에 대한 불

신의 벽이 2000년대 들어 급격하게 높아졌다.

　이와 같은 결과는 가장 기본적이면서 중요한 생존과 안정적인 일상을 보장해주지 못하는 국가와 시민사회 모두에 대한 사람들의 냉소주의 내지 환멸이 표출된 것이라고 볼 수 있다. 이를 반영하는 또 하나의 지표로 대통령선거 투표율을 보면, 89.2퍼센트(1987), 81.9퍼센트(1992), 80.7퍼센트(1997), 70.8퍼센트(2002), 62.9퍼센트(2007)로 하락해왔으며, 1988년(13대) 이후 총선 투표율 또한 75.8퍼센트, 71.9퍼센트, 63.9퍼센트, 57.2퍼센트, 60.6퍼센트를 기록했고 19대에서는 46.1퍼센트로 투표율이 절반에도 미치지 못했다.

　넷째로, 공포문화는 전문가체계의 발달과도 모종의 함수관계에 있다. 한국 사회의 위험과 공포에 대한 민감도는 다양한 사회서비스 기관과 전문상담기관에서 생산하는 위험담론의 급증에서 찾아볼 수 있다. 최근 몇 년 동안 급증한 컨설팅, 카운슬링, 치유 등을 전문으로 하는 상담기관들은 한국 사회가 위험에 처해 있다는 전제하에 고객 서비스를 제공하는 위험산업들이다. 이 기관들은 전통적인 주술가처럼 예언가적 스킬을 이용하지만, 이른바 과학적 데이터와 학술적 담론을 활용한다는 것을 명분으로 전문가적 지위를 누린다.

　오늘날 이러한 전문가 기관은 그 자체로 위험담론을 생산하는 '공장'이며, 위험을 관리하면서 재생산하는 '컨설팅 사회'의 핵심기제이다.(천선영, 2004: pp.104~130) 개인이 전문가체계에 점점 더 의존하게 되는 현상은 생계와 일상생활을 보호해주는 안전판으로서 국가나 시장이 그 역할을 더 이상 수행하지 못한 데서 오는 신뢰감 상실과 일맥상통한다. 그리하여 오늘날 개인은 공적 영역에 대한 의존보다는 사적 영역에서 활용 가능한 주변의 전문가체계를 더욱 신뢰하고 따르는 경향성을 드러낸다.

　이러한 공포문화의 특성으로 인해 사람들은 푸레디(2011)의 주장대로 위험을 무릅쓰고 이에 도전하는 것을 점점 더 꺼려하게 된다. 그리고 공포문화는 끊임없이 예방을 미덕으로 부추기고 위험감수를 무책임한 행동과 등치시키는 분위기를 조장한다. 특히 우리가 직면하는 위협에 공유된 의미를 부여하는 거대서사가 없을 때, 사람들의 반응은 점점 사적이고 배타적이게 된다. 자유가 개인화되듯, 공포 또한 '사사화'(privatization)된다. 따라서 공포문화의 확산이 가져올 결과는 각박한 사회의 도래이다.

공포의 사사화와 축소된 주체: 개인화의 패러독스

공포의 사사화와 '연대 없는' 개인화

일반적으로 개인화는 (서구)근대사회가 구축되기 위한 내재적 조건으로서, 개인들이 전통사회를 지탱하는 공동체적 울타리(각종 규범, 규칙, 담론, 이데올로기 등)로부터 벗어나는 거대한 문화적 흐름을 의미한다. 서구사회의 경험과 많이 다르지만, 개인화 과정은 한국사회의 근대화 과정에서도 거역할 수 없는 문화적 정언명령이 되었다. 이 흐름은 1987년 민주화 이후 1990년대 세계화 물결과 더불어 본격화되었으며, 민주화 열망이 군사독재정권 타도와 민주적 선거제도를 통한 민주정부의 수립을 핵심으로 한 것이었지만, 그 기저에는 '개인'의 자유에 대한 열망이 강렬하게 작용하고 있었다고 볼 수 있다.

한편 1998년 이후 10여 년 동안 민주주의적 감각은 이전 시기와 비교해볼 때 한층 더 증대되었다고 볼 수 있다. 특히 2000년대 이후로 사이버공간에서 만들어진 커뮤니티, 개인 홈페이지, 블로그, 각종 SNS 등이 폭발적으로 증가하면서 이 같은 흐름은 가속화되었다. 어떤 사람들은 이를 다중적 정체성의 부상이라고 해석하면서 새로운 민주주의사회가 도래했음을 설파하기도 했다. 이는 사회적으로 배제되어왔던 여성, 아동, 장애인, 동성애자, 트랜스젠더, 외국인노동자 등을 위한 인권과 인정의 정치가 급부상하는 데에도 기여했다. 또한 그것은 제도적 차원에서도 변화를 불러일으켰다. 여성부와 국가인권위원회가 2001년에 출범했으며, 장애인차별금지법이 2008년에 시행되었고, 이주노동자를 위한 인권관련 단체들도 2000년대 들어서 활성화되었다.

정치적 민주화와 함께 '정체성'의 정치가 강조되면서 '개인'은 문화적 자율성까지도 획득하였다. 소통 공간의 경우에도 과거 정치집회를 위해 동원 장소로만 활용되었던 광장이 생활정치를 위한 자율적인 집회장소로 전환되었으며, 최근 SNS혁명처럼 정보기술혁명은 의사소통방식을 전면적으로 바꿔버린 플랫폼을 만들어냈다. 이 과정에서 개인은 자신의 생각과 의견을 자유롭게 표출하는 공간을 획득해나갔으며, 자기만의 공간을 창출해서 콘텐츠를 생산하는 주체로 전환되어왔다.

그러나 개인화 과정을 표면적으로 이해하기에 앞서 그것이 함축하고 있는 내적 동학을 밝히는 것이 중요하다. 그것이 바로 '공포의 사사화'이다. 오늘날 개인이 경험하는 공포는 사회적 차원으로 공유되거나 분담되지 않고 점점 더 개인적 차원으로 수렴된다. 개인화 과정에는 이중성이 내재되어 있는데, 그것은 바로 자율성이 증가하는 동시에 책무성도 증가한다는 것이다. 다시말해 그것은 집단적 제약으로부터 자유로워지는 만큼 개인이 혼자서 감당해야 하는 책무도 많아진다는 것을 의미한다. 더욱 구체적으로 논의하면 개인은 이웃과 거리감을 유지하면서 프라이버시를 확보하는 데 성공했지만, 이웃과 공유할 수 있는 일도 그만큼 사라져갔다. 이제는 이웃이 아닌 보안업체가 사람들을 도난위험으로부터 지켜주고, 사람들은 봉변을

당하더라도 이웃에 도움을 청하기보다는 119에 전화를 걸어야 한다. 아이를 이웃에 흔쾌히 맡길 수 있는 문화는 사라지고, 공인된 보호기관이나 교육기관에 의탁해야 하는 '관리문화'가 지배하게 되었다.

물론 이러한 현상은 사회의 기능적 분화와 전문가체계의 발전이라는 근대적 합리화의 산물이다. 하지만 최근 공개되고 있는 어린이집 폭행사건이 말해주듯이, 자녀를 어린이집에도 믿고 맡길 수 없는 지경에까지 이르렀다. 이러한 상황은 전문가체계에 대한 불신을 초래한다. 전문가체계 자체가 공포를 불러오는 모순적 상황을 노출한다.

일상으로 눈을 돌리더라도, 이웃은 더 이상 '사촌'이 아니라 경계의 대상이 되고 있으며, 심지어 잠재적 가해자로 여겨지고 있다. 종종 언론을 통해 이웃 사람에 의한 범행이 전파를 타곤 하는데, 이럴수록 우리의 일상은 더욱 경계하고 주의해야 할 시·공간으로 재편되어간다. 불행하게도 이제 이웃은 불안을 분담하는 존재가 아니다. 불안 그 자체가 '이웃'해 있을 뿐이다. 이처럼 공포는 타인에 대한 불신을 증폭시킨다. 물론 역으로 불신은 다시 공포를 가중시킨다.

불신은 세대문제에서도 심각하게 발현된다. 오늘날 젊은 세대는 기성세대가 더 이상 자신들의 보호막이나 안내자로서의 역할을 하지 못한다고 믿는다. 기성세대의 지식과 경험에서 오는 권위는 후속세대에게는 버려야 할 한낱 구태에 지나지 않는다. 기성세대는 빠르게 조롱과 비난의 대상이 되어가고 있으며, 무능한 존재로 취급되고 있다. 나아가 기성세대는 후속세대와 동일선상에 있는 또 다른 경쟁자들 중 하나에 불과할 뿐이며, 심지어는 젊은 세대의 미래를 막는 걸림돌로 표상화된다. 고령화의 심각성을 알리는 각종 언론보도는 노인을 젊은 세대가 미래에 '책임지고 부양해야 할' 부담스러운 짐짝처럼 묘사한다. 아래의 신문보도가 전형적인 예이다.

수명은 연장되는데 일할 사람이 줄어들면, 노령인구 부양을 위한 국민부담은 더 늘어날 수밖에 없습니다. 노인복지 예산, 연금 지출, 의료비 지출 등이 급증하면서 나라 재정은 악화하게 됩니다. 이 부담은 근로세대가 져야하기 때문에 세대 간 분배 형평성 문제도 야기됩니다. 후세대는 부담은 더 커지는데, 받는 몫은 작아지는 현상이 구조화하는 것이죠. 2000년에는 생산가능인구 10명이 노인 1명을 부양했지만, 2020년에는 5명이 1명, 2040년에는 2명이 1명을 부양할 것이라는 분석입니다.(『한국일보』, 2004. 11. 29)

이처럼 노인층은 젊은 세대에게 희망과 안전을 보장해주는 집단이 아니라 절망과 책임을 지우는 '골칫덩이'가 되었다. 노인학대와 무시가 흔한 일이 되었으며, 젊은 세대는 기성세대와 조우할 수 있는 감각을 점점 상실해가고 있다. 그러나 이러한 현상의 책임을 젊은 세대에게 돌려서는 안 된다. 왜냐하면 노인에 대한 무시는 젊은 세대에게 내재된 속성이 아니라 신구세대 간의 갈등이 필연적으로 일어날 수밖에 없도록 만든 왜곡된 사회구조에서 비롯되기 때문이다. 즉 '연대 없는' 개인화는 모든 세대에게 이처럼 비극을 겪게 한다.

이러한 공포의 사사화는 후기자본주의 체제의 확산으로 더욱 심화되고 있다. 앞서 살펴본 바와 같이, 새로운 사회적 위험의 증가, 전통적 규범의 해체, 신자유주의 체제의 전면화 등은 개인에게 자유(?)를 부과함과 동시에 일상적 공포를 확산시키는 구조적 요인으로 작동한다. 신자유주의적 자본주의 질서 하에서 국가와 시장은 노동자들에 대한 사회경제적 책임을 최소화하고자 한다. 더욱이 한국의 경우 국가의 복지정책이 매우 미흡할 뿐만 아니라 재벌 중심의 시장체제라는 점에서 노동자들이 신자유주의 체제에 대응해나가기란 더욱 힘겨울 수밖에 없다. 국가와 시장은 개인이 각자 알아서 안전장치를 마련하도록 '자유롭게' 내버려둘 뿐이다.

사회적 위험에 포획당하고 노동시장에서 퇴출되더라도 국가와 시장이 안전판을 제공해주지 못하는 상황에서 개인들은 철두철미한 자기생존 전략 외에는 다른 대안을 찾지 못하고 있다. 이럴수록 점점 경쟁만 격화되고, 능력주의보다는 새로운 신분적 자원이 더 큰 효력을 발휘할 수 있으며, 이 과정에서 사람들은 사회제도를 합당하게 받아들이지 않고 그것에 대해 냉소적·비관적·증오적인 태도를 취하게 된다.(지주형, 2011: pp.461~462) 송호근에 따르면, 외환위기 이후 한국 사회의 불신풍조는 개인들로 하여금 사적 영역에 대한 의존도를 높이게 만들었으며, '가족중시 경향과 연고주의가 강화'되는 결과를 낳고 말았다. 즉 "기대가 꺾인 의지할 것 없는 사람들에게 가족과 연고주의는 안식처를 제공했다."(송호근, 2003: p.177) 이처럼 타인과의 '연대 없는' 개인화가 진행되면서 개인들의 자유는 더욱 축소되는 아이러니를 경험하게 되었다.

공포 분위기의 확산으로 '생계유지' 그 자체가 삶의 핵심과제가 된 만큼 많은 사람에게 '안정적인' 직장을 구하고 재테크를 통해 재산을 최대한 증식하는 일은 숙명적인 과업이 되고 있다. 앞서 언급한 서울대학교 사회발전연구소의 조사에 따르면, 구직 시에 직장의 안정성을 중시하는 경향은 2003년에 비해 2007년에 크게 증가했으며, "행복을 위해서는 경제적 풍요가 중요하다"는 의식 또한 증가하는 추세를 보였다. 일례로 2010년 7급 국가공무원 임용시험 경쟁률이 72:1, 대기업 입사경쟁률이 57:1, 그리고 심지어 2009년 환경미화원 채용 경쟁률도 35:1을 기록할 정도로 고용안정성이 높은 직업분야의 경쟁률은 고공행진을 계속하고 있다. 자신이 쌓은 전문적 능력과 가치, 세계관과 상관없이 '정규직'을 획득하는 것이 궁극의 목표가 되고 있다.

이에 대해 김홍중(2010: p.22)은 IMF 이후를 '97년 체제'라고 규정하면서 무한경쟁에서 살아남기 위한 '경제적 생존', 무차별적인 과시가 지배하는 공간에서 살아남기 위한 '사회적 생존', 그리고 질병과 죽음을 넘어서 오래 살고자 하는 '생물학적 생존'이 지배하는 시대가 도래했다고 주장한다. 동일한 맥락에서 박소진(2009: p.34)은 신자유주의가 개인의 삶을 불안하게 만들고 국가의 책임을 개인과 가족에게 전가시키면서 사람들이 '자기관리'와 '가족경영'에 몰두하도록 통치한다고 주장한다.

반면 오늘날 국가권력은 사회적 안전망의 구축을 통해 불안정한 생애과정에 적극 개입하는 것이 아니라, 개인들이 느끼는 공포를 증폭시키는 방식으로 '공포 보수주의'(푸레디, 2013)를 부추기고 있다. 이러한 상황에서 공포에 움츠려든 개인들에게는 체제에 적극 순응하는 것이 생존을 위한 확실한 방책이 된다. 다른 한편으로 국가는 국민국가의 쇠퇴, 민족주의의 약화, 다문화주의, 전 지구적 시장경제 등 세계화라는 이름으로 국가역할의 축소를 정당화하면서 개인에 대한 국가의 책임회피를 합리화하고 있다. 이처럼 국가는 사회적 불안과 공포를 개인에게 떠넘기는 방식으로, 국민들에게 강제하지 않고 효율적으로 통치할 수 있는 기제를 구축해나가고 있다.(서동진, 2009a: p.332)

그리하여 국민들은 공포에서 벗어나기 위한 실존적 전환을 시도하고 있으며, '자기'에 대한 절제, 통제, 계발, 몰입 등이 그에 부합하는 에토스로 부상하고 있다. 작업장문화에서도 연공서열제가 붕괴되고 성과급제와 프로젝트형 팀작업이 도입되면서, 작업장은 업적쌓기와 치열한 경쟁이 벌어지는 분위기의 공간으로 바뀌고 있다. 이를 반영하듯, 박찬욱 감독의 영화 「친절한 금자씨」(2005)에서 금자는 신자유주의적 정언명령을 이렇게 내뱉는다. "너나 잘 하세요."

그런데 이러한 개인화는 역설적이게도 새로운 의존문화를 만들어낸다. 일찍이 뒤르케임이 근대산업사회에서 개인과 사회 간 관계를 유기적 연대로 제시했듯이, 현대사회의 개인은 직업집단에 소속되어 다른 전문직업집단의 구성원들과 협력함으로써 자율성을 획득할 수 있다. 인간에게 자유는 사회 외부에 있지 않고 사회적 관계 내에 존재하기 때문이다.(뒤르케임, 2012) 그러므로 개인화는 전문직업집단과의 상호의존적 관계를 설정할 때 가능해질 수 있다. 따라서 개인이 사회적 위험에서 벗어날 수 있는 가능성도 이와 같은 유기적 연대의 사회에서 찾아볼 수 있다. 기든스 또한 후기근대사회에서 전문가체계는 신뢰 구축에 필연적일 수밖에 없다고 주장한다.(기든스, 1991) 그리하여 현대인들은 점점 더 자신의 문제를 해결하기 위해 해당 전문가들을 찾아가 상담을 의뢰하고 도움을 받는 데 익숙해져 간다.

그러나 전문가체계에 대한 의존은 이중성을 내재하고 있다. 전문가에게 기댈수록 신뢰감이 높아지는 것이 아니라 오히려 불안감이 더 증가하는 역설적 상황이 발생할 수 있기 때문이다. 겉보기에 전문가체계가 위험을 감소시키고 안전을 강화하는 것처럼 보이지만, 실제로 그것은 공포의 연쇄작용을 일으키는 기능을 한다. 전문가체계가 전달하는 많은 지식과 정보는 우리가 사는 현실세계는 위험에 빠져 있고 불안하며, 개인은 그 문제를 스스로 해결하지 못한다는 것을 전제로 하여 구성된다. 각종 상담사, 전문카운슬러, 컨설턴트들과 대면하는 순간 "우리는 위험에 처해 있다"는 주술에 걸리고, "당신은 그 문제를 해결할 수 없다"는 비관적 전망을 갖게 된다.(푸레디, 2011)

전문가체계는 신뢰와 위험을 동시에 생산하며 지난 몇 년 동안 사회에 모세혈관처럼 뿌리내렸다. 기업들은 불안정한 시장질서에 대응하기 위해 외부 컨설팅회사에 경영의 상당 부분을 위탁한다. 기업의 구조조정에 대한 판가름은 컨설팅회사의 분석결과에 달려 있다. 특히 사적 영역에서의 위험을 다루는 전문가집단이 기하급수적으로 증가했다. 그 규모를 정확히 파악할 수 없지만, 유아상담, 가족상담, 심리치료, 교육과 진학상담, 건강, 다이어트 등 일상과 관련된 수많은 위험을 관리해주는 전문기관들이 주변에 널려 있다. 이러한 현상은 미디어에 전문직 패널들이 대거 출현하면서 더욱 뚜렷해지고 있다. 뉴스, 탐사보도, 시사고발, 예능 프로그램에 이르기까지 의사, 형사, 헬스트레이너, 사회복지사, PD, 대학교수, 변호사 등이 출연해서 '과학적' 불안을 유포시킨다. 어느 순간에 우리 대부분은 잠재적 환자, 범죄자, 약자, 무지한 자가 되어버렸다.

오늘날 사람들은 문제를 해결하기 위해 자체적인 해법보다는 전문가들을 검색해서 그들의 정보에 의존하는 방식으로 불안과 공포를 제거해나간다. 하지만 전문가체계에 대한 의존도가 높아질수록 개인들은 주체적인 도전과 모험을 좀처럼 감행하지 않는다. 사람들은 오히려 도전과 모험을 두려워한 나머지 자신의 사회적 삶을 스스로 조직해나가지 못하는 개인화의 딜레마를 경험한다. 이전에 비해 '안전'에 대한 강박이 훨씬 심해졌다. 이처럼 전문가체계는 확신을 주는 듯 보이지만 그만큼 선택을 주저하게 만드는 결과도 가져온다.

'안정' 에토스와 축소된 주체

공포의 사사화는 사회성원들 간의 불신을 확산시키고 주체의 자발적 영역을 그만큼 축소시키는 결과를 낳는다. 과거에 '저항과 진보'의 아이콘으로 여겨져왔던 젊은 세대는 오늘날에 와서는 도전과 모험을 꺼려하고 안정적이고 보수적인 삶을 추구하려 든다. 사실 공포문화가 확산되는 현 상황에서 대부분의 사람에게 '안정'은 궁극적인 삶의 윤리로 받아들여질 수밖에 없다. 이러한 감정적 분위기는 무엇보다도 계급재생산을 강화하는 데 기여한다.

2000년대 들어 계급양극화와 함께 계급재생산은 더욱 견고한 형태로 진행되고 있으며, 특히 가족주의가 강화되는 현상이 나타나면서 가부장성과 가족성원의 계급적 위치를 지키기 위한 경제자본과 문화자본의 재생산 전략이 치밀하게 전개되고 있다.(백진아, 2009; 손승영, 2007: pp.114~115) 사람들에게 제공되는 지식과 정보는 부의 증식과 개인의 계급적 취향을 표출하는 소비 중심의 라이프스타일에 대한 내용으로 가득 차 있다.(이영자, 2010: pp.101~124) 부동산 투기와 주식투자에 관한 정보들이 범람하고 있으며, 재테크를 위한 전문지식이 일상생활 전반에 깊이 침투하고 있다. 무엇보다도 사회적 하강이동의 두려움을 안고 있는 중산층에게 현상유지와 계급재생산은 안정적인 미래를 보장받는 가장 확실한 방법이다.

오늘날 많은 노동자는 미래의 위험에 대비하기 위해 소득보존과 자산관리에 상당한 관심을 기울인다. 아니 그것들에 집착할 수밖에 없는 상황으로 내몰리고 있다는 것이 더 정확한 표현일 것이다. 한 일간지의 보도에 따르면, 맞벌이 인구가 계속 증가하는 것은 물론이고, 직장인 5명 중 1명은 투/쓰리잡족일 정도로 일상의 대부분 시간을 경제적 소득을 확보하는 데 활용한다.(『경향신문』, 2010. 2. 17) 게다가 상당수의 직장인은 주식, 펀드, 부동산, 재테크에 대한 전문지식을 익히거나 그와 관련한 교육을 받는 일에도 시간과 돈을 투자한다.

공포문화가 장기적으로 영향을 미치는 곳은 교육영역이다. 한국사회에서 교육은 부모세대가 자녀세대가 겪을 공포를 최소화할 수 있도록 전략을 전파하고 훈육하는 문화적 통로이다. 따라서 교육은 점차 자유로운 사회이동의 발판이자 공평한 기회가 아닌 계급재생산의 수단으로 작동한다. 자녀교육에 대한 집중적인 투자는 미래를 위한 대비, 그리고 궁극적으로는 경제적 하강이동의 공포를 장기적인 차원에서 제거하려는 전략이다. 조기교육에서부터 영어교육, 해외연수 등을 비롯해 '기러기' 가족의 탄생까지 막대한 규모의 사교육시장은 공교육에 대한 불신을 넘어 이러한 공포극복 전략 게임이 맹렬하게 일어나는 곳이다.

통계청 발표에 따르면, 2013년 현재 사교육비 총규모는 18조 6천억 원에 이른다. 지금과 같은 신자유주의적 위험사회에서는 "교육도 문화도 자본의 가치증식 수단"(이득재, 2008a: p.55)이 되고 있기 때문에 부모들은 자본투자를 통해 자녀교육에 적극적으로 관여할 수밖에 없다. '주부들'은 가족의 미래는 물론 자녀세대에게 닥친 불안한 미래에 대비하기 위해 전통적인 주부의 역할을 뛰어넘어 '가정의 CEO'로 재탄생하고 있다.(박혜경, 2010)

하지만 심각한 문제는 이러한 교육적 상황이 초래하는 훈육의 결과이다. 사교육 영역에서 부모들의 개입과 통제가 더욱 강해지고 있기 때문에 자녀들은 가정에서부터 매우 세밀하게 관리된다. 부모들은 교사와 동일한 위치 또는 더 높은 위치에서 자녀의 교육과정에 개입하고 있다. 교권은 학부모에게 넘어간 듯 보이며, 이제 교사는 학생들의 단순한 교육서비스 제공자 정도로 지위가 추락해가고 있다. 맞춤형 교육, 학습자 중심의 교육, 감성(정)지수(EQ) 등과 같은 교육 프로그램은 아이들을 더욱 치밀하게 관리하고 그들의 미래에 대한 확신을 얻고자 하는 부모들의 이해관계와 맞물려 있다. 아이들은 유아기부터 철저하게 합리화된 교육시스템으로 '눈높이에 맞게' 관리되고 길러지면서 일찌감치 저당 잡힌 미래 속에서 훈육된다.

이렇게 관리되는 꿈과 미래는 아이들에게 안정적이고 보수적인 생애과정으로부터 벗어나는 실험적 실천을 주저하게 만든다. 물론 이런 식의 훈육은 계급적 층위에 따라 하나의 특권이 된다. 가난한 가정의 자녀가 부모의 도움을 받아 사교육을 통해 사회적 상승이동을 할 수 있는 확률은 아주 낮다. 자녀의 생애과정에 대한 부모의 개입과 관여는 성인이 된 이후에도 계속된다. 청년실업의 장기화로 인해 경제적 독립에 어려움을 겪으면서 자녀들은 취업준비 비용에서 결혼자금이나 가족운영에 이르기까지 부모세대에게 점점 더 많은 기간을 의지하고 있다. 이른바 '성인기 이행'이 지체되고 있다.

이렇듯 소득보존과 재테크, 교육열풍을 일으키는 내적 동학은 장기전망의 결핍에서 오는 공포를 상쇄시키기 위한 '개별화된 전체'의 노력이며, 그 중심에는 '안정' 에토스가 작동한다. 이러한 행위는 켐퍼가 말하는 '내사된 공포' 행위로 규정할 수 있다. 그에 따르면, 공포는 주체의 권력결여에서 기인하는데, 타자의 권력소유 여부에 따라 공포는 내사되거나 외사되는 형태를 취한다. 내사된 공포는 대체적으로 예속(순응)의 형태로 표출된다.(Kemper, 1978: pp.57~58) 권력이 결핍된 사람은 공포를 자기 자신에게 투사함으로써 외적 강제에 대해 저항하기보다는 회피와 예속의 행태를 보인다. 예속 상태에 있는 주체는 사회변혁의 기대를 접고 체제순응적인 삶을 살아간다.

더욱이 신자유주의적 공간에서 주체의 행위지향은 시·공간적으로 매우 제한적이게 된다. 강력한 시장권력과 국가의 최소보호 상황 속에서 대부분의 사람들은 위축된 삶을 살아갈 수밖에 없다. 먼저 장기적인 시간지평 속에서 자아실현적 가치행위는 추구되기 힘들어졌다. 다음으로 공간적 차원에서 '안정' 에토스는 주체의 자율적인 이동을 제약한다. 안정된 직장을 구하려는 노력 외의 여타 행위는 일단 유보되어야 하며, '정규직' 직장을 그만두고 다른 일에 도전한다는 것은 '미친 짓'이거나 '기이한 행동'으로 화제가 된다. 계급재생산의 심화는 계급이동의 공간을 축소시킴으로써 개인이 순수한 노력을 통해 상승이동할 수 있는 기회를 점점 더 차단한다.

오히려 이 같은 신자유주의적 계급질서는 차라리 '대박'을 통해 일순간에 미래를 보장받으려는 감정적 분위기를 조성하기도 한다. 오로지 대박만이 계급장벽을 넘어설 수 있는 가장 확실한 방법이기 때문이다. 일확천금을 벌어들인 창업신화, (경제적) 성공신화, 대중스타 성공기, 로또나 도박 열풍 등은 순식간에 부와 지위를 상승시키는 '벼락부자' 서사를 제공한다. 실제로 외환위기 이후 '성공신화' 전파는 사회 곳곳에서 진행되었다. 미디어와 기업후원 강연회, 대학 초청강의 등에서 성공신화 담론은 최근까지도 확산되고 있으며, 심지어 대중오락과 교양 프로그램을 통해 일상생활의 영역까지 파고들고 있다.

이와 같이 시·공간적 제약과 안정 에토스는 주체의 자율성을 그만큼 축소시켜버린다. 자발적으로 미래를 선택하지 못하게 만드는 교육공간은 '축소된 주체'를 생산하는 공장으로 전락하고 있다. 그리고 주체의 축소와 안정 에토스가 작동하면서 사회적 삶이 보수화되고 있다. 이는 정치 이데올로기로서의 보수주의와는 다른 이른바 '욕망의 보수화'에 가깝다. 이와 달리 여러 언론과 학자들은 2000년대 이후 촛불집회를 목격하면서 이를 대안적 민주주의의 등장으로 치장하고 한국 사회의 '다중'의 출현에 주목하기도 했다.(정태석, 2009; 조정환, 2009; 박원석 외, 2008) 이 논의들은 촛불집회를 새로운 방식의 연대와 운동행태라고 주장하면서 과거의 운동권세력과는 다른 민주주의의 새로운 주체의 출현이라고 환영했다.

그러나 우리는 촛불이 꺼진 그 터에 남겨진 것은 무엇인지, 그때 그 사람들은 지금 어떤 가치를 지향하면서 살아가고 있는지에 대해서 재고해봐야 한다. 개별화된 삶의 양식을 추구하고 정치적으로 보수화되고 경제성장주의를 맹신하는 오늘의 우리 모습은 한국적 개인화 과정(이득래, 2008b; 최종렬, 2011; 홍성태, 2009)에서 기인한 공포의 또 다른 표현은 아닐까. 공포가 사사화되는 과정에서 사회적 위험은 개인에게 도전보다는 안정을, 변화보다는 유지를, 공공성보다는 사익성을 더욱 강요할 것이기 때문이다.

그렇다면 개인화의 소산이라고 할 수 있는 자유는 무엇을 위해 활용되며 일상에서 어떻게 전개되는가? 축소된 주체의 삶은 어떻게 펼쳐지고 있는가?

자기표출적 일상의 패러독스

자기계발의 자유?

1990년대 이후 정치적 민주화가 진일보했지만, 외환위기 이후 급속도로 구축된 신자유주의 체제는 자유가 실현될 수 있는 공간을 시장과 소비영역으로 축소시켜버렸다. 그러나 시장에서의 자유는 상호배타적인 이해관계를 근간으로 실현되기 때문에 비인격적이고 탈사회적이다. 오늘날 개인의 자유는 국가의 개입이 최소화된 유연한 시장상황에서 자유롭게 경쟁하고 그에 상응하는 보수를 각자 알아서 취하라는 '신자유주의적' 자유인 것이다. 그리고 사람들은 거대한 자본의 힘과 법치를 내세운 국가권력에 대항하기보다는 공포를 내사하는 방향으로 실천논리를 재구성한다. 그렇다면 불안한 노동시장과 사회적 위험에 노출되어 있는 많은 사람은 공포와 불안을 극복하기 위해 어떤 대안을 마련할 것인가?

신자유주의적 세계에서 살아가는 개인들에게 국가와 사회가 제시한 프로그램은 성공을 위해 '자기계발'하라는 내용의 '자기통치'(self governance)이다. 일부 논자들(장희정, 2006; 전상진, 2008a)은 자기계발이 개인의 성찰적 기획의 한 방편일 뿐만 아니라 주체의 수동적 삶을 적극적인 삶으로 전환시키는 기회를 부여한다고 주장한다. 하지만 서동진(2009b)에 따르면, 신자유주의 공간에서 인간의 자유는 자기계발하는 주체가 갖는 '자유'이다.

서동진은 신자유주의 체제하에서 개인은 자기계발의 자유를 누리지만 이는 어디까지나 자본주의시장의 통치맥락을 벗어나지 못한다고 주장한다. 그러나 자기계발이 주체에 대한 새로운 억압인지 자유인지 따져보기 이전에 도대체 자기계발을 추동하는 감정적 원천이 무엇인지를 물을 필요가 있다. 또한 어떤 주체가 자기계발을 하는지 반대로 하지 않는지, 그리고 자기계발을 요청하는 주체는 누구이고 이를 수행하는 주체들은 누구인지를 따져볼 필요가 있다.(이에 관해서는 제6장을 참고할 것.)

신자유주의 통치성은 개인이 스스로가 "지배할 수 있는 현실을 재구성하여 그와 관계 맺는 주체의 행위 조건 또는 행위방식을 유도하고 평가하며 보상하는 지식과 테크놀로지, 윤리의 복합적인 결합체"를 그 특징으로 한다.(서동진, 2009a: p.335) 그리고 공포와 불안이 개인의 몫이 되고 있지만 국가는 이로부터 개인을 보호하기보다는 개인 스스로 '자기'를 만들어가는 주체로 국민을 재구성한다.(Walkerdine, 2003: pp.239~240) 이러한 상황에서 공포는 개인에게 자기계발을 압박하는 감정적 에너지로 작용한다. 과거 프로테스탄트의 노동윤리와 달리 신자유주의적 노동윤리는 외적 규범에 순응하는 노동자 그 이상, 즉 자기 내적으로 윤리를 직조하는 혁신적인 자기계발을 요청한다.

이 과정에서 국가와 시장은 개인들에게 누구나 '성공'할 수 있고, 누구나 '부자'가 될 수 있다는 평등주의적 에토스를 전파한다. 이러한 평등주의를 전파하는 전도사가 (대)학교, 언론, 대중매체에 대거 등장해왔다. 그리고 이러한 에토스는 가정, 교육기관, 회사, 성인교육원 등의 체계적인 전문 프로그램을 통해 아이에서 어른에 이르기까지 모든 사람을 대상으로 전달된다.

2000년대 들어 성공학과 자기계발서적은 폭발적으로 증가했으며, 그것의 효과는 개인에게 일상에서도 자기계발을 전문적으로 수행할 수 있다는 환상을 불러일으킨다는 데 있다. 이 외에도 자산관리, 재테크, 주식투자, 창업에 관한 전문적인 정보와 지식을 제공하는 서적을 비롯해서 설득, 몰입, 대인관계, 긍정심리와 관련된 책들도 꾸준히 증가해왔다. 이렇게 우리의 일상영역은 성장과 무한경쟁에 대비하기 위한 충전소이자 자기계발의 자유를 실현하는 공간으로 재탄생하고 있다.(서동진, 2009b: p.104)

그러나 자기계발의 지향점은 진정한 자유, 즉 진정성을 추구하는 주체가 아니라 무한경쟁에서 생존하기 위한 주체에 맞춰져 있다. 앞서 언급한 서울대학교 사회발전연구소의 연구결과를 한 번 더 인용하면, 1990년대에 비해 2000년대 들어 물질적 가치를 추구하려는 경향이 두드러졌고, 돈과 학벌을 중시하는 풍조가 더욱 강해졌다. 탈물질주의적 가치의 생명력은 그리 오래가지 못했다. 외환위기 이후 부상한 '박정희 신드롬'에서도 짐작할 수 있듯이, 2000년대에 들어서도 여전히 1960년대 산업화 시기의 성장주의적 전류가 흐르고 있으며, 그것이 1990년대 이후 정치적 민주화를 무색하게 할 정도로 한국인의 내면에 침잠해 있다는 사실을 직시할 필요가 있다.(조명래, 2007)

이러한 흐름 속에서 2008년 이명박 정권의 탄생은 성장주의에 대한 열망이 투영된 결과라고 볼 수 있다. 한국경제는 여전히 성장주의 패러다임 안에서 작동하고 있으며, 정치와 문화 영역 모두에서 성장주의 패러다임을 극복하지 못하고 있다. 김덕영(2014)은 이렇게 사회의 모든 영역이 성장주의와 발전주의로 환원되는 한국적 근대화의 특징을 '환원근대'라고 명명한다. 인간의 삶을 구성하는 여러 영역이 각자의 독자적 체계와 합리성을 갖추지 못하고 경제성장과 성과주의로 환원되는 근대화 패러다임은 현재까지도 견고하게 작동하고 있다. 이러한 패러다임에 익숙해질수록 삶의 형식은 신자유주의적 '스노비즘'과 '동물성'으로 규정지어져간다.(김홍중, 2008)

소비의 로맨틱화와 자기표출 문화

공적 영역(국가, 시장, 시민사회)에 대한 사람들은 불신은 공포의 사사화와 함께 사람들로 하여금 공포를 내사하도록 유도하고, 정치에 대한 냉소와 환멸의식을 조장한다. 정치적 냉소주의는 개인 취향을 극대화할 수 있는 소비를 통해 자본주의가 제공하는 자유라는 환상과 비례하면서 무한증식한다. 앙리 바타유를 원용하여 한국 사회를 '무조건적 소모의 사회'로 규명하는 최종렬(2010)은 자본주의의 내적 모순에 따른 고립된 존재로서의 인간의 '외로움'(고독감)을 오늘날의 소비행태와 연관시켜 논의하며, 그 결과가 '사회의 에로틱화'라고 진단한다. 정치에 대한 냉소와 환멸이 개인적 차원의 소비를 무조건적 소모로 전환시킨다는 것이다.

사람들은 이제 시민으로서 자유를 누리는 정치공동체보다는 소비자로서 시장에서의 자유를 만끽하기 위한 소비공동체를 조직해나간다. 특히 소비를 통한 일상적 의례의 범람은 억압당한 자본주의적 주체를 로맨틱한 또는 에로틱한 의례주체로 만들어준다. 친밀성의 영역에서 행해지는 다채로운 의례와 공연, 그리고 로맨스 상품의 교환은 상호 간의 존재감을 획득하고 유지하기 위한 중요한 사회적 관행이 된다.

오늘날 개인들에게 국가적 기념일은 친구, 연인, 가족, 소속집단 내 사람들과의 로맨틱한 관계를 유지하는 사적인 시간일 뿐이다. 연인들 간의 잦은 기념일부터 가족여행이나 각종 이벤트 등, 이러한 의례를 행하지 않는 개인이 치러야 할 대가는 상상하는 것 그 이상이다. 국가와 시민사회에 기대할 것이 없는 개인은 사적 영역에서 자신의 열정을 확인하는 데 만족한다.

이와 관련하여 기든스가 주장한 친밀성의 구조변동과 연동되어 있는 라이프스타일의 정치는 다른 각도에서 재고할 필요가 있다. 라이프스타일의 정치는 섹슈얼리티의 해방과 더불어 공적 영역이 균열되면서 부상한 '개인적인 것의 정치학'이다.(기든스, 1999: p.307) 여기서 기든스가 부각시키는 것이 자아정체성이며, 그것의 실천양식이 주체가 스스로를 모니터링하는 자기성찰 프로젝트이다. 그러나 기든스는 라이프스타일의 정치에 내재해 있는 감정동학을 간과하고 있다.

라이프스타일의 정치가 부상하는 배후에는 개인화에 따른 소비적 자율성의 증대라는 한 축과 공포의 확산이라는 다른 한 축이 이중나선구조로 얽혀 있다. 하지만 자아정체성을 추구하는 일상성이 강화될수록 개인이 감당해야 하는 공포의 무게가 늘어간다는 역설을 기든스는 놓치고 있다. 공포는 어떤 개인에게는 성찰적 기획을 자극하는 기폭제가 되기도 하지만, 다른 개인에게는 그것을 가로막는 감정적 장벽으로 작동하기도 한다. 이런 점에서 기든스는 주체의 합리적이고 이성적인 측면을 부각시키는 데 집중한 나머지 사회관계적 맥락에 따른 개인 행위의 감정동학을 보지 못하고 말았다.

앞서 언급한 자기계발은 각자의 사회적 위상에 따라 각기 다른 실천논리로 표출된다. 자기계발은 누구나 부자가 되고 성공할 수 있다는 평등주의적 에토스에 기반하고 있지만 개인은 각자를 타인과 차별화하기 위한 '정체성의 정치' 또는 '스타일의 정치'를 추구하려고 한다. 왜냐하면 개인은 "남들과 똑같을 경우 그 누구도 성공할 수 없다"는 경쟁의 덫으로부터 빠져나와야 하기 때문이다. 이러한 이중성은 스펙경쟁에서 가장 두드러지게 나타나는데, 이는 "개별화하면서 전체화"하려는 후기근대적 통치의 결과이기도 하다. 하지만 그러한 정체성과 스타일은 대부분 소비자본주의가 제공하는 한정된 지표와 메뉴로 제한된다.

그리고 그 중심에는 육체가 자리하고 있다. 오늘날 자기계발의 특징은 육체를 관통한다는 점에서 생체권력적 의미를 갖는다. 개인화된 사회에서 육체만큼은 자신이 자율적으로 관리하고 통제할 수 있는 대상이다. 생물학적 육체는 폭발적인 다이어트 담론과 웰빙 담론을 통해 철저하게 관리되고 통제되어 특정한 사회적 육체로 탈바꿈된다. 육체에 대한 관심은 타인과의 차별화 전략들 중의 하나로, 이러한 상황에서 개인의 정체성은 그가 '롱다리', '몸짱', '얼짱', '꿀벅지'인가 아니면 '숏다리', '얼큰이', '몸꽝', '얼꽝', '된장녀'인가에 따라 규정되기도 한다. 그런데 자기계발은 외모만이 아니라 섹슈얼리티까지도 관통한다는 점에서, 거기에도 성적 욕망에 대한 신자유주의적 통치가 작동한다고 볼 수 있다. 이희영(2010)에 따르면, 대중매체를 통해 전파되는 몸과 욕망에 대한 자기계발 담론은 "신자유주의적 주체"의 생산과 연동하면서, 끊임없이 자신의 몸과 욕망을 관리하고 타인과 경쟁하도록 자극한다.

무한경쟁과 불안한 미래 앞에서 주체가 겪는 불안과 공포는 '자기애'를 더욱 강화한다. 육체에 대한 세밀한 관심과 체계적인 관리는 몰사회적 자기애를 심화시킨다. 육체는 그런 면에서 개인화를 극대화할 수 있는 영역이다. 그런데 이러한 현대적 나르시시즘은 자기로부터 기인하는 공포를 배태하고 있다. 이와 관련하여 노명우(2009: pp.85~89)는 1990년대 이후 몸 담론의 변화를 "재현양식과 불안양식"에서 찾으면서 소비자본주의와 사회적 위험으로 인해 몸은 시장에 의해 포획되고 전문가체계에 의존함으로써 개인의 결정권을 상실했다고 주장한다.

오늘날 몸관리에 대한 열정적인 투자는 그 규모를 측정할 수 없을 정도로 일상생활 곳곳에서 이루어지고 있다. 성형산업은 성형을 비난의 대상에서 열광의 대상으로 전환시켰다. 성형외과 의사의 수는 1990년 276명에서 15년 후에는 1,102명으로, 같은 기간 전체 의사가 271퍼센트가 늘어난 것에 비해 무려 400퍼센트가 증가했을 정도이다. 국내 미용성형 산업과 화장품산업의 규모는 2005년에 무려 10조원을 넘어섰다. 이 외에도 몸관리 산업 전체의 규모는 천문학적인 수치를 기록할 것이다. 대중매체를 통해 전파되는 내용 중 상당부분이 몸, 다이어트, 성형, 웰빙, 음식, 운동, 건강, 의료, 자기계발, 몸값 올리기 등으로 채워져 있을 정도로 몸 담론은 이제 일상생활에서 중요한 화두가 되고 있다.

대중매체는 우리의 몸이 상당부분 위기에 처해 있다고 경고하면서 공포 커뮤니케이션을 적절하게 활용한다. 이러한 몸 담론의 과잉은 육체에 각인되기도 하지만 육체를 통해 외부로 표출된다. 표출되는 몸은 일상영역 곳곳에서 다양한 각축전을 벌이면서 시달리게 된다. 무엇보다도 이러한 문화는 자기의 몸을 타인에게 최대한 표출하라는 과제를 요청한다. 요컨대 오늘날 루키즘의 부상은 내사된 공포가 외화되는 과정으로서, 자기표출 문화를 심화시키면서 육체권력을 형성하는 데 일조한다. 루키즘 또는 외모지상주의와 관련된 대부분의 논의는 가부장제 이데올로기의 강화 또는 소비문화의 확산 등의 결과로 해석하는 경향이 대부분을 차지하고 있다.(엄묘섭, 2008) 하지만 현대사회에서 루키즘은 자기계발적 경쟁에 배태된 공포에서 비롯된다는 점을 간과해서는 안 된다.

이러한 자기표출 문화는 사이버 공간을 통해 육체는 물론 자기만의 은밀한 내적 영역까지 더욱 확장되어왔다. 2000년 이후 등장한 싸이월드, 블로그, UCC, 페이스북, 트위터 등 개인 공간에 공개된 사진과 글은 개인독백과 자기연출을 위한 의례의 성격을 지닌다. 커뮤니케이션 혁명을 통해 자기고백과 자기연출의 시대가 열리고 있으며, 일상은 자기고백과 연출을 위한 의례의 시·공간으로 재편되고 있다. 이 공간에서 사람들은 자신을 드러내기 위한 다양한 기술과 서사를 구사한다. 이를 통해 사람들은 또 다른 자아를 창출함으로써 타인과의 소통영역을 넓혀갈 뿐만 아니라 '자기표출의 전문화'를 추구한다.

나아가 자기표출 문화는 친밀성의 영역에서도 강하게 작동한다. 사랑과 결혼, 나아가 가족을 형성하는 과정에서 연인, 배우자, 자녀에게 행해야 하는 각종 의례(이벤트, 기념일, 여행 등)는 관계를 지속시키는 데 필수적인 요소가 되어버렸다. 울리히 벡 부부가 일찍이 현대사회에서 사랑은 종교가 되어버렸다고 주장하듯이(벡·벡-게른샤임, 1999: p.41), 로맨스상품이 거래되는 소비시장 규모는 막대하다. 1990년대부터 본격적으로 등장한 다양한 커플이벤트, 가족여행, 기념일 챙기기는 2000년대 들어서서 일상의 습관처럼 자리하고 있다.

여기서도 상호 간에 자기를 드러내느냐 그렇지 못하느냐는 관계를 지속시키는 중요한 척도로 작용한다. 이들의 일상은 전화통화, 식사, 쇼핑, 선물, 이벤트, 여행, 관람 등 주기적으로, 그리고 때론 매일 행해야 하는 의례로 넘쳐난다. 그런데 여기서 꼭 언급해야 하는 중요한 하나의 특징은 이러한 의례들마저도 점차 관련 전문가나 카운슬러에게 자문을 구하고 정보를 얻는다는 점이다.(일루즈, 2013) 각종 이벤트 회사를 비롯하여 사랑관리 서적들은 로맨스 의례를 강조하면서 주체들을 점점 로맨스 결핍자로 몰아세운다. 개인화로 파생된 불안과 공포는 개인 스스로 배우자를 찾는 자율성마저도 박탈하고 있다. 다시 말해 짝 찾기가 자기 스스로 판단하고 결정하는 자율적 선택이 아니라 수많은 정보와 전문가체계에 의존하는 관행으로 전화되고 있다.

이러한 과정에서 사람들은 본인이 누군가를 선택할 때뿐만 아니라 선택받기 위해서도 자기를 최대한 표출해야만 하는 과정을 거쳐야 한다. 2000년대 들어 급증한 결혼정보업체는 회원에게 기본 정보로 연봉, 학력, 집안, 재산, 외모, 건강, 취미 등을 요구하고 있다. 이와 같이 사람들은 노동시장 진입은 물론 사적 영역을 위해서도 스펙을 쌓는 데 치중해야 하는 처지에 놓여 있다.

자기표출 문화의 패러독스

지금까지 살펴본 바와 같이, 2000년대 자기표출 문화와 자기계발 담론은 서로를 흡입하며, 사람들에게 일상에서 끊임없이 스스로를 계발하고 자신을 표출하라는 문화를 범람시키고 있다. 이 과정에서 사람들은 자기재현 기술을 개발하고, 자기표출을 위한 경쟁에 돌입한다. 대표적으로 오늘날 연예인들이 토크쇼나 오락 프로그램에 출연해서 개인사와 사생활을 내뱉는 '자기고백'이나 개인기 과시하기는 자기표출 문화의 전형이라고 볼 수 있다.

천선영(2008: p.39)은 이와 같은 "대중매체를 통한 사적 영역의 자발적 공개 내지는 사적 영역 개입의 자발적 허용" 현상을 '공개 고백 성사'라고 칭하고, 그것을 친밀성과 내밀성의 대중적 생산 및 소비 메커니즘과 관련시킨다. 그러한 프로그램에서 출연자들의 이야기는 고해성사의 성격을 띠기도 하면서 면죄부의 기회를 얻거나 동정을 얻기도 한다. 여기서 중요한 것은 화자가 과거와 현재 어떤 잘못된 행동을 했는가가 아니라 그것을 어떠한 형식으로 표출하고 꾸며내는가에 초점이 맞추어진다는 점이다. 그리하여 행위에 대한 도덕적 판단은 희미해지고, 오히려 자신을 드러내는 기술에 대한 오락적 판단이 더 중요한 것으로 부각된다.

이에 따라 수치심도 새롭게 작동한다. 자신의 육체를 타인에게 보여주거나 사생활을 폭로하는 행위를 수치스럽게 느끼던 시대는 점차 사라져가고 있다. 이제 자신의 모든 것을 얼마만큼 잘 드러내느냐가 '자신감'과 결부되고 있다. 그리고 오늘날 자신감은 유아기부터 훈육되어야 하는 심성으로 자리 잡고 있다. "어디 가서 기죽지 말고 떳떳하라"는 명령은 오늘날 부모와 사회가 아이들을 통치하는 새로운 담론기술이다. 이제 자신의 행동에 수치심을 느끼는 것은 자신감 결여, 용맹함 부족, 나약함으로 이해된다.

일반적으로 도덕적 차원에서 작동해왔던 수치심은 오늘날 자기표출의 육체화 과정을 통해 점차 쇠퇴하고 있다. 반대로 이제 수치심은 몸과 패션을 매개로 작동한다. 예컨대 '뚱뚱한 사람', '키 작은 사람', '못생긴 사람'은 수치심의 대상이 되고 있다. 성형수술, 다이어트 프로그램 등을 통해 몸을 개조한 사람들은 이제 그것을 더 이상 숨기지 않는다. 성형 이전과 이후의 변화된 모습을 자신 있게 드러내는 것이 "자신감 있고 용감한 행위"라고 더 각광받는다. 이러한 사실을 고백하는 주체는 비난의 대상에서 부러움의 대상으로 전환되었다.

한편 더 이상 도덕적 차원이 작동하지 않는 수치심은 권력과 자본의 도구적 합리성이 팽배해지는 상황에서 '뻔뻔함'으로 대체되고 있다. 부정부패를 일삼은 과거 행태에도 불구하고 뻔뻔하게 버티는 권력집단의 위풍당당한 뻔뻔함을 보라! 셰프에 따르면, 수치심의 작동 여부는 사회유대를 이끄는 데 커다란 영향을 미친다. 즉 구성원들이 사회적 관계 안에서 자신의 잘못에 대해 수치심을 느끼느냐 그렇지 않느냐는 사회유대의 지속성과 매우 깊은 관련을 맺고 있다.(Scheff, 2000) 우리는 현재 도덕적 차원의 수치심이 쇠퇴하면서 기존의 유대문화가 쇠퇴하는 한편, 동시에 연대에 대한 새로운 전환을 모색해야 하는 시점에 와 있다. 한국 사회의 사회통합은 지배권력의 뻔뻔함이 수치심으로 전환될 때나 가능할지도 모른다.

그러나 불행하게도 주체는 자신을 보여줄수록 사회적으로 포획 당하고, 영혼은 잠식당하게 된다. 이는 마치 정보사회가 감시사회가 되듯이, 휘태커가 말하는 이른바 '프라이버시의 종언'이 현실화되는 역설과 일맥상통한다.(Whitaker, 2000) 그리고 푸코의 주장대로, 자기고백은 그것을 사회적 담론으로 전환시켜 개인을 어떤 특정한 개인으로 주체화시키는 감정적 장치이다. 그리하여 주체를 감시하고 통제하고 조롱하는 권력은 하나의 장치로서 주변에 산재하지만 그럴수록 주체는 다른 이름을 가진 존재가 되어버린다. 예를 들어, 대중스타, 유명인을 비롯하여 이제는 일반 사람들에게도 영향을 미치는 '보이지 않는' 권력은 우울증, 신경증, 대인공포증, 공황장애, 심지어는 자살까지 유도하면서 인간이라는 존재를 '환자'화시킨다. 자기표출 문화가 지속되는 한 이러한 현상은 앞으로도 지속될 수밖에 없을 것이다.

반면 더 이상 드러낼 것이 없는 주체는 드러내기 경쟁에서 패배하여 점차 소외된 존재로 남게 될지도 모른다. 이와 같이 타인에게 끊임없이 드러내고 확신을 주어야만 인정받을 수 있는 '스펙터클' 문화가 일상을 지배하면서 정작 자아는 자신을 위한 '계발'이 아니라 타인을 위한 계발에 몰두하는 패러독스를 경험한다. 이러한 상황에서 자기를 표출하는 만큼 주체가 경험하는 고독감과 공허함은 배가될 것이다.

사회적 공포 벗어나기

지금까지 살펴본 바와 같이 현대 한국 사회의 일상생활은 개인화의 심화와 더불어 사회적 공포에 민감해지는 양상으로 전개되고 있다. 국가는 개인에게 닥쳐오는 위험을 사회적 안전망을 통해 떠맡기보다는 그 부담을 최소화하려고 한다. '작은 정부' 또는 '효율적인 정부'라는 신자유주의적 국가관은 개인에게 자신의 삶을 스스로 개척하고 경쟁에 맞서라고 부추긴다. 이제 "나의 경쟁 상대는 지구 전체 인구"가 되었다. 그러나 개인화의 패러독스로 인해 일상적 삶은 표면적으로 보여지는 것과 달리 자율적이거나 행복하지 못하다.

개인 스스로 감당하기 버거운 사회적 혼란과 중층적 위험이 날로 증가하면서 사람들은 이제 국가 또는 시민사회가 아닌 개인적 차원에서 동원할 수 있는 정보와 전문가체계에 의존한다. 하지만 이러한 상황에서도 사람들이 경험하는 공포는 줄어들지 않는다. 왜냐하면 전문가체계는 공포를 매개로 기생하기 때문이다. 따라서 개인화는 신자유주의 체제와 결합하면서 '자기관리'의 자유를 극대화하고 공포를 사사화하는 문화를 형성한다. 이렇게 형성된 '공포문화'는 주체의 영역을 축소시키며, 삶의 다양한 도전과 실험을 유보하게 만든다. 그리하여 개인화는 자율적 주체의 생산이 아니라 사회적 보수화를 이끈다.

한국 사회가 정치적 차원에서만이 아니라 일상적 차원에서도 보수화된다는 점은 개인화의 패러독스를 매개로 하여 선택적 친화성을 갖는다. 물론 이 둘의 발생적 맥락은 다를 수 있다. 일상적 보수화는 정치적 차원에서 논할 수 있는 이데올로기적 차원보다 감정적 차원에서 작동하는 에토스를 배태하고 있다.

현대 한국 사회의 일상성은 공포가 편재한 상황에서 사람들이 자기계발을 통해 타인과 경쟁하면서 생존하려는 의식으로 가득 채워져 있다. 그리고 경쟁을 통해 최대한 자신을 표출하려는 자기연출 스킬이 전문화되어 전파되고 있다. 특히 '나 자신'을 점점 사회적 삶의 중심에 위치시키고 일상을 재편해나가려는 거대한 흐름이 거세지고 있다. 그러나 자기표출 문화는 대체로 신자유주의적 자본주의가 제공하는 소비공간에서 펼쳐진다. 그리고 파편화된 개인의 자기표출은 기존 담론에 대한 저항적 의미가 아닌 예속된 형태로 국가의 암묵적인 통치방식을 수용하여 이루어진다. 이 같은 상황에서 국가, 시장, 시민사회가 보장해주는 자유와 희망의 공간은 신자유주의적 통치의 도래와 함께 협소해지거나 새로운 억압의 형태로 전환되고 있다. 즉, 자본이 허락하지 않은 곳에서는 숨 쉴 자유도 없는 그러한 공간으로 말이다.

오늘날 우리가 겪는 사회적 공포는 루만(Luhmann, 1991) 식으로 말하자면 체계의 불안정성으로부터 기인한다. 이러한 불안정성은 근대성의 출현과 함께 시작되었지만, 오늘날 그 불안정성은 극한의 공포를 창출하는 원인이 되고 있다. 미래에 대한 예측 불가능성이 가져온 불신문화, 희망을 더 이상 말하지 않는 냉소주의, 실존적 생존에 내몰린 사람들의 스노비즘, 저항의 주소를 잃어버린 혐오문화, 과거로부터 미래를 찾으려는 복고주의 등은 체계 불안정성을 개인이 떠안은 결과 나타난 현상들이다. 또한 그것들은 사회적 공포에 맞서는 대중들 각자의 대항행위이기도 하다.

하지만 가장 근원적인 공포는 이러한 현실에 대한 마땅한 대안을 찾을 수 없다는 사실에서 기인한다. 그렇다면 어떻게 해야 하는가? 다시 말해서 체계의 안정성을 어떻게 확보할 수 있을까? 이 간단한 질문만큼 곤란하게 하는 질문은 없을 것이다. 그럼에도 체계의 합리성을 확보해야 하는 것만큼은 분명하다. 그렇다면 우리는 국가체계, 시장체계, 시민사회체계 등 분화된 사회 각 영역들이 체계내적 합리성과 체계와 체계들 간의 합리적인 상호작용체계를 구축하고 있는지부터 따져볼 필요가 있다. 과연 이 체계는 개인화를 중심으로 상호유기적인 연대와 통합을 창출하는 합리적인 체계로 작동하고 있는

가에 대해서 말이다. 왜냐하면 체계의 합리성 또는 합리적 체계는 신뢰와 안심을 갖추기 위한 감정체계이기도 하기 때문이다.

이러한 점에 비추어봤을 때, 우리가 오늘날의 공포를 신자유주의적 체제와의 연관성 속에서 밝히려고 하는 것은 자칫 문제의 원인을 매우 단조롭게 만드는 과오를 범할 수 있다. 신자유주의는 문제의 원인들 중 하나, 그것도 가장 뒤늦게 끼어든 원인일 뿐이기 때문이다. 따라서 좀더 근원적인 원인은 국가가 시장과 시민을 잘 통제하면서 이들 간의 유기적 상호작용을 지원하고 있는지, 자본주의 체제가 시장의 합리성을 극대화하기 위해서 공정한 장치들을 구축하고 있는지, 시민사회는 시민 개개인의 자율성을 보장하는 문화적 의식을 실현하고 있는지에 대한 물음에서 모색되어야 한다. 어쩌면 우리는 여전히 집단, 국가, 기업이 개인보다 앞선 존재임을 암묵적으로 인정하고 개인의 희생을 당연시하는 문화적 전통주의에 익숙해 있는지도 모른다. 그러나 이러한 문화적 전통주의는 더 이상 오늘날의 체계 불안정성을 극복할 수 있는 대안이 아니다. 그것은 오늘날 우리가 해결해야할 개인화와 연대라는 이중성의 문제를 풀어가는 데 장애가 된다. 요컨대 개인적 차원과 집단적 차원 모두에서 미래에 대한 예측가능성을 확보하는 것이 지금 우리가 겪고 있는 사회적 공포에 대항하는 메타방법이다.

이러한 개인화와 연대의 공존은 다시금 고전사회학자들의 문제의식으로 돌아가게 만든다. 왜냐하면 마르크스의 '노동하는 자율공동체', 뒤르케임의 '유기적 연대', 짐멜과 베버의 '사회적인 것으로서의 개인화' 등은 근대성의 정언명령이기 때문이다. 따라서 우리의 삶이 연속적이라는 존재론적 상황을 고려해볼 때, 다음과 같은 질문은 여전히 유효하다. "우리에게 연대는 왜 불가피한 것인가?" 현대적 공포의 소멸은 이 질문에 대한 해명에서부터 시작될 것이다.

4 '부자 되기' 열풍의 감정동학

공포-환멸-선망의 삼중주

문화적 에토스로서의 '부자 되기'

2000년대 들어 주변에서 쉽게 목격할 수 있는 풍경이 하나 있다면 각종 투자, 재테크, 펀드, 주식, 파생상품 등 경제학이나 경영학에서 언급되는 용어나 개념이 평범한 직장인들과 일반인들의 입에서 흔하게 오르내리기 시작했다는 것이다. 그것도 관련 전문가들 못지않은 지식과 정보를 상호 교환하고 공유할 정도의 수준으로 말이다.

어느새 대학생들 사이에서도 이 같은 용어들이 과거에 흔히 볼 수 있었던 '운동'이니 '혁명'이니 하는 저항(운동)담론을 한순간에 밀쳐냈을 정도로 대학 문화를 지배하고 있다. 일례로 서울 소재 모 대학에서 개설된 '부자학 개론' 강의는 수강신청 2분 만에 정원 350명이 채워졌고, 대학에도 '부자 동아리'가 생겨났으며, 어떤 학생이 개설한 '20대 부자 만들기' 사이트는 1년 만에 회원 수가 6만 명(이중 20대가 70퍼센트)을 넘어섰다고 한다.(『조선일보』, 2005. 11. 24) 그리고 언론은 종종 대학생 주식 부자를 새로운 '영웅'처럼 보도하거나 "자기 인생을 합리적으로 개척하는" 주체로 조명하기까지 한다.

뿐만 아니라 텔레비전과 같은 대중매체는 주부를 대상으로 한 '재테크' 관련 프로그램을 연일 전파하면서 주부를 단순한 '살림꾼'이 아니라 "과학적인 관리를 수행하는"(가족) 경영자(CEO)로 묘사한 다. 이에 더하여 각종 금융기관은 어린이를 대상으로 경제·경영 담론을 유포하는 체계적인 프로그램을 운영하면서 부모와 아이들의 참여를 유도하고 있다. 한 언론 보도에 따르면, 2009년 새해 소원에 대한 질문에 10대, 20대는 '가족의 건강과 행복' 그리고 '부자 되기'를 가장 우선순위로 꼽았을 정도이다.(『아시아투데이』, 2009. 2. 9)

이러한 풍경은 넓게 보면 1980년대 후반 경제자유화와 신자유주의 담론이 시장 영역으로 침투하면서 나타나기 시작했지만, 본격적으로는 1997년 IMF 외환위기 이후부터 가정, 학교, 여가 공간 등 생활세계 영역에서 빠른 속도로 형성되었다. 당시 경제위기는 많은 사람에게 물질적·정신적 충격을 가져다주었지만, 더욱 근본적인 것은 사람들이 이전과는 다른 방식으로 자신의 삶과 미래를 조직하고 확립해야 한다는 압력을 받기 시작했다는 점이다.

국가와 시장이 제공해왔던 이전까지의 사회안전망은, 변화된 환경에서 발생하는 새로운 사회적 위험을 더 이상 수용할 수 없을 정도로 위기에 봉착했다. 이 같은 상황에서 개인은 '홀로' 자신의 사회적 삶에 대한 새로운 판짜기를 시도해야 하는 상황에 직면하게 되었다. 그중에서도 가장 시급한 문제는 생존문제와 결부된 경제적 안정성을 자기 스스로 구축하는 일이었다. 이와 동시에 국가는 점차 개인에게서 멀어져갔다. 이와 때를 같이하여 경제 전문가들이 제공하는 투자정보, 대형 금융기관들의 재테크 프로그램, 대중매체가 전파하는 다양한 주식메뉴 및 펀드광고 등이 쏟아져나왔다. 사람들은 이를 경제적 안정성을 확보할 수 있는 새로운 돌파구로 받아들였다.

이러한 과정이 가속화되면서 사람들은 경제·경영 담론에 쉽게 노출되고 익숙해지기 시작했으며, 결국에는 부자가 되고자 하는 열광적인 분위기가 집단적 차원으로 확산되어 일상 곳곳으로 파고들었다. 이와 관련하여 다음 칼럼은 이 글의 문제의식을 더욱 명확하게 해준다.

97년 이후 한국 사회에는 특히 개인의 서바이벌 문화가 확산되었다. 조직이나 가족보다 자신의 생존을 더 우선하게 했으며, 자신의 생존을 지켜주는 것은 돈이라는 인식을 확산시켰다. 이러한 심리는 '부자 신드롬'으로, 최근에 각종 펀드와 부동산 열풍으로 이어졌다. 결국, 부자 열풍 이면에는 생존에 대한 갈망이 있었다. ……펀드 열풍 뒤에 많은 이들이 크게 상심했던 것은 소중하게 모은 돈이 사라진 것뿐만 아니라 노후의 미래에 대한 희망도 사라졌다는 상실감 때문이었다. ……이는 개인 서바이벌 문화의 종국을 의미하는지도 모른다.(『데일리언』, 2008. 12. 8)

부자가 되고 싶어하는 일반 사람들의 꿈은 마치 "잘 먹고 잘살자"와 같은 흔한 바람처럼 오래전부터 인간이 선망하는 욕망 가운데 하나였다. 하지만 욕망은 자연적이며 본유적인 속성을 지닌 욕구(need)와 달리 사회적 속성과 역사적 맥락을 갖는 문화적 구성물이다. 즉 욕망은 사회적인 것이며, 따라서 여기서 논의되는 '부자 되기' 열망 또한 특정한 사회적 · 역사적 맥락을 갖는 하나의 사회적 욕망이다. 그렇기 때문에 오늘날 '부자 되기' 열망은 특정한 시 · 공간적 상황 속에서 이전과는 다른 형태의 발생적 속성, 범위, 강도, 속도, 산업에 미치는 영향, 그리고 문화적 의미를 지닌다고 볼 수 있다.

'부자 되기' 욕망은 신드롬 현상과 마찬가지로 상당수의 사람을 특정한 목적과 대상에 감정적으로 '휩쓸리게' 만들면서 특정한 형태의 '분위기'(mood)를 형성하는 데까지 나아간다. 여기서 분위기는 "어떤 개인이나 집단의 미래에 대한 느낌"(캐스티, 2012: p.59)이라고 볼 수 있으며, 분위기에 따라 사람들은 행위의 향방을 고려하게된다. 이러한 감정적 분위기는 행위자들이 자신의 행위에 대해 합리적으로 판단할 수 있도록 유도하거나 합리적이라고 '믿게끔' 만드는 (감정적) 모티브를 제공해준다.

바바렛(2009a: p.15)에 따르면, 감정적 분위기는 "그것에 빠져 있는 모든 사람이 동일한 감정을 경험할 것을 요구하지 않"으며, "서로 다른 사람들이 집단 속에서 서로 다른 지위를 차지하여 서로 다른 역할을 수행하고 서로 다른 능력을 지니고 있기 때문에 실제로 개인의 감정적 경험은 서로 다를 가능성이 크다." 그럼에도 불구하고 개인들은 다른 사람들과의 관계 속에서 각기 특정 집단성원의 자격으로 하나의 집단이라는 느낌에 기여하고, 그러한 감정적 분위기를 형성하는 데 기여한다.

그런데 이 같은 감정적 분위기의 성격을 갖는 열풍 현상은 사회학자 뒤르케임이 말하는 '집합적 흥분' 개념과는 다른 속성을 지닌다. 뒤르케임이 말하는 집합적 흥분은 해당 의례가 이루어지는 동안에 감정표출이 순식간에 폭발적으로 일어나면서 구성원들 간의 합일·통일·연대, 나아가 집합의식이 창출되는 데 기여한다. 이에 비해 열풍은 성원들 간의 조직화된 의례나 규범화된 의식이 없는 상태에서 집합적으로 표출되는 흥분이다. 여기서 의례는 즉흥적이고 일시적으로 만들어졌다가 다음을 기약하지 않고 사라진다. 그런 면에서 열풍은 성원들 간의 집합의식을 주기적으로 확인하거나 재창출하는 기능을 하지 않는다. 그리고 열풍은 개인적 차원에서 이해관계와 욕망을 충족시키는 데 머물 뿐, 그것이 집단적 차원으로 승화되어 필연적으로 도덕적 성격을 담보할 필요가 없다. 열풍은 그저 사람들의 일시적인 관심에 따라붙는 감정적 쏠림이다.

이런 맥락에서 볼 때, 오늘날 부자 되기 열풍은 개별 행위자들이 공동의 사회적 목적을 달성하기 위해 열광하는 행위가 아니라 각자의 이해관계를 추구하려는 공통의 개별적 목적에서 비롯된 현상이다. '(모두가) 잘사는 사회'를 만들기 위한 열망이 투영된 집합행위가 아니라 '내'가 잘살기 위해 개별적 차원에서 추구하는 개인 단위의 열광에 불과한 것이다.

이러한 부자 되기 열풍이 일상화되고 있음에도 불구하고 정작 부자가 된 사람을 주변에서 찾아보기 힘들다는 점은 하나의 아이러니이다. 부자들은 일반 사람들 시야에서 잘 보이지도 않고 설령 보인다고 하더라도 브라운관이나 신문지면에서 살짝 등장했다가 재빨리 사라져버린다. 우리가 현실에서 경험하는 것은 기존 부자들이 더 많은 부를 증식하는 반면에 중산층은 엷어지고 하층민들은 이전보다 더 빈곤화되는 계급양극화 현상뿐이다.

통계청 분석에 따르면, 1992년부터 2012년까지 지난 20년 동안 상위 20퍼센트와 하위 20퍼센트 간 소득 격차는 4.9배로 벌어졌다.(『주간경향』, 2012. 6. 5) 그렇다고 이러한 현실을 사람들이 모르는 것도 아니다. 최근 한 언론사가 실시한 여론조사를 살펴보면, 10년 안에 부자가 될 가능성에 대해 14.8퍼센트의 응답자만이 '예'라고 대답했을 뿐이고, 20년 이상 걸리거나 평생 부자가 되지 못할 것이라고 대답한 응답자의 비율은 77.4퍼센트에 달했다. 이외에도 자신이 부자라고 생각하는지에 대한 질문에 응답자의 91퍼센트가 '아니다'라고 답했으며, 51퍼센트의 응답자들은 자신이 부자가 되는 것이 '평생 불가능하다'고 답했다. 그리고 10년 이내에 부자가 될 수 있다고 기대하는 사람들의 추이를 살펴보면, 2005년만 해도 20.6퍼센트가 부자가 될 수 있다고 봤지만, 이후 20.7퍼센트(2006), 19.0퍼센트(2007), 17.0퍼센트(2008), 17.2퍼센트(2009), 14.8퍼센트(2010)로

해마다 낮아지는 추세를 보이고 있다.(『머니투데이』, 2010. 6. 17)

이렇듯 많은 사람은 부자가 될 수 없다는 사실을 직시하고 있으며, 미래에 대한 전망도 밝지 않다는 사실을 간파하고 있다. 그렇다면 이러한 현실에도 불구하고 부자 되기 열망은 왜 좀처럼 시들지 않는가? 부자 되기 열풍이 궁극적으로는 일반 대중을 향한 것이 아니라면, 이 열풍은 도대체 누구를 위한 열풍인가? 부자가 되지 못할 것이라는 점을 '인지'하고 있으면서도, 많은 사람이 부자 되기에 쏠리는 현상을 어떻게 설명할 수 있을까? 이러한 행위를 촉발시키는 사회적 메커니즘은 어떻게 작동하는가? 이 장은 이러한 물음에 대한 해명을 목적으로 하면서, '부자 되기' 열풍에 내재된 권력 효과와 이데올로기를 밝히는 데 초점을 맞춘다.

부자 되기 열풍을 몰고 온 관련 책들은 사람들에게 인기를 끌면서 엄청난 판매 부수를 기록하고 있다. 부자들의 다양한 특성, 전문적인 재테크 전략, 부자가 되는 습관, 주식과 부동산 투자, 웰빙 등에 관한 서적들이 2000년대 초반 서점가를 휩쓸었다고 해도 과언이 아니다. 부자 되기 열풍을 확산시키는 담론은 이 시대에 부자가 되기 위해 '필요하다'는 다양한 방법과 습속을 익히도록 권유하면서 나름의 체계화된 정보를 제공해준다. 이런 논의는 대부분 경영학적·심리학적 담론을 통해서 전파되고 있다. 그리고 '성공', '자기계발', '열정'을 앞세워 부자의 의미와 가치를 보다 포괄적인 차원에서 정립하려는 새로운 담론들이 생산되기도 한다. 이는 『성공하는 사람들의 7가지 습관』(스티븐 코비, 2003), 『시크릿』(론다 번, 2007), 『마시멜로 이야기』(호아킴 데 포사다 외, 2012), 『꿈꾸는 다락방』(이지성, 2007) 등 대표적인 자기계발 서적이 다루는 중심 내용이기도 하다.

이와 반대되는 맥락에서 부자 되기 열풍에 관한 비판적인 시각을 제공하는 논의 또한 존재한다. 그러한 것들의 대부분은 저널리즘이나 문화 비평 수준에서 부자 되기 열풍 현상을 분석하거나 비판하는 글들이다. 이를테면『미친 돈바람을 멈춰라』(김정란 외, 2004)와 같은 작업들이 대표적이다. 이러한 논의는 부자 되기 열풍에 숨겨진 자본주의 이데올로기를 비판하면서 부자 되기 열풍은 그저 사람들을 맹목적인 돈 벌기를 추구하는 삶으로 이끌 뿐이라고 주장한다. 나아가 외환위기 이후 신자유주의 체제가 구축되면서 부자 되기 열풍이 사람들을 기업가적 주체 또는 CEO형 주체로 전환시키는 데 일조하고 있다고 역설한다.

그런데 이러한 비판적인 입장은 부자 되기 열풍을 발생시키는 사회구조적인 조건과 이데올로기적 강압에 대해서는 설명하지만, 개별 행위자들이 부자 되기를 열망하는 (집단화된) 감정 구조와 그러한 감정이 작동하는 원리를 파악하는 데까지는 나아가지 못한다. 따라서 우리는 부자 되기의 허구성을 '인지'하고 있으면서도, 부자 되기에 분투하는 사회적 감정의 논리를 파헤쳐볼 필요가 있다. 그리고 더 나아가 감정이 행위에 강력한 영향을 미친다는 점에 기초하여 집단적 감정 구조와 그것의 동학에 주목함으로써 그러한 부자 되기 열풍으로부터 발생하는 사회적 결과를 파악해볼 필요가 있다.

요컨대 이 장에서 우리는 우선, 한국 사회의 부자 되기 열풍이 발생하게 된 사회적 메커니즘을 밝히고, 이것이 오늘날 하나의 사회적 풍토로 자리 잡아가는 과정을 분석한다. 그리고 부자 되기 열풍이 단순히 사회구조적 산물이라기보다는 '부자 되기'라는 주체적인 행위의 차원과 결합된 집합적 열망이라는 점에 착안하여 사람들의 내면세계에서 집합적으로 작동하는 감정동학을 분석한다. 나아가 우리는 오늘날 '부자 되기' 열풍은 자기계발의 한 영역으로서 신자유주의적 주체의 탄생을 예고할 뿐만 아니라 새로운 주체화 과정을 위한 생애 프로젝트로 전환되고 있으며, 이를 뒷받침하는 전문가체계가 등장하면서 감정 산업이 중흥기를 맞이하고 있다고 주장한다. 마지막으로는 부자 되기 열풍에 내재해 있는 역설을 지적하면서 오늘날 부자 되기의 의미를 새롭게 모색해본다.

'부자 되기' 열풍의 사회적 메커니즘: 경제적 공포와 사회적 위험의 개인화

1990년대 '세계화' 바람과 함께 1997년 IMF 외환위기는 한국 사회 전 영역을 엄청난 소용돌이에 휩싸이게 만들었다. 이에 관한 많은 연구는 한국 사회가 노동시장의 유연화와 파편화를 바탕으로 한 무한경쟁 체제로 전환되면서 기존의 국가-자본-노동 체제의 '혁명적 전환'이 이루어지고 있다고 설파해왔다. 이는 국가의 시장개입을 최소화하고 자본의 힘을 극대화하는 이른바 신자유주의 체제로의 대전환을 의미하는 것이었고, 아이작(2006: p.16)의 표현을 빌린다면 '부자들의 반란'이기도 했다.

하지만 국가가 시장개입을 최소화했다는 표현은 국가가 시장 상황에 강력하게 개입했다는 말로 바꿔 쓸 수 있다. 왜냐하면 국가는 자본과 시장에 자율성을 부과하고 보호하는 방식으로 자신만의 고유한 권력을 행사하기 때문이다. 그리하여 결국 '자유'라는 이데올로기 앞에서 국가와 자본은 권력의 정당성을 획득하지만, 상대적으로 대다수의 노동자는 '자유롭게' 불안해지고 만다.

IMF 외환위기 이후 국제 금융자본이 한국 사회에 깊이 침투함으로써 경제 상황은 더욱 유동적이고 불안정해졌으며, 노동시장의 유연화는 노동자의 안정적인 경제활동을 더욱 어렵게 만들었다. 무엇보다도 '무한경쟁' 논리가 노동세계 전반에 침투하면서 '인적 자원 개발'이라는 명목하에 국가나 기업들은 사람들을 기업형 인간으로 재형성하기 시작했다. 이러한 무한경쟁 논리는 대학이나 대중매체를 통해서도 매우 친숙하게 (또는 매우 당연하다는 듯이) 사람들에게 전파되었다. 국가는 '신지식인론'을 유포하고 기업은 '연공서열' 파괴나 '연봉제' 도입을 실천하고, 대학은 학생들이 '스펙'과 '자격증'을 쌓을 있도록 하는 다양한 커리큘럼을 앞다투어 마련했다.

결국 이러한 경쟁에서 '승리'한 사람들은 '성공'과 '부'라는 레토릭과 연결되었으며, 그렇지 못한 사람들은 낙오자(loser)라는 패배감속에서 회복 불가능한 삶을 살아가게 되었다. 이처럼 신자유주의적체제는 승자와 패자의 경계를 더욱 뚜렷하게 만들었다. 우리는 말 그대로 이긴 자가 전부 가지는 '승자독식사회'(프랭크·쿡, 2008)가 출몰하는 상황을 별다른 대책 없이, 아니면 당연한 귀결이라는 듯이 바라만 보고 있다.

이 같은 상황은 일반 노동자들의 삶에 커다란 변화를 가져왔다. 기업들의 구조조정, 아웃소싱, 비정규직화 등 경영혁신 프로그램은 노동자들에게는 곧 고용 불안감으로 다가왔다. 기업조직의 유연화로인해 "회사가 구조조정에 돌입하면 노동자들은 무슨 일이 닥칠지 한치 앞을 내다볼 수 없게"(세넷, 2009: p.68) 된 것이다. 고용불안정의증가로 노동자들의 안정적인 경제생활이 어려워졌으며, 특히 저소득층, 저학력자, 그리고 그들 중에서도 여성이나 이주노동자의 경우는 더욱 불안감이 가중되었다. 구조조정 바람은 대량의 실업자를 양산했으며, 중산층의 축소와 빈곤층의 급증까지 초래했다. 국가와 시장이 개인의 안정적인 삶을 보장해주지 않는 유연화된 노동시장에서 노동자들은 언제든 퇴출될 것이라는 위험을 안고 살아가는 경제적 공포의 시대에 놓이게 되었다.

오늘날 이러한 경제적 공포는 실업 공포, 빈민전락 공포, 지위상실공포를 동반한다.(정수남, 2010) 이는 당장 굶어 죽을지도 모른다는 판단에서 기인하는 '단기적' 공포라기보다는 장기적인 전망의 결핍에서 오는 공포라고 볼 수 있다. 실업 공포는 당장의 생계수단을 상실할 것이라는 데서 오는 공포이며, 빈곤전락 공포는 "내가 언제든 빈민으로 추락할 수 있다"는 공포이고, 지위상실 공포는 "나도 비정규직이나 하청 노동자로 하락할 수 있다"는 근심에서 비롯되는 공포이다. 이에 더하여 청년실업은 젊은 세대에게 치열한 생존경쟁에서 낙오될지도 모른다는 불확실성에서 기인하는 공포를 더욱 강화한다. 이러한 공포는 근본적으로 노동자들이 자신의 삶에 대한 안정적이고 예측 가능한 서사를 써내려갈 수 없는 현실에서 발생한다.

이러한 공포는 현실세계에서 전개되는 실제 상황과는 별개의 차원에서, 즉 대중매체나 전문가체계를 통해 시뮬라크르적 차원에서도 생산된다. 중산층 붕괴, 양극화, 실업, 비정규직, 빈곤, 취업난, 노동인구의 노령화 등 경제위기를 보도하는 다양한 채널은 "더 이상 한국은 안전하지 않다"는 위험 담론을(프로그램의 본래 의도와 상관없이) 유포하는 데 일조한다.

한국 사회의 위험을 조사한 한 연구에 따르면, 한국인들은 1990년대 중반까지 대형 안전사고와 자연재해와 같은 재난형 위험에 더 익숙했지만, 1997년 외환위기 이후에는 대량 실업, 구조적 실업, 중산층 감소, 빈곤인구의 급증과 같은 위험에 더욱 민감한 반응을 보였다. 이 같은 위험은 사회경제적 안전을 위협하고 사회적 균열을 확대하는 구조적인 속성을 지닌다.(안정옥, 2010: p.56)

그런데 대중매체나 전문기관들은 이러한 문제에 직면해 있는 대중에게 희망적인 메시지를 전달해주기보다는 오히려 개인의 미래가 불확실하다는 담론과 사회가 위험에 빠져 있다는 논의를 지속적으로 유포한다. 사실 TV만 보고 있자면, 한국 사회는 응당 위험공화국이라고 말할 수 있을 정도이다. 조프스키(2006: p.62)는 이러한 위험

속에서 '걱정의 문화'가 대두하며 "소비자는 소비보다는 불황에 대비해 저축에 힘쓰며, 자본은 더 안전한 투자 대상을 찾아 떠나가고, 특히 기대나 신뢰가 무너지면 어느 누구도 모험을 감수하려 들지 않기 때문에 시장 논리와 경쟁은 폄하된다"고 주장한다.

이러한 현상과 관련하여 바우만은 "대중매체는 개인의 안전을 위협하는 것들을 보여주는 일을 시청률 전쟁의 주요한 그리고 어쩌면 유일한 항목으로 삼았으며, 이를 통해 공포라는 자본을 끊임없이 공급해 공포가 마케팅과 정치 모두에서 더 큰 성공을 거두게 만들었다"고 주장한다.(바우만, 2010a: p.25) 범죄나 스릴러 장르의 드라마, 시사 프로그램, 다큐멘터리, 뉴스, 영화를 비롯하여 보험, 보안, 교육, 취업, 건강, 다이어트 등을 다루는 광고는 공포의 생산과 소비를 자연스럽게 순환시키면서 자본의 재생산에 기여한다.

사실 공포는 현대인에게 노이로제에 가깝다. 이러한 방식으로 대중매체가 담아내는 위험은 "우리가 사는 세계를 취약하게 하는 …… 근본적으로 계산 불가능한 확률로 일어나는 위험"이며, 이처럼 "원칙적으로 계산 불가능한 위험은 원칙적으로 불규칙한 조건에서 발생하고", "인과관계가 뚜렷하지 않은 사건들이 발생하고 사건의 반복성이 낮고 어떤 정해진 법칙이 없다는 것이 법칙이 되는 세상에서 그것은 불확실성의 다른 이름이다."(바우만, 2009a: p.165) 이 같은 위험은 하나의 '사회적 사실'로서 개인의 행위와 가치판단에 강력한 영향을 미치는 문화적 압력으로 일상을 압박해온다.

국가적 차원에서 보면 고용불안정과 같은 위험 담론은 이중적 의미를 지닌다. 그것은 한편에서는 사회안전망으로서의 국가에 대한 국민의 신뢰를 '불신'으로 전환되게 하며, 다른 한편에서는 국가가 국민들에게 경제회복을 빌미로 성장지상주의 이데올로기를 강화할 수 있는 계기로 작동한다. 즉 경제가 어렵다는 것을 재차 강조함으로써 국가는 국민들에게 경제를 살리는 일에 주력할 것을 합리적으로 요청할 수 있게 되는 것이다.

그리하여 사람들은 (복지체계의 위기에서 비롯되는) 국가에 대한 불신을 개인적 차원에서 경제적 안정성을 구축하려는 '열정'으로 쉽게 대체한다. 국가는 이러한 열정을 노동자들이 자유롭게 활용할 수 있도록 보장해주는 듯하지만, 실패에 대한 모든 책임을 노동자 개인의 몫으로 돌려버림으로써 국민에 대한 책임으로부터 한 발 물러선다. 반면 노동자는 끊임없이 형체도 없는 열정을 스스로 만들어내는 데 안간힘을 써야 하고, 그렇지 못할 경우 열정이 식은 '찌질한 인간'으로 전락하게 된다.

여기서 중요한 문제는 한 개인이 개별적으로 국가나 시장에 대항하여 경제적 공포를 극복하는 것이 상당히 어렵다는 점이다. 집단의 경우도 마찬가지다. 전체 노동자 중 불과 몇 퍼센트도 안 되는 대규모 사업장의 노동조합 성원에 소속되지 못할 경우 대다수의 노동자는 경제적 공포에 조직적으로 저항할 수 있는 권력을 행사하지 못한다. 이 같은 상황에서 대부분의 사람은 공포를 외사하기보다는 내사하는 태도를 보이게 된다. 복잡하게 얽힌 시장 상황과 추상화된 민주주의 앞에서 노동자들은 저항할 목표 대상도 찾지 못하고 저항 수단도 마련하지 못한다. 결국 공포는 자기 자신에게로 향하고, 나의 문제는 '나'로부터 기인하며, 그렇기 때문에 나 스스로 문제를 해결해야 한다는 자기통치(self-governmentality)의 세계를 만들어낸다.

나아가 조프스키(2006: p.120)가 주장하듯이, 이처럼 "자신의 의지에 따라 위험을 즐길 수 없는 사람은 규율이나 창의성보다는 편안함과 자유 시간, 소비 등에 더 관심을 쏟게" 된다. 그나마 소비는 오늘날 개인이 공포를 상쇄시키면서 자아 정체성을 획득할 수 있는 유일한 수단일지도 모른다. 이 같은 상황이 초래된 이유는 "과거에는 개인이 실패하거나 불행해지면 공동체가 보호해주는 국가 공인 장치가 있었으나 이제는 이런 장치가 점점 일관되게 줄어들고"있으며, "장기적인 안목으로 생각하고 계획하며 행동하던 유형이" 무너지면서 "오랫동안 이런 유형을 유지해주던 틀인 사회구조도 사라지거나 약해"졌고, "끊임없이 순식간에 변화하는 상황 속에서 당혹스러운 일들을 해결해야 하는 책임을 이제 개인이 떠맡게" 되기 때문이다.(바우만, 2010a: pp.9~11) 이러한 상황과 관련한 포레스테의 다음과 같은 언급은 매우 뼈아프다.

우리 사회는 그들(노동빈민, 특히 실업자–옮긴이)이 스스로를 사회의 하찮은 존재로 평가하고, 특히 스스로가 인간의 품위를 떨어뜨리는 자로서 비난받아 마땅하다고 생각하며, 지금의 상황에 스스로 책임을 지도록 몰아가고 있다. 결국 그들은 자신이 희생물이 된 이 상황에 대해 스스로를 책하고 있다. 또한 자신을 비난하는 자들의 시선으로 스스로를 평가하고 있다. 그들이 택한 이 시선은 그들을 유죄로 보고 있으며, 자신이 무능력하고, 실패할 소지가 많고, 의지도 없으며, 실수투성이인 자이기에 이런 비참한 상황까지 오게 된 것이 아닐까라고 스스로에게 되묻게 만든다.(포레스테, 1997: p.18)

요컨대 위험관리의 주체가 사회적 차원의 행위자에서 개인적 차원의 행위자로 전환되는 상황을 맞이한 것이다. 사회는 점점 고용, 실업, 건강의 영역에서 국가가 제공해주는 최소한의 서비스를 제외하고 대부분의 서비스를 개인이 책임지도록 부담을 떠넘기는 형태로 프로그램화되고 있다. 특히 금융자본주의가 확산되면서 "신용도에서부터 자산의 유동성, 금리, 환율 변동 등 재무와 시장 상황, 의료, 사교육, 노후에 이르기까지 다양한 경제적 영역에서 위험이 도사리고 있다." 이러한 상황에서 "금융화된 일상의 불확실성이 초래하는 모든 사회적 위험은 개인 자신이 감당해야" 하고, 결국 "위험관리에 매달리는 개인의 현재는 언제나 불안하고 ……미래에 대한 확실한 비전은 존재하지 않고 모든 지표가 곧 상승 곡선을 그리게 될 거라는 환상만이 남는다."(박성일, 2010: p.65, pp.68~69)

이제 개인들은 자신의 생활세계가 전 지구적 시장을 무대로 복잡하게 얽혀 있으며, 막강한 자본권력에 맞서 무력하게 대응할 수밖에 없다고 받아들이면서 공포를 내사한다. 켐퍼(Kemper, 1978: p.52)에 따르면, 내사된 공포 행위는 사람들이 사회적 현실에 적극적으로 순응하거나 현실로부터 도피하고자 하는 체념적 행위로 나타난다. 이러한 내사된 공포 행위는 위험이 개인화되면서 나타난 결과이다.

이 장에서 우리는 '부자 되기' 열풍을 사회 현실에 '적극적으로' 순응하는 개별 행위가 집단화된 결과라고 간주하면서 이를 내사된 공포 행위의 한 양상으로 본다. 이러한 상황에서 성공 이데올로기, 재테크, 자기계발 등 일련의 '부자 되기' 프로젝트는 일상적 삶 속에 깊이 침투하여 지금까지 삶을 조직해왔던 방식을 다른 원리로 전환시키는 데 기여한다. 그렇다면 그러한 원리는 어떻게 작동하는 것인가? 대중이 시장의 폭력과 이데올로기적 강압에 못 이겨 수동적으로 반응한 결과라고만 볼 수 있을까? 반대로 대중의 자발적인 동의가 작동한다면 그러한 동의는 어떤 메커니즘을 통해 발생하는가?

이러한 질문들에 답하기 위해 우리는 부자 되기 열풍에는 개인 외부에 존재하는 사회적 조건으로 설명되지 않는 특정한 감정적 연쇄고리가 있으며, 또한 이 연쇄고리는 분명히 사회구조적 조건과 긴밀하게 연결되어 있다고 주장할 것이다. 그러면 그러한 감정적 연결고리를 구체적으로 살펴보기로 하자.

'부자 되기' 열풍의 감정동학: 공포-환멸-선망의 삼중주

사회적 위험에 대처하는 방법은 개인마다 다를 수 있다. 하지만 오늘날 위험관리 그 자체는 계급, 성, 연령, 지위, 세대를 막론하고 누구에게나 최우선의 공통 관심사가 되고 있다. 미래에 대한 전망의 부재에서 비롯되는 공포는 위험이나 불확실성을 관리하는 방향으로 삶의 관심을 유도한다. 오늘날 사람들에게 필요한 것은 '빵'이 아니라 '위안'과 '안심'일지도 모른다. 뿐만 아니라 공포는 이미 언급한 바와 같이 '안전'을 담보로 하나의 마케팅 상품으로 활용된다.

바우만(2010a: p.25)에 따르면, "공포라는 자본은, 온갖 투자처에 뛰어들 준비가 되어 있는 유동자산처럼, 이윤만 생긴다면 어디든 파고들 수 있고 또 실제로도 곳곳에 파고들고 있다." 따라서 바우만은 "모든 종류의 마케팅 전략에서 주요한, 어쩌면 유일한 강조점은 바로 개인의 안전"일 것이라고 주장한다.

경제적 공포에 대비하는 이러한 안전 전략은 국가가 제공하는 복지 서비스를 통해 확보되기보다는 개인이 마련한 일련의 장치를 통해 획득된다. 실제로 OECD 국가의 평균 사회복지 지출이 GDP 대비 21.77퍼센트인 데 반해, 한국은 12.17퍼센트(2009년 기준)에 불과하며(한국보건사회연구원, 2011), 생명보험의 경우만 보더라도 사보험이 공보험 시장의 규모를 추월한 지 오래이다.

이지원·백승욱(2012: pp.102~103)에 따르면, 1997년 외환위기 이후 위기에 몰린 생명보험사들은 회사의 리스크를 가입자에게 전가하는 형태로 경영 패러다임을 전환하면서 '변액보험', '재무설계', '보장자산' 등의 상품을 판매하는 전략을 세워나갔다. 다시 말해 보험회사마저도 리스크를 회사가 부담하는 것이 아니라 가입자 개인에게 전가시키는 시스템이 구축된 것이다. 이렇듯 사회적 위험은 공적 영역을 통해 해소되기보다는 점차 사적 영역으로 전가되면서 불안의 강도는 개인의 위험관리 능력에 전적으로 달려 있게 된다.

불안의 무게가 가중되면서 개인은 개별적 차원에서 위험관리 능력을 극대화하려는 다양한 전략을 세우게 된다. IMF 외환위기 이후 이러한 현상은 더욱 강화되었다. 국가나 회사는 물론 사회마저도 사람들을 생존의 벼랑 끝으로 내몰았으며, 결국 이들은 생존을 위해서 사적 영역에 더욱 의존할 수밖에 없는 처지에 놓여 있다.

이러한 시대적 분위기는 '부자 되기' 열풍의 감정적 기반 중 하나이다. 그리고 부자 되기 열풍은 '자기계발 프로젝트'의 형식으로 한층 더 구체화된다. 이와 관련하여, 서동진(2009b: pp.352~353)은 "자기계발하는 주체는 리스크, 위험을 관리하는 주체"라고 주장하면서, "구조조정의 태풍 앞에서 직장인들이 겪는 공포와 불안은 바로 자신이 예측할 수 없고 통제할 수 없는 세계에 직면했을 때의 감정"이라고 주장한다. 따라서 자기계발 주체는 "자신의 사회적 삶을 규정하던 기존의 안정적인 규칙이 사라지게 됐을 때 자신을 위협하는 일련의 정황을 리스크란 문제로 분절하고 나아가 이를 지배·통제하는 방편으로 '자기의 관리' 또는 '자아 테크놀로지'를 채택한다."

이는 신자유주의가 주체를 보호하지 않으면서도 통치하는 것을 가능하게 하는 '개별화하면서 전체화하는' 전략이라고 볼 수 있다. 그리고 이 지점은 주체의 '자유'가 작동하는 공간이기도 하다. 이러한 점에서 부자 되기 열풍은 외적 조건에 의해 수동적으로 대응한 행위의 결과가 아니라 주체가 적극적으로 실천한 결과이다. 그러나 부자 열풍의 감정적 요인을 공포 감정을 통해서만 설명하기에는 많은 한계가 따른다. 경제적 공포를 경험하는 사람들이 모두 부자 되기 열풍에 합류하는 것은 아니며, 특히 공포를 상쇄할 수 있는 자원(권력)이 많다면 그렇게 많은 사람이 맹목적인 목적을 달성하는 데 휩쓸리지도 않을 테니 말이다.

사람들은 공포의 진원지를 탐색하며, 그 지점에서 자신이 신뢰했던 대상이 제 역할을 하지 못한다는 것을 알았을 때 곧장 그 대상을 불신하게 된다. 사람들은 불안해하면서 동시에 구체적인 환멸 대상을 찾기 시작한다. 더 이상 누구도 믿지 않고 "나만 믿겠다"는 것이다. 개인에게 부가된 위험에 대해 국가, 시장, 시민사회가 제공하는 빈약한 서비스는 사람들에게 그러한 공적 기관에 대한 불신과 냉소, 환멸을 불러온다. 실제로 외환위기 이후 10년 동안 국가기관, 시민단체, 노동조합 등 공적 기관에 대한 국민들의 신뢰도는 현격하게 감소했다.(이재열, 2009: pp.24~25)

이처럼 공적 기관에 대한 불신이 가중되면서 사람들은 "세상 믿고 살 수가 없네"라는 막연한 불신과 체념 상태에서 한 발 더 나아가 "국가가 나한테 해준 게 뭐야"라며 구체적인 환멸 대상을 찾는다. 이 말을 국가가 국민들에게 아무것도 해주지 않는다는 의미로 받아들여서는 안 된다. 단지 사람들이 그렇게 '느낀다'는 것이고, 그러한 느낌은 실제 현실이 어떻든 그 자체가 현실을 판단하는 토대가 된다는 사실이 중요하다.

그러나 국가에 대한 사람들의 불신과 환멸이 최근만의 상황은 아니라는 점에서 볼 때, 이것이 오늘날 부자 되기 열풍을 이끄는 두드러진 감정이라고 단정 짓기 어렵다. 불신과 환멸 그 자체는 내사적인 성격이 강하기 때문에 부자가 되기 위해 행하는 다양한 표출 행위를 뒷받침하지 못한다. 공포와 환멸은 '부자 되기'의 사회적 감정으로 작동하지만, 개별적 차원에서 행위를 적극적으로 유도하는 데는 또 다른 감정이 필요하다. 그것이 바로 부자가 되고자 하는 '선망' 또는 '열망'이다. 그렇다면 이러한 선망은 어떻게 일반 사람들의 내면에 쉽게 들어설 수 있게 되었을까? 어떻게 누구나 부자가 될 수 있다고 상상하고 기대할 수 있게 되었을까?

먼저 무한경쟁을 유도하는 시스템이 사회적으로 확산되면서 새로운 성공 신화들이 등장하는 맥락에 주목할 필요가 있다. 앞서 언급했듯이, 국가는 1990년대 중반 이후 '신지식인' 담론을 유포하면서 경쟁에서 승리한 사람들을 이른바 '지식인'으로 승격시켰다. 기업은 경쟁력을 강화하기 위해 연봉제, 성과급제, 업무의 프로젝트화 등을 도입하여 승리한 자들에게는 막대한 보수를 제공하는 전략을 택했다. 대학에서도 경영학적 담론이 확산됨으로써 많은 대학생이 '비판적 지성' 쌓기를 뒤로 하고 기업형 인재가 되기 위한 '스펙 쌓기'에 몰두하거나 재테크에 관심을 갖기 시작했다. 그리고 입지전적인 재테크 성공 신화가 젊은이에게 선망의 대상이 되기도 했다. 무한경쟁은 사회 영역 전반에 퍼져 있는 발전주의 담론의 '개인주의적 버전'이 되었다.

다음으로 선망은 '부자 되기' 열풍이 사람들에게 평등주의적 에토스를 전파하면서 비롯되었다고 볼 수 있다. 이에 대해서는 자세히 언급할 필요가 있다. 지금도 귓가에 생생한 모 카드 회사의 광고 문구, "여러분, 부자 되세요"(2002)는 '부자'의 주체가 소수 특권층에서 평범한 '여러분'으로 대체되었다는 선언과 다르지 않다. 참고로 이 문구는 당시 모 광고 전문 인터넷 방송국의 자체 조사에서 그해 사람들이 가장 좋아하는 최고의 CF 카피로 선정되기도 했다.(『경향신문』 2002. 2. 21)

경제위기 이후 국민의 고통이 계속되는 상황에서 사람들은 삶의 새로운 대안을 부자가 되는 길에서 찾고자 했다. "너도 나도 부자가 될 수 있다"는 기대와 상상은 신용카드나 로또 산업 등이 활성화되면서 현실화되는 듯 보였다. 실제로 신용카드는 전에 없던 '안심'과 '뿌듯함'을 안겨주었다. 대신 결제일이 되면 사람들을 허덕이게 만들었지만 말이다. 요컨대 지난 1960~70년대 산업화 시기에는 (국가의) 경제성장을 통해 "우리도 잘 살아보자"라는 인식이 강했다면, 1990년대 이후에는 스스로의 노력을 통해 "누구나 부자가 될 수 있다"는 인식이 일반화되었다. 즉 민주화는 정치 영역에서만 일어난 것이 아니라 긍정적이든 부정적이든 삶의 영역 곳곳으로 퍼져갔다.

그런데 여기서 주목해야 할 것이 바로 대중매체의 영향력이다. 이러한 '부자 되기' 선망은 대중매체를 통해서 일반 사람들의 내면세계로 빠르게 침투할 수 있었다. 동시에 사람들은 전파되는 내용을 편하고 흥미롭게 소비했으며, 새로운 정체성을 구축하는 데까지 나아갔다. 대표적인 예로 MBC에서 1997년부터 2001년까지 방송된 「성공시대」는 일반 사람들이 전에 갖고 있던 '성공'에 대한 인식을 바꾸는 데 일조했다. 즉 성공에는 필연적인 이유가 있으며, 누구나 그러한 이유를 충족시키면 성공 '할 수 있다'는 자신감과 의지가 생겨난 것이다.

「성공시대」는 대기업 회장부터 법조인, 의료인, 사회활동가, 스포츠 선수, 문화 예술인들까지 다양한 분야의 사람을 다루면서, 시청자들에게 '성공'한 사람들을 '영웅화'하면서도 그들에 대한 일반인들의 거리감을 좁히는 데 기여했다. 그들의 성공 뒤에는 누구나 납득할 만한 이유, 즉 피나는 노력과 남다른 능력이 뒤따랐다는 지극히 평범한 사실을 말하면서 말이다. (모든 성공신화 프로그램이 그러하듯 '진짜' 이유는 내보내지 않는다.) 이러한 성공신화 프로그램들은 특정 계층과 권력 집단 외에도 평범한 사람들의 성공 서사를 연출함으로써 시청자들이 자신을 그들과 쉽게 동일시할 수 있게 만든다.

결국 사람들은 "누구나 성공할 수 있다"는 메시지를 거실에서 편안하게 전달받는다. 백선기 · 최경순(2000: p.273)에 따르면 「성공시대」는 "우리 사회의 성공에 대한 개념을 기존의 추상적인 단계에서 구체적이며 실현 가능한 단계로 규정해놓았으며, 그것을 반복적으로 제시해줌으로써 사회성원들의 성공에 대한 의식을 형성하고 구체적인 목표를 설정할 수 있도록 도와주었다."

그 이후 「성공시대」보다 더욱 평범한 '일반인'을 다루는 여러 프로그램이 등장하면서 부자 되기 열풍은 가속화되고 일상화되어갔다. 지난날 사람들 사이에서 흔하게 주고받았던 인사나 덕담, 예컨대 "건강하세요"는 이젠 "부자 되세요"로 대체되었을 정도이다. 평범한 사람들이 등장하는 '부자 되기' 프로그램들은 "누구나 부자가 될 수 있다"는 보편적 선망을 시청자들에게 전파한다.

일례로 '경제야 놀자'와 같은 프로그램에 주목해보자. 이 프로그램은 MBC 「일요일 일요일 밤에」의 한 코너로서 2006년부터 2008년까지 주말 황금 시간대에 방송되었다. 이 프로그램에서 진행자들은 특정 연예인이나 대중 스타의 집을 방문해서 펀드매니저와 함께 각자의 특성에 적합한 재테크 노하우를 알려주고 이를 시청자에게 전달하는 데 역점을 두었다. 이 프로그램은 오락적인 성격에 맞춰 경제정보를 쉽고 재미있게 전달하면서도 일반인들을 상대로 펀드, 주식 등 소액 투자 및 재테크의 생활화를 역설하기도 했다. 그리하여 "당신도 부자가 될 수 있는" 전략과 메뉴들이 전국적으로 전파를 탄 것이다. 당시 가장 많이 소개된 재테크 품목은 '적립식 펀드'였다. 개미 투자자들에게 투자와 재테크 전략을 제공해줌으로써 "나도 할 수 있다"는 의식을 일반 국민에게 확산시켰다. 대학생(심지어 고등학생들까지도)부터 직장인, 주부, 노인들에게까지 그리고 계층적으로도 상층이든 하층이든 상관없이 모두에게 재테크는 '필수'이자 덕목으로 다가왔다.

특히 주부를 상대로 한 라디오나 TV 방송에서도 '부자 되기'와 관련한 다양한 강의와 프로그램이 날로 증가했는데, 대표적으로 주부들의 시청률이 높은 KBS「아침마당」은 이영권 박사의 '부자학 강의'와 같은 코너를 만들어 주부들에게 다양한 재테크와 가족경영 전략을 소개하곤 했다. 추측컨대 이에 관심을 갖지 않으면, 모두 "대책 없이 사는" 부모, 직장인, 학생, 노인으로 낙인찍힐 수도 있었다.

이처럼 금융컨설턴트나 펀드매니저와 같은 전문가들의 확신에 찬 정보와 "누구나 할 수 있다"는 평등주의적 의식의 결합은 '부자 되기'에 대한 보편적인 선망을 불러일으켰다. 위에서 언급한 프로그램 말고도 부자 되기 관련 프로그램은 각종 매체를 통해 지속적으로 광범위하게 매일같이 전파되었다. 그런데 이들 프로그램은 누구나 노력만 하면 부자가 될 수 있다는 전제를 깔고 '부자가 되지 못한 이유'는 자신의 습관이나 삶의 방식에 있다고 지적하면서 시청자에게서 감정적 동의를 얻어낸다. 이처럼 유명 연예인 또는 재테크에 성공한 '평범한' 사람들을 일상적으로 접한다는 것은 일반 사람들에게 "나도 부자가 될 수 있다"는 선망과 상상의 여지를 남겨놓게 된다.

이렇듯 '부자 되기' 열풍은 미래에 대한 불투명한 전망에서 비롯되는 공포, 공적 영역에 대한 불신에서 비롯된 환멸 그리고 누구나 부자가 될 수 있다는 선망이 결합된 결과이다. 그런데 공포-환멸-선망이라는 감정의 연쇄고리는 신자유주의 체제의 구조적 압력으로 인해 개인이 수동적으로 경험하는 감정적 반응이 아니다. 거꾸로 신자유주의가 그런 감정의 기제 속에서 스스로를 생산적으로 재현한다고 볼 수 있다. 즉 신자유주의 체제는 공포, 환멸 그리고 선망을 지속적으로 (재)생산해냄으로써 개인을 감정적으로 통치한다. 개인을 불안에 빠뜨리고, 공적 영역에 대한 불신과 체념을 확산시키고, 사적 영역에서 문제해결을 도모하게 만드는 감정구조는 신자유주의의 은밀한 기획 속에 배태되어 있다.

'부자 되기' 담론의 전환: 지식에서 마음으로

'부자 되기' 열풍이 평범한 사람들의 선망을 토대로 일어날 수 있었던 이유는 '부자 되기' 담론의 변화가 개인들에게 미친 영향력 때문이다. 우리는 일반인들에게 난해할 수 있는 경제·경영학적 담론이 개인 심리에 중점을 둔 심리학적 차원으로 이동했다는 데서 그 원인을 찾을 수 있다.

통상 '부자 되기'와 관련한 담론은 일반 사람들이 접근하기 어려운 전문적이고 상세한 경제·경영학적 개념으로 구성되어 있다. 따라서 이러한 담론이 평범한 사람들에게 이해 가능한 수준으로 다가가기에는 일정한 한계를 지닐 수밖에 없다. 실제로 '부자 되기'와 관련된 서적들은 저축, 펀드, 주식, 부동산 투자 등 경영, 회계, 재테크에 관한 전문용어들로 가득 차 있다.

하지만 이런 서적들은 몇 번의 대중화 기획을 통해 일반인들에게 다가가는 데 일정 정도 성공하기도 했다. 예를 들어『부자매뉴얼』(부자학연구학회, 2009)이나『나의 꿈 10억 만들기』(김대중, 2003),『부동산으로 10억 만들기』(전영수, 2003) 또는 투자와 재테크에 관한 상세한 가이드북인『시골의사의 부자경제학』(박경철, 2006) 등은 주식의 직·간접 투자, 부동산 투자, 재테크, 펀드, 채권, 장단기 투자 전략 등에 관한 내용을 쉽게 전달함으로써 많은 대중적 관심을 끌어내기도 했다. 그러나 그러한 지식과 정보만 알고 있다고 해서 부자가 될 수 있다는 확신이 생기는 것은 아니다. 사실 일반 사람들은 이러한 지식과 정보를 적용해볼 만큼 충분한 자원과 기회를 갖고 있지도 못하다. 그렇다면 부자가 될 수 있다는 확신은 어디서 오는 것인가?

경제·경영학적 담론에 머물렀던 '부자 되기' 프로젝트가 어린 아이부터 노년층에 이르기까지 확산된 데에는 심리학적 담론의 유포와 확산을 언급하지 않을 수 없다. 심리학적 담론은 우선 지식 습득에 요구되는 시간적 제약과 경제학적 담론의 난해함으로부터 사람들을 벗어나게 해준다. 심리학적 담론은 일반인들에게 자아의 심성, 습관, 감정, 감성, 사고방식, 마인드를 스스로 통제하고 관리함으로써 부자가 될 수 있다는 심리적 확신감을 심어주었다.

이처럼 심리학적 담론을 '부자 되기' 프로젝트가 일반인들에게서도 실현 가능하다고 믿게 하는 감정적 분위기를 만들어내는 데 일조한다. 그리고 부자가 되기 위해서는 경제·경영학적 전문지식을 습득하는 것보다 부자가 되기 위한 '마인드'나 '습관'을 바꾸고 다지는 것이 우선적으로 요구된다. 그리고 이것은 학력, 세대, 성별, 계급, 지위, 지역을 초월하여 누구나 마음만 먹으면 실현 가능한 일로 비춰진다. 「성공시대」에서 강조하는 성공 요인도 "정열, 집념, 인내, 창의, 개성, 조력자, 도전, 완벽주의, 긍정적 사고, 인화, 현실 인정" 등이다. 그 프로그램은 "기존 사회의 구조적 모순이나 불평등 조건에 주목하여 저항하기보다는, 현재의 고통이나 불만을 개인적 노력의 부족으로 인식하도록 만들어 개별적인 노력을 경주하여 성공에 이르도록 하게 한다."(백선기·최경순, 2000: p.271, p.273)

울리히 벡(1997)은 이처럼 오늘날 심리학이 사회 전반의 핵심 영역으로 떠오르는 현상을 '사회적 위험의 개인화'라는 말로 설명한다. 그에 따르면 "사회문제는 더욱더 심리학적 성벽의 견지에서, 즉 개인적 부적응, 죄책감, 갈등, 노이로제와 같은 식으로 인식된다. 역설적이게도 개인과 사회의 직접성, 위기와 병세 간의 직접적인 관계가 나타난다. 사회의 위기는 개인의 위기로 나타나며, 개인의 위기는 사회 영역에 뿌리를 두고 있는 것으로 더 이상 인식되지 않거나 아주 간접적으로만 그러한 것으로 인식된다."(벡, 1997: p.171)

또한 감정지수(EQ)에서부터 설득, 의사소통, 인상관리, 그리고 인맥관리를 다루는 이야기의 대부분은 심리학적 담론을 통해 생산된다. 전 세계에서는 물론 국내에서 베스트셀러가 된 스티븐 코비의 『성공하는 사람들의 7가지 습관』(2003)은 '부자 되기' 열풍에 결정적인 영향을 미쳤다. 이 책에서는 창의적이고 개방적인 사고, 적극적이고 긍정적인 마인드, 도전적이고 열정적인 태도 등을 성공한 사람의 공통점으로 지적한다. 코비는 7가지 습관을 일일이 거론하면서 사례들을 자세히 늘어놓지만, 중심 내용은 한마디로 "내면으로부터 시작해라"로 축약된다. 코비는 그 책의 어딘가에서 다음과 같이 말한다.

> 참된 변화는 내면에서부터 시작되어야 한다. 나뭇잎을 쳐내는 것과 같은 응급처치 식의 성격 윤리적 기법을 가지고는 태도와 행동을 바꿀 수 없다. 이것은 뿌리, 즉 사고의 바탕이자, 기본인 패러다임을 바꿈으로써만 가능하다. 이 패러다임이 우리의 성품을 결정해주고, 우리가 세상을 보는 관점의 렌즈를 창조해준다.(코비, 2003: p.444)

이러한 심리학적 담론은 습관, 사고방식, 마음 등 지금까지의 자아를 '뼛속까지' 바꾸라고 요청한다. 반면에 이들 담론은 부자가 되기 위해 정말로 필요한 물리적·사회적 조건과 권력 자원에 대해서는 거의 언급하지 않는다. 2000년 부자 되기 열풍을 일으켰던 로버트 기요사키의 『부자 아빠 가난한 아빠』에서도 부자가 되지 못하는 5가지 이유를 두려움, 냉소주의, 게으름, 나쁜 습관, 거만함으로 내세운다.(기요사키 외, 2000: p.208) 특히 국내 한 대형 서점에서 2000년에서 2010년까지 가장 많이 팔린 책인 론다 번의 『시크릿』(2007)은 부자 되기와 성공에 대한 심리학적 담론을 대중화하는 데 크게 기여했다. 민망할 정도로 내용이 없는데도 불구하고, 이 책은 지하철, 회사로비, 대학 도서관, 심지어 스타벅스에서도 독자들의 전폭적인 사랑을 받았다. 이쯤 되면 궁금해진다. 독자들은 이 책을 읽기 전과 비교해서 얼마나 부자가 되었을까?

이 질문에 답하기 위해 우리는 부자 되기 열풍을 주도한 책들에 스며들어 있는 심리학적 담론의 몇 가지 특징을 범주화해볼 필요가 있다. 이를 통해 어떤 담론 장치들이 어떤 성격의 주체를 생산해내는 데 기여하는지를 파악해 볼 수 있을 것이다.

먼저 습관과 관련된 담론이다. 그중 대표적인 것이 '아침형 인간 담론'이다. 사이쇼 히로시의 『아침형 인간』(2003) 시리즈가 출간되어 인기를 끈 후, 한때 '아침형'이란 용어가 들어간 서적들이 봇물을 이루듯 출간되기도 했다. 몇 가지만 언급해보더라도, 『인생을 두 배로 사는 아침형 인간』, 『아침형 인간의 24시간 활용법』, 『아침형 인간 강요하지 마라』, 『아침형 인간의 비밀』, 『어린이를 위한 아침형 인간되기』, 『아침형 인간 10살 전에 끝내라』, 『아침형 인간으로 변신하라』, 『아침형 인간의 초고속 공부법』, 『아침형 인간을 위한 4시간 숙면법』 등이 있다.

이 모든 책에서 습관혁명은 빼놓지 않고 언급된다. 그중에서 하나만 거론하면, 한국의 대표적인 아침형 인간 공병호는 사이쇼 히로시의 글을 편집해서 번역한 『아침형 인간 성공기』(2003)에서 다음과 같은 '아침형 인간 전환법'을 제시한다. "자신의 체질을 점검하라, 아침 기상의 목표를 뚜렷이 하라, 점진적으로 천천히 실시하라, 잠자리에 드는 시간을 통제하라, 기상을 하면 몸을 충분히 풀어라, 목표를 설정하라, 새벽에는 시간 사용을 정리해보라, 창의적인 일에 몰두하라, 오전 시간대를 최대한 활용하라"라고.

또 다른 습관담론은 부자와 빈자의 습관 차이를 다룬다. 예컨대 『안전한 부자』(2009)를 쓴 이영권은 부자와 빈자는 각각 다른 습관을 갖고 있다고 주장한다. 그에 따르면, 빈자는 지금 당장 일을 하기보다는 다음으로 미루는 습관을 갖고 있다는 것이다. 이런 패턴은 그들 자신을 게으른 생활에 만족하도록 만든다. 또 빈자는 틀에 박힌 사고로 모든 것을 판단하며 "세상이 나에게 기회를 주지 않는다"고 한탄한다.

이영권은 또한 TV 프로그램 「아침마당」에 출연하여 '부자 되는 7가지 습관'을 다음과 제시한다. "작은 것에 만족하지 마라, 매일 자신의 부를 측정하라, 한방은 없다, 스스로 이해 못하는 재테크는 하지 마라, 모든 것은 내 탓이다, 포기하지 말고 끝까지 가라, 돈보다 시간을 챙겨라. 부자가 되기 위해서는 더 부지런하고 철저하게 자기 관리를 해야 한다(건강, 이미지, 패션, 대화기술, 취미 등), 그리고 최고의 전문가가 되고, 경제 흐름을 잘 파악하며, 세계어를 해야 하고, 다양한 독서를 해야 한다."(KBS1, 2009. 7. 16) 이러한 습관 담론은 다음과 같은 마든의 주장과 거의 차이가 없다.

목표에서 한눈을 팔지 마라, 역경을 발판으로 삼자, 자신에게 들어온 재물을 헛되이 쓰지 마라, 돈을 현명하게 쓰자, 시간은 돈이다, 성공한 사람으로 보이게 하라, 자립심을 키워라, 기개는 부의 문을 여는 열쇠이다, 부가 들어올 장소를 만들어라, 원하는 일에 집중력을 발휘하자.(마든, 2010)

다음으로 사고방식과 마인드의 전환을 요구하는 담론이 있다. 여기에는 부자들은 "당신과 생각이 다르다"는 내용이 주를 이룬다. 예컨대 "부자는 모험할 때 세 번 생각한다, 부자는 모험을 즐긴다, 부자는 부에 대한 명확한 목표가 있다" 등의 이야기가 여기에 속한다.(부자학연구학회, 2008b: pp.18~29) 아래의 인용문들은 이를 좀더 구체적으로 보여준다.

내 주변의 부자들만 보아도 역시 어딘가 특이한 구석이 있다. 그들은 절대 남들과 똑같이 생각하지 않는다. 다시 말해 상식에서 조금 벗어난 사고방식을 가지고 있다는 것이다. 나는 그것이 보통 사람들은 모르는 부자들만이 가진 노하우라고 생각한다. 보통 사람들이 옳다고 고개를 끄덕일 때, 부자들은 속으로 '아니다'라고 외치고 있는지도 모른다.(후지타 다카시, 2008: p.11)

자신의 삶을 주도하라, 끝을 생각하며 시작하라, 소중한 것을 먼저 하라, 원윈을 생각하라, 먼저 이해하고 다음에 이해시켜라, 시너지를 내라, 끊임없이 쇄신하라(평생 학습). (김진혁, 2007)

이에 더하여 삼성경제연구소의 포럼 중 하나인 '부자특성연구회'는 부자들에게는 그들만의 고유한 '부자 마인드'가 있다고 강조한다. 이들은 부자가 되기 위해서 "돈을 긍정적으로 생각하라, 자기 성찰을 하라, 즉 자신을 정확히 보라, 종잣돈을 마련하라, 부자가 되기 위한 고민이 필요하다"고 주장한다. 그리고 이 연구회 대표는 "부자는 실천력이 강하고, 저축과 절약이 중요하며, 부자는 공부(부자일지)를 많이 하고 신용을 중요시하며, 건강한 사람(대개 아침형 인간)"이라고 주장한다.(『CASA LIVING』, 2004. 3: p.358) 결국 "성공과 좌절의 갈림길도 최종적으로는 마음가짐에 있다"는 것이다.(마든, 2010: p.57) 또한 워틀스는 부자들의 마인드에 대해 다음과 같이 주장한다.

시기적으로 어렵다든지 사업의 전망이 의심스럽다든지 하는 말을 결코 하지 마라. 경쟁의 마인드를 가진 사람에게는 시기적으로 어렵거나 사업의 전망이 의심스러울 수 있지만 창조의 마인드를 가진 사람에게는 결코 그런 일이 발생할 수 없다. 왜냐하면 그런 사람은 원하는 바를 창조할 수 있고 두려움을 극복할 수 있기 때문이다.(워틀스, 2007: p.175)

마지막으로, 인맥관리와 관련된 담론이 있다. '부자 되기' 관련 책에서 중요시하는 요건 중 하나가 바로 인맥이다. 이러한 책은 인맥관리 법칙과 노하우를 일목요연하게 제시하는데, 예를 들어 애정, 자기계발, 품격, 칭찬법, 존중 등이 대표적인 스킬이다. "인맥의 크기와 넓이와 깊이가 그 사람의 성공의 수준과 여부를 가늠하는 잣대"라는 점을 강조한다.(최기억, 2003: p.95) 이를테면,

자신이 가장 가까이 하고 싶은 사람을 설정한다, 효과적인 스케줄을 통해서 시간 활용을 잘해야 한다, 직접 부딪쳐라, 얻고자 한다면 먼저 베풀어야 한다, 자신의 개성을 발휘하라.(김진혁, 2007: pp.189~190)

이러한 심리학적 담론은 자아 스스로 "마음의 통제자 또는 관리자"가 되도록 요청한다. 그리고 실패의 원인을 자기 자신에게서 찾으라고 제안한다. 대표적인 예로는 셀리그만의 다음과 같은 주장을 들 수 있다.

행복한 사람은 성공과 실패에 대해 자신에게 유리한 쪽으로 생각하는 경향이 클 것이다. 따라서 어떤 일을 성공하려면 자신이 그 성공을 이룩해냈고, 그 성공은 영원할 것이며, 자신은 무엇이든 잘 할 수 있다고 믿는다. 반대로 실패할 경우에는 실패의 원인은 다른 사람에게 있으

며, 실패를 금방 만회할 수 있다고 생각한다.(셀리그만, 2006: p.67)

그리고 "진정한 행복은 개인의 감정을 파악하고 계발하여 그것을 일, 사랑, 자녀양육, 여가활동이라는 삶의 현장에서 활용함으로써 실현된다."(셀리그만, 2006: p.12) 따라서 부자가 되기 위해서는 자기계발, 몰입, 긍정적 마인드, 대인관계, 설득, 대화기술 등과 같은 전략이 요구된다. 그리고 이는 모든 심리적 과정을 통제하고 관리하는 습관을 형성함으로써 가능해지는 일들이다. 이러한 전략의 바탕에는 긍정적 사고가 요청된다. 바버라 에렌라이크(2011)는 이러한 긍정적 사고가 자본주의의 모순을 교묘하게 은폐하면서 동기유발 산업의 형태로 상업화되는 오늘의 현실을 신랄하게 비판하기도 한다.

그런데 이와 같은 심리학적 담론은 '자기부정'에서부터 출발한다는 것에 특징이 있다. 그래서 부자가 되기 위해서는 '과거의 나'를 버리고 '새로운 나'를 창출할 것을 요구한다. '과거의 나'는 치유의 대상으로 범주화된다. 이처럼 여기에도 치료요법 서사가 작동하고 있다. '치료요법 서사'는 자아에 대한 정신분석학적 설명방식이라 할 수 있는데, 자신의 상처나 모순된 감정을 응시하고 이를 정신분석학적 치료를 통해 치유하여 진정한 자아를 찾게 된다는 서사 구조를 일컫는다.

이와 관련하여 에바 일루즈는 '고통 받고 있는 자아'라는 관념 자체가 현대 치료요법 문화의 발달 속에서 형성된 제도화된 자아의식이라고 주장한다. 이러한 치료요법 서사는 개인의 정서적 안정과 행복을 심리적이고 내면적인 문제로 전환시킨다.(일루즈, 2010: pp.111~114) 일루즈에 따르면,

치료요법 문화는, 한편으로는 건강과 자아실현을 자아 서사의 목적으

로 설정하면서도, 다른 한편으로는 갖가지 행동을 열등한 자아—'신경증적' 자아, 병든 자아, 자멸적 자아—의 기호 및 징후로 설정한다. …… 곧 건강의 이상 또는 자아실현의 이상이 역으로 온갖 역기능을 정의하고 있다. 다시 말해 치료요법학적 사고는 '자아가 실현된 삶'이라는 모델 내지는 이상을 전제한 후, 감정적으로 건강하지 못한 행위들을 그런 이상과 비교·대조함으로써 연역한다.(일루즈, 2010: p.95; 일부 용어를 수정하여 인용함.)

정신이상을 다루던 심리학은 치료요법 산업이 성장하고 심리학이 대중화되면서 훨씬 더 넓은 범위의 사회적 범주의 문제들을 신경증의 문제로 포괄하게 되었다. 치료요법은 성적 취향, 불안, 결단력 부족 등에 대한 치료와 자기통제력이 증대되기를 바라는 소망을 포함하고 있으며, 자신의 라이프스타일에 대한 재평가, 문제해결 능력의 발달, 전체적으로 인지된 자기효율성 증대로까지 그 목적을 확장하고 있다.(정승화, 2010: pp.179~180)

이러한 치료요법 산업은 인생을 바꾸는 자기혁명을 강조하고, 감정의 흐름을 잘 타면서 정신을 집중해야 하는 '몰입'(칙센트미하이, 1999)을 중시한다. 그리고 올라프 후트가 『백만장자들의 성공비결』(2007)에서 강조하듯이 자기책임이 무엇보다 중요하다.

당신이 자신의 목표를 실현시키려고 한다면, 다른 사람에게 책임을 돌리거나 변명하지 않도록 하라. 당신이 자신의 삶과 행동에 대해서 전적으로 책임을 져라. 자기책임이 성공을 위한 또 다른 중요한 토대라고 할 수 있다. 따라서 지금 당장부터 당신이 하는 모든 경우에 대해 이렇게 말하라. 내가 책임을 진다. ……어떤 경우에도 '~때문에', '만약에 이러했더라면' 또는 '하지만'이라고 생각하지 마라.(후트, 2007:

pp. 56~57)

심지어 후트는 성적인 에너지도 성공을 위한 강력한 창조적 동기라고 주장하면서 배우자의 에로틱한 마력, 사랑까지도 창조적 영감을 얻는 데 중요하다고 역설한다.(후트, 2007: pp. 174~176)

지금까지 살펴본 심리학적 담론이 확산됨으로써 발생하는 문제는 그것이 계급, 이데올로기, 권력과 지위 등 사회학적 담론 내에서 중요하게 다뤄지는 요인들을 상쇄시킨다는 데 있다. '부자 되기'가 심리적인 자기혁명을 통해서 가능하다는 논리는 매우 비정치적이고 무책임한 담론일 수 있다. 그리고 이러한 담론은 자기계발 담론의 형태로 세련되게 포장된다.

자기계발 담론은 "개인으로서 주체화하는 것에 관련한 담론적 실천을 그 직접적 대상으로 삼는다. 그리고 다른 사회적 영역에서 생산되는 '자기의 주체화' 담론이 필요로 하는 다양한 어휘, 수사학, 도구, 평가 및 측정의 수단 등을 풍부하게 제공한다." 그리고 자기계발 담론은 "언제나 자신을 변화시키고 계발해야 할 대상으로서 자아를 규정하고 고정시키는 실천과 더불어 그것에 작용해 변화를 꾀하고 성공과 성장, 향상을 결과로 끌어낼 수 있도록 하는 다양한 테크놀로지를 포함한다."(서동진, 2009b: pp. 280~281)

이와 같이 부자 되기 담론은 의미화의 방향을 단순히 지식을 습득하는 수준에서 심리혁명을 통해 자기계발을 추구하는 쪽으로 전환시키면서 새로운 윤리를 만들어낸다.

새로운 부자 '윤리'와 생애 프로젝트의 재편

신자유주의는 사람들에게 새로운 기회를 제공하는 동시에 새로운 위험을 안겨준다. 새로운 위험을 '자유'라는 명목으로 국가는 시장의 자율성을 보장해주고, 개인들은 '자기 마음대로' 삶을 개척해나갈 수 있는 기회를 갖게 된다. 그러나 이때 '자유'는 유감스럽게도 공포를 내재한 자유이다. 물론 개인이 처한 지위와 권력의 편차에 따라 공포의 강도와 성격은 다르지만, 그것의 보편적 영향력으로부터 자유로울 수 있는 개인은 없다.

바우만의 지적대로 그 정도는 다르지만, '유동적 근대' 세계에 살고 있는 우리는 공포와 평생 싸워야만 한다.(바우만, 2009a: pp. 20 ~ 21) 개인은 홀로 생애 전반을 '책임'지고 살아야 하는 과정에서 불가피하게 공포와 길고 긴 싸움을 벌이게 된다. 이제 사람들은 유동적인 세계에서 살아남기 위한 새로운 생애 프로젝트를 구상해야 하는 기로에 서 있다.

이러한 세계에서 '부자 되기' 열풍은 개인에게 부자에 대한 새로운 윤리와 삶의 프로젝트를 요청한다. 먼저 '부자'에 대한 그간의 부정적 이미지를 전환시키는 새로운 윤리 담론이 등장한다. 이를테면 부자학연구학회가 출간한 서적에서는 '나쁜 부자'와 '좋은 부자'가 구별되어 논의된다. 이 책에서는 "천한 이기심에서 차원을 높여 사회와 주고받을 수 있는 개화된 이기심으로 승화시켜가는 것이 21세기 부자의 길"이라고 주장한다.(부자학연구학회, 2008a: p. 82)

2007년에 경영학과 교수, 증권사 간부, 민간연구소 책임자 등이 모여 창립한 부자학연구학회는 기관의 설립 목적이 '올바른' 또는 '바람직한' 부자상을 정립하는 데 있다고 역설한다. 한국 사람들 대부분이 지닌 부자에 대한 반감이나 오해를 푸는 작업이 급선무라는 것이다. 그 예로 "유일한, 앤드류 카네기, 록펠러, 백선행, 김만덕, 임상옥"은 좋은 부자의 전형으로, "폴 게티, 존 패터슨, 새뮤얼 인설, 패리스 힐튼"은 나쁜 부자의 전형으로 구분하여 부자 내 구별 짓기를 통해 '부자의 윤리'를 정립한다.

그 연구학회에 따르면, 좋은 부자들은 "보통 사람들보다 돈 관리의 중요성을 인식하고 있고 저축과 투자의 중요성을 알고 있"으며, "기부 등을 통해 사회에 기여하는 활동"을 한다.(부자학연구학회, 2008a: pp.74~75) 그리하여 좋은 부자는 존경과 추앙의 대상이 되며, 부자 윤리를 발현하는 주체들로 전환된다. 대학에서 부자학을 강의하는 한동철 교수는 부자의 기본을 근검절약에서 찾으면서 프로테스탄트적 금욕주의를 강조하기도 한다.(『신동아』, 2010. 1월호) 그러나 그는 좋은 부자들이 어떤 목적으로 돈을 벌고 모으는지, 더욱이 어떤 방법으로 돈을 축적하는지에 대해서는 구체적으로 알려주지 않는다. 엄밀하게 말해서 이에 대해서는 누구도 알 길이 없다.

심지어는 재테크에서도 '착한 재테크'가 강조되고 있다. 한 재테크 업체 대표는 "기존의 재테크가 미래에 대한 불안감으로 사람들에게 스트레스를 줬다면 착한 재테크는 달성 가능한 목표를 찾아내고 그 목표를 위해 합리적으로 오늘을 재구성하는 것"이며, "생애 소득과 당장의 소득의 비교가 필요"하고 "생애 전반에 걸쳐 꾸준히 벌 수 있는 것이 중요하다"고 말한다. 즉 "자신의 생산성을 유지해 지금의 파이를 꾸준히 유효하게 만드는 것이 바로 착한 재테크"라는 것이다.(『위클리 경향』, 2010. 3. 9) 이 착한 재테크 담론은 맹목적인 부자 되기 열풍에 대한 대안 담론으로 등장했지만, 생애 과정 전반을 과학적 경영관리 측면에서 재구성한다는 점에서 한층 더 강화된 윤리를 구축한다.

이와 같은 부자 되기 담론은 일반 사람들에게 부자에 대한 새로운 윤리관을 제시한다. 이 담론 내에서 부자가 되는 것은 이제 "나의 순수한 노력을 통해 떳떳하게 달성할 수 있는" 멀지 않은 미래가 된다. 그런데 부자는 대박이나 우연한 계기가 아니라 자신의 생애 전반을 재구축함으로써 체계적으로 성취되어야 한다는 점이 강조된다. 부자 되기 열풍이 몰고 온 가장 큰 효과는 사람들이 '부자 되기'를 자신의 생애 프로젝트로 수용하기 시작했다는 데에 있다. 그렇다면 생애 프로젝트는 어떻게 재구축되는가?

우선, 부자 되기 담론은 생애 전반을 재테크 과정으로 재편하는 서사를 제공한다. 예컨대 "20대 초반에는 집에서 받는 용돈으로 무조건 저축하고, 알바는 2~3개 정도 매일 한다, 20대 후반에 부모님의 집을 담보로 내 집을 마련한다, 30대 초반에 돈 안 들이는 결혼을 한다, 30대 후반에 독특하고 향취 나는 비즈니스를 꼭 시작한다, 40대 초반에 많은 것을 포기한다(친구 만나는 시간과 그 외 많은 즐거움 등), 40대 후반에 자신이 선택한 종교에 심취한다.(당신의 잠재 능력을 열 배 이상 현실화시키는 데 가장 좋은 것이 종교이다. 절대자의 무한한 능력에 기대는 종교가 당신을 거부로 만들어줄 것이다.) 그리고 은퇴 자금 준비까지" 등과 같은 서사를 통해 부자 되기 프로젝트의 시간적 지평을 확대한다.(부자학연구학회, 2008a: pp.185~197)

둘째, '부자 되기' 프로젝트는 세밀하게 생애과정을 분절시킴으로써 일반 사람들에게 실현 가능성을 구체적으로 제시한다. 그중에서도 특히 두드러졌던 것이 20대를 겨냥하여 그대로 따라 하기만 하면 언젠가 부자가 될 것처럼 주장하는 자기계발서들의 범람이었다. 그중 대표적인 것만 꼽더라도, 『20대 재테크로 평생 부자 되기』(윤용식, 2007), 『100만원으로 시작하는 20대 파워 재테크』(양찬일, 2006), 『20대 재능을 돈으로 바꿔라』(혼다 켄, 2006), 『20대에 시작하는 내 집 마련 프로젝트』(이국헌, 2006) 등이 있다.

그중 하나를 들어 구체적으로 살펴보면, 『대한민국 2030 평생부자 프로젝트』(홍성민 외, 2007)의 저자들은 20대에 인생이 결정된다고 주장하면서 20대부터 시작하는 30년 장기 투자 전략을 제시한다.

그 책에 따르면, 직업선택 기준, 연봉 협상, 승진과 이직, 결혼과 가정 중 첫 번째로 중요한 재테크는 결혼이다. 이어서 내 집 마련, 미래 대비(질병과 사고, 경조사, 부모부양, 자녀양육, 퇴직, 보험), 재테크(노후 대비와 재테크 포트폴리오) 전략이 등장한다.

이 외에도 20대에 다양한 형태의 '부자'가 된 사람들의 이야기(김국현, 2005)를 소개한 책이 있는가 하면, '내 집 마련'을 위해 20대에 가져야 할 부동산 투자 마인드와 습관에 관한 이야기들(이국헌, 2006)을 전하는 책도 있다. 김국현은 20대에 부자 테크를 시작해야 할 이유를 다음과 같이 제시한다.

> 20대는 30~40대보다 열정과 의지가 강하며, 자신의 목표에 대한 추진력과 가능성이 그 어느 때보다 크기 때문이다. 그리고 두뇌가 빠르며, 신경 쓸 일이 30~40대에 비해 적다는 것이다. 그리고 30~40대에 비해 가정이나 비즈니스 인간관계가 적기 때문에 시간관리에 훨씬 유리하다는 것이다.(김국현, 2005: pp. 13~14)

이러한 담론이 젊은이들에게 설득력을 가질 수 있는 것은 현재 20~30대가 다른 연령대에 비해 주택가격 불안정이나 금융 불안, 실업과 빈곤 등 경제 및 생계와 관련된 위험을 훨씬 높게 인식하고 있기 때문이다.(구혜란, 2010: p. 88) 최근 몇 년 전부터 청년들은 사회양극화, 취업, 실업 등 사회문제의 쟁점에서 가장 중심에 서 있는 주체로 생산되고 소비된다. 오늘날 청년들의 불안은 그들의 개인적 의지와 상관없이 또 다른 권력 장치들에 의해 생산된 것임에도 불구하고, 권위 있는 멘토의 힘을 빌려 소비된다. 청년들을 위한 실리적인 정책은 없고, 단지 그들을 위로하는 무익한 목소리만 무성할 뿐이다.

셋째로, 부자 되기 담론은 '부자 되기' 프로젝트를 생애과정 초기부터 시작하라고 촉구한다. 최근 운영되고 있는 어린이 경제교실, 예컨대 한국은행의 '어린이·청소년 경제교실', 금융감독원의 '어린이·청소년을 위한 금융교실', 국민은행의 '키드뱅크', 재정경제부의 '어린이 경제 홈페이지', 통계청의 '어린이 통계동산', 국세청의 '청소년 세금교실', '어린이 경제신문' 등이 대표적인 예이다. 주요 경제단체나 금융기관들도 "돈 버는 습관도 세 살 버릇 여든까지 간다"는 전제하에 어린이 경제 교육 프로그램을 운영한다.

대형 금융기관들은 현명한 소비습관의 형성, 기업의 역할과 시장경제 원리의 터득, 보드게임과 주산으로 배우는 금융경제 교육, 용돈기입장, 나만의 호랑이 저금통 만들기, 화폐금융박물관 등을 통해 경제 감각을 일찌감치 키워나가도록 유도한다. 한국은행의 '화폐금융박물관'은 중앙은행의 역할, 화폐의 일생, 돈과 나라의 경제, 각국 화폐 등을 방문객들에게 체계적으로 소개하고 학습시키는 경제 교육장으로, 초중고 학교에서 단체로 방문하기도 한다.

금융감독원도 금융경제와 신용관리 등을 강의하는 '어린이·청소년을 위한 금융교실'을 운영하고 있으며, 만 3~16세 어린이들이 다양한 직업활동을 직접 체험해볼 수 있도록 현실을 재현한 가상공간으로 만들어진 키자니아(KidZania)는 국내 대표 기업들이 참여하여 어린이들이 경제를 배울 수 있는 교육장으로 운영되고 있다. 이곳에서 어린이들은 경찰관, 소방관, 승무원, 요리사 등 자신이 원하는 직업의 유니폼을 갖춰 입고 실제 직업활동을 체험한다. 일을 하고 난 후엔 '키조'(Kidzo)라는 가상 화폐를 지급받아 키자니아 내 은행에 저금하거나 백화점에서 물건을 살 수도 있으며, 증권사에서 모의 주식투자도 할 수 있다.(『서울신문』, 2010. 2. 24)

한국금융투자협회에 따르면, 국내 어린이 펀드시장 규모는 2010년 현재 약 2조 5,145억 원 정도에 육박하는 수준으로 2006년 6,711

억 원에 비해 대략 네 배 성장했다. 현재 국내에서 운영 중인 어린이 펀드는 미래에셋자산운용의 '우리아이 3억만들기펀드'를 비롯해 삼성투신운용의 '삼성착한아이 예쁜아이주식펀드', 신한BNP파리바 자산운용의 'TOPS엄마사랑어린이 적립식증권투자신탁1호', 우리자산운용의 '우리쥬니어네이버 적립주식펀드', 동양투신운용의 '동양자녀사랑 증권투자신탁1호' 등이 있다. 어린이의 경제 교육을 위한 프로젝트는 국가기관이나 여타 민간단체에서도 행해지고 있다.

어린이와 청소년을 위한 부자 되기 프로젝트 관련 서적들도 쏟아져나왔다. 그중 최근에 출간된 서적 중 몇 권만 들더라도, 『열두 살에 부자가 된 키라』, 『예담이는 열두 살에 1,000만 원을 모았어요』, 『어린이를 참부자로 만드는 돈 이야기』, 『부자가 된 신데렐라 거지가 된 백설공주』, 『초등학생을 위한 화폐동화』, 『초등학생이 뽑은 101가지 경제상식』, 『10원으로 배우는 경제 이야기』, 『초등학생들이 가장 궁금해 하는 알쏭달쏭 직업이야기』, 『펠릭스는 돈을 사랑해』, 『돈은 고마운 친구』, 『아홉 살 구범이, 난 행복한 부자가 될래요』, 『열 살부터 시작하는 돈 이야기』, 『피노키오의 몸값은 얼마일까?』, 『리틀 부자가 꼭 알아야 할 경제 이야기』 등이 있다.

게다가 재정경제부도 나서서 어린이 경제 교육을 위한 추천 도서를 선정하여 홍보할 뿐만 아니라, '아이빛연구소'라는 민간 운영 단체에서는 다음과 같이 어린이 경제 교육을 위한 10계명을 만들어 배포하기도 한다.

1. 경제 교육은 생활 밀착형 교육임을 명심하라.
2. 아이 스스로가 삶의 주체가 될 수 있도록 하라.
3. 인과관계에 의해 판단하도록 하라.
4. 모든 일에는 대가가 있음을 가르쳐라.

5. 계획에 의한 경제활동을 유도하라.

6. 행동지침을 만들고 스스로 모범을 보여라.

7. 끊임없이 논리적으로 솔직하게 대화하라.

8. 발표나 글로써 생각을 표현하도록 훈련하라.

9. 한 번에 많은 것을 가르치려 하지 말고 한 가지씩이라도 체험하게
   하라.

10. 평가할 수 있는 장치를 마련하고 성과에 따른 상벌을 받게 하라.

   (아이빛연구소, http://www.ivitt.com/)

숀 코비(2005) 역시 '성공하는 10대를 위한 7가지 습관'을 제시하기도 했다.

마지막으로, '부자 되기' 프로젝트는 가족경영과 긴밀하게 연동되어 제시된다. 가족 형성부터 자녀양육, 재테크, 노후대책까지 새로운 가족 프로젝트가 날로 등장하고 있다. 『아버지의 가계부』(2007)의 저자 제윤경은 이 책에서 인생 후반기에 접어든 아버지가 가족 경제를 새롭게 재구축해가는 과정을 상세하게 서술한다. 여기에서 저자는 일상을 세밀하게 관리하면서 지출을 잘 통제하는 부자의 습관을 강조한다. 그리고 "회사를 경영하듯 가계를 경영해야"하며, 나와 가족의 미래에 대한 합리적이고 장기적인 계획을 세우고 작은 목표부터 실천해야 한다고 주장한다. 그뿐만 아니라 가족경영은 이제 주부의 역할 또한 변화시키고 있는데, 여기서 주부는 살림살이를 도맡아 하는 단순한 가사노동자에서 가족의 미래를 위해 건강, 자녀 교육, 부동산, 노후자금을 전략적으로 준비하고 투자하는 CEO로 전환된다.(박혜경, 2010)

이와 같은 '부자 되기' 프로젝트는 대학 및 연구기관과 같은 전문가체계와 새로운 산업의 등장으로 인해 갈수록 확산된다. 우선 '부

자학'과 관련한 대학강좌와 학회들이 생겨나고 있다. 부자학 강의는 2004년 모 대학교에서 처음 개설되었는데, 지금까지 몇몇 대학에서도 유사 강좌가 학생들에게 인기를 끌고 있다. 그리고 '부자학연구학회'는 서적 발간과 학술 세미나 등을 진행하면서 '올바른 부자'를 정립하는 담론을 생산하고 있다. 또한 '부자 되기'와 관련한 인터넷 카페나 동호회도 많은 회원 수를 확보하면서 다양한 정보를 공유하고 있다.

대학 내에서도 2007년에 대학생 중심의 부자학연합동아리가 결성되면서 부자 되기 열풍이 휘몰아쳤다. 2007년 8월에 결성된 이 동아리에는 2개월 만에 서울대, 연세대 등 30여 개 대학에서 1,800여 명의 학생이 회원으로 가입했다고 한다. 당시 이 동아리가 주최한 '부자학 특강'에는 200여 명의 학생이 자리를 가득 메웠다고 한다. 동아리 부회장은 "실제 부자들과 만날 수 있는 기회를 늘리고 부자들이 어떻게 부를 쌓을 수 있었는지를 분석해 바람직한 부자에 대한 가치관을 키우는 게 목표"라고 말했다.(『한겨레신문』, 2007. 10. 12)

'부자 되기' 열풍은 컨설팅 및 상담 산업, 학원산업이 빠른 속도로 증가하는 데에도 일조했다. 위험을 최소화하고 부를 늘릴 수 있는 재테크 전략이나 정보를 제공하는 컨설팅 업체나 마음의 관리와 습관을 강조하는 카운슬링 업체는 모두 감정산업에 속한다. 이러한 산업은 불안을 생산하고 불안 고객층을 형성하여 불안을 소비하게 만드는 메커니즘을 적극적으로 활용한다. 금융, 보험, 건강과 관련한 대부분의 광고는 현재의 우리 모두가 "꽤나 위험하고 불안하다"는 대전제를 깔고 있으며, 개인 혼자서는 이러한 불안을 해결할 수 없다고 떠벌린다. 따라서 그러한 광고는 외부 전문가들의 컨설팅과 카운슬링이 필요하고 각자 삶의 멘토가 필요하다고 강변한다.

이렇게 사람들은 심리적 동기가 결핍되고 정신적 치유가 필요한 환자로 다뤄지게 된다. 이와 관련하여 에바 일루즈는 오늘날 "정신 치유가 엄청나게 수지맞는 장사이자 번창하는 산업"으로 성장하고 있다고 주장한다.(일루즈, 2010: p.89) 또한 자기계발산업의 하나로 '행복 전도사'가 등장하고 있고, 웃음치료가 새로운 치료기법으로 인기를 끌고 있다. 인맥을 원활하게 유지하기 위해 필요한 감정조절, 대화법, 설득법 등을 교육시키는 학원들도 많이 생겨나고 있다.

이처럼 "'자기치유' 열풍을 만들어내는 치유산업의 성장은 현대 인의 경쟁적인 삶의 조건과 불안한 현실감을 반영하고 있다고 볼 수 있다."(정승화, 2010: p.178) 부자, 자기계발, 성공학 서적 관련 시장 이 폭발적으로 성장하면서(권오헌, 2006) 이 책들은 대형 서점뿐만 아니라 지하철역, 버스터미널, 기차역, 편의점, 커피숍, 미용실 등 사 람들이 쉽게 접할 수 있는 곳에 구비되어 있다. 부자가 되기 위해서 는 마음의 혁명이 필수 요건이 되었다. 그리고 이를 위해 사람들은 자기 자신의 마음도 외부 기관을 통해 관리받고 통제 받고 지침을 제 공받게 된다. 한 영화는 제목으로 "불안은 영혼을 잠식한다"고 했는 데 말이다.

정승화(2010: p.181)는 이처럼 "전문가체계가 기술적 전문지식 영 역을 넘어 사회관계 자체와 내밀한 자아에까지 확대되고 있는 현상 과 관련하여, 각종 실용서와 '삶의 지침서', 심리치료에 관한 전문서 적과 자조(self-help)를 위한 각종 안내서 등은 개인으로 하여금 자아 를 반성하고 판단하고 새로운 자아를 기획하게 하는 기술, 다시 말해 푸코가 말하는 자기를 스스로 돌보고 훈육하는 '자아 테크놀로지'" 라고 주장한다. 이처럼 부자 되기 프로젝트는 주체에게 치밀한 절약 습관과 투자 계획 및 전략을 강조함으로써 노동과 일상 영역을 통합 시키는 효과를 낳는다.

이는 국가가 자율적인 삶을 제공하기 위해 개인의 삶에 관여하지 않는다는 듯이 국가의 책임을 개인에게 떠맡기는 결과로 이어지고 있다. 이런 상황에서 주체는 국가와 시장 그리고 다양한 전문가체계가 제시하는 언표, 즉 '자기계발하는 주체'를 자연스럽게 수용한다. 좀더 전문적이고 과학적인 담론을 통해 '부자 되기'는 주체의 사회적 삶에 중심 목표로 자리하게 된다. '부자'가 되지 못하는 사람에 대한 다양한 사회적 차별담론과 무능력담론이 생산되고, 이를 통해 신자유주의 시대에 걸맞은 주체가 생산된다. 이 같은 상황에서 사람들은 역설적이게도 '부자 되기' 프로젝트가 도움이 되지 않는다는 점을 합리적으로 인지하면서도, 무익한 전문가의 지식에 계속해서 의존하는 비합리성을 반복적으로 경험하게 된다.

열풍이 지나간 자리: 마음의 폐허

부자 되기 열풍은 허상이며 좌절된 욕망을 계속해서 반복하도록 이끄는 집합적이지만 개별적으로 추구하는 감정적 분위기의 결과이다. 그러나 사람들은 이러한 역설의 반복을 '인지'하고 있으면서도 부자가 되기를 '열망'한다. 특히 오늘날 개개인이 처한 살벌한 현실에서 생존과 쾌락의 욕구를 동시에 추구하려면 부자가 되는 길에 합류하는 것이 '안심'할 수 있는 일이기 때문일지도 모른다. 어쩌면 소비욕망과 쾌락추구의 삶이 보편화되고 있는 현대사회에서 '부자 되기'는 삶의 새로운 대안일 수도 있다. 솔직히 말해서 신자유주의적 분위기가 횡행하고, 대안 이데올로기마저 사회변혁의 동력을 상실한 지금, 누가 확신을 갖고 개인들에게 대안적 삶을 제시할 수 있을까? 아니면 누가 대안적 삶을 과감하게 실험할 수 있을까?

어쨌든 이러한 삶의 과정은 사회성원들이 사회적 관계를 맺고 살아가는 공적 존재로서 일부 감당해야 할 사회적 책무로부터 점차 멀어지게 만든다. 한마디로 이러한 삶의 극단에서 우리가 직면하게 되는 상황은 사회적 관계의 해체와 파편화된 개인들 간의 치열한 경쟁이다. 실제로 오늘날 우리는 치열한 경쟁의 덫에 걸려 '서바이벌'을 내면화하고, '위너'와 '루저'의 극단을 달리는 삶을 당연한 듯 자연스럽게 받아들이고 있는지도 모른다.

이러한 부자 되기 열풍은 경영학적 또는 심리학적 담론 속에 사회적 '자아'를 복속시킨다는 데에 특징이 있다. 이러한 담론에 갇힌 자아는 끊임없이 '자기부정'을 통해 과거를 청산하고 '자기계발'을 통해 미래를 꾀하는 변화를 의무화하면서 자기통치적 삶을 살아가야한다. 그러나 이러한 자아는 지극히 비관계적이고 고립된 개인이다. 이러한 자아가 추구하는 부자 되기는 결국 '내 자신'만 부자가 되는 것이다. 그러나 '내'가 부자가 된다는 것은 필연적으로 타인의 가난과 결부되기 마련이다. 이것이 부자 되기 프로젝트의 또 다른 역설이다.

다시 말해서 누구나 부자가 될 수 있다는 말의 이면에는 누구라도 가난해질 수 있다는 냉정한 현실이 존재한다. 이러한 삶의 연쇄과정은 결국 우리를 끊임없이 좌절된 욕망의 세계로 이끌 것이며, 유토피아와 디스토피아의 간격을 더욱 벌어지게 만들 것이다. 따라서 부자가 되고자 하는 욕망을 추구하는 주체들이나 부자가 될 수 없는, 욕망이 좌절된 주체들이나 괴롭고 고통스러운 것은 마찬가지다. 결국 둘 모두 동일한 역설적 구조의 덫을 빠져나오지 못한다면, 이들이 겪을 고통과 괴로움은 불가피하다.

오늘날 한국 사회에서 부자는 새로운 의미를 형성해가고 있다. 부자는 '시기와 질투' 또는 '경멸과 부도덕성'의 대상이 아니라 '존경과 경의 또는 숭배'의 대상으로 전환되고 있다. 다시 말해 그들이 부정한 방법으로 부를 축적한 것이 아니라 지식과 능력 그리고 열정과 노력으로 부자의 반열에 올랐다는 인식이 확산되고 있는 것이다. 그리하여 이를테면 빌 게이츠, 워렌 버핏, 조지 소로스, 안철수, 이건희 등은 존경하는 인물에 빠지지 않고 등장하고 있으며, 닮고 싶은 사람 순위에서도 상위 범주에 속한다. 사람들을 더욱 매료시키는 것은 그들이 간혹 반(反)자본주의적 태도를 취한다는 점이다.

그들 중 몇몇은 종종 자본주의의 폐해를 지적하거나 막대한 자본을 자선이나 기부의 형태로 사회에 환원기도 한다. 이 얼마나 아름다운 자본의 흐름이며, 민주주의적 정의의 실현인가! 오늘날 자본은 자신의 본모습을 더욱 미학화시키고 위장하고 치장하면서 민주주의와 친화성을 맺어가고 있다. 아름답고 정의로운 자본의 시대가 열리게 된 것이다. 자본의 냉혹하고 비열한 축적과정은 시야에서 멀어지고 따뜻하고 자비로운 자본의 시혜가 대중의, 국민의, 노동자의, 시민의 가슴을 뭉클하게 해준다.

그러나 자본의 이러한 아름다운 흐름에도 불구하고, 사회가 더욱 양극화되고 가난의 굴레 속에 갇힌 사람들이 도통 그 굴레를 벗어날 수 없는 이유는 무엇 때문인가? 현 시점에서 이 같은 질문이 매우 진부해 보일지라도 우리가 처한 현대자본주의의 내재된 모순을 풀어가기 위해서는 여전히 이 문제가 해명되어야 할 필요가 있다. 그리고 오늘날 존경과 숭배의 대상으로 떠오르는 새로운 '부자'들이 어쩌면 이 시대의 새로운 '악'으로 부상하고 있다는 점 또한 놓치지 말아야 할 것이다. 왜냐하면 이들이 곧 지젝(2011: pp.42~54)이 지칭하는 이 시대의 '구조적 폭력'이 발생하는 진원지 중 하나이기 때문이다.

5 먹을거리 불안·공포와 먹을거리 파동

먹을거리의 이중성: 즐거움과 위험

오늘날 한국 사회에서 먹을거리는 모든 사람에게 지대한 관심사이다. TV의 다양한 프로그램에서 먹을거리 관련 소재가 경쟁적으로 다루어지고 있는가 하면, 먹을거리 관련 책들도 쏟아져 나오고 있다. 그런데 이 글을 쓰던 2000년대 후반에만 한정할 경우, 두 매체가 먹을거리를 다루는 방식은 크게 달랐다. TV 프로그램들이 맛있는 먹을거리를 소개하는 이른바 '맛 기행'의 형태를 취하고 있다면, 먹을거리 관련 서적들은 먹을거리의 위험성을 알리는 것이 주류를 이루고 있었다. 이는 먹을거리가 갖는 이중성을 그대로 보여준다. 먹을거리는 한편으로 우리 인간에게 먹는 '즐거움'을 제공하면서도, 다른 한편으로 우리의 건강을 직접적으로 위협하기도 한다. 먹을거리와 관련된 현재의 상황은 우리 사회에서 이제 먹을거리가 단순히 생존이 아닌 선택과 취향의 문제가 되었다는 것을 의미하는 동시에, 건강과 안전 역시 우리의 삶에서 중요한 가치가 되었음을 보여준다.

하지만 2008년 한국 사회에서 발생한 일련의 먹을거리 사건과 먹을거리 파동은 후자에 특히 더 주목하게 했다. 2008년 밤을 촛불로

밝혔던 '미국산 쇠고기 파동'은 물론이고, 3월의 '생쥐 머리 새우깡' 사건과 9월의 '멜라민 파동'은 먹을거리의 안전성 문제를 우리 사회의 전면에 부각시켰다. 그러나 이것만이 아니었다. AI(조류인플루엔자)와 GMO(유전자변형농작물)가 식탁의 안전을 위협했고, 먹을거리에서의 다이옥신 검출, 이물질 발견 등은 소비자의 공포를 자아내기에 충분했다.

우리 사회에서 이러한 먹을거리 파동은 어제오늘의 일이 아니다. '불량 만두' 사건, '기생충 김치' 사건 등은 시간이 지남에 따라 잊히고 있지만, 그 사회적 파장은 엄청났다. 그 결과 광우병 파동이 몰아친 2008년에 민간연구 기관(유선형·이강형, 2008)과 통계청(『파이낸셜뉴스』, 2008. 10. 18)에서 실시한 두 여론조사 모두에서 국민들은 전쟁 가능성이나 인권침해 우려보다도 유해식품의 위험에 가장 큰 불안을 느끼는 것으로 나타났다. 이러한 먹을거리 불안의식은 "하루 세끼 먹는 '밥'은 이제 즐거움이나 감사의 대상이 아니라 경계를 늦추지 말아야 할 두려움과 불안 덩어리가 되었다"는 표현에서 적나라하게 드러난다.(강이현, 2008: p.50)

이러한 먹을거리 불안은 과거처럼 가뭄으로 인한 먹을거리 부족이나 식품 미생물 세균에 의한 전염병의 확산과 같은 자연적 요인에 의한 것이 아니라, 인간에 의해 '제조된' 요인에 의한 것이라는 특징이 있다. 이는 곧 먹을거리 파동이 우연적 또는 우발적인 일회적 사건이 아니라 근대 먹을거리 체계에서 비롯되는 구조적 문제라는 점을 말해준다. 그럼에도 불구하고 먹을거리 파동은 직접적인 피해가 없는 한, 놀란 가슴이 진정되고 나면 기억에서 사라지고, 또 발생하면 '인재'라는 말로 비난하면서, 다시 거듭된다.

먹을거리 파동의 이 같은 성격은 이것이 단순히 먹을거리 생산이라는 (농업)경제적 문제나 먹을거리의 관리와 단속이라는 행정과 정책적 문제만이 아닌 사회학적 설명의 문제라는 점을 말해준다. 이 장은 먹을거리 불안과 파동에 대한 사회학적 분석, 그중에서도 특히 감정사회학적 접근의 필요성을 제기하고, 먹을거리 불안·파동의 구조적 발생 메커니즘과 그 감정동학을 설명하는 것을 목적으로 한다.

먹을거리 불안·파동의 연구동향: 미디어에서 감정으로

그간 서구 및 우리 사회에서 먹을거리 관련 사건이 무수히 발생해 왔지만, 먹을거리 자체의 위험이 아닌 먹을거리 불안이나 파동 그 자체를 다룬 연구는 많지 않다. 그렇지만 이를 간접적으로 다룬 연구들은 다수 제출되어왔고, 그러한 연구들은 몇 가지 연구동향으로 나누어 살펴볼 수 있다.

첫 번째이자 주류를 이루는 연구동향은 먹을거리 불안의식의 형성에서 미디어의 역할을 강조하는 것이다. 이 입장은 일명 '뉴스의 나선형'이라고 불리는 것으로, 먹을거리 불안의 발생과 소멸을 언론보도와 청중의 민감화 간의 피드백과 그 화제의 진부화를 통해 설명한다.(Miller and Reilly, 1995; 박성희, 2006; 이귀옥·박조원, 2006)

이렇게 먹을거리 불안 내지 파동의 원인을 매스컴에 돌리는 설명은 일반인들—특히 보수적인—사이에서도 널리 받아들여지고 있지만, 다음과 같은 한계를 지닌다. 첫째, 언론은 먹을거리에 대한 위험의식을 증폭시키거나 악화시킬 뿐이지 언론보도가 먹을거리 위험의 원인인 것은 아니다.(푸레디, 2011: p.129) 둘째, 그러한 관점은 청중의 수동성을 전제한 것으로, 근대의 성찰적 주체에 대한 논의를 망각하고 있다. 셋째, 그러한 설명은 무수한 먹을거리 사건이 보도되었는데도 불구하고, 왜 어떤 사건은 단순한 사건에 머물고 또 어떤 사건은 먹을거리 파동으로 이어져 커다란 사회적 파장을 일으키는지를 설명하지 못한다. 넷째, 언론이 대중의 먹을거리 공포를 조장하기도 하지만, 그것에 대해 의문을 제기하는 것도 언론이다. 언론은 뉴스 가치가 있는 것을 선택하고 과장하기도 하지만, 먹을거리 위험을 뉴스 항목으로 선택하는 것은 단지 선정적인 보도로 주목을 받기 위함만이 아니라 언론인 자체도 공포의 감정을 가지고 있기 때문이다. 어떤 언론인이 전혀 공포 감정을 가지지 않았다면, 아마도 그 언론인은 그러한 보도 태도에 대해 의문을 제기하는 보도를 할 것이다. 다섯째, 왜 먹을거리 파동이 과거보다 현재 더 심각한 사회적 현상으로 등장하는지를 설명하지 못한다.

두 번째 연구동향은 먹을거리 불안·파동의 구조적 원인을 설명하는 것이다. 이 설명방식은 먹을거리 불안과 파동을 직접적으로 다루지는 않지만, 근대 먹을거리 체계와 근대 글로벌 식품기업의 동학 자체에 먹을거리 불안의 원인이 내재하는 것으로 파악한다.(Kneen, 1992; McMichael, 1994; 김철규, 2008a; 2008b; 김종덕, 2009) 이 접근방식은 근대 먹을거리 불안이 발생하는 메커니즘의 기틀을 제시함으로써 앞서의 설명방식이 갖는 한계 중 첫 번째와 다섯 번째를 넘어서게 해준다. 하지만 이 접근방식은 근대 먹을거리 체계의 한계와 먹을거리 불안을 직접 연결지을 뿐, 어떤 경우에 먹을거리 사건이 먹을거리 파동으로 전개되는지를 설명하지 않고 있다.

세 번째 연구동향은 현대 소비자들이 먹을거리에 대해 얼마나 불안해하고 위험을 인지하고 있는지를 통계학적으로 설명하고자 하는 시도이다.(Knight and Warland, 2005; 최정숙·전혜경·황대용·남희정, 2005) 이러한 시도는 소비자들의 불안의식의 정도를 적나라하게 보여주고, 위험인식과 관련한 변인을 설명해준다. 그러나 이러한 연구들 역시 먹을거리 파동의 배후에 있는 불안이라는 감정을 보여줄 뿐 어떻게 그러한 감정이 먹을거리 파동으로 나아가는지를 설명해주지 못한다.

네 번째는 이러한 먹을거리 불안에서 벗어나고자 하는 노력에 관한 연구이다. 이러한 연구는 먹을거리 위협에 대처하여 어떻게 다시 먹을거리에 대한 신뢰를 구축할 수 있는지를 설명하고자 한다.(Sellerberg, 1991; Ganskau, 2008) 이는 먹을거리 파동이 사라지는 과정을 설명해준다는 점에서 큰 의미를 지닌다. 그러나 이러한 설명은 왜 또다시 동일한 또는 유사한 먹을거리 파동이 반복해서 발생하는지를 설명해주지는 못한다.

이 장은 이러한 먹을거리 파동이 어떻게 해서 발생하고 사라지는지를 감정사회학적으로 설명하고자 한다. 왜냐하면 이철호의 일련의 연구가 보여주듯이(이철호·맹영선, 1999; 이철호, 2005; 2006), 우리 사회에 수많은 먹을거리 사건이 발생했음에도 불구하고 먹을거리 파동이라고 부를 수 있는 경우는 사실 드문데(부록으로 제시한 〈표 5-3〉과 〈표 5-4〉 참조), 거기에는 바로 감정동학이 작동하고 있다고 판단하기 때문이다.

감정사회학, 그것도 거시적 감정사회학은 "감정이 구조와 행위를 연계시킨다"고 본다.(바바렛, 2009a: p.11) 대표적인 감정사회학자 바바렛은 "감정적 관여 없이는 사회에서 어떤 행위도 일어날 수 없다"고 주장하며(바바렛, 2009a: p.9), 이처럼 행위의 배후에서 작동하며 사회과정에서 중요한 역할을 수행하는 감정을 '배후감정'이라고 규정한다.(바바렛, 2007) 특히 거시적 감정사회학은 이를 더욱 확대하여 감정이 특정한 사건이나 현상을 어떻게 발생시키고 사람들이 그것에 어떻게 대응하는지를 감정동학을 통해 포착하는 것에 주안점을 둔다.(박형신·정수남, 2009; 이 책 제2장)

이 장은 이러한 맥락에서 감정이 먹을거리 불안의 구조적 메커니즘과 먹을거리 파동을 매개한다는 입장에서, 먼저 먹을거리 불안과 파동을 불러일으키는 구조적 메커니즘을 설명하고, 그다음에 먹을거리 파동이 형성되고 사라지게 되는 감정동학을 설명한다. 아울러 먹을거리의 양가성을 통해 먹을거리 불안의 근원을 도출하고, 단순한 먹을거리 사건과 먹을거리 파동을 논리적으로 구분함으로써 먹을거리 파동의 감정적 성격을 분명히 한다.

우리의 기준에 입각할 때, 분명하게 먹을거리 파동에 해당하는 최근 사례로는 유전자 조작 식품 파동, 광우병 파동, 멜라민 파동 등을 들 수 있다. 하지만 이 장의 목적이 먹을거리 파동의 메커니즘과 동학을 설명하는 것인 만큼, 여기서는 먹을거리 파동의 구체적인 내용에 대해서는 설명하지 않는다.(이에 대해서는 부록으로 제시한 〈표 5-3〉과 〈표 5-4〉 참조.) 마지막으로, 이러한 먹을거리 파동을 줄일 수 있는 방법으로 '먹을거리 윤리학'을 제시한다.

근대 먹을거리 불안의 발생 메커니즘: 근대 먹을거리 체계

먹을거리의 양가성과 먹을거리 불안

먹을거리와 관련한 위험과 불안은 인류 역사와 함께해왔다. 인류의 발생과 함께 먹을거리 부족은 항상 인간의 생명을 위험에 빠뜨렸고, 미생물과 독소에 의한 먹을거리의 자연적 오염은 건강을 위협해왔다. 전자의 경우는 인간이 먹을거리를 자연에 의존하고 있으면서도 자연현상을 예측할 수 없다는 점에서, 그리고 후자의 경우는 먹을거리와 질병 간의 관계를 알지 못한다는 점에서 먹을거리 불안을 부추겨왔다. 근대 먹을거리 체계의 구축은 모두에게는 아니지만 대부분의 사람들에게 먹을거리의 안정적 공급을 가능하게 했고, 근대 과학체계는 먹을거리로부터 건강 위해 요소를 체계적으로 제거해왔다.

그럼에도 현대사회에서 사람들의 먹을거리 불안은 여전히 계속되고 있다. 이러한 먹을거리 불안은 우리 사회에서도 그대로 나타난다. 우리 사회에서 주부를 대상으로 한 연구에 따르면, 먹을거리의 안정성에 대해 평소 '매우 불안'(7.6퍼센트)하거나 '불안한 편'(57.8퍼센트)이라는 주부가 65.4퍼센트에 달한다.(최정숙 외, 2005: p.67) 그렇다면 이러한 먹을거리 불안은 어디에서 오는가? 어쩌면 전통적으로 가장 위협적이었던 먹을거리 위험이 일단 배후로 퇴각하자, 이전에는 은폐되어 있거나 가시성이 상대적으로 낮았던 다른 미묘한 불안이 더욱 부각되고 그리하여 공중의 주목을 더 받은 것이 사실일지도 모른다. 하지만 그렇다고 하더라도 이러한 설명이 그간 내재해 있던 먹을거리 불안의 요인을 설명해주는 것은 아니다.

　현대사회에서 먹을거리 불안은 먹을거리 자체에 내재하는 양가성에서 기인한다고 할 수 있다. 비어즈워스와 케일(2010: pp.262~265)은 이와 관련하여 세 가지 역설을 제시한다. 첫째는 '쾌감과 불쾌감 역설'로 칭할 수 있는 것으로, 이는 음식이 미각적 만족, 그리고 충만감과 만족감이라는 좋은 느낌을 제공할 수도 있지만, 또한 조금 불쾌한 것에서부터 심히 괴로운 것에 이르는 다양한 느낌과 반응을 낳을 수도 있다는 것을 말한다. 둘째는 '건강과 질병 역설'로, 이는 음식이 신체 에너지의 원천이고 또 활력과 건강의 토대로 인식될 수도 있지만, 또한 질병 유발 물질이나 유기물을 몸으로 끌어들일 수도 있는 것으로 인식된다는 사실에 기초한다. 셋째는 '삶과 죽음 역설'로, 이는 음식은 생명의 유지에 절대적으로 필수 불가결하지만, 먹는 행위는 다른 유기체의 죽음과 소멸을 수반한다는 사실에서 발생한다.

　첫 번째 역설은 먹을거리를 선택할 때, 특히 새로운 먹을거리를 선택할 때, 그리고 좋아하는 먹을거리가 신체 비만과 같은 부정적 결과를 초래할 수 있을 때 개인들이 느끼는 불안을 설명해준다. 세 번째 역설은 식용 동물의 도살과 그 동물의 고통과 죽음에 대한 윤리적 관심과 불안을 야기하며, 특정 먹을거리 또는 그 소비자에 대한 혐오의 감정을 불러일으키거나 식용 동물에 대한 도덕감정을 불러일으킨다.

하지만 이 두 역설이 초래하는 불안은 어디까지나 먹을거리에 대한 개인적 선택과 관련한 문제이지 특정 먹을거리 자체가 갖는 본질적 속성과 관련된 것은 아니다. 따라서 이러한 불안은 개인적으로 해소되지 사회적으로 표출되지 않는다. 집합적 차원에서 이러한 먹을거리 불안에 대한 대응이 일어난다고 하더라도, 그것은 채식주의와 같은 대안적 먹을거리 선택 또는 동물권리운동 등으로 나타나지, 먹을거리 자체에 대한 불안으로 표출되지는 않는다.

반면 두 번째 역설은 먹을거리 선택의 영역을 넘어 개별 인간존재의 실존이라는 궁극적 문제를 내포하고 있다. 다시 말해 인간은 살기 위해 먹어야 하지만, 먹음으로써 죽거나 건강에 치명적인 해를 입을 수 있다는 것이 이 불안의 핵심이다. 이 불안은 앞서의 불안과는 달리 우리가 먹을거리 자체의 속성—이를테면 유해성—을 알지 못하거나 먹을거리와 건강 간의 관계—특정 먹을거리가 질병에 미치는 영향—를 분명하게 알 수 없다는 사실에서 기인한다. 다시 말해 불안의 원인이 개인의 선택과 무관하게 먹을거리 자체 내에 독자적으로 존재한다. 이것은 먹을거리 위험이 "단지 어떤 개인의 행동의 결과가 아니라 행위자와는 전혀 별개로 독립적으로 존재하는 어떤 것이라는 점"을 의미한다.(푸레디, 2011: p.76)

따라서 이 원리가 지배하는 곳에서는 손실이나 이익과 관련한 선택이 가능하지 않다. 일단 위험이 그 자체로 존재하는 것으로 인식되고 그리하여 인간이 단지 최소한도로만 개입할 수 있는 것으로 인식되고 나면, 가장 현명한 행위 경로는 그것을 무조건 피하고 보는 것이 된다. 먹을거리 위험에 대한 이러한 인식과 대처는 개인적 수준에서 발생한다고 하더라도, 사회적으로는 동일한 불안 대처양식으로 나타나고, 개인적 수준의 불안을 넘어 사회적 불안으로 나타난다. 여기에서 우리가 주목하는 것은 바로 이 먹을거리 불안의 구조적 발생 메커니즘이다.

근대 먹을거리 체계의 불안 발생 메커니즘

우리는 일반적으로 "인간 개체군의 음식물 욕구를 충족시키기 위해 발전되어온 먹을거리 생산 및 유통과 연관된 상호 의존적인 상호관계의 복합체"(비어즈워스·케일, 2010: p.61)를 먹을거리 체계(food system)라고 일컫는다. 그런데 근대사회의 먹을거리 체계는 생산·유통·소비라는 측면에서 전통사회의 먹을거리 체계와는 다른 특징을 가지고 있다.(〈표 5-1〉 참조)

첫째, 근대 먹을거리 체계는 고도로 전문화된 산업적 먹을거리 생산 시스템을 축으로 하여 구축되며, 인구 대다수가 먹을거리 생산과 연계되어 있지 않다. 둘째, 유통은 상업시장을 통해 탈지역적·전 지구적으로 이루어지며, 화폐와 시장이 접근을 지배한다. 셋째, 소비는 자연적·계절적 제약을 벗어나 있으며, 지불능력이 있는 모든 사람은 먹을거리의 선택이 가능하다. 그 결과 현재 돈만 있다면, 상상할 수 없을 정도의 식품과 음료를 선택할 수 있다. 일반 슈퍼마켓에는 전 세계적으로 평균 2만 5,000종의 제품이 있으며, 2002년에만 2만 종이 넘는 식음료가 새로 출시되었다.(랭·헤즈먼, 2007: p.30) 하지만 많은 사람이 먹을거리에 대해 여전히 불안해하고 있다. 그렇다면 그러한 불안은 어디에서 연유하는가?

근대 먹을거리 체계의 발전은 먹을거리 공급의 안전과 신뢰성을 향상시키기 위한 노력의 산물이지만, 근대 먹을거리 체계는 먹을거

〈표 5-1〉 전통적 먹을거리 체계와 근대적 먹을거리 체계 비교*

활동	전통적 체계	근대적 체계
생산	소규모/제한적	대규모/고도로 전문적/산업적
	사치품을 뺀 모든 제품이 지역에 기반을 둠	탈지역적/지구적
	높은 농업 종사 인구 비율	인구 대다수가 먹을거리 생산과 연계되어 있지 않음
유통	지역 경계 내	국제적/지구적
	친족 및 여타 사회적 네트워크가 교환 지배	화폐와 시장이 접근 지배
소비	수확기와 계절에 따른 풍요와 결핍의 이어짐	언제나 구입 가능한 먹을거리/ 계절과 무관
	구입 능력과 지위가 선택 제한	지불 능력이 있는 모든 사람이 선택 가능
	사회 내 먹을거리 불평등	사회 간·사회 내 먹을거리 불평등

• 비어즈워스·케일(2010: p.63)을 재구성함.

리를 둘러싼 '거리'를 증가시키며, 먹을거리 불안을 체계적으로 생산해왔다. 이 과정을 구체적으로 살펴보면, 첫째는 '사회적 거리'로, 먹을거리의 생산자와 소비자 간의 거리이다. 도시화·산업화 과정은 먹을거리의 생산자와 소비자 간의 직접적 연계를 붕괴시켰고, 전례 없는 먹을거리 수요의 창출은 대량 생산-대량 소비의 포드주의 농업체계를 구축하게 했다.

실제로 이러한 먹을거리 체계의 산업화는 먹을거리 생산과 가공이 점차 평균적인 먹을거리 소비자의 시야 밖에서 이루어진다는 것을 의미한다.(비어즈워스·케일, 2010: p.273) 이것은 먹을거리 불안과 관련하여 다음과 같은 의미를 지닌다. 우선 먹을거리 생산자를

'알 수 없다'는 것이다. 전통적인 먹을거리 체계에서 생산자는 곧 소비자이거나 판매자였다. 생산자를 안다는 사실 그 자체는 먹을거리에 신뢰를 부여하는 것이었다. 다음으로 먹을거리의 생산이 '자연' 의존적이 아니라 인공적인 제조과정을 포함한다는 것이다. 즉 먹을거리는 소비자들이 단지 막연하게 인식하거나 이해할 수 없는 기법에 의해 생산된다. 따라서 최종 먹을거리 소비재에는 알려지지 않는 속성이나 성분이 들어 있게 되고, 이러한 세부 내용물에 대해 알지 못한다는 사실은 소비자의 불안을 조장한다.

둘째는 '공간적 거리'로, 먹을거리의 생산지역과 소비지역 간의 거리이다. 근대 먹을거리 체계는 상업적 원거리 교역에 기초하며, 현재는 글로벌 식품체계를 구축하고 있다. 전통적인 먹을거리 체계에서는 먹을거리와 먹는 사람이 지역적으로 연결되어 있었다. 하지만 현재 식탁에 오르는 먹을거리는 지역적 연결고리를 가지지 않은, 공간적 맥락을 잃은 먹을거리이다.(김종덕, 2009: p.19) 전통사회에서 소비자는 자신이 살고 있는 지역에서 생산된 것을 먹었기 때문에 자기가 아는 먹을거리를 먹었다면, 지금은 대부분의 소비자가 지역에서 멀리 떨어진 곳에서 생산된 것을 먹기 때문에 자신이 잘 모르는 먹을거리를 먹고 있다.

이러한 글로벌 식품체계를 가능하게 한 것은 운송수단의 발달이라고 할 수 있으나, 보다 근본적인 것은 지역적 잉여생산과 장거리 이동을 가능하게 한 농화학기술의 발전이었다. 특히 농약과 방부제 등 먹을거리 잔류 물질의 위험성에 대한 인간지식의 증대는 소비자의 먹을거리 불안의 또 다른 원천으로 작동한다.

셋째는 '시간적 거리'로, 생산된 시점과 소비된 시점 간의 거리이다. 이 시간적 거리는 근대 먹을거리 체계의 성립과 함께 길어지다가 다시 짧아지고 있다. 먹을거리에서 시간적 거리의 확장이 요구되었던 것은 먹을거리의 생산이 자연에 갇혀 있었기 때문이었다. 즉 과거에 먹을거리는 기후와 온도 등 자연조건에 따라 계절적 또는 지역적으로 생산될 수밖에 없었는데, 이러한 한계를 극복하게 해준 것이 통조림 제조기술의 발달 등 저장과학과 저장기술의 발전이었고, 이것은 앞서 언급한 대로 지역적 거리를 확장할 수 있게 해주었다. 그러나 저장식품은 부패 방지를 위한 첨가제에 대한 불안을 증가시켰고, 신선한 먹을거리를 원하는 소비자의 욕구에도 부응하지 못하는 것이었다.

반면 현재 재배기술의 발전은 계절에 관계없는 생산을 가능하게 함으로써 시간적 거리를 축소하고 있다. 현재 먹을거리 생산기술은 생산 시점과 소비 시점 간의 거리를 축소시킬 뿐만 아니라 생산기간까지도 축소하고 있다. 비료나 인공사료와 같은 화학의 도움으로 더 크게 더 빨리 생산하던 것을 넘어, 이제 유전공학의 지원으로 자연을 '개조'하며, 그 생산 속도를 가속화하고 있다. 그 결과 먹을거리 소비자는 먹을거리의 오염 여부뿐만 아니라 그 성분조차 알 수 없게 되었다.

피슐러(Fischler, 1980)에 따르면, 이제 근대 개인들은 계절과 장소의 한계에 의해 제약받지 않는 일종의 문화적 진공상태에서 점점 더 자신의 음식물에 대한 결정을 내려야만 한다. 이 음식물의 무규범 상태는 그 자체로 근대사회의 불안 유발적 특성의 하나다.(비어즈워스 · 케일, 2010: pp.277~278)

이상과 같은 거리의 확대(또는 축소)는 먹을거리의 생산에서 생산자, 공간, 시간이 실종되었음을 의미한다. 그리고 이러한 실종은 앞서 설명했듯이 먹을거리 소비자가 먹을거리에 대해 '알 수 없다'는 것을 의미한다. 감정사회학적으로 볼 때, 이러한 알 수 없음은 소비자 불안의 원천을 이룬다. 과거에는 먹을거리 생산자를 직접 알고,

자신이 사는 지역에서 자연적 시간의 순리에 따라 먹을거리가 생산된다는 것이 소비자에게 하나의 신뢰의 원천이었다. 이제 소비자는 누가, 언제, 어디에서, 무엇을 재료로 하여 어떻게 생산했는지 알 수 없는 먹을거리를 먹을 수밖에 없다. 이 '알 수 없음'은 소비자에게 먹을거리에 대한 의구심을 가지게 하며, 먹을거리로 인한 미래의 결과에 대해 불안해하게 한다. 왜냐하면 알지 못하는 것은 정의상 위험의 영역이기 때문이다.(푸레디, 2011: p.254)

또한 현대 글로벌 기업 먹을거리 체계의 작동방식은 먹을거리의 안전면에서 심각한 문제를 낳으며, 소비자들의 불안을 더욱 가중시킨다. 첫째, 식품이 기업의 단기적 이익과 효율성 논리에 의해 생산-유통됨으로써 먹을거리가 가지고 있는 생명이나 건강의 가치는 사상된다.(김철규, 2008a: p.15) 다시 말해 글로벌 식품시장에서의 치열한 경쟁은 안전한 먹을거리보다는 더 싼 먹을거리의 더 많은 생산을 최고의 가치로 자리 잡게 한다. "이윤에 굶주린 자들"(맥도프 외, 2006)이라는 비판적 표현은 글로벌 식품기업의 모습을 단적으로 드러내준다.

둘째로, 농업과 식품과학 기술의 발전에 입각한 전문화된 먹을거리 생산체계 속에서 생산과정은 소비자에게 은폐된 채로 이루어진다. 다시 말해 소비자가 생산과정에 접근할 수 있다고 하더라도, 매우 전문화된 지식 없이는 먹을거리 생산과정과 생산물의 안전성을 알 수가 없다. 게다가 환경오염 물질 및 잔류 농약 등과 함께 미처 우리가 확인할 수 없는 신종 위해물질이 계속 출현하며 먹을거리 불안을 가중시키고 있다.

셋째, WTO 체제하에서 과학기술의 발달, 특히 화학공업의 발달은 내분비 교란 화학물질이나 유전자 조작 물질의 문제를 전 지구적 쟁점으로 확산시키면서 먹을거리의 불안정성으로 인한 생명활동의 불안정성을 증대시키고 있다.(권영근, 2001: p.62) 앞서 언급한 조사에 따르면, 우리 사회의 주부들은 '잔류 농약'에 대해 96.0퍼센트, '식품첨가물'에 대해 95.7퍼센트, '환경호르몬'에 대해 93.0퍼센트, 식중독균 등 '유해 미생물'에 대해 91.7퍼센트, '유전자 변형식품'에 대해 90.2퍼센트 등 먹을거리에 관련해 매우 불안해하는 것으로 나타났다.(최정숙 외, 2005: p.68) 이처럼 근대 먹을거리 체계에는 먹을거리 불안과 파동이 항상 잠재하고 있다고 할 수 있다.

먹을거리 파동의 감정동학: 공포 커뮤니케이션

먹을거리 사건과 먹을거리 파동

앞에서 설명한 근대 먹을거리 체계와 거기에 내재하는 불안의식은 무수한 먹을거리 사건과 먹을거리 파동을 불러일으키고 있다. 사실 먹을거리와 관련한 사건들은 매시간 발생하고 그로 인한 사망 사건도 빈번히 발생하지만, 어떤 경우에는 다른 사건에 의해 묻혀버리거나 언론에 보도된다고 하더라도 단순한 사건에 머물기도 하고, 또 어떤 경우에는 그 위험성에 비해 더 큰 불안을 야기하며 먹을거리 파동으로 이어지기도 한다. 그렇다면 무엇이 먹을거리 파동을 불러일으키는가?

'먹을거리 파동'은 "공중의 인식을 사로잡고 있는, 그리고 중요한 장·단기적 결과를 야기할 수 있는 음식물 불안의 격심한 집합적 분출"을 일컫는다.(비어즈위스·케일, 2010: p.281) 이러한 먹을거리 파동은 단순한 먹을거리 사건과는 여러 가지 점에서 다르다.(〈표5-2〉 참조) 먼저 발생 원인의 측면에서 볼 때, 먹을거리 사건이 개인적 차원에서 발생한다면, 먹을거리 파동은 구조적 차원에서 발생한다. 먹을거리 사건은 대체로 최종 생산자의 무지에 의한 실수로 발생하거

	먹을거리 사건	먹을거리 파동
원인	개인적	구조적
위해 식품 식별	가시적	비가시적
위해 식품생산자	분명하게 확인 가능	불분명
규제	용이함	어렵거나 불가능
대책	법 적용에 따른 가해자 처벌	새로운 법적 기준 마련
피해 결과	즉각적 발생	잠재화
개인적 대응	개인의 먹을거리 선택으로 피할 수 있음	개인의 먹을거리 선택으로 피하기 어려움
지속 기간	단기적	장기적
시간의 방향	과거	미래
감정	충격, 분노	불안, 공포

나 또는 생산자 개인의 과도한 이윤 동기에 의해 위험한 물질이 원료로 사용되거나 생산과정에서 첨가됨으로써 발생한다. 일례로 농약 콩나물이나 납이 든 꽃게 사건 등을 들 수 있다. 반면 먹을거리 파동은 여러 단계에 걸쳐 이루어지는 먹을거리 생산과정에서 먹을거리의 최종 생산자나 판매자도 인지하지 못한 상태에서 구조적으로 발생한다. 원료단계에서 유해물질이나 안전성이 검증되지 않은 물질이 첨가되거나 유전자 조작 식품이 사용되거나, 불철저한 위생검사로 인해 오염된 식재료가 사용되는 경우 등이 이에 해당한다.

둘째로 확인과 규제의 차원에서 살펴보면, 먹을거리 사건은 위해 먹을거리가 발견되거나 또는 먹을거리 섭취 후 유해한 결과가 발생함으로써 사회에 알려진다. 그리고 위해 먹을거리 생산자를 쉽게 찾아낼 수 있을 뿐만 아니라 기존의 식품 관련법 체계가 존재하기 때문에 사건이 발생한 후 당국의 규제와 처벌이 가능하며, 따라서 위험한 먹을거리의 생산은 중단된다. 반면 먹을거리 파동은 위해 먹을거리에 의한 직접적 피해가 발생해서 나타나는 것이 아니라 첨가 물질이나 유전자 조작 식품에 의한 건강 위험 가능성의 진단에 의해 발생한다. 그리고 위험 요소가 다단계에 걸친 먹을거리 생산과정에서 유입되기 때문에 위험 생산자를 확인하기 어렵고, 피해 발생 결과가 아니라 피해 가능성에 대한 우려에서 파동이 발생하기 때문에 위험 생산자의 처벌이 어려우며, 이런 먹을거리의 생산과 유통과 관련한 법규가 존재하지 않기 때문에 실제적인 규제도 어렵다.

셋째, 소비자의 대응이라는 측면에서 살펴보면, 먹을거리 사건의 경우 위해 식품 식별이 상대적으로 쉬워, 소비자들이 개인적 노력을 통해 먹을거리 위험을 피할 수 있거나, 대체 식품을 사용할 수 있다. 따라서 소비자들의 먹을거리 불안은 단기적으로 해소된다. 반면 먹을거리 파동은 위해 요소로 예견되거나 판단된 물질이 이미 가공된 상태로 존재하거나 과학적 절차를 거치지 않고는 식별할 수 없기 때문에, 소비자의 주의나 노력만으로는 위험을 피할 수 없다. 따라서 먹을거리 불안은 해소되는 것이 아니라 증폭될 가능성이 크고, 장기적으로 지속될 수밖에 없다.

마지막으로, 가장 중요한 시간과 감정의 차원에서 살펴보면, 먹을거리 사건은 개인에게는 시간상으로 과거에 먹었던 먹을거리와 관련된 것이며, 그 피해가 즉각적이기 때문에 자신에게 아직 피해가 나타나지 않았다면 위험은 이미 해소된 것이므로, 미래의 공포로 나타나지 않는다. 그리고 당국의 적극적 조처로 위험이 해소되거나 개인의 선택에 의해 위험을 피할 수 있기 때문에 해당 먹을거리 자체에 대한 특정한 감정을 불러일으키지 않는다. 다만 자신이 그러한 위험 먹을거리를 먹었다는 사실에 대해 충격을 받고, 먹을거리 자체가 아니라 먹을거리 생산자에게 분노의 감정을 느낀다. 소비자가 믿을 수 없는 것은 먹을거리 자체가 아니라 먹을거리 생산자이다. 반면 먹을거리 파동은 쉽게 위험 물질을 식별할 수 없고 따라서 개인적 노력으로 피할 수 없으며, 그 결과도 잠재되어 있어 장기적인 시간이 흐른 다음에야 발생하는 특징이 있기 때문에 먹을거리 자체에 대한 극심한 불안감을 야기하며, 미래에 초래될지도 모를 일에 대한 극도의 공포심을 동반한다. 이렇듯 먹을거리 파동은 자신이 먹을거리의 위험을 직접 경험해서가 아니라 자신이 먹을거리로 인한 '위험에 처해 있다'는 사실에 대한 불안·공포의 감정으로 특징지어진다. 그렇다면 어떠한 감정동학이 먹을거리 파동을 불러일으키는가?

먹을거리 파동: 신뢰와 불신의 변증법

앞 절에서 설명했듯이, 먹을거리 불안과 파동은 신체에 현실화된 위해가 아니라 '예상된' 위험에 대한 인식에서 발생하고, 또한 먹을거리에 대한 신뢰의 확보 내지 위험의 망각을 통해 사라진다. 다시 말해 이 과정에는 감정 메커니즘이 작동한다. 이 먹을거리 파동에 작동하는 감정 범주들이 바로 신뢰와 불신, 그리고 그로부터 결과하는 공포이다.

셀러버그(Sellerberg, 1991: p.193)에 따르면, 먹을거리에 대한 신뢰(또는 불신)는 인간행동에 결정적인 태도이다. 왜냐하면 먹을거리는 인간존재의 생존과 건강에 필수적이며, 따라서 자신이 소비하는 먹을거리를 믿을 수 없다는 것은 대다수의 사람들에게 상상도 할 수 없는 일이기 때문이다. 기든스는 신뢰가 사람들의 '존재론적 안전'(ontological security)의 바탕을 이룬다고 보았다. 이는 사람들이 자신들의 "행위를 둘러싼 물리적·사회적 환경의 지속성에 대해 확신을 지니고 있다"는 것을 의미한다.(기든스, 1991: p.101) 바바렛에 따르면, 이러한 확신은 "미지의 미래와 관련한 불확실성을 극복하는 사회적 행위에서 필수적 토대가 되는 감정"이다.(바바렛, 2007: p.22) 하지만 신뢰의 상실은 "존재론적 불안 또는 공포로 가장 잘 요약할 수 있는 마음의 상태"를 낳는다.(기든스, 1991: p.109)

그렇다면 이러한 먹을거리 공포는 어디에서 오는가? 앞서 시사했듯이, 먹을거리 파동은 실제 먹을거리 사건이 아니라 소비자를 두렵게 만드는 새로운 정보에 의해 발생한다. 캐스웰(Caswell, 2006: p.10)에 따르면, 이 같은 먹을거리 정보에는 세 가지 특성이 있다. 첫째, 그정보가 모처에서 소비자들에게 갑자기 전달된다. 이를테면 먹을거리에 대한 막연한 불안을 가지고 있던 소비자들에게 광우병과 멜라민의 위험성에 대한 정보가 매체의 보도 등을 통해 알려진다.

둘째, 그 위험의 맥락이 불분명하다. 즉 그 정보는 위험 요소가 발견되었다고 말할 뿐, 그것이 누구에게 얼마나 위험한지 그리고 우리에게 친숙한 일상의 위험과 비교할 때 얼마나 위험한지에 대해서는 분명하게 설명하지 않는다. 멜라민의 경우가 특히 그렇다.

셋째, 소비자의 관점에서 볼 때, 먹을거리 정보가 불연속적이거나 모순적일 수 있다. 이를테면 GMO의 경우처럼, 안전성과 위험성이 서로 충돌하는 담론을 형성하기도 한다. 이렇듯 먹을거리 위험의 특징은 그 위험을 인지했을 뿐 그 위험을 정확히 '알 수 없다'는 것이다.

바로 이러한 상황이 먹을거리와 관련한 자신의 생존과 건강의 불확실성을 초래한다. 인간은 다른 동물과 달리 먹을거리에 대해 성찰하고 또 그것이 초래할 위험에 맞설 수 있지만, 항상 그렇게 할 수 없기에 이러한 위험의식이 더욱 부풀려질 수밖에 없다. 현대 세계에서 개인들이 먹을거리와 관련한 미래의 불확실성을 극복할 수 있게 해주는 두 가지 주요한 메커니즘이 국가와 '전문지식체계'이다. 먹을거리에 대한 신뢰 확보에서 국가의 역할이 중요한 것 또한 앞서 언급한 먹을거리 정보의 불완전성에 기인한다.

국가가 개인을 대신해서 먹을거리에 개입할 수밖에 없는 구체적인 이유는, 첫째, 개별 소비자들은 먹을거리에 대한 정확한 정보에 접근하기 어렵다는 점이다. 즉 소비자들은 상식적 지식을 넘어서는 질 높은 정보에 접근하기 어려우며, 또한 접근하고자 한다고 하더라도 시간적·금전적 비용이 많이 든다.

둘째, 먹을거리에 대한 정보를 얻는다고 하더라도 근대 먹을거리 생산은 전문적인 식품생산기술에 입각하고 있으며, 그 안전성과 위험에 대한 주장 역시 과학적 지식에 기초하고 있기 때문에 개인이 그것을 이해하기 어려울 수 있다. 그 결과 소비자들은 과장된 수준의 불안을 경험할 수 있다.

셋째, 잘못된 먹을거리의 선택에 따르는 피해—이를테면 질병이나 사망 등—가 매우 크며, 그 비용은 개인적 수준을 넘어 엄청난 사회적 비용을 초래할 수도 있다. 광우병 파동은 이를 단적으로 보여주는 실례이다.

넷째, 필수적이거나 위험이 눈에 보이지 않는 일부 먹을거리는 소비자들이 주의를 기울인다고 하더라도 어쩔 수 없이 선택하게 된다.

근대 기업 먹을거리 체계에서는 먹을거리 생산과 가공이 앞에서 살펴본 것처럼 소비자의 시야 밖에서만 이루어지는 것은 아니다. 그것은 또한 국가의 통제권 밖에서 일어나기 때문에, 이제 국가의 통제 역시 전적으로 신뢰하기 어렵게 되었다. 다시 말해 근대 먹을거리 체계의 다음과 같은 특성은 먹을거리에 대한 국가 통제 자체를 어렵게 만들고 있다.

첫째, 먹을거리 생산의 산업화는 먹을거리의 자연 의존적인 농업적 생산을 넘어 가공산업으로서의 식품생산체계를 구축해왔다. 그 결과 먹을거리 생산과정에는 무수한 단계들이 존재하고, 각 단계에서 무수히 많은 향료와 합성물질이 첨가되고 있어, 국가가 생산과정을 완전히 통제하기란 불가능하다. 멜라민 파동은 이 같은 점을 명백히 실증하고 있다.

둘째, 글로벌 먹을거리 생산 체계에서 생산은 전 세계 소비자를 대상으로 하여 이루어지지만, 먹을거리 안전성에 대한 규제는 생산되는 개별 국가의 기준에 따라 이루어진다. 이러한 먹을거리 체계의 지구화는 사실 일국이 먹을거리 생산을 통제하기 불가능하게 만들어버렸다. 또한 먹을거리의 안전 수준이 확보되어 있는 경우는 여전히 세계의 소수 지역이며, 국가별 식품위생 기준도 달라, 위생 기준 그 자체가 신뢰를 확보해주지 않는다. 이는 거듭되는 중국산 먹을거리 관련 사건에서 그대로 입증되고 있다.

셋째, 하나의 상품으로서의 먹을거리는 보다 길고 복잡한 유통과정을 거치게 됨으로써 생산만이 아닌 유통 과정에 대한 통제 역시 불가피하다. 그러나 이러한 생산과 유통 과정에 대한 실제적 통제가 불가능하기 때문에, 그것을 이윤추구를 목적으로 하는 생산업자와 유통업자의 양심에 맡기고, 국가 통제는 주기적인 점검을 하는 수준에서 머물고 만다.

또한 얼마 전까지만 하더라도 먹을거리의 질과 음식의 안전 문제와 관련한 결정이 국가를 중심으로 한 단일한 의사결정을 통해 이루어졌다면, 이제는 더 이상 그렇지 않다.(Smith, 1991: p.251) 현대사회에서 먹을거리 관련 문제는 점점 더 정치화되어왔으며, 직무에 기반을 둔 원래의 정책공동체는 더 이상 다른 목소리와 의견을 배제할 수 없다. 이렇게 먹을거리의 안전성 문제가 실제로 일단 폐쇄된 과두제적 정책공동체의 통제를 벗어나서 공적 영역으로 들어오자, 공식적인 주장은 각기 그들 나름의 설명을 제시하며 경쟁하는 많은 주장 가운데 하나일 뿐이게 되었다.(비어즈워스·케일, 2010: p.295)

그럼에도 불구하고 먹을거리가 소비자의 신뢰를 확보할 수 있었던 것은 소비자들이 전문지식체계를 신뢰하고 또 그러한 지식체계에 입각하여 마련된 식품위생 기준을 생산자들이 준수하고 있을 것이라는 믿음 때문이었다. 그간 전문지식체계는 소비자들이 알 수 없는 생산과정과 알려지지 않은 식품 첨가제 및 식품 변형에 정당성을 부여해왔다. 하지만 현대사회에서는 전문지식체계 그 자체가 의심의 대상이 되고 있다. 그렇다면 식생활 및 건강과 관련한 과학적 담론조차도 사람들을 안심시키지 못하는 이유는 무엇인가? 그것은 네 가지 측면에서 조명해볼 수 있다.

첫째는 현재 먹을거리 위험의 대부분은 과거와 같은 '자연적' 위험이 아니라 인간이 창조한 '제조된 위험'이라는 점이다. 기든스(Giddens, 1994: p.185)에 따르면, "오늘날 우리가 처해 있는 많은 불확실성은 바로 인간지식의 증가에 의해 창출되어온 것이었다." 광우병 파동, 멜라민 파동, GMO 파동은 모두 제조된 위험이 초래한 먹을거리 파동이다. 이러한 제조된 위험 상황에서 우리는 어떤 수준의 위험이 존재하는지를 알 수 없을 뿐만 아니라, 많은 경우에 어느 시점까지가 너무 늦지 않은 시점인지를 확실히 알 수 없다.(기든스, 2000: p.73) 이제 과학과 전문지식은 먹을거리 신뢰의 기반이기보다는 과학 그 자체에 대한 불신의 원인이 되기도 한다. 벡의 지적대로, "위험의 근원은 이제 더 이상 무지가 아니라 지식이다."(Beck, 1992: p.183)

둘째로, 먹을거리와 관련된 전문지식에도 이른바 '초과학적 질문'들이 존재한다. 바인베르크(Weinberg, 1972)에 따르면, 초과학적 질문이란 과학자들이 특정 분과학문 내에서 널리 주장되고 있는 견해에 토대해서 아주 합리적·이성적으로 제기할 수는 있으나 실제로 과학 그 자체로는 만족스러운 또는 분명한 답변을 제시할 수 없는 질문을 말한다.(비어즈워스·케일, 2010: pp.275~276에서 재인용) 이 같은 질문의 현저한 사례가 바로 먹을거리 파동을 유발한 질문들, 즉 인간 광우병은 얼마나 발생하고 유전자 조작 식품과 멜라민에 장기적으로 노출되는 것이 인간의 건강에 어떤 영향을 미칠 것인가 등이다.

셋째로, 그럼에도 불구하고 먹을거리와 건강 간의 관계에 대한 숨어 있던 사실을 폭로하거나 먹을거리에 포함되어 있는 건강 위협 요소에 대한 새로운 정보를 제공하는, 소비자가 쉽게 접근할 수 있는 서적들이 거듭해서 출간되고 있다. 국내에서 출간된 책 중 먹을거리의 위험성을 직접 알리는 제목들만 언급하더라도, 광우병을 직접 다룬 것으로『죽음의 향연: 광우병의 비밀을 추적한 공포와 전율의 다큐멘터리』(2006)와『얼굴 없는 공포, 광우병 그리고 숨겨진 치매』(2007) 등이 있고, 유전자 조작 식품의 위험성을 다룬 것으로는『먹지 마세요 GMO』(2008),『유전자 조작 밥상을 치워라』(2009)가, 그리고 식품 첨가제의 위험을 다룬 것으로는『인간이 만든 위대한 속임수 식품첨가물』(2006) 등을 들 수 있다.

넷째, 대안적 지식인 집단과 건강 관련 운동단체가 출현해 끊임없이 대항지식을 만들어내고 있다. 2008년 미국산 쇠고기 수입 반대 촛불시위 과정에서도 '건강권실현을위한보건의료단체연합', '건강세상네트워크', '국민건강을위한수의사연대' 등은 '식품위생및광우병안전연대'를 결성하여 적극적인 활동을 벌였고, 유전자 조작 옥수수가 수입될 때에도 350여 개 단체로 구성된 '유전자조작옥수수수입반대국민연대'가 'GMO Free 선언'을 촉구하고 이에 동참하지 않는 기업에 대해서는 불매운동을 벌이겠다는 기자회견을 하기도 했다.(윤형근, 2008: p.31)

이러한 전문지식을 둘러싼 과학자들 간의 논쟁은 사실 과학의 본

연에 속하는 것이기는 하지만, 소비자들에게는 먹을거리에 대한 불확실성을 더욱 증가시킨다. 더욱이 먹을거리와 관련된 위험뿐만 아니라 모든 위험을 경고하는 지식이 다른 지식보다 더 신뢰받는다는 점에서(푸레디, 2011: p.264 참조), 소비자들의 불안은 더욱 가중된다. 이렇게 볼 때, 지식은 그것의 적용을 통해 새로운 위험과 그 위험에 대한 인식 모두를 창출한다.

이와 같은 국가와 전문지식체계의 신뢰상실은 우리가 미래를 통제할 수 없으며 우리의 행위 결과 역시 알 수 없다는 인식을 확산시킨다. 이러한 미래의 불확실성과 인간능력의 한계에 대한 인식이 초래하는 감정이 바로 공포이다. 바우만에 따르면, "공포란 곧 불확실하다는 것, 위험의 정체를 모른다는 것, 따라서 그것에 대처할 방법이 없다는 것이다"(바우만, 2009a: p.12) 공포는 과거에 마주했거나 또는 현재 우리가 실제로 마주한 위험에 대한 반응이 아니라 미래에 닥칠지도 모를 위협에 대한 반응이다.

애덤 스미스는 일찍이 공포는 "전적으로 상상력으로부터 도출되는 격정, 즉 우리가 실제로 느끼는 것이 아니라 우리가 앞으로 고통당할지도 모른다는 것을…… 표현한다"고 지적한 바 있다.(Smith, 1982: p.30) 다시 말해 공포는 "사건에 대한 반응이 아니라 사건에 대한 전망이다."(바바렛, 2007: p.260) 그리고 '공포스러운 것'은 '아직 닥치지 않은 것'이며, 공포의 감정적 성격은 "안전이 위협받을 수 있다"는 것이다.(구연상, 2002: p.33 참조)

이렇듯 공포의 대상은 손상 또는 위해에 대한 예견이지 피해야만 하는 위협적인 행위자 또는 물리적 힘 그 자체가 아니다. 즉 공포는 합리적 선택에 의해 피할 수 있는 대상이 아니라 위험에 처할지도 모른다는 감정적 느낌이다. 따라서 이전에는 의심조차 하지 않던 먹을거리에 대한 새로운 정보가 죽음 또는 심각한 위해의 공포를 초래할 때, 소비자들은 그 정보의 진위와는 무관하게 먹을 것에 대한 선택을 변경한다. 이처럼 공포는 실제 위험의 여부와 관계없이 개인의 행동을 제약한다. 게다가 공포는 위협에 대한 개인적 반응이 아니라 상호주관적 경험이라는 의미에서 사회적으로 경험된다.

이러한 감정적 분위기는 위험의 사회적·정치적 조건과 그에 대한 느낌과 감상을 공유할 수 있는 준거점으로 작동하면서, 먹을거리와 관련한 공포 커뮤니케이션을 발생시키고, 그 결과 먹을거리 파동이 발생한다. 이를 가장 잘 보여준 것이 바로 미국산 쇠고기 수입 반대 촛불시위였다.(박형신·이진희, 2008; 이 책 제9장 참조) 이상과 같이 먹을거리 파동은 '공포 커뮤니케이션'이다. 그리고 이 공포 커뮤니케이션은 바로 근대 먹을거리 체계에 내재하는 것으로, 그 태생적 한계가 노출될 때마다 반복적으로 발생할 수밖에 없다.

먹을거리 신뢰 회복 전략

바우만은 『유동하는 공포』에서 다음과 같이 말하고 있다.

유동적 근대 세계에서는 공포와의 싸움이란 평생 끝나지 않는 과업이다. 공포를 일으키는 위험, 그것은 설령 그중 어느 것도 처치 불가능하다고 할지라도, 살면서 내내 떨쳐낼 수 없는, 포착 불가능한 동반자로 느껴진다. 인간은 공포 없는 삶을 살 수 없고, 유동적 근대의 환경은 도처에 위험과 위협을 깔아놓았다. 이제 일생 전체가 공포, 어쩌면 끝끝내 물리치지 못할 공포와의 길고도 헛된 싸움이 되어버렸다. 또한 우리의 삶은 우리를 공포에 빠뜨리는 진짜 또는 추정상의 위험과의 싸움이 되어버렸다. 인생이란 끝없는 수색 정찰의 과정, 그리고 임박한 위험에서 일시적으로나마 피할 수 있는 다양한 전략과 대책을 시도하는 과정이다.(바우만, 2009a: pp. 20~21)

이 같은 상황은 우리가 다양한 "위험과 함께 살고 있음"을 보여준다. 하지만 먹을거리와 관련한 위험은 여타 위험이나 공포와는 다르다. 우리는 먹을거리 공포와 함께 살기 어렵다. 왜냐하면 우리는 생존을 위해서 매일 먹어야 하며, 그러기 위해서는 매일 선택에 직면하기 때문이다. 한 논자의 지적처럼, 먹을거리의 문제는 "선택이 아니라 생존의 문제"이다.(김수현, 2009: p.6) 이러한 먹을거리의 특성상 먹을거리 공포가 계속될 경우, 먹을거리 안전과 관련된 세 당사자, 즉 국가, 생산자, 소비자에게 치명적인 결과를 초래할 수 있다.

첫째, 국가는 국민의 생명을 보호한다는 기본적 책무를 이행하지 못함으로써 정당성의 위기에 봉착할 수 있다. 둘째, 식품 기업은 이윤 획득에 실패하는 것은 물론 존폐 위기에 처하게 된다. 셋째, 소비자는 공포에 장기적으로 노출될 경우, 건강 또는 웰빙의 위기에 직면한다. 따라서 각 주체는 먹을거리 신뢰 회복을 위해 나설 수밖에 없다. 이 신뢰 회복 방법에서 국가와 생산자가 근대 먹을거리 체계의 보완 내지 강화를 통해 위기를 극복하고자 한다면, 소비자는 근대 먹을거리 체계에 도전하거나 그것을 우회함으로써 위기를 극복하고자 한다.

먼저 국가가 할 수 있는 방법은 식품관리체계의 개편 및 강화를 공언하거나 전문지식체계에 입각한 과학적 먹을거리 관리를 거듭 천명하는 것이다. 광우병과 멜라민 파동 이후 농식품부가 식품안전 기관을 통합하는 등 대대적인 관련 업무의 정비에 나선 것이나(『연합뉴스』, 2008. 9. 22), 원산지 검역 강화 대책을 발표하고 식품위생법을 개정한 것 등은 이를 잘 보여준다. 하지만 허술한 먹을거리 검사와 심각한 인력·장비 부족에 대한 지적(「SBS 8시 뉴스」, 2005. 9. 12)은 어제오늘의 일이 아니다.

이처럼 이미 국가관리체계의 허점이 드러나 있는 상황에서 국가의 먹을거리 관리 대책이 소비자의 신뢰를 확보하기란 쉽지 않다. 게다가 WTO 등 세계경제기구가 사람의 건강과 생명보다도 기업의 이윤추구라는 경제활동을 우선시하고, 개별 국가 또한 소비자의 안전보다 먹을거리 생산자의 이익을 더 중시하는 현실에서, 국가의 먹을거리 정책은 광우병 파동에서처럼 공중의 공포를 약화시키기보다는 공중의 분노를 불러일으키며 국가를 더욱 심각한 위기에 빠뜨릴 수도 있다.

둘째, 먹을거리 파동으로 인해 불신의 늪에 빠진 생산자들은 생산과정의 투명화라는 장기적 전략보다는 개별 기업의 유지라는 단기적 전략으로 대응한다. 이것이 바로 기존 생산체계의 개혁이라기보다는 기존 체계의 연장선상에서 이루어지는 '먹을거리 위험의 상업화'다. 이른바 '프리미엄' 제품의 생산을 통해 자사 제품의 신뢰를 획득하고자 하는 전략이 이에 해당한다. 이것이 멜라민 파동 이후 제과업계에서 나타난 전략으로, 이를테면 기업들은 "엄마들의 마음을 담은 '맞춤형 건강 안심 과자'"라는 점을 내세우며(『한겨레 21』, 2009. 3. 20, 제752호) 소비자의 신뢰를 재획득하고자 한다. 그러나 이 전략은 새로운 위험이 발견되기 전까지는 안전성을 유지할 수 있지만, 장기적 안전성을 확보할 수 있는지는 미지수이다. 또한 이러한 상품의 높은 가격은 '먹을거리 불평등'을 강화하는 사회적 문제를 초래한다.

셋째, 소비자가 추구하는 안전한 먹을거리 전략이 '생활협동조합 운동'이다. 국가와 생산자의 전략이 근대 먹을거리 체계가 만들어낸 거리(푸드마일)를 그대로 유지한 채 통제와 고급화를 통해 신뢰를 확보하고자 하는 반면, 이 소비자 운동은 푸드마일의 축소는 물론 생산자와 소비자 간의 신뢰를 통해 먹을거리 안전성을 확보하고자 한다.

하지만 먹을거리 불신의 문제는 생협의 먹을거리에까지도 뻗치고 있다. 생협은 생협 내에까지 파고든 자본의 논리를 억제하고 자신들의 먹을거리에 대한 불신을 없애기 위해 위조가 어려운 'A마크' 스티커를 붙이고 있다.(『한겨레 21』, 2008. 9. 26, 제728호) 그리고 이러한 먹을거리 운동은 모든 사람의 먹을거리 안전이 아닌 운동 참여자의 먹을거리 안전 확보에만 그친다는 문제를 안고 있다.

또한 개인적 차원에서는 먹을거리를 직접 만들어 먹는, 즉 먹을거리 소비자가 먹을거리의 생산·소비자가 되는 전략(DIY)이 선택되기도 한다. 하지만 이것 역시 모든 먹을거리 및 첨가 식품까지를 직접 생산하여 소비할 수 없다는 한계를 지니며, 또한 개인적 수준에서의 노력일 뿐이다.

이상과 같은 신뢰 전략의 한계에도 불구하고, 먹을거리 파동은 시간이 지남에 따라 약화되고 잊힌다. 실제로 이러한 현상은 먹을거리에 대한 완전한 신뢰 구축과는 무관하게 이루어진다. 그럼 과연 무엇이 이러한 망각화 현상을 일으키는가? 이에 대한 설명은 여전히 먹을거리 파동의 감정적 성격과 감정전환과정에서 찾을 수밖에 없다.

첫 번째로 가능한 설명은, 감정은 그 성격상 일시적이라는 점이다. 감정은 외부의 물리적·사회적 자극에 대한 반응이며, 시간이 지남에 따라 약화된다. 만약 먹을거리 파동을 유발하는 공포와 같은 감정이 신체적·심리적으로 계속된다면, 인간의 건강은 물론 생명까지도 위협받는다. 그렇기에 우리 인간은 그러한 공포를 서서히 약화시키는 조절 메커니즘을 가지고 있다. 슬픔이 시간이 지남에 따라 사라지는 것과 마찬가지이다.

두 번째로 가능한 설명은 잠재적 위험까지 사라지지는 않았음에도 불구하고, 그동안 아무런 일도 발생하지 않았다는 점에 근거하여 안전할 것이라는 믿음이 강화될 수 있다는 것이다. 이것 또한 존재론적 안전감을 지니고자 하는 내재적 성향과 무관하지 않을 것이다.

세 번째로 가능한 설명은 소비자 개인들의 의식적인 신뢰 전략에 대한 자기 믿음이 자신은 공포로부터 벗어나 있다고 자기암시를 할 수 있다는 것이다. 그러나 이렇게 공포감이 약화되었다고 하더라도, 먹을거리에 대한 불안의식은 사람들의 마음속에 가라앉아 있다.

'먹을거리 윤리학'을 위하여

지금까지 우리는 감정사회학의 접근방식을 통해 먹을거리 파동의 구조적 발생 메커니즘과 감정동학을 설명해왔다. 이러한 설명과정에서 알 수 있듯이, 먹을거리 불안은 먹을거리 파동이 사라졌다고 해서 완전히 해소되는 것은 아니며, 다만 수면 아래로 감정적으로 침잠할 뿐이다. 이것이 바로 먹을거리 파동이 거듭될 수밖에 없는 이유이기도 하다. 또한 먹을거리 파동의 감정동학을 잠재우는 것도 신뢰라는 또 다른 감정이다.

그렇다면 무엇이 먹을거리 불안과 파동을 조금이라도 축소시킬 수 있을까? 앞서도 설명했듯이, 먹을거리 파동의 근원은 근대 먹을거리 체계와 글로벌 먹을거리 생산체계에 내재해 있다. 결국 먹을거리 불안과 파동은 현대 먹을거리 생산과 유통 체계에 대한 불신에서 기인한다. 하지만 현재의 신자유주의적 세계화 속에서 다국적 농식품 기업들은 먹을거리에 철저하게 이윤 논리를 적용시키고 있고, WTO 체계의 보호를 받는 초국적 농식품 자본은 개별 국가의 통제를 넘어서고 있기에, 소비자들은 국가의 먹을거리 관리체계에 기대를 걸기도 어렵다. 이러한 상황은 먹을거리에 대한 소비자들의 불신을 더욱 가중시키고 있다.

루만(Luhmann, 1979: p.4)에 따르면, "신뢰는 인간 삶의 기본적 사실이다." 그는 신뢰의 완전한 부재는 사람들이 아침에 일어나지도 못하게 하며, 막연한 공포감으로 고통받게 한다고 지적한다. 본문에서도 지적했듯이, 특히 먹을거리에 대한 신뢰는 인간의 삶에서 기본적인 수준을 넘어서는 필수적인 것이다. 하지만 불안과 불신이 초래하는 공포가 아무리 무섭다고 해도, 신뢰할 수 없는 대상을 신뢰할 수는 없다. 따라서 소비자들은 먹을거리와 관련하여 공포와 불안을 줄일 수 있는 '신뢰 전략'을 구사한다. 이 신뢰 전략은 단순화의 위험을 무릅쓰면, 크게 개인적 차원과 집단적 차원으로 나누어 살펴볼 수 있다.

먼저 현대사회의 파편화된 개인의 차원에서 행해지는 방식은 이른바 '신중의 원리'(푸레디, 2011: 제7장 참조)를 따르는 것이다. 이 방식은 자연식품 내지 자신이 안전하다고 간주하는 식품을 신중하게 그리고 꼼꼼히 선택하여 스스로를 안심시키고자 하는 전략이다. 하지만 먹을거리에 대한 개인적 선택을 강화하는 이 같은 방식은 위험한 먹을거리 생산체계를 그대로 둔 채, 그리고 먹을거리 생산자를 여전히 불신하면서, 자신의 먹을거리 자체에만 신뢰를 부여하는 방식이다. 이러한 위험회피 전략은 끊임없는 불안에 의해 추동되며, 상상적 안심에 의해서만 먹을거리 공포를 축소시키고, 결국 먹을거리 생산자를 더욱 불신하게 만든다.

반면 집단적 차원에서 이루어지는 신뢰 전략은 위험회피 전략이라기보다는 위험극복 전략이라고 할 수 있다. 이 차원에서는 근대 먹을거리 체계에 내재한 불안의 근원을 축소시키고자 한다. 이러한 전략을 대변하는 관념이 바로 '먹을거리 주권' 또는 '먹을거리 민주주의'이다. 2007년 말리의 셀링게에서 열린 '먹을거리 주권 포럼'에서 채택된 닐레니 선언(Declaration of Nyeleni)에 따르면, "먹을거리 주권은 생태적으로 건전하고 지속 가능한 방법으로 생산된 건강하고 문화적으로 적절한 먹을거리에 대한 사람들의 권리이다. 또한 그것은 사람들이 자신들의 먹을거리와 농업체계를 규정할 수 있는 권리이기도 하다. 먹을거리 주권은 시장과 기업의 수요가 아니라 먹을거리를 생산하고 분배하고 소비하는 사람들을 식품체계와 정책의 주인공으로 여긴다."(김철규, 2008a: p.26에서 재인용) 이 새로운 먹을거리 주권은 지역 먹을거리의 생산자와 소비자의 자결권을 확보하고자 한다.

아직 모색 단계에 있는 먹을거리 민주주의 개념 역시 같은 맥락에 있다. 이 개념이 의미하는 것은 "스스로 건강과 생명을 지키는 생명 주권"이다.(윤형근, 2008: p.47) 이 입장에 따르면, 민주주의의 기초가 자치와 자율인 것처럼 먹을거리의 자치와 자율로서의 '자급'에 대한 관점을 확인하고, 미국산 쇠고기 수입 파동을 교훈 삼아 먹을거리 자치권으로서의 검역 주권과 식량 주권 확립을 통해 자유시장을 제어해야 하며, 한편으로 자급을 위해서는 전 지구적으로 확장된 생산과 소비의 거리를 줄이는 '지역 먹을거리 체계'를 정립해야 한다.

이러한 논리의 맥락에서 전개되는 것이 바로 대안적 먹을거리 체계를 구축하고자 하는 '로컬푸드 운동', 즉 지역 먹을거리 운동이다.(핼웨일, 2006) 이 지역 먹을거리 운동은 돌봄과 책임감이라는 관계를 생산자와 소비자 사이에서 복원한다는 의미뿐만 아니라 현재 붕괴된 지역 자원의 연결고리를 복원한다는 의미를 함께 가진다고 평가받기도 한다.(윤병선, 2008) 이러한 대안적 먹을거리 체계를 구축하려는 노력은 단지 자신이 먹는 먹을거리 '자체'에 대한 신뢰가 아니라 생산자와 소비자 간 '관계'의 신뢰를 재구축하고자 한다는 점에서 매우 의미 있는 것이다.

한 논자는 이 대안 농산물 체계의 특징은 한마디로 생산자와 소비자 사이의 "관계의 확대, 거리의 축소, 신뢰의 확산"으로 요약할 수 있다고 지적한다.(김흥주, 2006: p.107) 하지만 동일한 논자는 그것에 대한 우려를 동시에 드러내고 있다. 그것은 바로 친환경 농업의 '관행 농업화' 경향이다.(김흥주, 2008: pp.45~46) 다시 말해 관행 농업의 여러 특징, 즉 포드주의 생산과 유통, 이윤 지향의 가치 중시, 거대 기업농 및 농공업화 등이 친환경 농업에서도 그대로 나타나고 있다는 것, 결국 친환경 농업에도 이윤의 논리가 작동하고 있다는 것이다.

이러한 사실은 먹을거리 불안 및 파동과 관련한 현재 신뢰 전략의 한계를 보여준다. 그렇다면 이러한 한계는 어디에서 오는가? 그것은 바로 현대 먹을거리 체계를 작동시키는 메커니즘이 거듭 불신을 조장하고, 또 그 속에서 활동하는 행위자—먹을거리 생산자와 유통업자—의 행위를 제약하는 데서 발생한다. 먹을거리 불안은 이 먹을거리 체계의 논리에 대한 감정적 반응, 즉 불신에서 기인하는 것으로, 이 체계의 논리가 작동하는 한 계속될 수밖에 없다.

그리고 아무리 먹을거리 체계 자체가 먹을거리 안전성을 보장한다고 하더라도 소비자가 생산자와 그 관련자들을 의심한다면 먹을거리에 대한 신뢰를 확보하기란 어렵다. 왜냐하면 먹을거리에 대한 감정은 실제의 위험이 아닌 추정상의 위험과 관련되어 있기 때문이다. 따라서 먹을거리에 대한 신뢰는 제도에 대한 믿음이 아니라 사람에 대한 믿음으로 확보될 수밖에 없다. 이것이 바로 전통적 먹을거리 체계가 먹을거리 자체의 안전성과 무관하게 신뢰를 확보할 수 있었던 이유였다.

그렇다면 어떻게 먹을거리와 관련한 신뢰를 확보할 수 있을까? 감정사회학이 제시할 수 있는 방법은 '먹을거리 윤리학'의 정립이다. 이는 우리의 욕망과 같은 감정을 통제할 수 있는 것은 제도보다는 감정을 다스릴 수 있게 하는 윤리인 것과 마찬가지의 이치이다. 즉 먹을거리 불안과 파동이 감정동학에 의해 작동한다면, 그러한 감정을 해소시켜주는 것은 먹을거리와 관련한 사람들의 윤리이다. 먹을거리 관련자들의 윤리적 행위만이 먹을거리에 대한 신뢰를 확보해줄 수 있을 것이다.

먹을거리 체계에서 윤리가 필요한 이유는 "먹을거리는 상품 이상이고, 그것을 섭취하는 사람 또한 소비자 이상"이기 때문이다. 즉 먹을거리와 사람의 관계는 사람과 상품의 관계를 넘어선다.(Winson, 1993; 김종덕, 2009: p.91) 따라서 생산자에게는 이윤 동기 이상의 사람의 생명과 건강에 대한 존중이 요구된다. 이윤을 위한 상품이 아니라 "내 가족의 먹을거리라는 생각으로 만든다"는 말은 흔히 듣는 말이고, 심지어 현재의 생산체계에서는 생산자의 이윤동기를 숨기는 말처럼 들리기도 하지만, 역설적이게도 이 말을 생산자들이 그렇게 많이 사용하는 까닭은 이것이 바로 신뢰의 토대이기 때문이다. 생산자에게 이것이 말이 아닌 윤리적 실천이 되어야 하는 것도 바로 그 때문이다.

소비자 역시 윤리적 소비를 해야 한다. 최근 '공정무역' 운동(리트비노프·메딜레이, 2007)과 함께 '착한 소비'라는 말이 유행하기도 한다. 공정무역이란 선진국과 후진국 간의 불공정한 거래를 막고 제3세계 생산자들이 만든 좋은 물건을 제값에 직거래함으로써 원조 대신 정의로운 거래를 통해 빈곤문제를 해결하려는 운동이다(강수돌, 2008: p.44) 여기서 주목할 것이 바로 싸게 사는 것이 아니라 제값 주고 사는 것이다.

먹을거리는 소비자에게 생명의 원천인 동시에 생산자에게는 생계의 원천이다. 생산자에게 생계가 보장되지 않는다면, 위험한 먹을거리의 생산은 그들에게 또 다른 생존 전략이 되며, 싼 먹을거리 생산을 위한 끝없는 경쟁은 결국 모두에게 '죽음의 밥상'을 차려준다. 이제 우리 모두에게 상품으로서의 먹을거리가 아닌 우리의 생명과 건강의 원천으로서의 먹을거리에 기초한 '먹을거리 윤리학'의 정립이 요구된다. 먹을거리 생산의 기술적 한계가 노정된 현재로서는, 먹을거리 윤리라는 도덕감정의 확립만이 먹을거리 공포와 먹을거리 파동을 보다 덜 경험할 수 있게 하는 감정적 토대가 될 것이다.

〈표 5-3〉 주요 식품위생 사건의 원인과 결과* (~1996)

사건명	고발자	사건 유형	피해자	후속 조치/결과
롱가리트 사건 (1966)	·검찰	·식품 법규의 모순	·식품업 관계자 구속	·식품법 개정
화학간장 사건 (1985)	·TV고발	·제조업자의 무지 ·비전문가 고발	·간장 제조업체 국산 식품 불신감	·외제 식품 대거 상륙
화학조미료 논쟁 (1985)	·소비자단체	·비전문가 고발	·국내 관련 기업의 경제적 손실 및 국제 경쟁력 약화	·정부의 안전성 재확인 ·부정적 광고 금지
포장 랩 유해 논쟁 (1988, 1989)	·소비자단체 ·대학교수	·경쟁사 간 무고	·소비자 불신감 ·포장재 업체 전체	·법정 공방 ·가소제 등 첨가제 사용 규제
우지 파동 (1989)	·검찰	·비전문가 고발	·소비자 대혼란 ·관련 식품업체	·9년여 법정공방 ·식품회사 승소 ·관련 기업 부도
수입 자몽 알라 파동 (1989)	·소비자단체	·관련 법규의 미비	·수입 식품 불신감 ·한미 통상 마찰	·농약 잔류량 기준 설정
수입 밀 농약 오염 (1992)	·국회의원	·검역 행정 및 분석 기술 미비	·소비자 불안감 ·국제 통상 마찰	·의혹 밀 사료용 전환 ·원산지 품질 검사 ·자료인정제도 확대
콩나물 농약 오염 (1990~)	·검찰 ·위생당국	·업자의 의도적 행위 ·관련 법규의 불합리	·업자 구속 ·소비자 불신	·잔류 허용치 논란 ·농림부로 관리 이관
톨루엔 오염 사건 (1994)	·일본후생성 ·TV 고발	·업체의 부주의	·국산 식품 대외 신뢰도 하락	·분석법 개발 ·공정관리 개선

• 표에 표기된 먹을거리 사건과 먹을거리 파동은 이철호(2006)의 구분으로, 이 책의 기준과 다를 수 있다.

고름 우유 사건 (1995)	·TV 고발	·업체 간 상호 비방	·소비자 불안감 ·우유 소비 급감	·상호 비방 광고 중지 ·우유 잔류 항생 물질 허용 기준치 설정
산분해 간장 MCPD 사건 (1996)	·시민단체	·비전문가 고발	·소비자 불안감 ·관련 식품업계	·기준 규격 제정 ·신기술 공정 개발

〈표 5-4〉 주요 식품위생 사건의 원인과 결과(1996~2005)

사건명	고발자	사건 유형	피해자	후속 조치/결과
대장균 O-157 오염사건 (1997)	·검역 당국	·수입 쇠고기 병원균 오염	·미국산 쇠고기 외식업체	·미국의 신선육 금수 조치 ·방사선 조사 허용
통조림 포르말린 사건 (1998)	·검찰	·비전문가 오판	·통조림 제조업자 구속	·무죄 ·업자의 손해 배상 청구 소송
내분비 장애물질 유해 논란 (1998)	·해외 보도	·유해 환경오염 및 식품 경고	·불임 부부 ·차세대 영향	·환경오염 방지대책 ·오염 식품 경고
유전자 변형 두부 사건 (1999)	·소비자 ·보호원	·표시제도 위반 ·분석방법 논란	·두부 제조업체	·손해배상 맞고소
미니컵 젤리 질식 사건 (2001)	·소비자	·제품 형태의 내재적 위험	·어린이, 장애자	·제조 판매 금지 조치
비아그라 식품 사건(2001)	·식약청	·악덕 업자의 부정행위	·불특정 국민 다수	·유사 물질 분석기술 개발

전지분유 식중독 균 검출 사건 (2001)	·축산물 검사소	·관련법 미비	·유가공 업체 제품 폐기	·정량적 미생물 위해 평가의 필요성 대두
생식 제품 식중독 균 검출사건 (2002)	·소비자단체	·식품법의 미비	·생식 제조업체	·미생물 위해 분석 ·생식의 규격기준 제정
아크릴아마이드 파동 (2002)	·스웨덴 식품청	·튀김 중 자연 발생 ·위해 수준 논란	·외식업체 ·스낵 제조업체	·통상 수준은 무해 ·저감 기술 개발
조류독감 파동 (2003)	·방역 당국	·과잉 보도 ·지나친 경각심	·닭, 오리고기 전문점 ·축산 농가	·무해 홍보
광우병 쇠고기 파동 (2003)	·미국 농무부	·미국산 쇠고기 위해 정보	·쇠고기전문점 ·쇠고기 수입업체	·금수 조치 ·광우병 경계령
아질산염 논란 (2004)	·환경단체	·비전문가 고발	·육가공업체	·학계 및 업계 해명
불량 만두 사건 (2004)	·경찰	·과장 조작 보도 ·당국의 대응 미숙	·만두업체 전반 국가 신인도 추락	·손배 소송 ·식품법 강화 요구
수출 라면 방사선 조사 논란 (2005)	·영국 식품청	·표시 위반에 의한 ·수입 금지 ·회수 명령	·라면 스낵 제조업체	·분석기술 점검 ·표시기준 점검
김치 기생충알 파동 (2005)	·식약청	·당국의 오판 및 대응 미숙	·김치업계 ·대외 수출 격감	·제조위생 강화 및 관리체계 개편 요구
과자 첨가물 유해 파동 (2006)	·TV 고발	·업계의 사전 대비 부족	·제과류 및 가공 식품 산업 전반	·식품 위해 평가 선진화 요구

제3부

공포
노동
자본주의

6 고도경쟁사회 노동자의 공포 감정과 행위양식

무한경쟁과 노동자의 삶

자본주의가 경쟁을 자신의 발전 동력으로 하고 있다는 것은 주지의 사실이다. 그러나 경쟁은 규칙에 입각하기는 하지만 하나의 싸움이며 승자와 패자를 전제로 한다. 그렇기 때문에, 자본주의사회에서 경쟁은 불안정성과 구조적 모순의 근원이기도 하다. 마르크스와 엥겔스(2005: p.403)가 자본주의사회를 "생산의 끊임없는 변혁, 모든 사회 상태의 부단한 동요, 항구적 불안과 격동"의 사회라고 표현한 것은 이를 가장 적확하게 표현한 것이기도 하다.

자유주의 진영의 학자들이 '자기조정 시장' 개념으로 그 과정의 격렬성을 덮고자 했지만, 폴라니(2009: p.508)는 "시장이 실제로 작동하게 되면 사회는 파괴의 위험을 당한다"는 점을 간파했다. 슘페터(2011: p.184)는 이러한 과정을 옛것을 파괴하고 새로운 것을 창조하는 '창조적 파괴'라고 표현했지만, 그가 인식하고 있듯이 그 과정은 여전히 그 결과를 예측할 수 없는, 불안정성을 포함하는 지난한 과정이며, 이것이 바로 자본주의의 역사를 형성해왔다.

하지만 이러한 거시적 과정에 주목하는 많은 사회학자들은 그 과정에서 중요한 사실을 놓치고 있다. 바로 그 격변과 혼란의 시대를 살아가는 사람들의 감정이다. 현실 세계의 불안정성은 언제든 변화를 요구하고, 그러한 변화는 미래의 예측 가능성을 약화시킨다. 이러한 불확실성이 초래하는 감정이 바로 공포이다.(바우만, 2009a: p.12)

자본가들이 느끼는 이러한 공포와 그들의 공포극복 전략이 지금까지 자본주의를 또 다른 모습으로 변화시켜왔다. 자본가들의 공포극복 전략은 역사적으로 더 많은 생산을 통한 이윤 확보에서 더 적은 비용을 통한 이윤 확보로 이동해왔다. 이를 위한 하나의 전략이 고도 기술 생산체계의 구축을 통한 노동력 대체 전략이었고(리프킨, 1997), 그리하여 오늘날의 자본주의는 노동과의 싸움보다는 기술과의 싸움에 더 큰 비중을 두고 있다. 다른 한편 자본은 협소한 공간 내의 경쟁이 초래하는 불확실성을 극복하기 위해 신자유주의와 지구화의 이름으로 경쟁 공간을 확대하며, '상상의 시장'에서까지 무한 경쟁을 펼치고 있다.(하비, 2010)

한편 이러한 경쟁체제는 자본가와 노동자 모두에게 '승자 독식 구조'(프랭크·쿡, 2008)의 형식을 강화하고 있다. 그리고 경쟁에서 탈락하거나 패배한 사람은 '루저'(loser)라는 상상된 인구 범주로 재분류된다. 이 무한경쟁의 궤도에서 이탈하지 않기 위해서는 경쟁 논리와 게임 규칙에 적극적으로 순응해야 한다. 이 순응 경쟁은 경쟁자들을 철저하게 개별화한다. 이는 사회적 연대는 물론 '사회적인 것'(the social)의 종말(실링·멜러, 2013: pp.397~404 참조)을 논의하게까지 한다.

이러한 경쟁체제의 변화는 노동자들의 공포 감정을 더욱 심화시켜왔다. 더 많은 생산을 통한 성장이 저임금과 노동착취에도 불구하고 '희망'의 감정을 가질 수 있게 했다면, 비용 감축을 통한 성장은 노동자들 역시 무한경쟁체제로 몰아넣으며, 좌절과 공포를 양산하기 때문이다. 이와 같은 시장에서 노동자 쫓아내기 전략은 노동자의 존재 기반까지를 완전히 바꿔놓았다. 이러한 무한경쟁체제는 노동자들의 권력과 정체성을 박탈한다. 그리하여 '프롤레타리아트의 종말'(고르, 2011)이 선언되는가 하면, '프레카리아트'(precariat)라는 신조어가 등장하기도 했다.

프레카리아트란 불안정한 노동자계급(precarious proletariat)으로 정의되는데, 대표적으로 단기 계약직, 일용직, 극빈층(pauper) 등을 포괄한다.(Standing, 2011: pp.7~8) 바우만(2010b: pp.126~127) 또한 이러한 층의 사람들을 잉여인간 또는 '인간 쓰레기'라고 규정하고, 그들은 이 세상에서 더 이상 쓸모가 없거나 사라져도 상관없는, 아니 사라지면 더 좋은 '쓰레기가 되는 삶'(바우만, 2008)을 살고 있다고 주장한다. 이 계급은 이제 공포까지도 잊는 '무(無)감정적 인간'의 상황에 처해 있기도 하다.

이 장에서 우리는 노동자들의 이 같은 상황을 초래한 구조를 '고도경쟁 레짐'으로 개념화하고, 그 속에서 노동자들이 느끼는 감정 구조를 포착한다. 특히 노동자들의 공포가 응축·심화되는 과정을 추적한다. 이러한 논의는 의당 다음과 같은 의문을 제기하게 한다. 노동자들의 상태가 더욱 나빠지고 그들의 공포가 심화되는데도 불구하고, 마르크스주의적 인식틀이 그러한 상황에서 당연한 것으로 간주했던 것과는 달리, 왜 노동자의 저항이 증가하기보다는 줄어들거나 약화되는가?

노동계급의 보수화에 대한 립셋(Lipset, 1963)의 연구는 이러한 문제의식에 대한 하나의 고전적 답변으로 간주된다. 우리 사회에서도 이 문제를 직접 다룬 것은 아니지만, 이와 관련한 연구들이 다음과 같은 각도에서 진행되어왔다. 첫째는 가장 많은 성과를 내고 있는 주제로서 노동자의 저항행위를 다룬 연구이다.(구해근, 2002; 김준,

2006; 최장집, 1988) 이 연구들은 주로 노동운동의 역사를 통해 노동계급의 정치세력화에 초점을 맞추고 있다. 두 번째는 노동자들의 순응과 복종에 관련한 연구들이다. 이들 연구는 주로 노동계급의 탈정치화와 포섭을 분석하는 데 초점을 맞추고 있으며, 계급 및 체제 재생산을 설명하는 데 기여해왔다.(김왕배, 2001; 유형근, 2012) 세 번째는 문화주의적 접근으로, 푸코의 담론 분석을 활용하여 노동계급의 (무의식적) 담론 구조를 파악하는 연구들이다.(박해광, 2003)

이들 연구는 각기 노동자의 저항·순응·의식의 영역을 치밀하게 분석하고는 있지만, 여전히 노동자들의 행위의 '인지적' 측면에 집중하고 있으며, 동일한 상황에 처한 노동자들이 왜 각기 다른 행위양식을 취하는지를 설명하는 데 한계를 보이고 있다. 만약 이를 밝힐 수 있다면, 이것은 우리가 앞서 제기한 문제, 즉 노동계급의 상태가 나빠지는데도 불구하고 저항이 왜 약화되는지를 설명할 수 있다.

우리는 이를 노동자들의 행위 배후에 있는 감정을 포착함으로써 규명할 수 있다고 본다. 왜냐하면 이 배후감정이 행위의 방향을 바꾸어놓을 수 있기 때문이다.(박형신·정수남, 2009; 이 책 제2장; 바바렛, 2009a) 그렇다고 우리가 감정결정론을 시도하는 것은 아니다. 왜냐하면 아래에서 설명하듯이 우리의 도식에서 감정동학은 비결정성을 그 특징으로 하기 때문이다.

앞서 제기한 문제를 해명하기 위해 우리는 먼저 자본주의사회에서 경쟁이 노동자들의 공포를 발생시키는 메커니즘을 이론적으로 규명하고, 이어서 초기 경쟁 레짐에서 고도경쟁 레짐으로 사회체제가 변화함에 따라 노동자들의 공포 감정이 강화되는 과정을 설명한다. 그다음으로 우리는 노동자들의 공포가 그 배후감정에 따라 어떻게 각기 다른 행위양식으로 발현되는지를 논의한다. 그리고 마지막으로, 이러한 감정사회학적인 설명방식이 어떠한 이론적·정책적 함의를 가질 수 있는지를 탐색한다.

자본주의, 경쟁, 공포

알피 콘은 자신의 저서 『경쟁에 반대한다』를 다음과 같은 구절로
시작한다.

우리의 인생은 끝없는 경쟁의 연속이다. 시계의 알람이 울리는 순간부
터 다시 잠들 때까지, 걸음마를 막 배웠을 때부터 죽음에 이르기까지
우리는 남을 이기기 위해 발버둥 친다. 우리는 직장이나 학교, 경기장,
그리고 집에서조차 이러한 마음가짐으로 살아간다. 이것이 현대인들
삶의 가장 큰 공통점이다.(콘, 2009: p.7)

콘은 이러한 만연한 경쟁 상황에도 불구하고 우리가 경쟁에 별 관
심을 기울이지 않는 까닭은 우리가 너무나도 그 속에 깊숙이 빠져 있
기 때문이라고 지적한다. 하지만 사회학적으로 볼 때, 그것은 경쟁
사회가 경쟁을 미화함으로써 경쟁의 문제점을 인식하지 못하게 했
기 때문일 수도 있다. 자유시장주의적 시각에서 자본주의는 개인들
이 시장에서 자유롭게 경쟁을 펼치는 공간이며, 이때 경쟁은 자본주
의의 발전 동력으로 칭송된다. 하지만 경쟁은 자본주의사회가 지닌
모순의 주요한 근원이기도 하다. 즉 경쟁은 자본주의사회를 추동하
는 힘인 동시에 무수한 사회문제의 근원이 되기도 한다.

경쟁은 자본주의사회의 긍정성과 부정성의 동시적 원천이다. 경
쟁이 갖는 이러한 두 가지 성격의 충돌은 미래의 불확실성을 낳고,
이는 자본주의사회의 모든 구성원에게 공포 감정을 불러일으킨다.
이 절에서 우리는 자본주의적 경쟁체제의 모순의 한 지형을 공포 감

정을 통해 포착함으로써 앞으로 논의할 노동자들의 공포와 그들의
행위양식을 설명하기 위한 이론적 논거로 삼고자 한다.

경쟁 메커니즘과 공포

모든 경쟁은 승자와 패자를 나누거나 참여자들의 순위를 매긴다.
따라서 경쟁에 참여한다는 것은 승리와 패배의 가능성 또는 순위 상
승과 순위 하락의 가능성을 전제로 한다. 이러한 경쟁 메커니즘은 이
가능성과 관련하여 참여자들에게 서로 다른 감정을 유발한다. 단순
하게 말하면, 승리와 순위 상승이 예상될 경우 그것은 희망, 기대, 설
렘의 감정을 낳는다. 하지만 반대로 패배와 순위 하락이 예기될 경우
그것은 공포와 절망의 감정을 유발한다. 그러나 이는 이론적인 도식
일 뿐 현실세계에서의 감정 구조는 더욱 복잡하다.

먼저 전자의 경우에 그러한 승리와 순위 상승은 예상일 뿐 아직 실
현된 현실이 아니다. 미래는 아무것도 결정되어 있지 않다. 왜냐하면
모든 경쟁 참여자들이 승리, 적어도 순위 상승을 기대하기 때문이다.
그러한 가능성이 없을 경우, 사람들은 공포에 질식하여 경쟁에 참여
하지 않을 것이다. 따라서 경쟁 자체는 기대와 흥분으로 가득 차게
된다.

하지만 기대는 확실하지 않다는 감정을 내재하고 있다. 이러한 불
확실성은 경쟁 참여자에게 공포 감정을 유발한다. 반면에 경쟁 참여
자가 공포감을 극복할 수 있게 해주는 감정이 '확신'(confidence)이
다. 확신은 미지의 미래와 관련한 불확실성을 극복하는 사회적 행위
에서 필수적 토대가 되는 감정이다.(바바렛, 2007: p.22) 그리고 이 확
신은 희망으로 이어진다.

하지만 확신 역시 자신의 행위능력에 대한 강한 믿음일 뿐 그것이
미래의 결과를 담보하지는 않으며, 아래에서 설명하듯이, 경쟁에서

의 성공 역시 공포를 유발할 수 있다. 따라서 경쟁 메커니즘 속에는 언제나 공포의 감정이 깔려 있을 수밖에 없다. 이렇듯 경쟁의 감정 메커니즘은 기대/희망과 공포/두려움의 이중주라고 할 수 있다.

그렇다면 경쟁은 구체적으로 어떻게 불안과 공포를 유발하는가? 알피 콘(2009: pp. 163~165)은 이를 세 가지 이유를 들어 설명한다. 첫째는 '패배에 대한 두려움'이다. 패배 가능성의 인지가 불안감을 유발한다는 것은 진부한 문구일 수 있지만, 더욱 중요한 사실은 패배의 경험이 경쟁에서의 불안감을 가중시키며, 이것이 곧 자기실현적 예언의 형태로 굳어진다는 데 있다. 둘째는 매우 역설적일 수 있지만, '승리에 대한 두려움'이다. 승리에 대한 두려움은 사람들이 타인을 이기는 것에 죄의식을 느끼거나 패배한 상대방이 자신을 적대시할지도 모른다는 두려움에서 기인한다. 셋째는 경쟁이 초래하는 개별화로 인한 '인간관계의 고립'이다. 우리가 내면화한 경쟁적 세계관은 개인 상호 간의 불신을 조장하고, 이는 현대인의 불안감에서 가장 중요한 요소들 중의 하나이다.

그렇다면 왜 경쟁사회에서는 경쟁이 초래하는 불안과 공포에도 불구하고, 그리고 일부 사회에서 경쟁을 완화하려는 노력에도 불구하고 경쟁이 더욱 격화되는가? 아이러니하게도 경쟁사회에서 공포를 감소시킬 수 있는 방법은 바로 경쟁에서 이기는 것뿐이기 때문이다. 이것이 메이(May, 1977)가 말하는 '불안의 악순환'이다. 메이에 따르면, 현대사회의 불안한 개인들은 불안을 극복하기 위해 경쟁적 투쟁을 강화하지만, 앞서 언급한 불안·공포의 발생 메커니즘을 통해 그 과정이 지속될수록 고립, 적개심, 불안감이 높아지는 악순환을 반복할 수밖에 없다.

이상의 논의는 경쟁 일반에 관한 것이지만, 자본주의적 경쟁은 이와는 지형이 다르다는 점에서 그 불안과 공포가 더욱 심해진다. 우선

운동경기와 같은 경쟁에서는 행위자가 경쟁의 참여 여부를 결정할 수 있다. 즉 누군가는 경쟁을 회피할 수도 있다. 하지만 자본주의사회의 경제적 경쟁에서는 경쟁의 선택권이 주체에게 있지 않다. 자본주의사회를 살아가는 대부분의 성원은 생존을 위해 경쟁에 참여하지 않을 수 없다. 즉 경쟁은 불가피하다. 자본주의적 경쟁의 특징은 개인이 경쟁을 선택하는 것이 아니라 자본주의 체계 자체가 경쟁을 강요한다는 데 있다.

둘째로, 운동경기에는 경쟁자와 그 경기의 관람자가 있다. 따라서 거기에는 재미 또는 즐거움이라는 요소가 개입될 수 있다. 결국 운동경기는 고통과 불안을 감수하는 소수의 경쟁 당사자와 그것의 결과를 즐기는 대다수의 관객으로 이원화되고, 경쟁자들의 고통은 관객들의 승리의 기쁨과 패배의 아쉬움 속으로 용해된다. 하지만 자본주의적 경쟁은 그 결과에 대한 기대와 일순간의 승리의 기쁨 이외에는 경쟁 과정과 그 결과에서 오는 공포를 경쟁체제 내에서 해소할 수 없다. 그리고 그러한 공포의 표출은 패배자의 표시로 간주되고, 따라서 또 다른 경쟁을 위한 고통을 감내해야만 하거나 패배자의 삶을 준비해야만 한다.

셋째로, 운동경기는 항상 열리는 것이 아니라 주기성을 가지고 있고, 항상 그다음 경기의 일정이 예고되어 있다. 따라서 한 번의 실수가 미래의 가능성을 위한 디딤돌로 작동할 여지가 항상 열려 있다. 하지만 자본주의적 경쟁은 항시적 체계이며, 순간의 실수는 앞으로 나아갈 가능성으로 작동하기보다는 곧바로 경쟁에서 뒤처지게 한다. 따라서 경쟁은 미래의 희망보다 실패의 공포로 인식될 가능성이 더 크다. 이러한 자본주의적 경쟁체제는 그 사회의 또 다른 모습인 '불안사회'를 노정한다. 바로 이러한 사회적 불안정을 극복하기 위한 '체계'의 전략이 또 다른 경쟁의 모습으로 자본주의 체계를 정당화하는 것이다. 이때 이용되는 것이 바로 운동경기의 승자의 환희와 그에 대한 관객들의 환호이다.

자본주의 체계의 경쟁자들은 항상 운동경기의 승자와 자신을 동일시할 것을 부지불식간에 강요받는다. 체계는 모든 경쟁자에게 승자의 길을 따라 스스로를 규율하고 경쟁의 논리에 익숙해질 것을 요구한다. 그 결과 사람들은 경쟁을 내면화함으로써 "자본이 강제하는 생존경쟁을 마치 자신의 삶의 논리"인 양 자연스럽게 받아들이면서 체제에 순응하는 삶을 살게 된다.(강수돌, 2008: p.43) 하지만 이들 개별 경쟁자들이 실제의 승자가 아니며 또 그 모두가 승자일 수 없다는데에 (자본주의적) 경쟁사회의 모순이 자리 잡고 있다.

자본가와 노동자의 공포

자본주의사회에서 경쟁과 공포가 모든 사회성원을 사로잡고 있음에도 불구하고, 그리고 엥겔스의 지적대로 "노동자들 간의 경쟁이 노동자를 확보하려는 경쟁보다 더 컸음"에도 불구하고(엥겔스, 1988: p.117), 자본가에게는 경쟁이, 노동자에게는 공포가 더 부각된다.

먼저 자본가들에게 공포보다 경쟁이 더 부각되는 데는 몇 가지 이유가 있다. 첫째, 자본주의사회에서 노동자보다 자본가가 경제적 경쟁의 주체로 상정되고, 노동자는 자본가들의 경쟁에 동원되는 도구로 인식되기 때문이다. 둘째, 자본가들의 자본축적 경쟁은 가진 자들의 더 많은 소유를 위한 경쟁으로, 강한 소유욕은 경쟁을 더욱 치열하게 한다. 셋째, 자본가들의 경쟁 회피는 곧 패배, 즉 몰락을 의미하기 때문에 피할 수 없는 것이다. 넷째, 자본가들의 경쟁에서의 패배는 단순한 패배가 아닌 자본가 개인의 자본가라는 지위의 상실 가능성을 포함하기 때문에 그 경쟁이 격렬할 수밖에 없다.

이러한 자본가 경쟁의 특징, 특히 마지막 특징은 자본가에게 엄청난 공포를 가져오고, 이는 또다시 경쟁을 가속화시킨다. 자본주의사회에서 자본가들이 가장 피하고자 하는 것이 경쟁이고 가장 원하는 것이 독점이라는 논평은 이를 역설적으로 보여준다.(원, 2001: p.103) 이러한 자본가들의 공포는 현대 경영자들의 불안과 공포를 연구한 많은 연구에서 입증된 바 있다.(플람, 2009 참조)

반면 노동자에게서 경쟁보다 공포가 더 부각되는 데에는 다음과 같은 요인들이 작동하기 때문이다. 첫째, 노동자들도 서로 격심하게 경쟁하지만, 그들의 승리를 결정짓는 주체는 노동자 자신이 아니라 자본가이다. 왜냐하면 "노동자의 생명이 달려 있는 수요는 부자와 자본가들의 변덕에 달려 있"기 때문이다.(마르크스·엥겔스, 2005: p.28) 둘째, 노동자들의 경우 경쟁의 결과를 자신이 통제할 수 없기 때문에 그 결과가 더욱 불확실해진다. 이러한 불확실성으로 인해 노동자의 공포는 더욱 강화된다. 셋째, 경쟁에서의 (패배라기보다는) 탈락은 곧바로 생존의 위기로 이어지고, 이것은 공포를 일상에서 현실화한다. 따라서 넷째, 노동자들은 이 공포를 이겨내기 위해 더욱 경쟁에 몰입하게 되고, 이 과정은 앞서 논의한 이유들로 인해 더더욱 공포를 강화한다.

이렇듯 경쟁과 공포는 자본주의사회에서 자본가와 노동자 모두의 삶을 지배한다. 그러나 이 둘 사이에는 결정적 차이가 존재한다. 그것은 바로 경쟁과 공포의 전가 메커니즘이다. 자본주의사회에서 자본가는 경쟁과 공포를 노동자에게 전가할 수 있다. 자본가는 모든 경쟁은 아니지만 경쟁의 중요한 부분을 노동자들의 임금과 노동통제를 통해 실행하며, 그로 인한 저임금과 장시간 노동은 노동자에게 생존의 위기, 심지어는 죽음의 공포까지도 가져다준다. 이것이 마르크스주의적 용어로 '착취'과정이며, 이는 노동계급의 단결과 혁명적 저항을 불러오는 요인으로 해석되기도 한다.

하지만 착취의 심화에도 불구하고, 경제위기의 시기에조차 모든 노동계급은 결코 일치단결하여 혁명적 저항 대열에 나서지 않았다. 그리고 심지어 노동계급은 급진적 정치 노선을 따르기보다는 보수화되는 경향을 보이기도 한다. 또한 그러한 노동지배 과정에서 자본가계급이 의도하는 것은 생존의 위기 속에서 자본주의 체계에 대한 현실적 순응을 유도하는 것이다. 하지만 자본가들의 그러한 노력에도 불구하고, 자본주의 발전 역사에서 자본가들은 노동자의 저항을 결코 피할 수는 없었다.

다른 한편 노동자들 역시 자본주의의 발전 과정에서 항시 공포에 시달리기만 한 것은 아니다. 노동자들은 극심한 생존경쟁 속에서도 미래에 대한 희망을 통해 공포의 감정을 잊거나 이겨내왔다. 하지만 오늘날 신자유주의적 고도경쟁사회에서 노동자들의 삶에는 희망보다는 절망과 공포가 짙게 드리워져 있는 것처럼 보인다. 게다가 노동자들의 저항은 점점 그 수적 약세에 빠지고 있다. 그럼에도 불구하고 노동자 저항은 무대 전면에서든 후면에서든 계속된다는 점에서 항상 잠재태로 존재한다.

바로 이러한 문제의식을 발판으로 우리는 다음 절에서 먼저 노동자들의 공포 감정의 전면화 과정을 탐색한다. 이는 어떠한 과정이 노동자들의 삶을 기대와 희망의 감정에서 좌절과 공포의 감정으로 전환시켰는지 알아보려는 것이다. 우리는 이에 대한 단서를 초기 경쟁 자본주의에서 고도경쟁 자본주의로 전화하면서 자본가들의 경쟁 방식이 변화했다는 사실에서 찾는다.

고도경쟁사회에서 노동자 공포의 발생 메커니즘

푸레디(Furedi, 2004: p. 26)의 연구에 따르면, 영국에서 자본주의의 심리적 결과에 대한 논의가 본격화된 것은 1980년대였다. 영국에서는 1980년대 초반의 경제적 격변기에, 사회구조적 문제에 관심을 집중하던 급진적 사회비판가들조차도 자유시장 자본주의가 정신 건강에 초래하는 결과를 강조하기 시작했다. 특히 그들이 주목한 것은 실업과 일자리 불안이 정신 건강에 미치는 파괴적 결과였다. 이들의 주장을 요약하면, 족쇄 풀린 자유시장은 국민의 정신 건강에 해롭다는 것이었다.

그리고 우리의 연구주제인 자본주의적 경쟁이 촉발하는 심리적 현상과 사회적 결과를 다룬 우리말 책들도 주변에서 쉽게 발견된다.(서상철, 2011; 콘, 2009; 강수돌, 2008) 이들 연구는 경쟁의 부정적인 측면을 강조함으로써 경쟁이 인간성을 어떻게 파괴하는지에 주목한다. 이들 연구는 대체로 경쟁이 불안, 우울증, 소외감, 적대감 등을 일으킨다는 논조로 경쟁의 비합리성과 비인간성을 부각시키는데 주력한다.

푸레디는 이 같은 점을 거론하며 이들 연구가 과거에 사회경제적 또는 철학적 분석을 통해 해명되었던 문제들을 개인의 감정 문제로 전환시키고, 이것이 '치료요법 문화'를 조장하는 데 기여했다고 비판한다. 하지만 우리가 푸레디의 지적에서 주목하는 것은 다른 데에 있으며, 논의의 방향 또한 기존의 것들과는 다르다.

우선 우리가 주목하는 것은 그러한 연구들이 1980년대, 즉 대처 시대에 크게 증가했다는 점이다. 이는 자본주의적 경쟁체제가 지속되었음에도 불구하고, 특정한 계기에 의해 경쟁의 부정적 결과가 그 당시에 특히 부각되었다는 것을 시사한다. 이것은 또한 그 시기에 경쟁 자체가 아니라 경쟁의 성격이 변화했음을 의미하는 것이기도 하다. 당시는 신자유주의의 시작과 시기적으로 겹치며, 이것은 다시 그 이전과 그 이후의 경쟁체제의 성격이 크게 변화했음을 시사한다. 이는 우리에게 서구에서는 이 시점을 기준으로, 그리고 우리 사회에서는 신자유주의의 물결이 본격화된 시점을 기준으로 경쟁체제를 둘로 나누어 분석할 수 있는 가능성을 제공한다.

둘째로 우리는 푸레디가 비판하는 것처럼, 우리의 경쟁 자본주의 체계의 감정 분석이 체계의 문제를 개인의 문제로 환원하고자 하는 것이 아니라는 점을 지적해둘 필요가 있다. 우리의 작업은 경쟁체제의 성격에 따라 노동자의 감정이 어떻게 달리 발현되고, 그러한 감정이 어떻게 노동자들의 행위를 규정하는지를 밝히는 것이다. 따라서 여기는 한국 사회 경쟁구조의 성격 변화와 그에 따른 노동자들의 감정 변화의 모습을 추적한다.

초기 경쟁 레짐에서 후기 고도경쟁 레짐으로

자본주의 체계는 그 성립 이후 끝없이 변화해왔고, 그 변화의 성격을 규명하고자 하는 노력 역시 계속되어왔다. 이를테면 래시와 어리(Lash and Urry, 1987)는 그러한 변화를 생산체계의 성격 변화와 관련하여 조직 자본주의에서 탈조직 자본주의로의 변화로, 오페(Offe, 1987)는 국가개입의 성격과 연관지어 초기 자본주의에서 후기 자본주의의 이행으로 설명하기도 했다. 이러한 분석틀도 경쟁의 성격을 추론하는 데에는 상당한 유용성이 있지만, 그 자체로 경쟁과 경쟁자들의 감정을 규명하는 데에는 일정한 한계가 있다.

따라서 우리는 우리의 논의의 목적을 위해 경쟁의 성격 변화에 초점을 맞추어 '초기 경쟁 레짐'과 '후기 고도경쟁 레짐'을 구분하고, 이를 경쟁자들의 감정 변화를 설명하는 분석틀로 사용하고자 한다. 하지만 이러한 변화의 시점을 분명하게 설정하기란 쉽지 않다. 왜냐하면 이러한 변화는 정치혁명처럼 특정 시점을 계기로 하여 하루아침에 변화된 성격을 분명하게 드러내는 것이 아니라 장기적 추세로 발생하기 때문이다. 그리고 이러한 변화의 모습은 나라마다 그 발현 시점이 다르기 때문에, 특정 시점을 일률적으로 설정하는 것 역시 불가능하다. 단지 우리는 특정한 변화의 징후들이 동시에 복합적으로 발생할 때를 그 분석적 전환점으로 설정할 수 있을 뿐이다.

이러한 점에서 우리는 앞서 지적한 신자유주의 물결의 발흥을 경쟁 레짐의 성격을 변화시킨 주요한 계기로 삼을 수 있을 것이다. 한국 사회에서 경쟁 레짐의 변화가 담론상에서 분명하게 드러나는 시점은 김영삼 정권의 성립부터인 것으로 보인다. 왜냐하면 그때부터 이전의 성장 레토릭으로부터 경쟁 레토릭으로의 변화가 분명하게 가시화되고, 그것이 IMF 외환 위기를 거치며 제도화·구조화되었기 때문이다.

박정희 정권 이후 초기 경쟁 시대를 지배한 발전주의적 담론의 내용은 '하면 된다', '우리도 한번 잘살아보세'였다.(김종태, 2013 참조) 널리 해석되듯 이러한 구호가 개발독재 시대를 상징하는 '성장주의적 레토릭'(구해근, 2002: p.35)이었음은 분명하다. 그러나 이 레토릭은 희망이라는 감정 에너지를 담고 있는 것이었고, 이것이 당시의 '성장의 정치'를 가능하게 했으며 또 지금까지 박정희 향수를 불러일으키고 있다고 해도 과언은 아니다.

반면 김영삼 정권의 시작과 함께하는 것으로 볼 수 있는 고도경쟁 시대를 지배한 담론은 "나의 경쟁 상대는……"으로 상징되는 공익광고 문구로 대표된다. 이것은 '세계화'라는 이름으로 한층 더 강화된 성장의 정치로, 이 경쟁 레짐을 특징지은 레토릭은 '경제전쟁', '무한경쟁', '경쟁력 강화'였다.(박형신, 1999) 그리고 이들 담론이 동원하고자 하는 감정은 그 레토릭이 암시하듯이 '공포'였다. 이 두 경쟁체제를 특징짓는 이러한 희망과 공포의 감정은 단지 레토릭의 산물이 아니라 각 경쟁 레짐에 의해 강화되고 재생산되는 것이었다. 그리고 각 경쟁 레짐은 다음과 같은 점에서 경쟁의 성격을 달리하는 것이었다.

먼저 경쟁 레짐 전체를 틀짓는 자본가들의 경쟁양식을 살펴보면, 초기 경쟁사회는 아직 시장이 미발전하거나 형성 중인 단계였다. 따라서 자본가들의 경쟁은 시장의 개척과 확대를 기본 축으로 하여 '시장에서의 승리'를 지향하는 것이었다. 그리고 이것은 개발 연대기의 거듭된 기업 설립, 노동집약적 자본축적, 규모의 경제에서 볼 수 있듯이 노동시장의 양적 확대와 맞물려 이루어졌다. 즉 이러한 체제에서 경쟁은 '고용 있는 성장'을 동반하는 것이었다.

한편 초기 경쟁 레짐에서 저임금과 병영적·관료제적 노동통제 체제(김형기, 1988)에도 불구하고, 자본가들의 양질의 숙련노동력 확보 경쟁이 연공서열제, 자회사 중심의 노동문화 등을 강화함으로써 노동자들은 임금 상승과 고용안정을 '기대'할 수 있었다. 비록 당시에도 1차 노동시장에서의 경쟁은 치열했지만, 일단 1차적 경쟁에서 승리한 노동자들은 2차 노동시장에서는 비록 제한적 경쟁을 계속하기는 했지만 가족적 기업 문화 속에서 동료 집단적 분위기를 유지할 수 있었다.

초기 경쟁 레짐의 이러한 특징은 세넷(2009: pp.32∼34, p.44)이 정의한 '사회자본주의'와 일맥상통한다. 사회자본주의의 기본적인 정치적 골격은 아무리 가난한 노동자라고 하더라도 안정된 일자리가 보장된다면 그렇지 않은 사람들보다 체제에 덜 도전적이 될 것이라는 점이었다. 왜냐하면 비록 군대화된 관료제적 조직체제라고 하더라도, 그것은 노동자들에게 "감옥이기도 하지만 동시에 심리적인 안식처가 되기도" 하기 때문이다.

여기서 중요한 것이 바로 장기적으로 예측 가능한 '합리화된 시간'이다. 이러한 합리화된 시간은 미래의 불확실성을 줄여주고, "사람들은 자신의 인생을 '서사적으로' 생각할 수 있"게 된다. 이처럼 기대된 시간의 현실화 가능성은 노동자들이 경쟁의 공포를 미래에 대한 희망과 기대로 전환할 수 있는 기반을 제공하는 것이었다. 그것은 또한 노동계급의 정체성을 확립하고, 노동계급의 집단적 저항을 가능하게 하는 것이기도 하다. 왜냐하면 체제에 대한 저항은 절망에 의한 퇴행적 사고에서 나오는 것이 아니라 작은 틈새이나마 미래에 대한 희망의 빛이 보일 때 시도되는 행위이기 때문이다.

무한경쟁을 특징으로 하는 고도경쟁 레짐은 이른바 '세계화'를 그 축으로 하고 있다. 이제 경쟁은 전 지구를 무대로 한 이윤 확대에 초점을 맞추었으며, 그리하여 자본의 적은 자본 자체가 되었고, 자본가들은 '승리한 자본가끼리 전 지구적 시장경쟁'을 추구하게 되었다. 우리 사회에서는 이러한 체계가 IMF 외환위기 체계에 의해 경영합리화라는 이름으로 그 정당성을 확보받았고, 노동세계에서는 노동자끼리의 치열한 경쟁 문화가 들어서기 시작했다.

포화된 시장과 위기 상황에서 자본가들의 경쟁은 이제 자본 확대보다는 비용 절감으로 방향을 전환할 수밖에 없었고, 그 결과가 바로 '고용 없는 성장'과 일자리 불안정성의 증대였다. 자본가들의 고도경쟁 전략인 신경영 전략은 생산과 노동시장의 유연화를 특징으로 한다. 이를 위해 기업은 구조조정, 워크아웃, 아웃소싱 등 다운사이징 전략을 통해 생산의 유연성을 높이면서 비정규직 고용을 늘리고 부처 업무를 하청화하는 방법을 택한다. 이와 더불어 기업은 인센티브제, 연봉제 등을 적극적으로 도입함으로써 내부 경쟁 시스템을 강화한다. 이러한 고도경쟁 레짐에서는 승리와 패배가 확연해지고 패배자를 필연적으로 양산하면서 노동자가 제 발로 회사를 떠나게 만드는 구조적 폭력이 행사된다. 이것이 바로 마르틴과 슈만(1997: p. 225)이 말하는 임금과 일자리를 지속적으로 줄이면서 유지되는

'킬러-자본주의' 체제이다.

이처럼 노동시장 분절화가 가속화되면서 일부 안정된 임금노동자와 다수의 불안정한 노동자들 간의 계급 내 분절이 심화되었다. 노동자들은 모두 잠재적 경쟁자로 전환되며, 경쟁은 노동시장 진입 전부터 직장 생활 내내 강화된다. 이제 노동자들은 동료들 간의 연대보다는 경쟁적 삶에 익숙해져야 했다. 결국 고도경쟁사회에서 노동자는 노동시장에서 생존하기 위해 '평생 경쟁'(lifetime competition)의 경로 속에서 각자 '승자 되기' 전략을 구축해야 하며, 소비자본주의적 일상생활을 유지하기 위한 소득 보존을 위해서는 '노동 중독'에 시달려야 한다.(김왕배, 2007)

고도경쟁 레짐은 노동계급의 내적 파열을 더욱 가속화한다. 노동자는 연대의 주체가 아니라 개별화된 경쟁자로 전환되면서 각자의 위치에서 노동환경이 부여하는 게임의 규칙을 익히는 데 집중해야 한다. 더욱이 고도경쟁 레짐에서 경쟁은 점차 미학화되고 새로운 '윤리'로 작동한다. 이제 승자가 모든 것을 다 가져가는 것은 자연스러운 일이며, 패자들의 몫을 다 가져가더라도 죄책감이나 불편함을 느낄 필요가 없다. 게다가 패자는 배후에서 승자의 독식에 개탄할지언정 패배를 인정할 줄 아는 윤리를 익혀야 한다.

이 같은 경쟁 레짐 내에서 노동자들은 조직적·집단적 차원으로 공포를 분산시키지 못한다. 이 같은 현실에서는 더 이상 모스(Mauss)적 의미의 '증여 경제'(박정호, 2009)가 작동하지 않을 뿐만 아니라 사회 성원들 간의 결속력 또한 훼손되고 만다. 이제 노동자들에게 경쟁은 공포 그 자체이다. 왜냐하면 성공의 가능성은 매우 희박하고, 그럼에도 불구하고 그 절망의 상황에서 경쟁을 끝없이 강요받기 때문이다. 지금까지의 논의를 정리하면 다음의 〈표 6-1〉과 같다. 〈표 6-1〉의 내용 중 아직 논의되지 않은 것들은 아래에서 덧붙여진다.

〈표 6-1〉 초기 경쟁 레짐과 후기 고도경쟁 레짐

	초기 경쟁 레짐	후기 고도경쟁 레짐
자본가들의 경쟁양식	시장에서의 승리	승리한 자본가끼리의 시장경쟁
성장양식	일자리 확대를 통한 성장 (고용 있는 성장)	일자리 축소를 통한 성장 (고용 없는 성장)
자본축적 방식	노동집약적	기술집약적
경쟁의 속성	제한경쟁	무한경쟁
고용양식	고용의 확대와 안정화	고용의 축소와 유연화
기술 수준과 노동자 적응	저급 기술/쉬움	고급 기술/어려움
사회적 안전장치	노동복지 확대	불안정 노동자의 노동복지 약화
사회적 분위기	연대/집단화	단절/개별화
노동자들의 감정	공포와 희망	공포와 절망

고도경쟁사회 노동자 공포의 응축과 심화 메커니즘

고도경쟁사회의 출현을 가져온 핵심 동력은 전 지구적 자본주의의 확산에 따른 노동시장의 유연화이다. 지구적 시장체제의 출현으로 인해 경쟁은 시공간을 초월하여 무차별적으로 확산된다. 이러한 체제에서 노동자들의 공포는 초기 경쟁사회의 노동자들이 경험했던 공포와 전혀 다른 강도로 다가온다. 후기 고도경쟁사회에서 노동자가 경험하는 공포는 다음과 같은 요인에 의해 이전보다 훨씬 더 응축될 뿐만 아니라 심화된다.

첫째, 고용불안정과 '경제적' 하강이동의 가능성이 훨씬 높아졌다는 것이다. 고도경쟁 레짐에서는 노동시장의 분절화와 이중 노동시장 구조가 더욱 심화되며, 노동자들이 소수의 핵심 인재와 다수의 불안정 노동자로 재배치됨으로써 노동계급 내 소득 격차가 더욱 벌어진다.(남춘호, 2011 참조) 비정규직은 고용불안정성은 물론 임금 수준 또한 정규직에 비해 절반에 머물고 있기 때문에 상당한 소득 불평

등을 겪게 된다.(김유선, 2012 참조)

이러한 소득 불평등은 시간이 경과할수록 더욱 심화된다. 그 이유는 정규직은 근속 연수와 진급에 따른 지속적인 임금 상승과 안정적인 사회보험 및 기업 복지가 기대되는 반면, 비정규직은 이와 같은 대우를 거의 기대할 수 없기 때문이다. 하지만 정규직의 경우에도 내부 차등제로 인해 불안정한 위치에 있을 뿐만 아니라 회사의 경영난이나 급격한 경기변동으로 인해 갑자기 해고되거나 강제 퇴직을 당할 가능성을 늘 안고 있다. 이 같은 상황은 노동계급 모두를 추락의 공포 속으로 몰아넣는다. 이는 곧 '생존의 공포'에 다름 아니다.

둘째로, '사회적' 하강이동 또한 노동자의 공포를 심화시키는 메커니즘으로 작동한다. 여기서 사회이동이란 경제적 자원뿐만 아니라 자신의 생애과정에서 사회자본이나 권력을 쌓아나감으로써 더 나은 지위로 상승하는 것을 의미하며, 희망과 기대의 실현을 통해 개인들이 사회적 존재감을 획득하는 과정이기도 하다. 그러나 고도경쟁 레짐에서 많은 노동자들에게 사회적 상승이동의 가능성은 현저하게 낮아지는 반면, 소수에게만 빠른 상승이동의 기회가 열려 있다. 따라서 승자는 더 큰 기쁨과 자부심을 갖게 되지만, 다수의 패자는 쓰라린 좌절감과 우울감을 겪게 된다.

하지만 패자를 더욱 두렵게 하는 것은 "내게 또 기회가 찾아올까" 하는 회의감이다. 왜냐하면 새로운 상황에 적응하는 데 요구되는 지식·정보·기술의 수준은 이전에 비해 더욱 높아졌고 따라서 그것을 획득하기가 더욱 어려워졌기 때문이다. 결국 경쟁의 패배자들은 실업자, 백수, 빈민의 위치로 전락할 가능성이 높아지게 된다. 이러한 사회적 지위와 사회자본의 상실은 그에 따른 '사회적 관계의 단절 공포'를 심화시킨다.

셋째, 고도경쟁 레짐은 감정의 '시간 지평'을 축소시킨다. 시간 관점이 제약될수록 활력과 창의성의 정도는 떨어진다. 반면에 시간 관점이 확대될수록 행위하고픈 마음이 커진다. 앞서 살펴보았듯이, 초기 경쟁 레짐은 시간 지평의 확대 속에서 기대와 확신의 여지를 동반하는 것이었다. 하지만 고도경쟁사회에서 노동자들의 미래는 점점 더 불확실성을 드리운다. 보장된 것은 지속적인 경쟁뿐이다. 미래를 더더욱 알 수 없다는 인식은 공포를 강화한다. 장기적인 삶의 계획을 기획할 수 없다는 시간의식은 불안감을 증폭시키면서 도전을 머뭇거리게 만든다. 희망과 기대가 약화되면서 행복한 미래는 유예되거나 좌절만이 계속된다. 노동자들은 하루살이로서의 삶이 일상화되는 '단기적 삶의 공포'를 느끼며, 이러한 미래의식의 부재 속에서 공포조차도 단기적 감정상태인 화로 축소되고, 행위의 동력을 상실한다.

넷째, 고도경쟁사회에서 불안정 노동자들은 국가, 시장 그리고 나아가 노동계급으로부터도 제도적인 보호를 받기 어렵다는 점에서 깊은 불신과 배신감을 갖는다. 국가는 자본과 노동 간의 '자율적인' 협상과 교섭을 권장하면서 시장에 대한 자신의 책무를 노사 당사자에게 떠넘긴다. 게다가 대기업 정규직 노조 중심의 노동세력만이 시장에서 영향력을 행사할 뿐 불안정 노동자들은 시장의 횡포에 무력하다. 그 결과 사회에 대한 노동자들의 불신감과 냉소주의는 매우 심화되었다. 국가나 시장에 대한 불신이 어제오늘의 일은 아니지만 다수의 노동자들 사이에서 동일한 계급 집단마저도 불신의 대상이 된다는 점은 공포의 개인화를 더욱 부추긴다. 이는 '사회적 고립의 공포'로 이어진다.

마지막으로, 이러한 공포가 점차 개인화된다는 점에서 노동자들의 공포는 심화되고 있다. 무한경쟁의 에토스는 패배의 책임을 개인에게 지우는 것은 물론 사회적 연대의 제도를 약화시키고, 사람들을 더욱 고립화한다. 많은 사람들은 말 그대로 스스로가 자신을 감당해야 한다. 그러한 사회적 고립은 불안전감을 강화한다. 더 나아가 개인화 과정은 자신들이 취약하다는 느낌을 강화한다.(푸레디, 2011: p.153) 그리고 자기 자신을 믿을 수 없는 존재로 만들어버리고, 결국 '자기 상실의 공포'를 낳는다.

이와 같은 개인화의 증대와 연대의 약화는 불안감과 불신이라는 감정적 분위기를 형성하고 강화한다. 이제 사람들의 관심은 제각기 '안전과 안정장치'를 구축하고 이를 재생산하는 곳으로 향한다. 그리하여 오늘날 한국 사회의 생활 영역 전반에서 안정 추구가 주요한 목표로 설정되고 있다. 하지만 공포는 모든 노동자에게 동일하게 다가가지 않는다.

감정의 사회적 속성이 그러하듯이, 공포 또한 노동자가 처한 사회적 위치—이를테면 정규직과 비정규직, 남성 노동자와 여성 노동자, 고소득 화이트칼라와 저소득 블루칼라, 상급자와 하급자, 취업자와 실업자 등—에 따라 각기 상이하게 받아들여지고, 그에 따라 공포의 결과 역시 달리 나타나기 마련이다. 누군가에게는 공포가 새로운 도전의 계기가 되어 하나의 '감정자본'으로 활용될 수 있지만, 다른 이들에게는 생존 그 자체를 위협하는 무(無)자본으로 작동한다.

이러한 공포에 따른 행위양식을 규정하는 데 중요한 요소로 작동하는 것이 바로 감정동학이다. 왜냐하면 감정동학은 기계적이고 인과적으로 작동하는 것이 아니라 행위자들이 점유하고 있는 사회적 권력과 지위의 역학에 따라 작동하기 때문이다.(Kemper, 1987) 여기서 주목해야 할 것이 공포 감정이 행위양식으로 표출되는 과정에 수반되는 배후감정이다. 왜냐하면 이 배후감정에 따라 공포의 결과로 나타나는 행위 유형이 달라지기 때문이다. 우리는 다음 절에서 노동자 공포의 감정동학을 노동시장에서 각기 다른 상황에 처한 노동자들의 공포 감정 발생 메커니즘과 배후감정 그리고 그에 따른 행위양식에 따라 크게 네 가지 차원으로 유형화하여 살펴보고자 한다.

노동자 공포의 감정동학과 행위양식

통상적으로 공포와 불안과 관련한 노동자의 행위는 저항과 순응이라는 이원론 속에서 다루어져왔다. 한편 자본은 노동계급 내 균열을 꾀하면서 순응하는 노동자와 불응하는 노동자를 만들어내어 두 유형의 노동자를 각기 다른 방식으로 통치한다. 이런 논의를 따르다 보면, 시장에서 노동자들은 순응할 수 있는 '자유'와 불응할 수 있는 '자유'만을 갖게 된다. 그런데 노동자 공포의 행위는 순응과 저항행위로만 표출되지 않는다.

감정사회학적으로 포착해보면, 행위는 복합 감정을 매개로 표출되기 때문에 감정은 상황성·맥락성·관계성 안에서 고려되어야 한다. 이런 맥락에서 감정사회학적 접근은 '수리적인 인과성 없는' 논리, '기계적 메커니즘 없는' 메커니즘을 파악하고 해명한다. 여기서 중요한 개념이 앞서 언급한 감정동학이다. 감정동학은 어디로 튈지 모르는 감정의 속성을 상황적·관계적 논리로 파악하면서 행위의 양가성이나 맥락성을 설명할 수 있게 해주는 핵심 개념이다. 이 감정동학을 이끄는 힘이 배후감정이다.

배후감정은 무대 전면으로 표출되지 않지만 행위에 강한 동력을 부과하는 숨겨진 감정, 즉 상징적 감정 권력(power of symbolic emotions)으로 이해될 수 있다. 그리고 감정동학은 배후감정이 지향하는 대상과 시간성에 따라 그 방향이 달라지고 그에 따라 행위자들은 상이한 행위양식을 드러낸다.

우리의 이러한 논의에 중요한 전거를 제공하는 것이 켐퍼의 권력-지위 모델이다. 켐퍼(Kemper, 1978: p.52)는 미시적 상호작용의 상황에 근거하여 감정이 내사되거나(introjected) 외사될(extrojected) 수 있다고 주장한다. 내사는 자신이 관계된 감정의 원인이라고 간주될 때 발생한다면, 외사는 타자가 그 원인으로 인식될 때 발생한다. 켐퍼에 따르면, 공포를 유발하는 것은 "권력 부족을 유발한 구조적 조건 내지 다른 사람의 권력의 과도함"이다. 주체의 권력 결여가 자신의 무능력에 기인한다는 생각이 무력감을 동반한다면, 주체의 권력 결핍을 유발한 것이 타자라고 인지될 때, 타자를 향한 주체의 행동은 적대적이 될 수 있다.

켐퍼는 이에 토대하여 단순하게 이분법적으로 내사된 공포 행위로서의 '예속'과 외사된 공포 행위로서의 '반란'을 구분한다.(Kemper, 1978: pp.55~58) 다른 한편 켐퍼에 따르면, 한 행위자가 다른 행위자에 의해 과도한 지위를 부여받는 사회적 상호작용이나 사회관계에서 수치심이 발생한다. 이 경우 수치심이 내사될 경우 거북함과 창피함이, 외사될 경우 화나 적대감이 표출된다.(Kemper, 1978: pp.59~62)

이러한 켐퍼의 단순 도식을 우리의 고도경쟁 상황에 도입하여 그것을 경쟁 레짐과 개인 자신이라는 거시적 차원으로 확대하고 거기에 시간 차원을 적용하면 상황은 크게 달라진다. 우리가 앞서 논의한 노동자의 공포는 경쟁 레짐 자체에서 유발되며, 그 공포는 내사될 수도 있고 외사될 수도 있을 뿐만 아니라 그 배후감정에 따라 감정동학은 그 내부에서도 방향을 전환할 수 있다.

다음의 〈그림 6-1〉에서 공포가 미래 방향에서 경쟁 레짐으로 외사된 전형적인 경우가 영역 I이다. 영역 I은 '분노'를 배후감정으로 하여 저항을 통해 이를 극복하고자 하는 경우이다. 이러한 행위가 성공할 경우 궁극적으로는 레짐 변혁이 일어날 수도 있다.

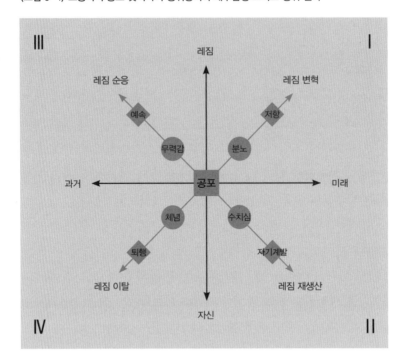

〈그림 6-1〉 노동자의 공포 벗어나기 행위양식과 배후감정 그리고 행위 결과

이 그림에서 수치심은 경쟁에서 실제로 발생했거나 또는 예상되는 탈락과 패배에서 초래되는 공포가 내사될 경우에 발생하는 감정이다. 이 수치심이 극단적으로 내사될 경우, 자기경멸이나 체념이라는 다른 배후감정으로 전환되어 개인들은 타자에게 화나 적대감만을 표현할 뿐 어떠한 상황 극복의 노력도 포기할 수 있다. 이러한 행위양식을 표하고 있는 것이 영역 IV이며, 그 극단적 결과는 경쟁 레짐의 이탈로 나타난다.

영역 II는 내사된 수치심이 미래 시간 지향 속에서 개인적 노력을 바탕으로 상황을 극복하고자 하는 지형으로, 이는 경쟁 레짐을 재생산하는 경향이 있다. 영역 III은 공포의 책임을 레짐에 돌리지만 자신은 그것을 극복할 수 없다는 무력감 속으로 수치심을 내화해버린 채 레짐에 순응하는 예속의 길을 택하는 경우이다. 아래에서는 이들 각 영역의 감정동학을 구체적 사례를 들어 논증하며, 그 동학 내부의 과정을 감정사회학적으로 해석한다.

분노, 저항, 레짐 변혁

공포에 대응하는 가장 강렬한 행위양식은 저항이다. 저항은 공포가 외사되며 발현되는 행위양식이다. 그리고 이 저항을 낳는 강력한 감정적 모티브는 분노라는 배후감정이다. 분노는 경쟁 레짐에서 초래된 공포를 자신에 대한 부당한 보상과 처분에 기인하는 것으로 파악할 때 발생한다. 물론 분노 역시 내사될 수 있다. 이 경우에 분노는 화의 자기 파괴적 형태로 간주되어 부정적으로 인식된다.(바바렛, 1997: p.114) 이러한 내사된 분노의 극단적 형태가 자살이며, 우리의 분석 도식에서 이는 행위의 방향을 바꾸어 영역 IV를 향하게 한다. 반면 분노가 외사될 때에는 자기 긍정적이고 창조적이고 자기 해방적인 에너지로 작동한다. 분노는 궁극적으로 체제변혁의 동인으로 작동하며, 그 가능성이 높아질수록 더욱 거세진다.

한국 노동계급의 역사에서 목격해왔던 수많은 저항과 투쟁은 곧 이러한 외사된 분노의 역사이기도 하다. 노동자들의 분노는 작업장에서 벌어지는 다양한 노동권 침해와 박탈에 대한 감정적 반응이다. 이에 대한 논의는 노동계급 투쟁에 대한 연구에서 전통적 주제가 되어왔다. 김준(2006)은 1974년 현대조선 노동자의 파업 투쟁을 사례로 삼아 분노가 폭동으로 이어지는 경로를 세밀하게 포착한 바 있다. 또한 구해근(2002: pp.230~231)에 따르면, 1987년 노동자 대투쟁은 "자연발생적·비조직적·비통합적 노사 갈등의 폭발"로서 "오랫동안 누적된 노동자들의 한(恨)이 폭발하고 분출되는 계기"이자, "불만과 분노가 충동적이고 감정적이며 격렬한 방식으로 발산된 노동자들의 거대한 한풀이"였다.

　이러한 노동자계급의 연대적 저항이 작업장 민주주의를 가져온 것도 사실이지만, 이것은 동시에 자본가계급의 새로운 통제 전략, 즉 분할지배 전략을 구축하게 하는 것이기도 했다. 특히 그간 대기업 정규직 노동자들의 투쟁이 획득한 노동권과 안전장치들은 무한경쟁에 내던져진 비정규직의 열악한 노동 상황과 맞물리면서, 정규직과 비정규직 노동세력 간의 계급 내 균열을 가져오는 결과로 이어졌다.(『한겨레21』, 2004. 5. 6 참조) 그리고 이들 집단 내에 발생하는 계급 적대 또한 노동계급의 파편화를 심화시키고 있다.(김원, 2006 참조)

　이러한 계급 내 적대감은 한쪽의 지위 상승 및 유지와 다른 한쪽의 지위 하강에서 비롯된 결과이다. 그리고 해고된 노동자들은 작업장에 남겨진 동료 노동자들과의 관계에서 상대적 박탈감, 배신감, 적대감, 멸시감 등 복합적인 감정을 갖기도 한다. 이러한 감정은 노사갈등을 노노갈등으로 전화시키고 노동계급의 파편화와 연대의식의 쇠퇴를 초래하는 등 계급 분열의 기폭제가 된다.

　이러한 분화되고 보다 견고화된 고도경쟁 레짐은 노동자들의 저항행위에서도 변화를 초래해왔다. 먼저 정규직 노동자들은 일정한 지위 안정장치를 보장받고 있기는 하지만, 내부 노동시장에서의 격화된 경쟁은 그들의 공포를 강화하고 있다. 이러한 깰 수 없어 보이는 견고한 경쟁 장치와 노동자들의 개인화 경향은 공포를 점점 더 내사화하는 경향을 만들어내며, 노동자들의 행위 유형을 영역 I에서 영역 II로 전환시키고 있다. 또한 이들 노동자들이 연대할 경우에도 경쟁 레짐의 개혁이나 변혁보다는 봉쇄(containment) 전략을 취하는 경향이 있다.

　봉쇄는 불안과 공포의 대상으로부터 자신을 보호하기 위한 적극적 행위이다. 이러한 행위를 취하는 사람들은 타집단과의 경계를 설정하고 위계를 정당화하며 불안 요소를 봉쇄하는 전략과 장치를 마련한다. 그리고 이들은 경쟁의 룰을 최대한 고수하면서 체제에 순응하는 데에 노력을 기울인다. 이는 노동자들의 행위가 영역 I에서 영역 III으로 전환되고 있음을 보여준다. 대기업 정규직 노동자들의 투쟁이 자신들의 지위 보호와 노동조건 향상에만 집중할 뿐이라는 비판은 이러한 경향이 그간 진행되어왔음을 또 다른 방식으로 표현하는 것이기도 하다.

이제 경쟁 레짐의 변화를 위한 적극적인 저항은 비정규직 노동자들에게 남아 있는 것으로 보인다. 비정규직이나 하청업체 소속 노동자들은 그간 고용불안정성에서 오는 공포와 부당한 계약에 맞서 분노를 표출해왔기 때문이다. 이를테면 재능교육 비정규직 노동자들은 무려 2,075일 동안 치열한 파업, 투쟁, 무력시위 등 저항행위를 계속해왔다. 그러나 이들의 저항은 협소한 연대로 인해 해당 작업장 수준에서의 비정규직 지위 보장, 즉 정규직화에 한정되는 경향을 드러내왔고, 이는 경쟁 레짐을 변화시키는 데까지는 나아갈 수 없는 것이었다.

비정규직 노동자의 분노가 포괄적 연대로 이어지기 어려운 데에는 그 나름의 이유가 있으며, 이것은 또한 자본가들의 통제 전략의 일환이기도 하다. 분노가 저항행위로 연결되기 위해서는 공포의 대상이 명확해야 한다. 책임 소재와 대상이 분명해야 분노와 저항의 함수관계가 성립한다. 특히 하청 노동자들의 경우처럼, 그들의 분노가 저항으로 이어진다고 하더라도 뚜렷한 해결책을 찾지 못한 채 지루한 저항만이 계속되는 것도 바로 이러한 책임 소재의 다원화 때문이며, 이것이 바로 이 경쟁 레짐을 만들어낸 자본가들의 의도이기도 하다.

다른 한편 분노 감정만으로 레짐 변혁, 더 나아가 체제 변혁을 유도할 수 없다. 모든 감정이 그렇듯이 분노 역시 일시적이고 즉흥적이기 때문에 저항의 지속성과 정당성을 획득하기 위해서는 또 다른 배후감정이 동반되어야 한다. 그러한 저항의 배후에서 저항의 정당성의 감정적 기반으로 작동하는 감정이 바로 도덕감정이다. 다시 말해서 투쟁 상황에 있는 노동자들의 행위 배후에는 노동권 회복에 대한 희망, 기대, 정의감과 같은 도덕감정이 깔려 있다. 이를테면 "우리의 싸움은 더 이상 우리의 복직을 위해서가 아"니라 "정리해고의 사회적 병폐를 알리기 위"한 것이라는 최일배(전 코오롱 노조위원장) 씨의 말은 이를 잘 보여준다.(『한겨레21』, 2012. 2. 7)

쌍용자동차나 한진중공업 등 지난 비정규직 투쟁 사례에서 알 수 있듯이, 도덕감정은 이해관계가 얽히지 않은 시민들의 연대까지도 이끌어낸다. 이를테면 얼마전 현대자동차 고공 농성장을 찾기 위해 '희망버스'에 탄 한 평범한 가정주부는 "추운 날씨에 철탑에서 싸우는 분들의 이야기를 신문에서 읽고 너무 마음이 아팠다"며 "같이 응원하고 싶어서 왔다"고 말한다.(『경향신문』, 2013. 1. 6) 이 같은 감정적 연대가 가능했던 것은 그 기저에서 공통의 도덕감정이 발흥했기 때문이다.

도덕감정은 애덤 스미스(2009: pp. 5~7)가 말하는 동감(sympathy)에서 출발한다. 동감은 "타인의 고통에 대하여 동류의식을 느끼게 되는 원천"이다. 콜린스(2012: p. 51)는 이와 관련하여 "감정적으로 연대한 집단은 그 나름의 옳고 그름의 기준을 산출"하며 여기서 "최고의 선은 집단에 대한 헌신과 집단을 위한 개인의 이기심의 희생"이라고 주장한다. 그리하여 저항은 도덕성을 갖는 행위로 전환된다.

2000년에 시작되어 517일간 진행된 한국통신비정규직노동조합의 파업투쟁 노동자의 다음과 같은 글에서는 그러한 투쟁에서 작동한 도덕감정의 일면을 잘 볼 수 있다. 즉 "세상에 대한 분노"의 배후에는 "인간답게 살고자 하는 소박한 외침"과 "자식 세대에게 자신이 겪은 고통을 물려주지 않겠다"는 보편적 휴머니즘이 작동하고 있다.

나는 무엇보다도 동지들이 투쟁을 통해 외치고자 했던 것은 세상에 대한 분노보다는 인간답게 살고자 하는 소박한 외침이었다고 생각한다. 충분히 일할 수 있는 능력이 있고 누구보다 열심히 일할 수 있음에도 불구하고 할 수 없는 아니, 하지 못하는 현실. 똑같은 일을 하고 있음에도 불구하고, 비정규직이라는 이유로 차별받고 멸시받으며 주면 주는 대로 시키면 시키는 대로 숨죽이고 살아야 했던 자신의 모습, 그런 자신의 모습을 떨쳐버리고자 했던 것이다. 심지어는 그와 같은 비정규직의 삶과 굴레를 더 이상 자식들에게까지 대물림되지 않게 하겠다는 의지를 표출한 것이었다. 지극히 소박한 그리고 너무나도 당연한 인간답게 살고자 하는 처절한 몸부림의 표현이었던 것이다.(정광진, 2006)

이처럼 집합적 저항은 분노와 더불어 연대의 규범적 틀로서의 도덕감정을 중요한 동력으로 한다. 그러나 이러한 형태와 달리 오늘날에는 점차 '1인 시위'와 같은 개별적 저항이 하나의 전형으로 자리잡아가고 있다. 특히 개별적 저항은 인정투쟁이라는 형식을 취하고 '인권'이 그 중심에 자리하고 있다. 이러한 투쟁은 연대의 좌절로 인해 집합적 저항의 가능성이 희박한 개별 노동자가 정당성을 획득하려는 노력의 산물이다.

이는 계급 분노가 점차 축소되고 분산되고 있다는 사실을 반증한다. 다시 말해서 노동계급의 연대는 점점 더 신화로서만 상상될 뿐이고, 현실세계는 다양한 지위집단과 사회적 당파들 간의 갈등만이 넘쳐날 뿐이다. 이 같은 상황에서 과거와 같은 노동자들의 집합적 저항은 점차 박물관에 박제된 상태로만 존재하거나, 그게 아니면 '희망버스'의 사례처럼 '다중'의 이름으로 조직화된 분노와 저항이 그 자리를 대체할지도 모를 일이다.

수치심, 자기계발, 레짐 재생산

공포에 대한 반응으로 발생한 두 번째 행위양식으로는 자기계발을 들 수 있다. 자기계발은 수치심을 배후감정으로 하여 공포를 내사할 때 발생하는 행위이다. 앞서 논의한 봉쇄가 집단적 차원에서 일정한 규칙과 상징성을 공유하는 사람들이 행하는 공포 탈피 전략 중 하나였다면, 타자와의 경쟁에서 개인적 차원에서 이루어지는 '자기봉쇄' 전략이 '자기계발'이다. 이러한 행위 전략을 취하는 사람들은 무한경쟁 이데올로기를 흡수하고 경쟁을 내면화함으로써 고도경쟁 레짐을 재생산한다.

이러한 행위양식은 자본가의 통제 전략(정규직 통제, 기술적 감시 체계, 노동시장 분절화 등)이 효과적으로 작동한 결과이다. 이러한 자기계발 태도를 취하는 노동자는 공포를 개인적 차원의 관리 대상으로 받아들임으로써 스스로 공포를 통제하고 관리하는 전략을 모색한다. 이러한 점에서 자기계발은 사회적 연대가 소멸하는 데서 비롯되는 행위양식이기도 하다.

오늘날 자기계발의 주체로 표상되는 '기업가형 노동자'는 자신을 CEO와 동일시하면서 역량을 최적화하는 주체이다. 이에 관해 서동진은 자기계발하는 주체를 리스크나 위험을 관리하는 주체라고 칭하면서, "구조조정의 태풍 앞에서 직장인들이 겪는 공포와 불안은 바로 자신이 예측할 수 없고 통제할 수 없는 세계에 직면했을 때의 감정"이라고 주장한다. 그리고 주체는 이러한 위험을 적극적으로 관리하고 통제하는 '자아 테크놀로지'를 채택하게 된다.(서동진,

2009b: pp.352~353) 자기계발은 공포가 내사된 결과이며, 그 대상은 자신을 향하고 시간은 자기 성공 서사의 실현을 꾀한다는 점에서 미래 지향적인 시간성을 지닌다.

여기서 언급한 푸코의 '자아 테크놀로지' 개념은 고도경쟁사회의 맥락에서 볼 때, 자아성취(성공)를 위한 '자기착취' 장치이자 패배에 대한 '자기처벌' 장치이며, 나아가 오늘날 치유와 힐링 산업이 범람하는 현실을 고려하면 '자기치유' 장치로까지 이해될 수 있다. 이러한 장치는 '자기착취'(한병철, 2012: pp.26~28) 과정을 통해 더욱 강화되는데, 왜냐하면 그 배후에서 수치심이 강하게 작동하기 때문이다. 수치심은 고도의 자기검열 감정이다. 고프먼(Goffman, 1959: p.236)에 따르면, 수치심은 타인의 시선을 내화한 감정이다. 고도경쟁사회에서 수치심은 주체의 행위 범위와 자아를 축소시키는 통치 양식을 뒷받침한다.

오늘날 노동자들은 경쟁에서의 탈락과 실패를 수치스러운 경력으로 여기며, 실패의 경험을 지워가는 '백지화' 작업에 노력을 쏟는다. 그러한 사람들은 이를테면 출신 학교, 무직 기간, 실업, 병력 등의 기록을 세탁하거나 삭제하거나 다른 경험으로 빨리 대체해야 한다고 생각한다. 이렇듯 자신의 이력과 과거에 대한 수치심은 기억을 조작하거나 말살하는 일에 익숙해지게 만든다. 그리하여 수치심은 고도경쟁사회에서 탈락에 대한 자기감시의 윤리로 전환된다. 또한 수치심 발생의 진원지는 항상 체제가 아니라 자기 자신에게 있으며 취업을 못하는 것도, 직장에서 해고되는 것도 자신의 무능력 때문이라 여긴다.

신자유주의는 개인의 이러한 무능력감을 자신의 통치 자원으로 전유한다. 이러한 점에서 고도경쟁사회에서 수치심은 신자유주의적 통치의 또 다른 감정적 기반이다. 이는 셰프가 주장하는, 집단적 차원에서 수치심이 수행하는 사회적 기능과는 정반대의 결과를 낳는다. 셰프(Scheff, 1994)에 따르면, 집단적 차원의 수치심은 타집단에 대한 반감과 공격성으로 작동하면서 집단 내부의 결속력을 끌어올린다. 그러나 고도경쟁사회에서 수치심은 사회적 결속보다는 "나만 잘하면 된다"는 심성에서 비롯된 자신에 대한 적극적인 과잉 긍정을 낳는다는 점에서 연대의 결핍으로 귀결된다.

한병철은 이러한 심성이 오늘날 '성과(成果)사회'의 형태로 등장한다고 주장한다.(한병철, 2012) 결국 개별적 차원의 성과를 극대화하기 위해 많은 노동자는 자신을 완전히 소진해버리는 삶을 살아가게 된다.

이러한 수치심은 적극적인 체제 적응 과정을 거치면서 일정 정도 해소된다. 경쟁사회에서 성공하기 위해서는 사람들은 경쟁의 규칙을 철저하게 따르면서 현실 적응이 되어야 한다. "경쟁은 반항하는 프로메테우스의 불을 꺼버린다."(콘, 2009: p.173) 정해진 규칙에 적응하는 것은 그만큼 '안심'이라는 대가를 얻기 때문이다.

이와 같은 감정동학은 고도경쟁사회에서 점점 더 사회적 보수화 또는 체제 재생산을 이끄는 핵심적인 동력 중 하나이다. 그러나 여전히 우리가 간과하지 말아야 할 것은 이들 모두가 자동인형이 아니듯, 자기계발을 하면서도, 직장 내 조직 생활에 헌신하면서도, 사람들은 무대 뒤에서는 "이를 갈면서 버틴다"는 사실이다.

무력감, 예속, 레짐 순응

세 번째 공포 회피 행위는 공포의 원인을 사회 또는 경쟁 레짐에서 찾지만 자신의 자본과 능력을 놓고 볼 때 자신이 그것을 극복하거나 경쟁의 룰을 바꿀 수 없다고 인식하고 체제에 소극적으로 (마지못해) 순응하는 전략이다. 이러한 행위의 배후감정은 무력감이다.

이러한 행위양식은 공포를 외사했는데도 불구하고 자신의 무능력으로 인해 다시 공포를 내사하는 노동자들에게서 나타난다. 이들은 대부분 노동시장의 하층에 자리하고 있는 불안정 노동자들로 구성되어 있다. 이들 집단은 계급적 이해관계를 주장할 수 있는 집합적 힘을 가지고 있지 못하며, 저항의 대상 또한 뚜렷하지 않다. 따라서 그들은 자신들의 불만을 막연하게 사회에 돌릴 뿐이며, 그러면서도 생존을 위해 그 사회에 예속되는 길을 따른다.

이들은 공포를 극복하기 위해 노력했는데도 불구하고 결국 공포 앞에서 무력해진 사람들이다. 스스로 판단하기에 "뭘 해도 안 되는"(또는 그렇다고 생각하는), 자신감을 결여한 사람들이다. "비정규직에서 벗어나려 수없이 노력했지만 이제 체념했다. '내가 뭐가 부족해서 이럴까' 하고 억울해한 적도 한두 번이 아니다. 앞으로도 정규직이 될 순 없을 것 같다." 이는 2000년에 4년제 사립대를 졸업하고 공무원 시험 준비, 학원 강사, 대형마트 판촉사원을 거쳐 최근 정규직 교사의 '대체 인력'으로 일하는 사람의 말이다.(『한국일보』, 2012. 6. 8)

하지만 이 유형에 속하는 사람들은 실제로는 완전히 체념한 것이 아니라, 무력감을 벗어나지 못하는 사람들이다. 일용직 일을 하는 한 빈민의 다음과 같은 이야기는 그러한 상황을 잘 보여준다.

용역 나가면 어디 가도 인간 대접은 잘 못 받는다 아닙니까. 하루살이 인생이다 보니까 시키면 시키는 대로 다 해야 되고, 돈 받아 올라카면 뭐 간, 간하고 쓸개는 집에 놔두고 와야 되고, 그런 삶이다 보니까, 거기에 오는 스트레스, 거기서 막 이래 열 받다 보니까. 또 막 저녁에 오면, 직장 거 돈 벌러 나가 그 스트레스로 저녁에 오면 또 술 한 잔 묵고, 또 다음날 잊고 또다시 일하러 나가고, 그런 생활을 계속하면, 술은 술대로 늘고, 돈은 돈대로 안 모이고 ……난 성실하고 열심히 할 건데, 여기서 80만 원을 주든, 8만 원을 주든, 그 이상의 일을 나는 할 마음인데 이 사회는 나를 안 받아주는구나, 사람을 겉만 보고 판단하는구나.(장원봉·정수남, 2009: 녹취록)

이 집단의 가장 큰 특징은 노동시장의 보호를 거의 받지 못하는 상황에서, 특히 워킹 푸어의 특징인 '절망의 빈곤'(조명래, 1997) 상태에서 탈빈곤에 대한 기대를 결여하고 있다는 데 있다. 이러한 기대 결핍은 무력감을 동반한다. 무력감은 기대나 희망과의 거리가 점점 멀어질 때 나타나는 감정이다. 동시에 어떤 시도를 하더라도 그에 따른 성취나 효과가 지속적으로 나타나지 않을 때, 사람들은 무력감을 경험하게 된다. 무력감은 과거와 미래 시간이 충돌할 때 나타나는 감정이다. 즉 지난 시간 동안 노력을 해왔지만 이 노력의 결과가 어떠한 미래도 보장해주지 않을 때 '현재의 나'는 무력해진다. 이들은 그들의 표현으로 '롤러코스터 삶'(이정국 외, 2012: pp.46~50)을 살아간다.

하지만 이들은 자신의 실수나 잘못만이 아닌 외부 요인(사회) 때문에 현재와 같은 억울하고 불합리한 상황에 처했다고 생각한다. 다음 인용문은 1997년 외환위기 당시 운영하던 광고 회사가 부도를 맞으면서 파산하게 되자 거리로 나와 노숙 노동자가 된 30대 중반 빈민의 이야기이다.

그때 당시만 해도 외환위기를 겪을 거를 아무도 생각을 못 했으니까요, 실질적으로 대한민국 사람이면 누구나가, 또 기업인도 마찬가지고, 그때는 IMF가 뭔지도 몰랐잖아요. 그러다 보니까 너나없이 다 뚜드려 맞은 거고. 그러다 보니까 어떻게 할 수가 없더라고요. ……그때는 정말 아무것도 안 했어요. 아무것도 하고 싶지도 않고, 의욕을 상실

했죠. 그때는 정말 이게, 아 뭐라 그럴까요. 삶의 희망이 진짜 포기 단계까지 갔어요. 제 그때 젊은 혈기에, 너무 억울한, 억울하다는 생각이 있었어요. 내 의지와는 상관이 없었으니까.(장원봉·정수남, 2009: 녹취록)

하지만 이들에게 저항의 대상과 저항의 자원은 추상적일 뿐이다. 왜냐하면 무력감이 분노를 화로 대체했기 때문이다. 분노를 경험한 사람들이 자원을 빼앗기고 그리하여 그들의 분노를 행동으로 전환시키지 못할 때, 분노는 내사된 화로 약화된다. 이러한 내사된 화는 화난 사람들에게서 수동성을 강화시키면서 모욕의 고통을 무감각하게 약화시키는 기능을 한다.(바바렛, 2007: p.114) 그렇기 때문에 화는 레짐 변혁의 감정적 동력에 근거한 저항을 이끌어내지 못한다. 그리고 그러한 노동자들에게는 이러한 원자화된 화를 집합적 차원으로 끌어올릴 수 있는 조직적인 사회적 연결망도 존재하지 않는다. 따라서 그들은 화를 공유할 수 있는 '감정공동체'(베레진, 2012: p.145)를 형성하지 못한다. 그들은 개별적 수준의 욕설, 짜증, 즉흥적 불만 또는 푸념을 표출하는 정도에 머문다. 이러한 상황은 우울감을 낳게 한다.

프로이트는 우울증의 원인을 "사랑하는 대상을 실제로 잃었거나 감정적으로 상실한" 데서 찾으면서, 이 증세의 주요 특징으로 "무자비한 자기비판과 가혹한 자기질책과 결합된, 자아의 잔혹한 자기멸시"를 든다.(프로이트, 1997: pp.125~126) 이를 켐퍼식의 감정사회학으로 해석하면, 실업이나 지위 하락은 우울을 야기하며, 이러한 지위 상실을 만회할 수 없다는 판단이 생길 경우 우울감은 더욱 심화된다.(Kemper, 1987) 그런데 자기멸시는 자아를 향한 화이지만, 자칫 극단적으로 표출될 경우 자살이나 익명의 타인을 공격하는 처참한 결과를 낳을 수도 있다. 최근 '자포자기형 분노'가 범죄로 이어지는

사건이 많아지는 것도 이러한 현실을 반영한다.(『한겨레신문』, 2012. 8. 23)

하지만 대체로 이들은 체제로부터 완전히 이탈되지 않기 위해 체제에 순응하며 살아간다. 그런데 이들은 한편으로 경쟁의 규칙에 적극적으로 적응하지 않으면서 다른 한편으로는 체제 이탈을 두려워하는 양가적 태도를 취한다. 현재에만 충실하려고 애쓰는 것이다. 서울의 한 영구 임대 아파트에 거주하는 40대 후반 무직 남성의 다음과 같은 말은 이를 잘 보여준다.

나에겐 꿈이 없다. 변변한 직업도 없이 지금까지 살았는데, 꿈이랄 게 뭐 있겠는가. 정치가 내 인생을 바꿔줄 거라는 생각도 안 한다. 한 가지 꿈이 있다면 88살 때 눈감고 자다가 조용히 죽는 게 소원이다. 그리고 지금 삼겹살이 너무 먹고 싶다. 못 먹은 지 1년이 됐다. 누가 삼겹살을 사준다면 이번 대선에서 찍어줄 용의가 있다.(『한겨레신문』, 2012. 5. 14)

이러한 감정적 판단은 "옛날이 지금보다 더 좋았다"는 노스탤지어적 감수성을 증폭시킨다. '박정희 신드롬', '전두환 향수'는 이들에게 지나간 과거가 아니라 절실한 현재를 의미한다. 이러한 향수는 미래의 희망을 상실한 무기력한 개인이 과거에서 행복을 찾으려는 것이며, 이는 퇴행적 의존 심리로 이어진다.(김태형, 2010: pp. 141~145) 이러한 의존 심리는 주체적인 사회변혁의 불가능성을 상상된 타인에 대한 의존으로 대체한다. 결국 이 같은 감정은 미래를 상상 불가능한 영역으로 만들어버린다.

체념, 퇴행, 체제 이탈

마지막으로 거론할 수 있는 사람들이 내사된 공포의 만성화로 인해 스스로 삶의 동력을 상실한 채 체념 상태에 빠져 있는 최하층계급이다. 이들은 빈곤을 탈출하려는 여러 시도가 매번 좌절되면서 끝내 가난으로 추락한 사람들이다. 이들은 체념이 공포를 잠식해버렸기에 공포에 무감각하다. 무엇보다도 이들은 고도경쟁 레짐의 규칙을 따르려고 하지 않는 사람들이다. 실제로 이들은 경쟁 레짐에게서 이탈한 인간들이다. 이 부류의 사람들은 노숙인, 부랑인 등을 포함한 극빈층에 속한다. 이들은 "도움이 되는 자아도 없으며, 도달하려는 생활 표준도 없고, 자신의 삶에 무관심"한 사람들이다.(Cruikshank, 1999: p.54)

바우만의 표현을 빌리면, 이들은 "'자원 낭비의 원인'이자 뚜렷한 해결책이 없는 '문제'"를 형성하는 층으로, 경제활동에서 배제되어야 하는 '잉여인간'의 범주에 속하기도 한다.(바우만, 2010b: p.127) 부르디외는 이들을 "게임으로부터 배제된 인간들"로 규정하면서, "생명력을 지닌 환상을 빼앗긴 이 인간들은 …… 삶의 비시간으로부터 벗어나기 위해, 그리고 자신이 존재한다는 것을 느끼기 위해 승마복권 ……그리고 모든 빈민가와 슬럼의 온갖 도박 같은 활동에 의존"한다고 주장한다. 이들은 "현재와 미래의 관계가 끊긴" 미래가 없는 사람이다.(부르디외, 2001: pp.316~318)

대표적인 예로 현재 완전히 노숙 상태에 빠졌거나 노숙 상태에서 노동하는 노동자의 경우를 살펴보자. 많은 노숙인들 중에는 자활 의지도 없으며, 생존 유지 수준의 사회적 시혜만을 기대하는 사람들이 많다. 이들은 자활 프로그램에 적극적으로 참여하지도 않고, 참여했다가도 얼마 되지 않아 원상태로 되돌아간다. 이 같은 결과가 발생하는 까닭은 체념이라는 배후감정이 강하게 작동하기 때문이다. 다음은 어느 노숙인의 말을 인용한 것이다.

내가 마음이 아직 요런 데 있다 보니까 아무래도 쫌 타성에 젖었죠. 제 노숙이 인자 누구 말마따나 국민의 세금으로써 밥을 먹다 보니까, [규칙적인 직장 생활을 하다가] 요기 와서 너무나 편하게 있다 보니까, 솔직히 일 안 나가도 뭐라고 하질 않고 하니까, 인간이 타성으로서 좀 타락이 됐죠. ……일단 밥은 나오니까요. 잠자리하고 숙식은 제공되니까, 마음가짐을 인자 쫌 강하게 가져야 되는데, 저 노숙이 안주가 되는 것 같아요. 제 생각에, 그러면 안 되는데 자꾸 그러다 보니까, 내가 인자 남들보다 앞에 가기도 힘든 판에 자꾸 처지고 처지고 처지고 하다 보니까, 자신감이 막 상실되는 거죠. 막 다운되죠.(장원봉·정수남, 2009: 녹취록)

이러한 체념은 인간의 행위 지향성을 과거로 전환시킨다. 이들의 닫힌 미래는 그들이 과거에 더욱 집착하게 만든다. 그러나 그 과거는 자신의 잘잘못들로만 채워져 있다. 즉 그들은 현재와 같은 빈곤에 이르게 된 데에는 자신의 무능력과 불성실함, 무절제가 가장 큰 원인이라고 판단한다. 신용불량, 채무 불이행, 사업 실패, 도박, 알코올 등, 그래서 가족관계가 해체되고 현재 홀로 남게 된 상황을 모두 자신의 탓으로 돌린다. 이러한 죄책감은 다시 가족에게 돌아가는 것도 힘들게 만든다.

노숙인들과의 인터뷰를 분석한 정수남에 따르면, 이들은 현재의 상황을 자신의 잘못된 과거로부터 서사화한다. 이를테면 한 노숙인은 자신에 대해 "사람이 좀 오기도 있고 좀 끈기도 있어야 되는데, 그런 부분이 없다 보니까", "내가 내 자신 관리를 못했다는 거 ……대인관계에서 그랬고 ……부모님을 갖다가 실망시키고, 나 스스로를 갖다가 속이는 짓을 하면서", "이런 상황에서 [자식들에게] 가면은 죄인 같고", "죄책감에 내가 못 견디겠다"고 말한다.(정수남, 2010:

pp. 180~184) 결국 이러한 죄책감은 그들을 퇴행으로 이끄는 배후감정으로 작동한다. 다음 인용문을 보자.

내가 왜 그랬을까 하는 그런 생각이 막 들고 그런 게 더 나를 괴롭히는 거 같애요. 그 행복했던 작은 일 행복했던 거 모 아들래미 올챙이 잡아 주던 거, 또 집사람이 그렇게 인제 으 애교 떨 때나 아니면 작은 거 줬을 때 행복했을 때 그럴 때가 막 더 생각이 나는 거예요. 또 못 해줬던 거만 생각이 나고 내가 왜 그때 그랬을까, 뭐 그런 생각이 또 드니까 더 미치는 거예요. 그러니까 술로 가게 되고 술로도 안 되니까 도박으로 가게 되는 거예요.(장원봉·정수남, 2009: 녹취록)

이러한 퇴행의 이면을 지배하는 행위양식은 성실함, 저축, 절제 등 프로테스탄트 노동윤리와 상반된 낭비, 무절제, 탕진 등 소모적 소비윤리이다. 이러한 소모윤리는 미래를 계산하지 않고 현재에 집중된 시간성을 반영한다. 기대할 미래가 없는 시간은 이들로 하여금 차라리 현재를 통해 정체성을 구성하게 한다. 상당수 노숙인은 지급받은 사회적 보조금을 주변 사람들에게 바로 그날 써버리면서 행복(?)과 존재감(?)을 만끽한다. 왜냐하면 노숙인들 스스로가 자활 프로그램의 무용성과 비효과성을 간파하고 있으며, 복지 프로그램에 대해서도 역시 기대하거나 신뢰하지 않기 때문이다.

여[기] 있는 분들은 술이 진짜 문제예요. 술, 진짜 알코올. 이게 끊는다고 그래도 못 끊는 게 알코올이고, 그리고 인자 도박 이런 거는 개인 사정이니까요. 경륜, 경정 뭐 이런 거는 한 달에 이빠이 일해갖고 한 삼백만 원 들고 하루 만에 뺑 하는 사람도 있고요. 그런 거 보면 나는 대단한 곳이라고 생각해요. 나름대로 열심히 그렇게 한 달 동안 열심히 했

는데, 아니 다음 날 오더만은 담배 한 까치 달래요. ……이러니까, 삼백
다 날렸다 이러더라고요.(장원봉·정수남, 2009: 녹취록)

결국 이들의 생애는 체제로부터 이탈하는 경로로 펼쳐지게 된다.
역설적이게도 고도경쟁사회는 사회발전이라는 합리화 테제를 무색
하게 만들 정도로 경쟁 규칙을 따르지 못하는 무능력자를 무더기로
양산하는 비합리적 사태를 맞이하고 있다. 그리고 오늘날 사회정책
프로그램은 이들을 관리한다는 목적에만 충실함으로써 자신의 존재
를 인정받는 운명에 처해 있는지도 모른다.

고도연대 레짐을 향하여

이상의 논의에서 우리는 노동계급의 상태와 노동자 행위양식 연
구에서 '감정적 전환'을 시도해왔다. 이는 노동자계급의 상태 또는
공포와 저항 간의 관계를 일대일 대응으로 파악하는 마르크스주의
적/결정론적 논의의 한계를 넘어서서 왜 노동자들이 저항하지 않는
가를 설명하고자 하는 노력이었다.

지금까지 노동자들의 배후감정과 감정동학에 대한 분석을 통해
볼 때, 적극적 감정인 분노를 배후감정으로 하는 노동자의 저항행위
영역은 논리적으로 전체 행위 영역의 4분의 1만을 차지하며, 그것마
저도 고도경쟁사회에서 개인화의 가속화 효과로 인해 현실적으로는
더욱 축소되고 있었다. 반면 수동적 감정인 수치심, 무력감, 체념을
배후감정으로 하는 행위 영역은 현실적으로 더욱 넓어지고 있으며,
우리 사회에서 일고 있는 자기계발 열풍, 노동계급의 보수화, 노숙자
의 증가는 이러한 현상을 실증하는 것으로 볼 수 있다.

이러한 소극적·수동적 감정이 낳은 사회적 분위기는 활력 없는

'어두움'이다. 그 이유는 바로 고도경쟁 레짐에서는 초기 경쟁 레짐과는 달리 가혹한 경쟁 속에서 미래의 희망을 발견하지 못하기 때문이다. 이러한 상황은 사회를 역동성이 없는 병약하거나 병든 사회처럼 보이게 한다.

이러한 사회에서 미래를 상실한 사회성원들은 건강했던 또는 행복했던 것으로 보이는 (그러나 실제로는 결코 그렇지 않았던) 과거를 향수한다. 즉 과거의 모든 부정성을 탈각시킨 '죽은 감정'(메스트로비치, 2014)이 사람들을 사로잡고, 사람들은 과거로, 과거로 달려간다. 사회는 퇴행성과 보수성으로 특징지어진다. 사회적 연대 역시 하나의 향수가 된다. 그리고 이러한 향수는 보수적 정치인들의 자원이 되고, 정치인들은 이 향수를 동원하여 유권자들과의 단절된 관계를 복원하고자 시도한다. 이것이 현재 우리사회의 한 단면임을 부정하기란 어렵다.

고도경쟁사회의 불확실성과 무능력으로 인해 미래 비전을 상실한 정치인들 역시 노동계급의 문제를 해결하고자 하기보다는 개인들의 심리적·감정적 상태를 문제 삼으며, 문제를 개인화한다. 즉 집합적 불만조차도 치료요법적 개입을 통해 고칠 수 있는 개인적 문제로 전환시키고자 한다.(Lasch, 1979: p.43) 노동계급의 문제는 무능력하고 취약한 사람들의 문제이며, 그들의 저항은 무분별한 욕구 분출로 축소된다. 따라서 사회복지 체계 역시 희생양 만들기와 자활, 재활, 역량강화 등을 강조하는 쪽으로 선회하고 있다.(이혁구, 2000; 2003) 그리고 이러한 상황에서 사회의 엘리트와 비판적 지식인조차도 불안과 공포를 겪는 사람들에게 문제의 해결책이 아닌 위안과 힐링을 제공하고 싶어한다.

그러나 사회적 안정을 꾀하기 위한 이러한 사회정책이 실효성을 거두어 불안정 노동자, 실업자, 빈민의 공포와 불안을 제거하기란 결코 쉽지 않다. 왜냐하면 경제적 상황과 겉으로 드러나는 공포 감정은 동일하다고 하더라도 그들의 행위 배후에서 작동하는 감정이 다른 까닭에, 동일한 자극으로 모두에게서 그것이 의도한 행위를 유인할 수 없기 때문이다. 따라서 배후감정에 따른 '적극적인 맞춤형 사회정책'이 필요하다. 이를테면 무력감에 빠진 사람들에게는 자신감을 갖게 하는 새로운 환경과 기술에 대한 적응 교육을, 체념에 빠진 사람들에게는 새로운 활력을 가진 감정으로의 전환을 우선적으로 꾀하는 사회정책 등이 요구된다.

이러한 정책의 감정적 전환을 이루기 위해 필요한 것이 '연대의 감정'이며, 이것의 배후감정은 애덤 스미스의 '동감', 헤겔의 '사랑', 막스 쉘러의 '공감' 등이다. 이러한 감정은 모두 타자와의 상호주관성 속에서 '인정', '존중', '호혜'를 이끌어낸다. 이는 격렬하고 심지어는 적대적이기까지 한 고도경쟁사회에서 '고도연대사회'로의 전환을 가능하게 하는 감정적 토대이다.

이러한 점에서 유기적 연대를 위한 '도덕적 개인주의'에 대한 뒤르케임(2012)의 고전적 논의와 오늘날 '시민연대사회'와 '연대주의'를 역설하는 강수택(2007; 2012)의 논의는 시사하는 바가 크다고 할 수 있다. 또한 앞서 논의했듯이, 희망버스 운동이나 다양한 협동조합 운동과 같은 도덕감정에 토대한 연대는 이러한 점에서 주목할 만하다.

그러나 현 시대에는 다니엘 벨(Bell, 1996)이 주목하지 못한 또 다른 '자본주의의 문화적 모순'이 존재한다. 그것이 바로 우리가 지금까지 추적했듯이, 자본주의사회가 현재 자신의 생존을 위해 고도경쟁 레짐을 요구하고 현 시대의 개인화를 더욱 가속화시키고 있다면, 그것이 초래하는 노동자들의 공포와 불안을 해소하고 사회의 안전성을 구축하기 위해서는 연대가 절실히 요구된다는 것이다.

현재 우리는 뒤르케임이 상정하는 유기적 연대의 사회를 훌쩍 뛰어넘는, 바우만(2009b)이 말하는 유동성(liquidity)을 축으로 하는 '액체 근대'를 살아가고 있다. 사회는 고도의 기능적 분화 과정을 거치고 있으며, 이 과정은 서로의 개성과 존엄에 기초한 '가치공동체'(호네트, 1996)보다는 합리화된 '체계 집단'으로 수렴되고 있다.

하지만 호네트가 지적하듯이, "사회적 연대는 개성화된 자주적인 주체들 간의 대칭적 가치 부여—즉 타인의 능력과 속성을 공통의 행위 수행에서 중요한 것으로 간주하는 가치관 아래서 서로를 존중하는 것—를 전제"로 할 때 가능하다. 왜냐하면 그러한 조건 하에서만 "타인의 개인적 특수성에 대한 수동적인 관용만이 아니라 감정적인 관심이 불러일으켜질 수 있으며," 또 "타인의 속성을 적극 배려할 때만 우리의 공동 목표가 실현될 수 있기" 때문이다.(호네트, 1996: p.221)

이러한 연대 안에서 개인은 고유한 활동과 가치를 서로 인정하고 또 사회적으로 인정받으면서 고통 없는 경쟁을 경험하게 될 것이다. 아마도 이러한 상호인정과 사회적 인정이 고도연대 레짐의 바탕을 이루는 감정구조의 하나일 것이다. 따라서 앞으로 감정사회학의 작업은 이처럼 경쟁을 연대로 전환시킬 수 있는 배후감정을 더욱 면밀히 탐구하고, 그러한 전환의 계기를 찾아내는 것이 되어야 할 것이다.

7 노숙인, 공포, 후기자본주의적 감정통치

잉여인간의 발명

최근 몇 년 동안 한국 사회에서 '잉여인간'에 대한 논의가 급부상하고 있다. 여기서 잉여는 단순히 경제적 차원에서 자본투자로부터 획득한 이윤의 의미가 아닌 사회적 차원에서 '쓸모없음', '무가치'의 의미를 지닌다. 바우만은 '잉여인간'을 전통적 의미에서의 실업자나 노동예비군과는 전혀 다른 범주로 설정하면서 '인간 쓰레기'라고 명명하는데, 이들은 근대사회의 설계와 질서 구축 과정에서 "현대화가 낳은 불가피한 산물이며 현대(성)에 불가피하게 수반"되는 부수현상으로 출현했다."(바우만, 2008: pp. 21~22; 2010b: p. 168)

한국 사회에서 '잉여인간'이라는 표현은 1990년대 이후 세계화, 국제이주, 노동시장의 유연화, 금융자본의 공세, 복지 지체 및 후퇴 등에 따른 불법체류자, 탈북자, (장기)실업자, 백수, 노숙인 등 노동시장으로부터 배제된 사람들이 크게 증가하면서 이들을 빗댄 수사로 사용되고 있다. 특히 최근에는 20대까지 그 범위가 확장되면서 '잉여인간'에 대한 논의가 일반화되고 있다.(엄기호, 2010; 경동현 외, 2011; 백욱인 편, 2013; 최태섭, 2013; 한윤형, 2013)

실제로 2000년대 중반부터 '2030 청년실업자'들이 증가하면서 노숙생활에 접어든 사례가 증가하고 있다(『한국일보』, 2007. 1. 27; 『투데이코리아』, 2008. 7. 4) 얼마 전까지 '사회적 소수자', '워킹푸어', '88만원 세대'로 불리던 사람들마저도 이제는 스스로를 잉여인간이라고 분류한다.(『한겨레신문』, 2012. 2. 8.) 이 글에서 주목하는 노숙인, 부랑인은 오래전부터 잉여인간의 범주에 포함된 존재이다. 이들은 사회에서 '있으나마나 한' 존재거나 '사라지면 더 좋은' 존재들로, 잠정적 배제집단에 속한다.(윤혜준, 1999 참고)

노숙인과 부랑인은 일찍이 노동시장에서 생산기능은 물론 가정이나 사회영역 전반에서 제 기능을 상실한, 그래서 사회로부터 완전히 배제된 존재로 여겨지고 있다. 산업화 이후부터 현재까지 경제발전과 민주주의의 진전에도 불구하고 이러한 범주의 인간들이 과거에 비해 줄어들기는커녕 오히려 늘어나고 있다. 여기서 증가는 양적인 측면만을 의미하는 것이 아니라 잉여인간을 규정하는 문화적 담론 또한 증폭하고 있다는 점에서 이중적 의미를 지닌다.

이 같은 분위기는 1997년 외환위기 이후 한국 사회가 신자유주의 체제로 재편되는 과정에서 심화되었다. 여기에는 두 가지 핵심 메커니즘이 작동했는데, 하나가 노동시장의 유연화에 따라 사회적 보호 장치가 약화되면서 귀결된 '프레카리아트'(Standing, 2011)와 실업자의 양산이고, 다른 하나는 '금융자본주의의 폭력'(마라찌, 2013)에 따른 '부채인간'(라자라토, 2012)의 양산이다. 자본의 금융화 과정에서 적극적으로 도입된 새로운 신용 메커니즘은 대량의 신용불량자를 양산하는 기제로 작동했다. 이는 소득불평등과 사회양극화를 심화시키는 후기자본주의적 기제이다. 이와 더불어 계급재생산을 위한 견고한 장치(dispositif)들이 제도적으로 구축되면서 사회이동의 자율성은 상대적으로 하락하고 있다.(노대명, 2009) 노숙인은 이러한 장치들이 작동함에 따라 새로 배열된 사회계급의 최하층 집단을 구성하고 있다.

한편 노숙인과 부랑인은 복지 및 의료담론의 분류체계에 따라 역사적으로도 각기 다르게 정의되어왔다. 하지만 이들에 대한 분류나 정의는 시대적 맥락에 따라 중첩하고 또 구별되기도 했다.(정근식, 2012) 그리고 그들은 사회적으로 공인된 시설들(쪽방, 쉼터, 보호소 등) 중에서 어느 곳에 머물고 있는지에 따라 공간적 통치의 대상이 되기도 했다. 그런데 2012년 6월 「노숙인 등의 복지 및 자립지원에 관한 법률」이 시행되면서 노숙인과 부랑인은 현재 동일한 범주가 되었다.

부랑인과 노숙인에 대한 개념 규정은 더욱 엄밀한 계보학적 검토를 필요로 한다. 하지만 여기에서는 2012년 부랑인이 노숙인으로 통합된 시점을 기준으로 그 이전 시기를 다룰 때에는 노숙인·부랑인을 혼용해서 사용하고 그 이후에는 노숙인으로 통칭한다. 2012년 「전국노숙인실태조사」에 따르면, 현재 노숙인은 13,262명(거리노숙인 1,811명, 시설노숙인 11,451명)에 이르지만, 여전히 통계적으로 잘 파악되지 않는 잠재적 노숙인까지를 포함하면 그 수는 훨씬 많아진다.(이정규, 2012: p.13)

노숙인의 등장이 최근 일은 아니지만 1990년대 중반, 특히 IMF 외환위기 이후 실업, 파산, 도산 등을 겪은 이들이 많아지면서 급증했다.(신원우·김소영, 2005) 당시 이들을 돕기 위한 시민단체가 결성되고 정부의 응급지원대책이 서둘러 마련되었고, 자원봉사자나 종교단체의 지원도 재빠르게 조직화되고 체계화되었다.(이태진, 2007; 정수남, 2009) 동시에 노숙인의 인권을 보호하고 심신을 재활시키고 자활을 돕는 복지시설과 담당 수행원들도 증가해왔으며, 복지 서비스 또한 날로 체계화되어왔다.

이 과정에서 노숙인에 대한 복지정책은 점차 세분화·전문화되면서 그들을 통제하고 '정상화'(nomalization)하기 위한 미시권력적 장치들이 확대되었다. 이른바 1998년 이후 '생산적 복지'(workfare)라는 새로운 복지담론과 사회복지적 장치(이하 복지장치로 통칭)들을 통해 노숙인은 이전과 다른 방식으로 '주체화'되기 시작했다. 이러한 담론틀(discursive framework)과 정책 프로그램들이 궁극적으로 지향하는 바는 노숙인의 사회복귀를 목적으로 마련된 '자활'(self-support)과 '자립'(self-help)이다. 이에 따라 자활을 필두로 노숙인을 노동시장 내로 재편입시켜 사회로 복귀시키려는 장치들이 곳곳에 배치되었다. 이러한 장치들은 노숙인에 대한 복지담론에서부터 보호 및 관리법안, 정부 및 지역 단위의 관리·감독체계, 주거지원사업, 시설 및 보호소 운영, 사회복지사 및 자원봉사자의 개입 등에 이르기까지 매우 다양하다.

다른 한편 노숙인을 공공장소로부터 몰아내는 정책들 또한 때때로 시행되어왔다. 위생 사업이나 범죄 척결을 내세운 정부 주도의 사업이나 이벤트가 지역사회 발전을 명목으로 강압적으로 시행되기도 했다. 이때 노숙인은 "더럽고, 위험하고, 비정상이고, 중독된, 무능력하고 게으른" 사람으로 분류되고(강내원, 2007), 노동윤리를 위반하는 비정상적인 주체로 규정된다. 대표적인 사례로 2010년 8월 코레일이 시민불편과 범죄예방을 이유로 서울역에서 노숙인 강제퇴거조치를 내린 일을 들 수 있다.

이처럼 노숙인을 둘러싸고 이중장치가 작동하는데, 한쪽에서는 노숙인을 취약한 극빈층으로 분류하여 자활대상자로 보호·관리하려는 장치가, 다른 한쪽에는 그들을 유사 범죄자로 분류하면서 배제하고 차별화하는 장치가 대칭을 이루면서 공존한다. 이와 관련하여 푸코의 '주체생산' 논의는 유용한 틀을 제시해준다. 일찍이 푸코는 근대사회의 주체생산에 기여하는 다양한 장치들(담론, 제도, 법, 규범, 가치 등)에 주목해왔다. 그에 따르면, 이러한 장치들은 자연상태의 인간(순수한 생명체)을 사회적 주체로 전환시키는 기제로 늘 작동해왔다. 특정한 범주의 인구집단에 부과된 주체성과 정체성은 이러한 장치들의 복합적인 조합에 따른 결과물이다.

하지만 이러한 다양한 복지 프로그램에도 불구하고, 노숙인의 수는 눈에 띄게 줄어들지도 않았고, 그들의 사회 복귀가 제대로 이루어지지도 않았다. 이는 다음과 같은 물음을 던지게 한다. 빈곤 프로그램과 복지장치가 조금씩 늘어가는데도 노숙인은 줄어들기는커녕 정체 상태이거나 심지어 증가하는 경향까지 띠는가? 이러한 역설적 상황은 왜 발생하고 어떻게 지속되고 있는가? 그러한 장치들이 자활의 성공 여부를 판가름하는 통치기제로 작동하면서 노숙인을 잉여인간으로 범주화하는 지속적인 담론체계로 작동하는 것은 아닐까? 그래서 노숙인은 사라지는 것이 아니라 다른 범주의 인간집단으로 우리 주변에 계속 머무르는 게 아닐까?

이 질문에 답하기 위해 우리는 이 장에서 복지 프로그램의 한계나 물질적 지원체계의 미비에 주목하는 경제주의적인 접근보다는 주체 생산의 측면에서 그 원인을 규명하고자 한다. 하지만 이러한 논의에는 논쟁의 여지가 충분히 있을 수 있다. 왜냐하면 실제로 노숙인에 대한 경제적 지원 및 복지 서비스는 여전히 절대적으로 빈약한 상태에 있기 때문이다.

우리가 이 장에서 의도하는 것은 노숙인 정책의 경제적 차원이 아닌 문화적·감정적 차원의 문제를 논의의 중심축으로 삼아 새로운 해석을 시도하는 것이다. 이를 위해 우리는 푸코의 통치성, 부르디외의 장(field)과 아비투스 개념을 활용하여 잉여인간의 주체화 메커니즘을 감정사회학적으로 포착하고자 한다. 왜냐하면 푸코의 통치성 개념은 주체생산의 내·외적 작동원리를 드러내준다는 점에서, 부르디외의 장과 아비투스 개념은 주체화 '과정'을 계급적 맥락에서 포착할 수 있게 해준다는 점에서 우리의 논의에서 적극적으로 활용할 수 있는 이론적 자원이기 때문이다.

또한 휴즈(Hughes, 2010)와 일루즈(Illouz, 2008)의 지적대로, 감정은 후기자본주의 체제에서 통치수단으로 높은 활용가치를 지닌다. 따라서 이 장에서 우리는 감정이 통치, 장, 아비투스 개념과 결합되면서 주체를 생산하는 데 어떻게 기여하는지를 탐색한다. 다시 말해 노숙인이 오늘날 어떤 장치들에 의해 (재)생산되고 있으며, 이들이 사회복귀를 위한 자활 프로그램을 통해 어떻게 주체화되는지를 분석한다. 이를 통해 우리는 후기자본주의 체제하에서 노숙인을 관통하는 권력장치와 복지정책의 성격을 새롭게 규명한다. 마지막으로 우리는 이러한 원리가 우리 시대 '잉여인간'의 사회적 삶 전반으로까지 적용될 수 있다고 주장한다.

노숙인 생산의 감정사회학: 동정심에서 무관심으로

계보학적 단사(短史)

역사적·사회적 맥락에 따라 노숙인과 부랑인이 구조적으로 또는 담론적으로 생산되고 규정되는 메커니즘은 상이했다. 넓게 보면 근대국가, 자본주의 체제, 근대적 시민이 형성되는 시기(식민지시기)에서부터 그 시작을 포착할 수 있지만, 한국전쟁 이후 1960년대 국가재건기부터 그 본격적인 시발점을 찾아볼 수 있다. 전쟁 이후 전재민이나 피난민의 증가로 걸인, 부랑인, 행려자 등 극빈층이 많아지면서 국가는 이들을 한편으로는 강제로 수용하는 전략을, 다른 한편으로는 그냥 내버려두는 방치 전략을 채택해왔다.

방치된 채 자유롭게 떠돌아다니던 당시 부랑인들은 자체적인 조직을 만들어 집단생활을 하거나 생계를 위한 수단을 마련해나갔다. 1950~60년대 거지왕으로 유명했던 김춘삼 씨는 당시를 회상하면서, "우리는 구걸을 하면서도 쓰레기를 뒤지며 넝마주이를 해서 돈을 벌었고 개간·간척사업에도 참여했"다고 말한다.(『한국일보』, 1996. 12. 12) 하지만 1960년대 전후로 부랑인으로 분류되던 사람들은 대거 수용시설에 강제로 끌려가 집단생활과 강제부역을 강요받기도 했다.(김아람, 2011) 이러한 흐름은 1980년대까지 이어지다가 1990년대에 접어들면서 전환을 맞게 되었는데, 1990년대 이전과 이후를 두 가지 차원에서 비교해보면 다음과 같은 차이를 보인다.

첫째, 발생 원인의 변화이다. 1990년대 이전까지 노숙인과 부랑인은 주로 한국전쟁의 여파를 포함하여 가정불화, 사회 부적응, 정신병, 빈곤, 장애와 질병에서 기인했으며, 이들은 가출한 노인, 가족에게 버림받은 중년 가장, 실직자, 장애인, 전과자, 알코올 중독자, 노동능력이 없고 신체장애나 정신장애를 겪는 사람 등이 주를 이루었다. 이들을 칭하는 용어도 노숙인(자)보다는 부랑인(아)이 일반적이었다. 특히 한국전쟁 이후 부랑아가 급증하여 문제가 심각해지면서, 이들에 대한 통제는 국가의 주요 정책 중 하나가 되었다.

그러나 1997년 외환위기 이후 실업의 급증과 이에 따른 연쇄작용으로 파산, 도산, 부채, 신용불량, 이혼과 자살 또는 살해로 인한 가족해체가 전례 없는 형태의 노숙인을 만들어냈다. 당시 노숙인을 "6·25 직후의 황폐했던 시절 이래 처음 겪는 국가적 재난의 산물"이라고 할 정도였다.(『서울신문』, 1998. 3. 31) 특히 이들은 상당수 노숙인이 노동능력을 지니고 있는데도 불구하고, 노동시장 내로 진입할 수 있는 자격 자체를 구조적으로 박탈당했다는 점에서 이전 상황과 매우 달랐다. 채무를 해결하지 못해 신용불량자가 되어, 주민등록이 말소되어 재취업이 불가능해졌기 때문이다.

혹자는 이들을 '실직형' 노숙인이라고 칭하기도 한다. 하지만 노숙의 직접적인 원인을 실직에서만 찾을 수는 없다. 왜냐하면 가난, 방탕한 생활(게임, 도박, 음주, 주식 등), 이혼 등 여러 요인이 복합적으로 작용한 경우도 많이 있기 때문이다. 다만 외환위기 이후에는 '실직'이라는 변수가 매우 크게 작용했다고 볼 수 있다. 실직은 노숙의 원인을 제공했던 다른 요인과는 비교도 할 수 없을 정도로 강력한 구조적 원인이었다. 이들은 자본주의 체제와 근대적 일상생활에서 요구되는 규칙과 규범을 육체적·정신적으로 준수할 수 없거나 또는 자의적으로 따르지 않는다는 이유로 사회적 장(field)에서 퇴출되어 버렸다. 이제 이들은 자신이 언제든 노동시장으로 재진입할 수 있다고 상상하는 것마저도 어려워졌다. 현재 노숙인의 삶에서 신용불량자라는 낙인과 그로 인한 주민등록말소와 부채가 가장 큰 걸림돌이라는 점은 이를 잘 말해준다.

둘째, 관리체계의 변화이다. 즉 노숙인을 관리하는 방식이 과거의 제한적 관리·감독체계 및 방치에서 현재 합리적 통치체계로 전환되고 있다. 전통적으로 부랑인은 "떠돌아다니면서 구걸하는 '불쌍한' 자들이라는 이미지를 가지고 있었으며, 국가적 시혜와 개인적 연민의 대상이었다"면, 20세기 초 일제시기를 거치면서 근대적 통치방식에 의해 부랑인들은 '질병화'되었고, 이 모델은 '범죄화' 모델과 결합되었다.(정근식, 2012: pp.382~383, pp.378~379) 1960년대 이후 이 같은 모델은 근대화·산업화가 진행되는 과정에서 더욱 체계화되었으며, 이는 곧 노숙인의 '주체화' 방식과 결합되었다. 그리하여 노숙인에 대한 느슨하고 넓은, 그래서 엄밀한 규정성을 갖지 못한 모델에 점차 구체적이고 세밀한 규정들이 개입하면서, 그것은 합리적 성격을 지닌 과학적 모델로 전환되어왔다.

1980년대까지 부랑인으로 불렸던 사람들은 정부나 시·도 차원의 수용시설이나 그 외 종교단체 및 자선사업가들의 시혜 속에서 생존을 이어갔다. 이들이 거주하는 형제원, 복지원, 장애시설, 보호소 등은 주로 정신지체, 신체장애를 겪는 사람을 수용해서 관리하는 시설이었다. 물론 1980년대까지만 하더라도 멀쩡한 사람을 거리에서 배회한다는 이유만으로 강제로 수용하는 경우가 비일비재했다. 하지만 당시까지만 해도 부랑인 중 일부만이 사회적으로 철저하게 격리되어 보호와 감시를 받았고, 나머지는 제멋대로 배회하면서 거리를 떠돌아다녔다. 그런데 오늘날 노숙인은 이전과 달리 국가와 다양한 민간 복지기관의 체계적인 관리하에 감시·감독을 받고 있다.

「노숙인 등의 복지 및 자립지원에 관한 법률」(2011)에 따르면, 국가와 지방자치단체는 "노숙 등을 예방하고 노숙인 등의 권익을 보장하며, 보호와 재활 및 자활을 지원하기 위한 정책을 마련하여 노숙인 등의 사회복귀 및 복지를 향상시킬 책임"이 있다. 그리고 정부와 위탁복지기관들은 이들에 대한 정확한 실태파악, 개인정보 전산망 구축, 체계적이고 조직적인 생활관리, 응급치료, 건강검진, 자활 프로그램 등을 주기적으로 실행하고 있다.

이러한 관리체계의 변화는 노숙인을 규정하는 범주 역시 변화시켰다. 앞서 언급한 바와 같이 1997년 외환위기 이후의 노숙인은 '실직자형·신용불량자형'이라는 점에서 과거와 성격이 달랐으며, 국가와 복지기관이 그 관리에 체계적으로 개입하면서 노숙인을 규정하는 담론 또한 변화되었다. 노숙인은 이제 '사회복귀'를 위해 국가와 여타 복지기관의 "보호와 재활 및 자활" 지원을 체계적으로 받는 존재가 되었다. 그러나 정책의 목표나 언론에 소개되는 바와 달리 노숙인의 실제 자활 성공률은 턱없이 낮다. 단지 이들은 "죽지 않을 정도의 수준에서만" 관리되고 있을 뿐이다.

감정고리의 변화: '혐오-동정심'에서 '공포-적대감-무관심'으로

노숙인의 발생 원인이 변화되어온 과정은 사회구조적 차원과 더불어 노숙인에 대한 대중의 시선과 연동되어 이루어졌다. 일반 사람들이 노숙인을 어떻게 바라보고 대응하는지가 사회정책의 흐름을 바꿔놓는 데 영향을 미친다. 이러한 대중의 시선은 사회적 분위기가 반영된 결과로서 여기에는 특정한 감정이 수반된다.

캐스티(2012: pp.59~62)의 주장에 따르면, 사회적 분위기는 "특정 집단이나 공동체, 인구집단 또는 사회가 가지고 있는 미래에 대한 느낌", 즉 "한 집단이 가지고 있는 미래에 대한 확신"이다. 그래서 사회적 분위기가 상승할 때에는 희망이 지배적이지만, 쇠퇴하는 시기에는 두려움이나 절망감이 지배적이게 된다. 이처럼 사회적 분위기에 배태되어 있는 감정은 특정한 지향성을 지닌다. 이 지향성이 개인이 타인과 상호작용을 통해 공통의 가치를 추구하는 집단을 구성한다. 이때 집단은 감정을 공유하는 공동체(뒤르케임, 1992: pp.314~327)가 되며, 일련의 감정적 분위기를 형성한다.

감정적 분위기는 감정적 기질과 경향을 포함하며, 이것의 공유 여부에 따라 사회집단 범주가 구별된다. 베레진은 이를 '감정공동체'로 규정하면서, 이는 "감정 에너지를 표출하는 특정한 시기 동안 개인들을 경계지어진 공적 공간 속으로 결합시킨다"고 주장한다.(베레진, 2009: p.75) 동시에 감정적 분위기는 "사회적·정치적 조건과 그것을 다른 사람들과 공유할 기회 및 제약에 대한 느낌과 감상의 준거점으로 기능"하고, "개인의 행동에 사회적으로 영향을 미치는 동시에 집합행위의 원천"이 된다.(de Rivera, 1992; 바바렛, 2007: p.266)

또한 감정적 분위기는 담론이 형성되는 과정에도 영향을 미친다. 담론은 지식구성체 이전에 감정구성체이다. 버킷(2009: pp.312~313)에 따르면, 담론은 특정 대상에 대한 사랑, 증오, 적대, 혐오, 희열 등이 복잡하게 얽혀 들어간 언술체계이자 지식-권력이다. 따라서 담론은 순수한 합리적 사고의 산물이 아니라 감정과 지식-권력이 결합된 감정적 의미체계이다.

이러한 관점에서 보면, 1990년대 이전까지 노숙인에 대한 대중의 감정적 분위기는 '혐오-동정심' 감정고리로 이루어져 있었다. 사람들은 노숙인의 질병, 불결함, 범죄를 두려워하면서도 이들의 삶을 애처롭게 여겼는데, 그 이면에서 동정심과 연민이라는 '배후감정'이 작동했기 때문이다. 부랑인을 방치한 당국의 태도에 불만을 표출하면서도 이들에 대한 동정심을 드러내고 있는 아래의 한 신문기사는 이를 잘 보여준다.

> 어떤 영문인지는 몰라도 우리는 부랑인이라고 하면 옥석구분을 안 하고 무조건 없어져야 할 잉여인간 내지 반사회적 패거리로 치부해버린다. 지하철역 주변에서 하반신에 고무튜브를 낀 산재 피해자나 불구폐질의 장애인이 웅숭그리고 있는 광경을 보면 너무나도 애처로워 당국자를 원망하게 된다.(『세계일보』, 1992. 11. 15)

부랑인에 대한 이 같은 시선은 '혐오-연민' 감정고리에 기반하고 있다. 대중은 부랑인을 "옥석구분을 안 하고 무조건 없어져야 할 잉여인간 내지 반사회적 패거리"라고 여기면서, 살인, 폭력, 횡포, 전염병의 온상으로 바라본다. 그런데 부랑인에 대한 이 같은 혐오감은 이들을 통제하는 행정권력에서 기인한다.

1960년대부터 부랑인 '정화' 작업의 일환으로 서울시의 시립갱생원이나 부녀보호소 같은 격리·관리시설이 들어서기 시작했다. 1970년에는 내무부 훈령 제410호 '부랑인 신고, 단속, 수용, 보호와 귀향조치 및 사후관리에 관한 업무처리 지침'을 내림으로써 행정권력은 치안유지와 사회방위를 목적으로 부랑인을 통제했다. 86아시안게임과 88서울올림픽은 부랑인에 대한 대대적인 정화사업을 추진하게 만든 사회적 이벤트였으며, 이를 계기로 부랑인은 공적 공간에서 격리시설로 밀려나게 되었다.(정근식, 2012: pp.383~385)

이렇게 비가시화된 부랑인의 존재는 대중에게 잊혀진 존재가 아니라 오히려 추상화된 혐오의 대상이 되어갔다. 그런데 '보이지 않는 것'(비가시성)은 '보이는 것'(가시성)보다 더욱 강한 두려움을 가져다준다. 비가시성은 인지적 판단의 모호성을 극대화시켜 불안감을 증폭시키기 때문이다. 또한 부랑인에 대한 공적 담론이 '질병-범죄-치안-공공질서'의 계열체로 이루어짐에 따라 대중의 혐오감은 점점 더 심화되었다.

한편 부랑인의 삶은 격리시설 밖에서 이루어지는 경우도 많았다. 한 신문은 이들의 삶을 이렇게 묘사했다.

부랑인들의 생활은 대개 유랑과 구걸, 새우잠, 술로 이루어진다. 이들은 지하철, 공원, 역대합실 등에서 대부분의 시간을 보낸다. 특별히 할 일도 의욕도 없다. 하루 종일 지하철을 타고 돌아다니는가 하면 대합실이나 공원 벤치에 멍하니 앉아 새우잠을 잔다. 배가 고프면 구호시설을 찾고 돈이 떨어지면 구걸을 한다. 식사는 대개 아침이나 점심 한 끼가 전부다. 해가 뉘엿뉘엿 저물어가면 이들은 술에 젖어든다. 800원짜리 소주 몇 병과 과자 부스러기가 이들에겐 식사인 동시에 유일한 낙이다. 대부분이 알코올 중독 상태다. '술이라도 안 먹으면 어떻게 지냅니까'. 세상 고민, 버리고 나온 가정, 미래, 추위, 배고픔……. 이 모든 것을 술기운으로 날려버린다.(『한국일보』, 1996. 12. 12)

격리시설 밖에서 살아가는 부랑인이나 노숙인은 대중적 동정심이나 연민에 의한 도움을 받기도 했다. 종교단체나 민간 자선단체들은 이러한 감정을 적절하게 활용하면서 구호활동을 펼쳤다. 부랑인을 '더럽고 위험한' 존재로 규정하는 행정권력과는 별개로 이들을 '불쌍하고 애처로운' 존재로 규정하는 자선(charity)권력이 개입했다.

1988년부터 밥상공동체 운동을 시작한 최일도 목사는 "부랑인은 죄인도 아니고 경쟁사회에서 밀려난 게으름뱅이도" 아닌 "우리가 품어야 할 사회의 아픔"인데도 "이들을 자꾸만 특정시설에 격리하려 하고 백안시하는 사회 분위기가 안타깝"다고 말했다.(『한국일보』, 1996. 12. 12) 당시 최 목사의 자선행위는 대중매체를 통해 종종 소개되면서 대중으로부터 호의적인 반응을 얻어내기도 했다. 사람들의 동정심은 다음 그의 말에서 좀더 명확하게 드러난다.

아침에 일어나면 쌀과 라면, 배추 등의 양식이 보내는 이의 이름도 없이 다일공동체 식구가 거처하는 나눔의 집 앞에 놓여 있습니다. 그렇지 않은 날은 후원자로부터 후원비가 오고……. 그래서 우리 공동체 가족들은 한 달 수입이 얼마인지, 연간 얼마나 남았는지를 계산하며 불안해하지 않습니다.(『서울신문』, 1994. 2. 6)

당시 부랑인과 노숙인에 대한 국가의 개입이 제한적이나마 이들의 생존여부에 대한 불안감에 토대를 두고 있었다면, 민간 차원의 자선활동은 동정심과 연민에 토대를 두고 있었다. 즉 국가는 국민의 생명과 안전을 보호해야 한다는 명분을 지키기 위해 이들의 생사를 관리해야 했고, 민간기관은 구호활동의 명분을 대중의 동정심에서 얻어야 했다. 요컨대 산업화시기 부랑인과 같은 잉여적 존재는 국가가 행사하는 격리권력과 민간단체가 행사하는 자선권력에 의해 형성된 '인본주의적 합리성' 담론에 의해 주체화되었다.

그러나 90년대 중반 이후 노숙인과 부랑인에 대한 대중의 동정심과 연민은 다른 감정고리로 전환되기 시작했다. 당시 한 일간지 기사에는 "거지에게 남겨줄 밥은 없어도 나눠주고 싶은 마음은 지니고 살던 때가 있었지만 이젠 사회적 여력이 풍부해졌어도 그들에 대한 관심은 사라"졌다는 인터뷰 내용이 나온다.(『한국일보』, 1996. 12. 12, 김춘삼 씨 인터뷰 중)

　　혹자들은 근대화의 비합리적인 결과를 논의할 때, 공동체 해체와 개인화가 진행되면서 타인에 대한 관심과 애정이 결핍되고, 그리하여 매정함, 비인간성, 무관심이 사회적 공간 전반으로 확산되었다고 주장할지도 모른다. 즉 사람들의 마음이 내재적 변화과정을 거쳤다는 것이다. 그러나 이 같은 진단에는 동의할 수 없는 부분이 많다. 그 이유를 1997년 외환위기 이후 노숙인의 급증에 따른 행정권력의 복지 프로그램에서 찾아볼 수 있다.

　　앞서 언급했듯이, 외환위기 이후 노숙인 문제에 대처하기 위해 정부는 기존의 종교단체나 시민단체와 협의하여 대책을 시급하게 마련했다.(정원오, 1999; 정수남, 2010: pp.415~417) 1998년 당시 서울시는 노숙인대책반, 응급구호시설, 쉼터 등을 개소하여 거리로 내몰린 노숙인을 임시적으로 보호하고 감독하는 지원사업을 벌였다.(김수현 외, 2000) 보건복지부는 "노숙자들의 고통을 최소화하기 위해 무료급식소 운영의 확대, 잠자리 제공, 의료구호, 복지전문가와 자원봉사자 등의 상담을 통한 귀가유도 등에 200억 원을 투입할 계획"을 세우기도 했다.(『서울신문』, 1998. 3. 31) 이러한 정부 차원의 개입은 '실직형' 노숙인의 급증에 따라 사회적 위험이 초래할지도 모른다는 공포를 상쇄하려는 전략이었다.

　　이러한 공포는 기업의 부도, 개인파산, 신용불량자의 양산, 가족해체 등으로 인해 새로운 사회적 위험이 확산되고 있다는 대중매체의 위험담론에서도 여실히 나타났다. 노숙인 문제가 한국 사회 자체의 위기를 초래할 것이라는 논조의 논평들이 쏟아져나왔다. 그리고 노숙인들도 이전처럼 시설에 강제로 격리시키거나 그냥 방치하는 방식으로 다룰 수 있는 존재가 아니었다. 이들을 수용할 수 있는 시설도 부족했을 뿐만 아니라 이들 스스로 보호시설에 입소하기를 거부하는 경우도 많았다. 엄격한 통제와 감시, 불편한 집단동거 생활 등을 이유로 일시적으로만 시설을 이용할 뿐 거리생활에 더 편안함을 느끼는 사람들이 많았다.

민관협력의 지원사업에도 불구하고 노숙인 문제는 쉽게 해결되지 않았다. 오히려 "자립의지를 상실한 이들은 자신들 외의 사람들에게는 적개심을 나타내며 극도의 반사회적 의식을 보이기 시작했"고 "노숙인 집단 내부에서도 위계질서가 생"겨났다.(『경향신문』, 1998. 5. 30) 노숙인은 이전의 부랑인과 전혀 다른 논리로 대중의 두려움의 대상이 되어갔다. 각종 언론매체는 노숙인의 범죄행위를 시시때때로 다루었다. 아래의 신문기사는 대표적 사례 가운데 하나이다.

노숙자 문제가 장기화되면서 우려하던 상황이 현실로 나타나기 시작했다. ……날씨가 선선해지면서 살길이 더욱 막막해진 데 불안을 느낀 나머지 교도소로 가기 위해 전과자 출신 노숙자가 저지른 절도사건과 노숙자들이 공모해 벌인 노상강도사건, 거액의 빚 독촉에서 벗어나기 위해 노숙자를 유인해 살해한 뒤 자신이 자살한 것처럼 꾸민 전직 횟집사장의 위장자살사건이 단적인 예다. 사실 노숙자들은 주체가 됐든 대상이 됐든 범죄의 희생물이 될 잠재성이 충분하다. 절망과 자포자기의 심리상태는 노숙자들을 언제라도 범행을 저지를 수 있는 '범죄 예비군'으로 몰고 갈 수 있고 가족 친지들과 떨어져 외톨이 생활을 하고 있다는 주변 여건은 이들을 '범죄의 먹이'로 만들기에 안성맞춤이 아닐 수 없다. 끔찍한 위장자살사건만 해도 신원을 파악하기 힘들고 누구도 찾지 않을 게 뻔한 노숙자가 없었던들 일어나지 않았을 지도 모른다.(『국민일보』, 1998. 9. 21)

이 같은 분위기는 최근까지도 이어지고 있다. "등교 때나 하교 때 따라오는 부랑자 때문에 같은 반 친구가 공포에 떨었다. 너무 무섭다"(『서울신문』, 2003. 10. 6), "시설의 보호를 받고 있는 부랑인과는 달리 거리를 배회하는 노숙인들은 범죄 노출도가 높"고 "대부분 알코올 중독, 고혈압, 당뇨, 호흡기 질환 등을 앓고 있었으며, 결핵이나 간염, 성병 등 전염병 질환자도 다수인 것으로 확인되는 등 시민건강까지 위협한다"(『제민일보』, 2009. 4. 9), "노숙자들로 인한 범죄가 연이어 발생하고 있어 시민들이 불안에 떨고 있다"(『충청일보』, 2012. 9. 7) 등의 기사에서도 그러한 분위기를 읽을 수 있다.

노숙인들이 많이 몰려드는 쪽방촌에서 일어난 음주 폭력, 고성, 공공기물 파손, 싸움, 심지어 살인사건을 다룬 한 기사에서는 "얼굴도 모르는 사람들이 쪽방촌에 우르르 밀려 들어와 무섭다"라는 이웃주민들의 반응에 강조점을 두기도 했다.(『문화일보』, 2012. 11. 30) 이와 관련하여 1998~2006년까지 『조선일보』와 『한겨레신문』에 나타난 노숙인의 이미지를 분석한 강내원의 연구에 따르면, '잠재적 범죄자' 프레임이 가장 많았으며, 언론 또한 '부정적'인 태도를 취했다.(강내원, 2007: pp.217~220) 이러한 기사에 침투해 있는 범죄담론은 치안강화를 더욱 공고화하는 데 기여한다.

노숙인의 증가와 함께 발생한 불안한 분위기는 노숙인 시설을 둘러싼 관공서와 이웃 주민 간의 갈등과 마찰을 통해 더욱 구체화된다. 여기에는 일반 사람들의 노숙인에 대한 강한 적개심이 깔려 있다. 정부나 지자체가 노숙인 쉼터 및 상담센터를 설치하는 과정은 늘 인근

주민과의 첨예한 갈등 속에서 진행되었다.

대표적인 사례로는 서울 회기동과 영등포역 부근에 '희망의 집'을 만드는 과정에서 주민들이 "인근 도로까지 점거"하면서 반대한 경우(『한국일보』, 2000. 11. 11)와 서울시가 임시로 운영하던 '자유의 집'을 정규시설로 전환하려 하자 지역주민들이 "아파트 단지가 밀집한 곳에 영구적인 부랑인 수용시설을 건립하는 것은 생활환경을 침해하는 일이라고 반발하며 집단민원을 제기"했던 경우를 들 수 있다.(『한국일보』, 2002. 4. 12) 또는 이웃들이 단합하여 노숙인에게 술 판매나 찜질방 출입을 금지하고 행패시 경찰에 즉각 신고하거나 공원에서 자주 마을행사를 열고 야간출입을 제한하는 전략으로 노숙인을 공원에서 몰아내기도 했다.(『동아일보』, 2012. 6. 20) 노숙인 시설이 지역의 집값 하락에 영향을 미칠 것이라는 이유도 무시할 수 없지만, 노숙인들과 거리감을 가지고 있는 주민들로서는 노숙인의 출입을 차단할 수 있는 감정적으로 '안전한 곳'을 원했다.

이때 주민들의 안전 추구는 노숙인에 대한 적대감이나 혐오감에서 비롯된 것이다. 그러한 사례 중의 하나가 2011년 서울역사에서 노숙인을 강제로 퇴거시킨 사건이다. 시민단체나 진보매체가 인권 침해를 내세워 코레일의 노숙인 강제퇴거 조치를 비난한 반면, 그 외 다른 매체들은 이용객의 불쾌감과 불편함을 내세워 강제퇴거를 은근히 옹호하기도 했다. 그러나 이 상반된 시각의 배후에는 공포감이 동일하게 작동한다. 한쪽에서는 노숙인에 대한 인권침해가 심화됨으로써 사회가 더욱 비인간화될 것이라는 우려와 두려움이, 그리고 다른 한쪽에서는 노숙인의 행동을 시민들이 더욱 두려워하게 될 것이라는 공포감이 작동한다. 결국 서로 '안전'담론에 포획되는 상황으로 치달았다.(푸레디, 2011)

이제 노숙인과 부랑인은 더 이상 강제 보호나 시혜만으로는 관리가 불가능해졌다. 그렇다고 사회는 그들이 자유롭게 배회하도록 내버려두지도 않는다. 대신 노숙인은 표면적으로는 자유롭게 돌아다닐지 몰라도 더욱 세밀하게 관리되고, 체계적인 원격관리를 받고 있다. 즉 노숙인들은 자유롭게 배회하되 모두가 볼 수 있는 곳에서만 그렇게 할 수 있고, 관리·감시를 받되 배회하면서 받는다. 또한 노숙인들은 사회적으로 경제적 가치가 없는, 노골적으로 사회적 부를 좀먹는 기생충이자 잠재적 위험 대상이 되었다. 그리하여 그들의 비위생, 게으름, 불성실, 의지박약, 신용불량 등은 사회적 공포의 핵심담론 가운데 하나를 형성한다.

하지만 그 동안의 여러 정책에도 불구하고 현재까지 노숙인 대책은 실질적인 효과를 낳지 못했다. 일시적인 응급형 대책이 많았기 때문이기도 하지만 다양한 복지장치들이 대거 개입함으로써 발생한 복지의 역설에서도 그 원인을 찾을 수 있다.(이에 관해서는 아래에서 더 상세하게 논의한다.)

현재 노숙인을 비롯한 사회적 잉여인간은 경제주의적 합리성담론에 의해 새롭게 범주화되고 있다. 사회적 효율성 또는 경제적 쓸모를 지녔는지의 여부가 그들을 구별하는 중요한 척도이다. 그중에서 핵심은 경제적 효율성이다. 그러한 담론은 인간을 이전과 다른 방식으로 주체화한다. 그러한 부류에 속하는 인간은 경제적으로 효율성을 지니지 못한 모든 주체를 포괄한다. 따라서 구직 단념자, 장기 실업자, 청년실업자는 물론 노동시장에 진입하지 못하는 모든 인간은 잠재적 잉여인간으로 범주화된다. 그리고 오늘날 우리 사회에서 잉여인간은 잠재적인 위험인자로 표상된다.

이러한 담론 내부에는 상반된 두 가지 감정이 작동하지만 결국 동일한 감정 효과를 낳는다. 한편으로는 사회적으로 주변화된 잉여인간에 대한 '연민정치'가 작동하는데, 이는 그들의 처량함과 불쌍함을 외면하는 사회적 냉혹함에 대한 우려와 불안의 표현이다. 다른 한편으로는 잉여인간에 대한 '공포정치'가 작동한다. 이는 잉여인간의 일탈과 범죄(알코올 중독, 게임 중독, 절도, 폭력, 살인 등) 때문에 사회가 위험에 처할지도 모른다는 불안감을 표현한다. 결국 연민정치와 공포정치 모두 "사회가 위험하다"는 담론을 공유하며, 사회에 대한 불신을 증폭시키는 결과를 낳는다. 경제적 효율성에서 멀어질수록 그는 위험한 인간이 된다.

'조직된' 동정심에서 무관심으로

앞서 언급한 바와 같이 노숙인에 대한 공포와 적대감이 심화되었다고 해도 동정심이나 연민이 사라진 것은 아니다. 다만 과거와 매우 상이한 방식으로 동정심이 생산되고 소비된다는 점에 주목할 필요가 있다. 1998년 이후 김대중 정부의 복지 프로그램은 사회적 위험을 해소하려는 목적도 있었지만 추락하는 계급에 대한 국가 차원의 '조직화된' 연민정치를 실행하는 계기가 되었다. 당시 정부는 이전 정권보다 복지체제를 더욱 체계적으로 구축해나갔으며, 복지범위를 확대하고 복지수행기관을 적극적으로 지원·확충했다. 하지만 이는 신자유주의적 경제 질서에 준하는 방식으로 진행되었다.

한편 급격한 경기변동과 위기에 따른 사회적 불안을 유포하는 데 혈안이 된 대중매체는 빈곤층과 노숙인의 비참한 생활을 경쟁하듯 다루었고, 시민들에게 그들에 대한 물질적 지원과 심리적 지지까지도 호소했다. 폭염이나 혹한기에는 노숙인 관련 기사가 고정 메뉴처럼 실렸으며, 방송사나 각종 자선단체는 조직적으로 후원금을 관리하는 시스템을 만들었다. 동정심에 호소하는 광고와 홍보가 즐비하면서 노숙인은 현실세계에만 존재하는 것이 아니라 가상공간 또는 상상 속에 들어선 이미지로도 존재하게 되었다. 이제 사회는 동정심으로 가득 찬 거대한 용광로가 되었다.

그러나 이 같은 상황은 시민들에게 '동정심 피로'(세넷, 2004:
pp.190~196)를 겪게 했으며, 그 결과 시민들이 노숙인을 냉담함과
무관심으로 바라보게 하는 역설적 상황을 초래했다. 감정의 역동적
인 속성을 고려해볼 때, 이 같은 현상은 동정심이 프로그램화되고 기
계화됨으로써 발생하는 역설적인 결과이다. 하나의 감정을 지나치
게 소비하도록 요구받을 경우, 오히려 그 감정에 반하는 감정이 출몰
한다. 이처럼 기계화된 동정심은 무관심으로 전환된다.

이와 관련하여 메스트로비치(2014: p.65)는 후기 근대적 상황을
탈감정사회(postemotional society)라고 규정하면서, "지성화되고 기
계적으로 대량생산되는 감정이 사회 전반으로 확장되고 있다"고 주
장한다. 그리고 그는 탈근대사회는 연민이나 동정심이 사라지는 감
정결핍사회가 아니라 오히려 동정심 피로를 느끼는 감정과잉사회라
고 분석한다. 이 논리를 확대해보면, 오늘날 잠재적 잉여인간으로 분
류되는 청년(실업자)들조차도 점차 무관심의 대상으로 전락하게 될
지도 모른다. 오늘날 청년담론이나 '루저'담론의 폭발로 청년세대에
대한 유례없는 관심이 쏟아진 듯 보이지만, 이러한 현상은 청년세대
가 안고 있는 위험과 불안을 상업화·상품화함으로써 결국에는 기성
세대와 중간계급이 최종 승자가 되는 결과를 낳고 있다.

최근 몇 년 동안 폭발적으로 증가한 힐링·위로담론이나 이에 대
항하는 비판담론 모두 동정심을 요구하는 문화정치라는 점에서 동
일한 구조를 갖고 있다. 이러한 문제를 둘러싼 지식인, 전문 카운슬
러, 대중매체, 정치인, 평론가, 행정기구, 복지기관들이 대량으로 쏟
아내는 동정심과 위로 요청은 대중에게 공감보다는 급속한 피로감
을 가져다준다.

잉여인간담론이 계속 생산되는 것은 대중들의 동정심 소멸에서

기인하는 것이 아니라 조직적이고 체계적으로 대량생산되는 연민정치와 연민산업에서 그 원인을 찾아낼 수 있다. 이는 무관심의 내면화로 이어진다. 여기서 무관심은 대도시 생활에 익숙해진 대중의 감정, 즉 짐멜이 말하는 '둔감함'(짐멜, 2005: p.41)에 가깝다. 그런데 여기서 주목해야 할 것은 둔감함이 대도시에서 살아가기 위한 자연발생적 또는 불가피한 감정적 대응이라면 탈감정사회에서 둔감함은 조직적으로 대량생산된다는 것이다. 역설적이게도 잉여인간에 대한 관심은 이에 대해 스펙터클하게 '이야기하는 사람'(유명인사)에게만 쏠릴 뿐 정작 대상이 되어야 하는 실제 주체에게는 쏠리지 않는다.

지금까지 논의한 감정적 분위기의 전환, 즉 '혐오-동정심'에서 '공포-적대감-무관심'으로의 전환은 '배제정치'(politics of exclusion)의 감정고리이다. 이와 달리 '혐오-동정심' 감정고리는 포함의 정치(politics of inclusion)가 베푸는 감정정치이다. 즉 "꺼려하되 불쌍히 여기는" 마음이 지배적인 감정적 분위기를 형성한다. 반면 적대감과 무관심은 배제정치의 감정적 토대로서 사람들은 노숙인을 "꺼리면서 관심을 두지 않는" 마음으로 대면한다. 오늘날 사람들은 다만 혹서기나 연말연시에 의례적으로 방영되는 TV뉴스나 유명인들이 이들을 만나는 교양 프로그램에서나 이들과 대면할 것이며, 그 순간에만 동정심을 느끼게 될 것이다.

요컨대 '공포-적대감-무관심'의 감정고리는 위험을 개인화하면서 개인 스스로 공포에 대항하도록 만드는 새로운 통치 테크닉의 감정동학으로 작동한다. 그렇다면 이러한 감정고리의 전환은 어떤 사회적 메커니즘에서 비롯되었을까? 우리는 후기자본주의적 통치 합리성에서 그 단초를 찾고자 한다.

공포, 후기자본주의적 통치 그리고 노숙인

공포와 통치성

근래에 들어 푸코의 통치성 개념은 한국 사회가 신자유주의 체제로 전환되고 있는 현재적 상황을 분석하는 데 매우 유용하게 활용되어왔다.(임동근, 2012; 정일준, 2010) 특히 이 개념은 최근까지 거세게 불어닥친 자기계발, 역량강화(empowerment), 기업가적 주체, 치유 담론 등을 파악하는 데 많은 기여를 해왔다.(서동진, 2009a; 이희영, 2010) 푸코에 따르면, 통치성은 "인구를 주요 목표로 설정하고 정치경제학을 주된 지식의 형태로 삼으며, 안전장치를 주된 기술적 도구로 이용하는 지극히 복잡하지만 아주 특수한 형태의 권력을 행사케 하는 제도, 절차, 분석, 고찰, 계측, 전술의 총체"를 의미한다.(푸코, 2011: pp.162~163)

푸코는 통치 개념을 자아 테크놀로지, 지배의 테크놀로지, 주체의 구성과 국가 형성 간의 관계를 연결시킬 때 활용한다. 푸코는 이를 통해 자신을 통제하는 자율적인 개인의 능력과 이 능력이 정치적 지배방식과 경제적 착취방식에 연결되는 방식에 초점을 맞춘다.(Lemke, 2002: pp.50~52) 다시 말해 푸코는 통치성 개념을 통해 지식-권력 관계와 주체화 방식을 연결 짓는 전략을 구사함으로써 인간이라는 순수한 생명체가 정치경제학적 담론 속에서 어떤 특정한 집단으로 분류되며, 이들을 통치하기 위한 테크놀로지로서의 안전장치가 인간에게 어떻게 개입하는지를 분석한다. 특히 통치성 논의는 오늘날 신자유주의적 주체형성 및 생산에 천착하고 권력에 예속된 주체이면서 자신의 행위를 반성하고 변형하는 능동적이고 자유로운 주체로 살아가도록 이끄는 힘, 즉 행동방식의 통솔(conduct of conduct)을 통한 권력 작용에 초점을 맞춘다.(서동진, 2009a:

pp. 320~322) 이같은 행위의 통솔이 곧 통치 합리성(governmental rationality)이다.

하지만 통치성 논의는 대체로 행위의 내적 동력으로서 작용하는 감정에 대해서는 관심을 두지 않는다.(Campbell, 2010) 그것은 분석의 중점을 대부분 담론(효과), (제도적) 장치 등에 두기 때문에 인간 행위를 유발하는 심리 내적 메커니즘에 대해서는 크게 관심을 두지 않는다. 푸코는 "행정적·인지적 통제기술에 관심을 기울임으로써, 권력수단을 통한 주체의 외적 조작과 관련해서만 사회적 삶을 설명"한다.(바바렛, 2007: p. 198)

하지만 이러한 평가가 전적으로 옳다고 볼 수 없다. 푸코가 섹슈얼리티의 역사를 다루면서 성적 쾌락에 대한 '공포'를 가장 먼저 언급했다는 사실을 고려할 필요가 있다.(푸코, 1990: pp. 29~30) 푸코는 그러한 공포로 인해 쾌락을 죽음과 악의 영역으로 설정했던 기독교적 전통이 19세기 의학사상으로 이어지면서 다양한 통솔, 즉 양생술, 가정관리술, 연애술을 낳았다고 주장한다. 그의 말대로 공포는 "아주 오래전부터 있어온 것"(푸코, 1990: p. 30)이며, 근대과학과 합리성은 이에 대한 반응(reaction)이다.

합리성은 공포에 대한 과학적 대응을 신뢰하거나 믿는 것이다. 이처럼 이성은 합리적인 것으로 표상되지만, 합리성은 특정한 감정을 전제한다.(제임스, 2008) 합리성의 근저에는 광기에 대한 이성의 공포, 비정상성에 대한 정상성의 공포가 늘 꿈틀거린다. 그리고 그곳에는 합리성이 이러한 비정상성을 제거해줄 것이라는 신념과 확신이 버티고 있다. 그럼에도 불구하고 통치성에 대한 푸코의 분석은 감정적 요인을 크게 부각시켜 논의하지 않는다.

통치성은 사회적인 것이 태생적으로 배태하고 있는 공포를 권력-주체가 인지적 또는 성찰적으로 관리하고 통제하는 방식이다. 통치성 개념에 내재한 '자유주의적 합리성'은 인간행위를 국가와 시장 권력에 '적극적으로' 동조하거나 순응하게 하는 방향으로 설정해놓는다. 인간은 스스로 역능화하도록(activating) 훈육되고 프로그램화된 존재라는 전제 아래 '자율성'을 획득한다. 이렇게 보면 통치성은 기든스와 벡이 주장하는 주체의 성찰적 프로젝트와 맞닿는 부분이 있다.

후기근대의 귀결점인 '위험의 개인화'에 대처하는 성찰적 주체의 자기통치 전략은 성찰적 근대화의 핵심원리이다. 하지만 이러한 의미에서의 성찰성은 실용주의와 객관주의에 입각한 합리적 선택이론의 패러다임에서나 설득력을 갖는다. 왜냐하면 성찰성 개념에는 전(前)성찰적이고 무(無)사고적인 차원(아비투스)의 행위 내적 메커니즘(감정동학)이 제대로 반영되어 있지 않고(Binkley, 2009), 따라서 행위의 재생산, 균열, 반복과 차이를 살필 수 없기 때문이다.

근대국가와 근대적 주체는 타자를 '괴물'로 설정하고 그들을 공포의 대상으로 만들어 제거하는 과정 속에서 형성된다. 텔만(Tellmann, 2013)은 맬서스의 『인구론』을 바탕으로 자유주의 경제학의 계보를 분석하는 과정에서 인구과잉이 가져올 파국적 미래(야만상태)에 대한 공포와 문명적 삶에 대한 희망이 자유주의적인 경제적 통치성을 확장시켰다고 주장한다. 푸코가 주목하는 권력의 계보학에서 사목권력과 주권권력의 차이 또한 공포에 대응하는 전략 차이에서 비롯된다.

정상화 사회(society of normalization)는 비정상성에 대한 공포를 제거하려는 '안전장치'를 배치한다. 권력은 인간의 비결정성을 규범의 영역으로 끌어들여 행위를 정의(defining)하게 하는 데서 행사된다. 인간의 통제될 수 없는 욕망에서 기인하는 공포가 통치성의 감정적 토대이다. 그러므로 정상성은 주체에게 '안심'과 '소속감'을 가져다주며, 반대로 비정상성은 주체에게 '수치심'과 '죄책감'을 심어준다. 그리고 주체는 이러한 감정을 기반으로 상황판단과 행위지침을 조율한다.

따라서 통치성과 공포의 관계 설정은 주체화 과정에서 중요한 문제라고 볼 수 있다. 사회성원이 공포에 맞서 집합적으로 대응할 것인가 개별적으로 대응할 것인가에 따라 권력효과와 안정장치의 배치가 상이하게 나타나기 때문이다. 이러한 맥락에서 푸코가 주목했던 주권권력은 '공포의 군주화'(지배자가 공포를 가시화함으로써 주체를 통치하는 방식)였다면, 오늘날 신자유주의적 통치 프로그램은 '공포의 개인화'(지배자가 비가시화됨으로써 주체가 공포를 내면화하는 방식)로 귀결된다. 그리고 이러한 공포의 개인화는 '생명권력'을 통해 그 목적을 달성한다.

공포전가 메커니즘

후기자본주의적 통치 합리성은 공포를 행위자에게 전가하거나 위임하는 방식으로 주체를 조직한다. 그리고 주체는 스스로 공포를 생산하고 관리하면서 자기위험 관리자(self-risk manager)가 되어 자아를 통치한다. 자기계발은 이 같은 감정 메커니즘에 의해 가능해진다. 자기계발은 자아의 순수한 욕망을 체현하는 실천이기 이전에 심연에 자리 잡은 공포를 제거하려는 작업이라고 볼 수 있다. 결국 공포를 자기 스스로 생산하면서 자기 스스로를 착취하는 주체가 자기계발하는 주체이다.

1960년부터 1990년대 초반까지 지속된 산업화 과정과 비교해볼 때, 1990년대 중반 이후부터 시작된 신자유주의적 금융자본주의 체제는 통치성의 공포전가 메커니즘이 정점에 올라선 단계라고 볼 수 있다. 산업화 시기 한국의 발전주의적 산업자본주의 체제는 '부국강병', '조국발전', '경제부흥' 등의 근대화담론이 보여주듯이, 빈곤 그 자체와의 전쟁이었다. 절대적 결핍으로부터의 해방이 곧 산업화의 목적이기도 했다. 군사정권이 사회권력을 장악함으로써 공포정치를 일삼았지만, 노동자들은 고도의 노동착취에도 불구하고 인내의 윤리를 통해 공포를 내면화했다. 대신 국가와 시장은 '발전'과 '기적'이라는 이데올로기적 공세를 통해, 그리고 '빈곤탈출'이라는 욕구를 충족(?)시킴으로써 사회적 공포를 상쇄시켰다.

우리 사회는 공포정치를 통해 공포의 사회화를 실현했다. 물론 여기에는 남북분단이라는 유사 전시상황이 공포정치의 중요한 요인으로 작용했다. 이러한 체제하에서 '일상생활의 군사화'(신병식, 2006)가 진행되었고, 빈약한 복지체계에도 불구하고 일반 시민들의 열망은 국난극복, 경제성장, 선진국이라는 국가주의적 담론(김종태, 2013) 안으로 빨려 들어갔다. 국가권력의 억압과 규율이 강했던 시대였음에도 불구하고, 산업화가 선사한 화려한 스펙터클은 시민들의 공포마저도 흡수해버렸다.

다른 한편 부랑인과 같은 잉여인간들은 스펙터클 뒤에 가려진 채 강제적으로 격리되거나 멋대로 배회하도록 방치되었다. 사회는 이들 중 일부를 격리시설로 보내는 것 말고는 별다른 장치를 배치하지 않았다. 그렇지만 이러한 통치방식은 1990년대부터 본격화된 민주화(특히 개인화, 인권담론의 공세), 세계화, 금융자본주의의 도래로 그리 오래 가지 못했다.

외환위기 이후 신자유주의적 알고리즘을 거치면서 한국 사회는 위기를 빠르게 벗어났다. 이 과정에서 한국 사회는 IMF의 프로그램에 따라 비대해진 공공기관과 노동시장을 유연하게 만들어야 했으며, 일반 국민들은 이에 알맞는 사회적 주체로 전환되어야 했다. 이 과정은 구조조정, 다운사이징, 워크아웃 등과 같은 신경영장치들을 통해 불가피하게 진행되었지만, 그것이 초래한 파국적 상황은 지금까지 계속되고 있다.

또한 신용카드를 중심으로 개인의 신용평가시스템이 확산되면서 금융자본의 통치가 본격적으로 이루어졌다. 이 시스템을 중심으로 사람들은 새로운 사회적 관계를 맺게 되었는데, 라자라토는 이를 "채권자-채무자 관계"라고 명명한다. 그에 따르면, 거대 채권자인 자본 앞에서 채무자는 죄인일 수밖에 없으며, 신용카드는 카드 소유자를 영구적 채무자로 변형시킨다.(라자라토, 2012: pp.25~26, p.42)

외환위기 이후 무분별한 신용카드 발급과 시민들의 신용대출은 경기호황과 빈곤탈출은커녕 사람들이 장기불황의 늪에서 고스란히 빚을 떠안도록 만들었다. 신용불량자들이 급증하고, 이들 중 채무를 청산하지 못한 사람들이 모든 사회적 관계가 끊어진 채 거리로 대거 쏟아져나왔다. 노숙인들 중 상당수는 신용불량자라는 낙인이 찍혔으며, 이들 중 채무를 청산하고 사회로 복귀한 사람들은 여전히 극소수에 불과하다. 이들은 금융자본의 통치 속에서 '부채 인간'의 최극단에 위치하면서 잉여적 존재로 비정상화되었다.

이와 같은 신자유주의적 통치 합리성은 "자유롭고 기업가적이며 경쟁적인 경제적-합리적 개인의 행위(conduct)가 인공적으로 배치된 또는 고안된 행위형태를 참조하여 결정"되고, "통치되는 자 자신의 합리적 자기지도(self-conduct)의 형태로 결부"될 때 실현된다. 그러나 그러한 합리성은 "단지 주어진 인간의 본성이 아니고 의식적으로 고안된 행위(conduct) 유형이다."(사카이 다카시, 2011: p.105) 따라서 이러한 주체는 합리적인 자기지도가 가능해야 하며, 이 가능성에서 멀어질수록 '잉여'의 범주로 전락하게 된다. 여기서 합리적 자기지도가 공포와 죄책감의 감정고리(emotional chain)를 형성한다.

더 구체적으로 말하면, 공포의 개인화에 대응하기 위해서는 합리적 자기통치가 제대로 작동해야 하며, 자기통치가 실패할 경우 모든 불이익과 책임을 자기 자신이 떠맡게 된다. 그렇기 때문에 신자유주의적 주체는 영원한 '자기착취' 궤도에 들어서게 되며, 성과에 집착하게 된다.(한병철, 2012: p.40) 아이러니하게도 자기착취는 공포의 자기생산, 즉 끊임없이 스스로 공포를 만들고 극복하고 또 만들고 극복하는 순환을 원동력으로 한다.

오늘날 개인은 기업가적 주체로서 자기혁신을 끊임없이 주도해야 하고 자기계발을 게을리하지 않아야 한다. 공포는 이 과정이 중단될 때 밀려온다. 그러므로 신자유주의는 공포를 '사회적인 것'을 통해 없애려 하지 않고 개인 스스로 공포를 생산하고 소비하도록 공포를 '사적 영역'으로 전가시킴으로써 통치를 실현한다.

이러한 공포전가 메커니즘은 '신자유주의적 복지 레짐'(Song, 2009)을 창출하는 데에도 기여한다. 서유럽만큼 복지체제를 겸비하지 못한 한국 사회는 외환위기 이후 가장 먼저 가정이 붕괴되고 해체되면서 그나마 작동했던 가족복지마저도 실효성을 상실했다. 이러한 위기상황은 신자유주의적 복지 프로그램의 도입과 함께 새로운 국면으로 접어들었다. 김대중 정부의 '생산적 복지' 프로그램은 '공포의 사회화'를 '공포의 개인화'로 전환하는 과정이었다.

이른바 워크페어(workfare)는 선진자유주의 국가들(영국, 미국, 호주 등)이 실직자와 국가의 관계를 수급자와 사례관리자의 관계로 전환시킴으로써 미시적인 권력관계를 통해 실업을 통치하는 방식이다.(Mcdonald & Marston, 2005: pp.382~390) 그리고 관료제적 서비스체계, 엄격한 복지수혜방식 등 시스템이 견고해지면서 정부는 지역의 복지단체, 자선단체, 사회사업가, 자원봉사자에 여러 권한을 위임할 수 있게 되었다. 이는 중앙정부가 해당 개별 기관에게 공포를 전가하는 방식이다. 동시에 정부는 복잡한 법규와 감사(auditing)

시스템을 가동하면서 이들을 늘 감시하는 장치를 구축했다.(Power, 2010 참고) 다시 말해 '전가-감시체계'가 유기적으로 결합하면서 새로운 복지권력이 등장한 것이다.

이제 복지는 개인의 노동윤리와 이에 대한 실천이 전제될 때 비로소 제공된다. 실직자들은 실업수당을 받기 위해 구직활동을 증명해야 하며, 직업훈련이나 관련 프로그램에 의무적으로 참여해야만 한다. 이 과정을 제대로 수행하지 못한 실직자는 '성실하지 못한 자' 또는 '노동의욕을 상실한 자'로 취급되어 사회에 기생하는 존재로서만 살아가야 한다. 실직은 사회의 무책임에서 기인했는데, 구직 실패는 개인의 책임으로 돌아간다. 이와 같은 논리는 노숙인 정책에도 그대로 적용된다.

지난 10여 년 동안 노숙인 정책의 큰 흐름을 보면 초기에는 응급구호에서 출발하여 재활과 자활로 이어지고 있다.(이태진, 2007) 자활 프로그램은 궁극적으로 사회복귀를 목적으로 한다. 그런데 그 내용을 들여다보면, 재활과 자활 프로그램은 노숙인들의 정신영역, 즉 심리와 감정관리를 적극적으로 요청한다. 노숙인들은 사회복귀라는 목표를 달성하기까지 지난한 자기절제와 극복 절차를 거쳐야 한다. 극소수에 불과한 노숙인의 자활 성공 스토리를 들여다보면, 자신의 과거에 대한 죄책감을 현재의 자존감으로 전환시키는 극복서사가 지배적으로 나타난다.

노숙인 정책의 핵심은 자존감을 배양하는 것이고 이는 노동이 아닌 심리치료와 상담을 전제로 한다. 그리하여 노숙인은 감정통치의 대상이 되며, 여기서 중요하게 요청되는 것은 '역량강화 의지'이다.(Cruikshank, 1999) 역량강화는 감정 에너지를 의도적으로 끌어내는 테크닉이자 내면성을 다지는 일련의 감정작업(emotional work)이다. 이러한 감정통치는 바우만의 '유동성' 개념에 내재된 부드러운 권력과 공통의 회로를 형성하면서 노숙인의 정신·심리영역을 조절한다. 나아가 노숙인은 대부분 심리적 차원의 증상을 토대로 재분류된다. 그리하여 노숙인은 복지 프로그램에 의해 사라지는 것이 아니라 또 다른 형태로 지속적으로 재생산된다.

이제 노숙인에게 요구되는 중요한 능력 중 하나는 자활을 위해 자신의 감정을 잘 다스릴 수 있는 윤리를 습득하는 것이다. 이 윤리에 어긋나는 행동을 할 경우 노숙인은 정신장애, 알코올 및 약물 중독, 의지박약, 정서불안 등을 겪는 환자로 호명된다. 이를 위해 복지 프로그램은 곳곳에 감정장치를 배치해놓았다. 이러한 감정장치들은 감정적인 주체의 생산을 도모함을 물론, 더 나아가 상대적 자율성을 지닌 사회적 영역, 즉 장치들의 복합체로 구성된 공간 속에서 그나름의 규칙과 대상을 가지고 작동하면서 그것만의 일련의 복지 장(場)을 형성한다. 이제 우리는 복지 장이 어떻게 새로운 복지 프로그램과 연동되어 노숙인이라는 주체를 생산하는지를 살펴볼 것이다.

노숙인과 후기자본주의적 감정통치

감정장치

노숙인 문제에 개입하는 감정장치들은 최근 몇 년 사이 복지담론, 인권담론, 인정담론, 정신 및 심리 요법, 사회정책 등이 부상하면서 전문화되어왔다. 1990년대 이후 민주화와 인권담론이 확산되면서 사회적 약자에 대한 '인정'장치와 제도(대표적으로 국가인권위원회)가 만들어졌다.

푸코에 따르면, 장치는 "담론, 제도, 건축의 형태, 규칙적인 결정들, 법칙, 행정적 조치, 과학적 언표, 철학적·도덕적·박애주의적 명제라는, 전혀 이질적인 것들로 구성된 복합체이다. 이러한 장치는 권력 게임에 늘 개입하며, 따라서 장치의 지배적인 기능은 전략적인 것이다."(고든, 1997: pp.235~236) 또한 아감벤은 장치를 "생명체들의 몸짓, 행동, 의견, 담론을 포획, 지도, 규정, 차단, 주조, 제어, 보장하는 능력을 지닌 모든 것"이며 "주체화를 생산하는 하나의 기계"이자 "통치기계"(아감벤, 2010: p.33, 38)라고 정의한다. 아감벤에 따르면, 장치들은 생명체와의 관계맺음을 통해 주체를 생산하는데, 오늘날 "장치의 무한한 증가에 그만큼 주체화 과정의 무한한 증식이 대응"하기 때문에 "주체는 소멸하거나 지양되는 것이 아니라 산종된다." (아감벤, 2010: p.34)

아감벤은 계속해서 자본주의적 발전의 최종 단계를 장치들의 거대한 축적과 증식으로 파악하면서, "호모사피엔스가 등장한 이래 장치는 늘 존재했"으며 "오늘날에는 개인이 살아가면서 어떤 장치의 주조, 오염, 제어를 겪지 않는 때는 단 한순간도 없다"고 주장한다.(아감벤, 2010: p.35) 따라서 이러한 장치들은 "사람을 '살아 있는 물(物)'로 통치"함으로써, 구체적으로는 '덩어리'로 상징화되는 범주로 통치"함으로써(임동근, 2012: p.292) 노숙인·부랑인을 생산하는 데 일조한다.(석희정·이혁구, 2004)

그런데 푸코와 아감벤의 장치 개념에서는 감정이 크게 고려되지 않는다는 점을 지적할 필요가 있다. 왜냐하면 오늘날 자기계발하는 주체에게 강조되는 감정통치를 감안해볼 때, 감정이 어떻게 "포획, 지도, 규정, 차단, 주조, 제어, 보장"되느냐에 따라 주체화가 이루어지기 때문이다. 노숙인과 부랑인에게는 일반인(필요인간)과는 다른 방식의 감정통치가 작동하며, 이를 위한 감정장치도 배치된다. 감정장치는 정신과 심리 영역으로 침투하여 주체를 직조한다(물론 이 직조가 늘 성공하지는 않는다).

노숙인에 대한 인권담론은 인간주의적 감성에 기댄 '인정' 감정을 토대로 구축되어 있으며, 복지 프로그램은 단순한 물질적 수혜를 넘어 심리치료 영역으로까지 확장되었다. 2005년 복지부는 노숙인 정책으로 상담원 배치를 의무화했으며, 공무원, 상담원, 경찰, 의사, 상담치료사, 사회복지사, 자원봉사자 등 다양한 주체가 노숙인과 부랑인 관리에 세밀하게 개입하기 시작했다. 정부는 각 해당기관 종사자들에게 복지행정과 관리를 위임하는 방식으로 자율성을 부여하는 동시에 네트워크화된 권력을 구축하여 이들을 통치하기 시작했다.

이 기관들은 한편으로는 노숙인을 "심리적으로 나약하거나 장애를 겪고 있는" 연민의 대상으로 응대하지만, 다른 한편으로는 이들이 심리적으로 불안정하기 때문에 언제든 "충동적이고 폭력적이며 회생 불가능한" 존재가 될 수 있다고 여긴다. 또한 노숙인은 일시보호시설, 자활 및 재활 시설, 요양시설, 급식시설, 진료시설, 쪽방상담소(보건복지부, 2013: p.24) 등을 통해 보호를 받으면서 감정통치의 대상자로 재규정된다. 이 장치들은 노숙인이 죄책감을 스스로 '발견'하게 하고 자존감을 배양하여 자활의지를 키워나가게 하는 방식으로 작동한다.

제주시립희망원은 부랑인과 노숙인을 대상으로 심리적 가정기반(home base)을 통한 사회 재진입 프로젝트를 진행, 자체 시집 『거리에서 핀 꿈』의 두 번째 권을 만들었다. 시를 쓰는 것을 매개로 인연이 된 8명의 '시인'들은 삶을 바라보는 관점과 지난 고난을 이겨내지 못한 자신을 질책하며 78편의 고해성사를 내뱉었다. ……말 한마디 하지 않았던 그들이 글을 통해 인사를 건네고 긍정적인 사고를 할 수 있게 변화하고 있다는 사실이 중요하다. 부드러운 치유. 이들의 치유의 과정에 동행한 김병임 시인은 "우리의 아픔으로 쓴 시가, 참회하며 쓴 시가 거리에 쓰러진 가난한 영혼들을 일으켜 세우는 등불이 될 것"을 믿어 의

심치 않는다.(『제민일보』, 2012. 2. 8)

위의 인용문에서 알 수 있듯이, 노숙인과 부랑인은 자신의 "지난 고난을 이겨내지 못한 자신을 질책"하는 주체이고, 이는 '고해성사'를 통해 긍정적 사고를 배양함으로써 치유될 수 있다. 여기서 글쓰기, 즉 시를 쓰는 작업은 '부드러운 치유' 방식으로 일종의 감정장치이다. 이러한 감정장치는 일루즈가 언급하는 "치료요법 서사"로 구현된다.(Illouz, 2008) 치료요법 서사는 감정, 특히 죄의식(죄책감)을 공적 대상, 곧 발현의 대상, 토론의 대상, 논쟁의 대상으로 만든다.(Furedi, 2004)

노숙인은 상담과 치료 과정에서 "나는 그동안 잘못 살아왔다"는 고해와 속죄를 바탕으로 자신의 과거를 재구성한다. 이러한 속죄장치는 옛날의 '나'의 부정과 수용 과정을 통해 새로운 '나'를 구성한다.(일루즈, 2010: p.106) 속죄장치는 인간 개개인의 고유한 경험적 속성을 균일하게 만들어버린다. 그리고 여기서 수치심과 죄책감은 노숙인에 대한 강력한 감정적 통치기제로서 그들의 행실을 다잡는 감정적 모티브로 등장한다. 이때 관건은 수치심과 죄책감을 자존감으로 전환할 수 있는 감정적 역능을 갖추었는가의 여부이다.

자존감은 자아실현적 치유 서사와 결합될 때 나타나며, 성공적인 자활로 이어지는 회로를 놓는 에너지로 작용한다. 그런데 자아실현 서사는 고통 서사를 전제로 한다. 이는 "내적 자아를 찾는 여정의 이야기"이며, 이때 "자아에 대한 배려가 오히려 자아란 교정시키고 변화시켜야 할 '병든' 존재라는 시각을 조장하게 되는 역설"이 발생한다. 이러한 치료요법 문화는, 한편으로는 건강과 자아실현을 자아 서사의 목적으로 설정하면서도, 다른 한편으로는 갖가지 행동을 열등한 자아— '신경증적' 자아, '병든' 자아, '자멸적' 자아—의 기호 및

징후로 설정한다.(일루즈, 2010: p.89, p.95)

우리 사회의 대표적인 노숙자 지원 단체들도 이러한 치료요법 프로그램을 실행하고 있다. 일례로 '늘푸른 자활의 집'은 빈곤, 실업, 알코올 문제를 겪는 사람들을 위한 치료재활시설로서, 2003년부터 미국 DAYTOP의 치료공동체(Therapeutic Community) 프로그램을 도입하여 운영하고 있다. 이 치료공동체는 프로그램 참여자들이 "하나의 공동체를 이루어 상호 간의 긍정적인 상호작용을 통해 전반적인 삶의 태도가 성장할 수 있는 환경을 제공"하는 것을 목적으로 한다.

이 단체가 제공하는 프로그램은 대체로 정서 공유와 상담치유이다. 이 치유 프로그램에는 위계가 존재한다. 그것은 행동수정 영역, 심리정서 영역, 지적·영적 영역, 직업생존 영역으로 구분되어 있는데, 특히 심리정서 영역의 프로그램은 '개인심리치료', '분노조절 집단상담', '자기사랑 집단상담', '가족상담' 등으로 이루어져 있으며, 지적·영적 영역 프로그램으로 '심성수련', '예술치료', '자조집단', '영성교육' 등이 마련되어 있다. 참여자들은 각 프로그램의 통과 여부에 따라 위계서열이 결정된다. 보다 구체적으로 살펴보면, 참여자들은 치료공동체의 효과에 따라 새로미, 바르미, 도우미, 세우미, 이끄미, 디디미의 단계를 거치도록 위계화되어 있다.(http://www.green1004.or.kr/www/?act=main) 이처럼 이들 기관은 감정을 등급화·서열화·계량화한다.

'구세군자활주거복지센터'의 경우에는 1999년에 대한정신간호학회 주관으로 '노숙인재활치료 프로그램'을 시행했다. 이 프로그램은 노숙인의 알코올·약물 중독 치료, 정신건강 상태를 검사하며 노숙인들이 정신건강에 대해 이해하고 대처하는 방법을 배움으로써 스스로 관리할 수 있도록 치료과정을 만들어간다. 입소시마다 SCL-

90-R(간이정신진단검사), BDI(우울증평가척도), NAST(알코올의존 선별방법), 자기효능감 검사를 실시한다.(http://www.jjbcenter.com/main.html) '보현의 집'은 2008년부터 음악심리치료 프로그램을 시행하면서 휴먼 서울시민 인문학 강좌, 템플스테이 등을 시행하고 있다.(http://www.bohyeon.net/)

한편 서울시는 야심찬 기획으로 2005년부터 노숙인의 자립과 자활을 돕는 특화지원 프로그램을 위해 성프란시스 대학을 설립하여 인문교양교육을 시행하고 있다. 이 프로그램은 노숙인과 부랑인을 상대로 "철학, 문학, 역사, 예술사, 글쓰기 등의 수업을 통해 자존감을 되찾고 삶의 변화를 이끌어"내는 데 목적을 두고 있다.(http://www.homelesskr.org/)

인문학 강좌에 참여한 한 노숙인은 이를 놓고 "같이 책을 읽고 좋았던 구절과 느낌, 문제에 대해 토론하면서 이를 자기의 문제로 가져오게 되면 그것이 씨앗이 돼 열매를 맺는다"고 말하면서, "교육을 해보면, 처음 한 달이 가장 어렵고, 6개월이 지나면 조금 변하고, 1년을 버틴 사람들은 많이 달라진다"라며, "어디서 오는 건지 모르지만 삶의 소중함을 분명히 되새기게 된다"고 자평한다.(『문화일보』, 2010. 4. 14) 아래의 인용문은 '희망의 인문학 과정'을 이수한 한 노숙인의 수기 중 한 구절이다.

(오세훈) 시장님의 말씀인즉, 자손들에게 재산이 아닌 문화를 상속해주어야 하는데, 그렇지 못해서 그 재물을 지키지 못한다는 거였다. 그리고 가난하게 살아가는 서민들이 가난을 대물림하는 것도 역시 삶의 의지가 되고 희망이 될 수 있는 문화를 상속해주지 못하기 때문이라고 했다. 그렇다면 가난의 대물림을 끊기 위해서는 무엇이 필요한가? 무엇보다 합리적인 생각을 할 수 있게 하고 삶에 대한 판단력을 키워줄

수 있는 '인문학적 자본'을 갖추는 게 가장 중요하다고 시장님께서 말씀하셨다.(안승갑, 2009: p.222)

여기서 가난의 대물림을 끊을 수 있는 중요한 자원은 경제적 자원에 앞서 '문화', '삶의 의지', '희망', '합리적인 생각' 그리고 '인문학적 자본'이다. 이러한 치료요법담론은 정상성의 윤리적·학문적 이상을 설정한 후, 그것에 어긋나는 '차이'의 정도에 따라 자아를 제도화한다. 그리고 치료요법은 건강의 이상을 별다른 근거 없이 설정함으로써, 역으로 모든 행동에 병리·질환·신경증이라는 라벨을 붙인다.(일루즈, 2010: pp.98~99)

따라서 자아서사는 자아를 실현하지 못한 온갖 실패자들, 즉 병자를 산출한다. 이러한 담론 효과는 복지장치들이 노숙인과 부랑인에게 개입하는 과정에서 드러난다. 복지기관은 '부드러운' 권력을 행사하면서 이들을 관리한다. 마치 아이, 환자, 노약자를 다루는 방식으로, 즉 친절하게 달래거나 상냥하게 존중하듯이 노숙인과 부랑인을 대우한다. 하지만 그들이 통제되지 않을 때는 언제든 강제적인 명령을 내리고 경찰에 신고하거나 수급자 자격을 박탈하는 압력을 행사하는 처벌을 가하기도 한다.

이와 같이 감정장치는 후기자본주의적 권력의 이중성, 즉 '부드러우면서 강압적인 또는 강압적이면서 부드러운' 속성을 드러냄으로써 인간을 어떤 특정한 감정적 주체로 전환시켜나간다. 이럴수록 노숙인은 권력에 대응할 빈틈을 찾지 못한다. 노숙인이 부드러운 권력에 맞서는 것은 오히려 미덥지 못함, 부도덕함이라는 감정적 낙인을 감수해야 함을 의미한다. 물론 그는 또한 권력의 폭력성에 대응할 물적 자원마저도 결여하고 있다.

감정 아비투스와 복지 장의 변형

복지장치는 주체에 대한 새로운 위계를 만들어내면서 통치를 지속해나가는데, 그것은 바로 감정을 위계화함으로써 실행된다. '감정의 위계화'는 감정자본(emotional capital)의 획득 여부에 따른 사회계급(지위)적 위계와 함수관계를 갖는다. 즉 복지 장에서 우위를 점유할 수 있는 능력에 따라 주체화의 방향이 달라진다. 주체화는 시간성과 결합되면서 상이한 실천적 의미를 지니게 된다. 예컨대 주체의 실천이 과거지향적인가 미래지향적인가에 따라 자활이나 역량강화 프로그램의 성공적인 수행 여부가 판가름난다.

노숙인의 자활 성공률이 낮은 까닭은 자신의 행위에 대해 희망과 기대를 갖지 못한다는 데 있다. 깊이 침윤된 체념과 냉소는 미래를 짓누르며, 시간을 통제할 수 없는 상황은 삶을 노예상태로 만든다. 이렇게 감정은 시간성(과거, 현재, 미래지향)과 결합됨으로써 아비투스를 구성하는 요인으로 변환된다. 그렇다면 감정은 아비투스 형성에 어떻게 개입하는가?

앞서 논의한 바와 같이 오늘날 복지 장에서 노숙인은 자신의 과거를 고통스럽게 서사화할 수 있는지, 죄책감을 느끼며 현실을 받아들일 줄 아는지, 자활과 사회복귀를 위한 의지력과 자존감이 충분한지에 따라 복지영역 내에서 위상이 달라진다. 성찰성은 그들의 위상을 가늠하는 중요한 능력으로 활용된다. 그리고 자신의 과거를 뉘우치는 능력은 기본적으로 고통 서사를 동반한다. 이는 기독교적 회개문화나 고해성사의 특징을 고스란히 담고 있는 것으로, 밑도 끝도 없는 성찰성과 뉘우침을 요구한다. 이러한 성찰성은 늘 '깨어 있어야' 하며 충동적이지 않은 성찰적 주체를 전제로 하고 있다.

하지만 이러한 전제는 인간의 육체화된 성향(embodied disposition), 즉 아비투스의 감정적 측면을 간과한다는 점에서 한계를 지닌

다. 왜냐하면 인간의 실천(practice)은 인지적 성찰성의 차원과 전성
찰적 차원(아비투스)의 결합으로 일어나기 때문이다. 이 두 차원은
감정을 매개로 윤리적 의미를 획득하면서 실천으로 표출된다. 이를
테면 자신의 과거를 수치스러운 서사로 구성(또는 성찰)하느냐, 아
니면 영광스러운 서사로 구성하느냐에 따라 실천 방향이 달라진다.
노숙인은 대부분 전자의 서사를 따르면서 감정적 아비투스를 형성
한다.

　노숙인의 일상생활은 대체로 비자본주의적 리듬으로 변주된다.
노숙생활이 만성화된 사람일수록 자본주의적 노동 에토스와는 거리
가 먼 탕진, 소모, 낭비에 익숙해진다. 그리고 이들의 생활리듬은 그
들만의 독특한 시간구조를 갖고 있기 때문에 시간을 조직하는 방식
도 일반인과 매우 상이하다.(부르디외, 1995 참고) 미래가 결핍된 노
숙인의 삶은 "그날그날 일어나는 요행에 맡겨지고 몽환과 포기, 즉
상상의 세계 속으로 도피할 것인가 아니면 순종적으로 복종할 것인
가의 양자택일밖에 없으며, 무질서하고 일관성이 없고 미래에 대한
전략적인 성향 자체가 성립할 수 없다."(부르디외, 2001: p.317)

　부르디외는 이러한 인간들은 "행동과 행동을 통한 사회적 삶 전체
에 방향을 주고 자극하는 격려와 단서들로 이루어진 객관적 세계를
박탈당"했으며, "그들에게 남겨진 자유로운 시간은 죽은 시간으로밖
에 체험할 수 없"다고 주장한다.(부르디외, 2001: p.318) 미래는 희망
과 기대를 상상할 수 있는 실천 속에서 구성된다. 따라서 기본적으로
경제자본, 사회자본, 문화자본이 결핍되어 별다른 실천을 하지 못하
는 노숙인과 부랑인에게는 미래가 들어설 자리가 없다. 그런데 그들
에게서 미래의 부재는 곧 감정자본의 결핍과 결부되어 있다.

　오늘날 노숙인에 대한 복지 프로그램은 일차적으로 감정 에너지
를 제공하는 데 맞춰져 있다. 그래서 노숙인들은 복지영역에서 감정

건강을 드러내기 위한 상호경쟁과 투쟁에 들어선다. 이를 위해 복지 기관은 감정을 위계화할 수 있는 사업을 마련한다. 무력감, 체념, 죄 책감에서 희망, 자존감으로 나아갈 수 있는 경로를 설정하고 감정의 서열화를 통해 그들을 평가한다. 여기서 중요한 지표는 '감정지능' (emotional Intelligence)이다.(Hughes, 2010) 이러한 감정지능은 복지 장에서 사회적 정체성을 정의할 수 있는 중요한 자본으로 전환된다. 이 자본의 양을 준거로 노숙인과 부랑인은 일단 감정 위계의 가장 밑 바닥에 위치한 사람들로 재분류된다. 즉 "자아실현을 하지 못하는 사람들은 이제 보살핌과 치료요법이 필요한 사람"이 된다.(일루즈, 2010: p.94)

감정장치는 다양한 이벤트를 통해 '희망 심기'라는 목적으로 '노 숙인 저축왕', '웃음축제', '운동회', '야유회' 등을 추진한다. 이 장치 를 통해 노숙인은 감정자본을 획득하며 이 복지 장 안에서 우위에 서 고자 한다. 감정자본이란 "오래 지속되는 몸/마음의 성향"으로 존재 하며, 구체화된 형태의 문화자본 중에서도 가장 "구체화"된 형태이 다. 이 과정은 노숙인에게 새로운 아비투스, 즉 "행위자의 내면으로 부터 작동하는 구조화 메커니즘"을 형성하게 만든다. 노숙인은 "'자 아가 실현된 삶'이라는 모델 내지 이상을 전제한 후, 감정적으로 건 강하지 못한 행위들을 그런 이상과 비교·대조함으로써 연역한다." (일루즈, 2010: p.95)

따라서 자활에 성공하기 위해서는 노숙인의 아비투스가 자존감 (self-esteem)을 높이는 방향으로 조직되어야 하고, 자활에 실패할 경 우 무기력증에서 빠지도록 하는 방향으로 조직된다. 자존감은 주체 의 역능, 역량강화담론과 결합되면서 자활의 가장 중요한 감정자본 이 된다. 자활과 사회복귀를 위해서 노숙인은 '건강한' 감정을 회복 하고 죄책감에서 벗어날 수 있는 치유 프로그램에 참여해야 한다. 과거의 자아로부터 빨리 벗어나 미래를 새롭게 조직할 수 있느냐가 새로운 인간의 자격요건이 된다. 다음은 자활에 성공한 한 노숙인의 수기 중 일부이다.

직업심리검사 결과를 해석해주시면서 실직으로 인한 스트레스가 높아서 정서적 불안정이 높게 나왔다면서 스트레스 상담(EAP협회)을 연계해주셨다. 오랜 실직기간과 노숙생활로 황폐화된 나의 마음을 어떻게 아셨는지 선생님은 방문할 때마다 나의 강점을 칭찬해주셨고 나는 점점 할 수 있다는 자신감이 생겼다. 스트레스 상담과 센터 방문을 동시에 하면서 내 자신을 다시 찾아가고 있다는 걸 느꼈고 새로운 희망이 조금씩 살아나기 시작하였다.(류희철, 2012: pp.163~164)

이와 관련하여 한 노숙인 시설 담당자는 "사회 재진입 프로젝트는 스스로 감정을 다스리고 사회와 소통하는 방법을 터득하도록 하는 데 목적을 두고 있다"며 "사회정체성을 부정에서 긍정으로 바꾸는 것으로도 사회복귀 가능성이 높아진다"고 말한다.(『제민일보』, 2012. 1. 27)

하지만 치료요법적 노숙자 프로그램에서 감정자본마저 획득하지 못하는 사람들의 경우 이제 체념의 감정과 함께 퇴행의 길로 들어서게 된다.(박형신·정수남, 2013: 이 책 제6장 참고) 그리고 그 극단적 형태가 범죄자가 되거나 자살을 선택하는 것이다. 이와 관련한 빈번한 언론보도는 이를 입증하고도 남는다. 푸코(1997: p.237)가 일찍이 "감옥이라는 장치는 그 본래의 의도와는 달리 범죄환경을 걸러내고 집중시키며 전문화시킴으로써 또 다른 범죄를 탄생시킨다"고 주장했듯이, 노숙인과 부랑인 시설 또한 "부정적인 효과를 긍정적인 효과로 만들어내기 위한 새로운 전략적인 고려에서 이와 같은 의도하지 않은 부정적인 결과"를 다시 한 번 만들어내고 있지는 않은지 곱씹어볼 일이다.

다른 한편 오늘날 복지 프로그램은 담당 공무원과 위탁기관의 업적관리와 '성과쌓기'를 위한 자기증식 메커니즘에 의해 운영되면서 실질적인 효과를 내기보다는 기본적인 서비스를 제공하는 수준에 머물고 있다. 그럼에도 불구하고 복지장치의 위세와 체계화는 더욱 심화되고 있다. 그러면서 복지장치는 대중으로부터 감정적 동의를 얻기 위한 전략, 즉 '감정 드러내기'를 더욱 강화하며, 다양한 홍보와 활동을 통해 복지 프로그램의 탈감정적 정치, 즉 '동정심의 도구화'를 노골화하고 있다. 그 결과 사람들은 복지 프로그램의 실용성에 대해 회의적으로 인식하고 복지장치의 위세만을 인지하고 있다.

반면 노숙인들은 감정자본을 축적할 것을 거듭 요청받고 있다. 그러나 노숙인에게 감정자본은 근본적으로 자활을 위한 강력한 자원이 되기 어렵다. 왜냐하면 또 다른 자본이 동반되지 않는 한, 감정자본만으로 자활을 이룬다는 것은 현 체제 내에서는 불가능하기 때문이다. 하지만 우리 사회의 노숙인 복지정책은 여전히 경제적 차원에서조차 장기적인 자활 프로그램을 제공하지 못하고 있는 실정이다. 실제로 전체 복지예산 중 노숙인 지원부문이 가장 낮다. 그럼에도 불구하고 노숙인 복지 프로그램은 해마다 그 버전을 달리하면서 변해가고 있고, 복지 공무원들은 가시적인 성과쌓기의 덫에 걸려 있다. 위탁기관 사회복지사나 활동가들 또한 이와 맞물려 있기 때문에 실천적인 성과보다는 문서 중심의 행정적 성과를 쌓는 데 주력하고 있다.

사회복지사는 현장업무보다 사무실 행정업무에 얽매이는 역설적 상황을 경험하면서 이중부담을 안고 있다. 사회복지사들의 모든 활동결과와 업무는 문서 형태로 남겨져야 하고, 그것만이 평가목록에

〈표 7-1〉 노숙인의 계보학적 범주화

	초기자본주의적 통치논리	후기자본주의적 통치논리
경제양식	발전주의적 산업자본주의	신자유주의적 금융자본주의
주체화	걸인, 부랑인, 행려병자	부랑인, 노숙인, 실업자
통치담론	인본주의적 합리성	경제적 합리성
통치방식	제한적 관리·감독	합리적 통치
국가권력	권위주의적 통제권력	네트워크화된 자율권력
인구분류 방식	강제적 격리/방치	합리적 격리/관리
복지개입 방식	시혜	자활
감정고리	혐오감, 연민, 동정심	공포, 적대감, 무관심

올라갈 수 있다. 따라서 문서로 성과를 평가받을 수 있는 복지 프로그램이 불가피하게 증가할 수밖에 없다. 이러한 상황에서 과연 사회복지사나 활동가들이 현장에서 무슨 일을 할 수 있단 말인가! 결국 이러한 프로그램은 노숙인의 관리 및 자활 성과를 가시적으로 보여줄 수 있는 지표를 만들어내는 일에 집착하게 할 뿐이다. 이 지표는 단순히 생필품, 주거, 일자리 등 물질적인 차원을 넘어 심리상태, 정신건강, 감정관리 등 감정적 차원으로까지 범위가 확대되고 있다. 요컨대 성과의 가시성을 위해 비가시적인 영역(감정)을 끌어들임으로써 성과지표의 범주를 넓혀간다.

그리고 바로 이 지표가 노숙인을 관리하는 과정에서 지속적인 참고자료로 활용되며, 노숙인 내부의 위계를 설정하는 데도 기여한다. 그것은 노숙인을 점차 줄어들게 하는 것이 아니라 거꾸로 노숙인을 더욱 세밀한 방식으로 재생산하는 결과를 낳는다. 이처럼 감정의 위계화를 통해 자활의지가 강한 사람부터 의지박약자에 이르기까지로 재서열화하는 방식은 후기자본주의사회의 새로운 계급구성 논리가 되고 있는 것처럼 보인다.

지금까지의 내용을 전체적으로 정리해보면 앞의 〈표 7-1〉과 같다.

또 다른 통치: 잉여인간과 시민 사이에서

이 장에서 우리는 오늘날 노숙인과 부랑인이 생산되고 관리되는 후기자본주의적 논리를 통치성과 아비투스 개념을 통해 감정사회학적 관점에서 분석해왔다. 여기서 핵심적인 감정은 공포이다. 즉 후기자본주의는 공포를 관리하기 위해 어떤 전략으로 주체를 생산하며 이들을 재생산하는가에 대한 해명이 이 장의 목적 중 하나였다. 공포는 인간의 역사 자체가 공포와의 대결(자연, 신, 타자 등과의)이라는 점에서 초역사성을 지니지만, 그것은 또한 공포가 사회적 상황과 역사적 맥락에 따라 다르게 다가온다는 점에서 역사성을 지닌다.

이렇게 볼 때 후기자본주의적 상황에서 공포는 이전과는 다른 방식으로 생산되고 소비된다고 볼 수 있다. 오늘날의 공포는 위험사회론에서 제기하듯이, 실질적인 위험보다는 상상된 공포로서의 성격이 훨씬 짙다. 우리가 스스로 공포를 만들어내고 강박적으로 소비하는 측면이 점점 강해지고 있기 때문이다. 후기자본주의적 통치는 일련의 공포장치를 활용함으로써 주체의 행실을 통솔한다. 공포장치는 담론, 제도, 법, 매체, 기관 등을 통해서 개인에게 공포를 전가하는 방식으로 자아형성을 도모한다.

오늘날 잉여인간은 이러한 메커니즘을 통해 (재)생산된다. 이렇게 형성된 개인들은 공포를 공적 영역이 해결해야 할 책무로 받아들이지 않고 사적 영역으로 환원하여 해결점을 모색한다. 그리하여 개인들 간의 심리적 간격은 더욱 벌어지고 그 빈틈으로 불신이 들어서게 된다. 이러한 불신은 타자에 대한 적개심으로 나타나는데, 이 과정이 지속될 경우 적개심은 타자 자체를 염두에 두지 않는 둔감함 또는 무관심으로 전환된다. 나아가 감정의 전염적 속성(프로이트, 1997: pp.84~85)으로 인해 둔감함은 사회의 감정적 분위기로 자리 잡는다. 이러한 무관심은 문화산업에 의해 조직되고 생산되는 연민과 동정심이 확산되면서 약화되지만, 이 동정심은 무관심의 대상을 향한 것이 아니다. 그 결과 우리는 대중매체에 등장하는 인물이나 유명인사의 눈물과 고통에는 과도한 관심을 보이지만 바로 옆집에 사는 독거노인의 죽음에 대해서는 무관심하게 된다. 한쪽은 감정과잉, 다른 한쪽은 감정결핍이라는 이중성을 경험한다.

오늘날 잉여인간을 생산하고 주체화하는 장치는 감정적 내용을 담고 있다. 노숙인은 재활과 자활을 위해서 자기극복의 서사를 스스로 쓰도록 요청받는다. 자활 프로그램은 극기, 의지, 긍정, 성찰, 희망을 담지한 주체가 행할 수 있는 자기계발 형식이다. 이러한 장치는 주체를 자활의지가 높은 사람부터 자활의지를 상실한 사람까지 감정적으로 서열화하면서 분류한다. 이러한 감정의 위계를 통해 주체가 재구성되는데, 여기서 위계는 그들에게 주어진 새로운 자본, 즉 감정자본의 활용에 따라 변형되거나 재생산된다.

또한 복지장치는 한계를 알 수 없는 추상화된 감정자본을 요구하면서 잉여인간을 길들이고 지속적으로 만들어낸다. 2012년 「노숙인 인권선언」에서 명시하고 있듯이, 우리 사회는 이들을 시민으로 규정하지만, 복지장치는 다시금 노숙인에게 자발적인 시민이 되기 위한 역량을 요청하고 있다. 노숙인은 한편으로는 극빈층이지만, 다른 한편으로는 '시민'으로 거듭날 준비를 해야 한다.

엄밀하게 말해서 노숙인 중 상당수는 국가나 사회의 '체계적인' 관리가 그리 필요 없는 사람들일 수 있다. 실제로 노동의욕과 능력이 있는 노숙인들은 주거와 일자리만 보장되면 당장 자립할 수 있는 사람들이다. 반대로 자아통치(규율)가 제대로 수행되지 않는 무기력하고 삶의 의욕을 상실한 노숙인도 존재한다. 이처럼 노숙인은 복지장치의 엄격한 관리와 자발적인 자기관리 사이 어딘가에 존재하는 애매한 주체이다. 그런데 이 모호한 경계의 틈새로 다양한 복지장치가 물꼬를 틀듯이 그들의 삶에 개입한다. 배제하면서 동시에 관리와 포함의 대상으로 끌어들이는 이중 메커니즘 속에서 노숙인은 사라지기보다는 적정 수준으로 유지되고 있는 것은 아닌지 되물어볼 일이다.

제4부

공포
정치
사회운동

8 공포정치와 복지정치

한국 보수정권의 감정정치

보수세력의 공포와 복지정책

2012년 대통령 선거를 앞두고 한국 사회는 '복지정치'에 대한 논의로 뜨거웠다. 2010년 지방선거에서 야권이 무상급식 공약을 내걸면서 쟁점화된 복지논쟁은 여야를 막론하고 가장 뜨거운 정치적 쟁점으로 부상했다. 이에 화답하듯, 학계에서도 복지정치는 가장 주목받는 연구주제로 부상했다.

2011년 고려대 아세아문제연구소가 '한국 복지정치의 전개와 전망'(5월 21일)이라는 주제로 학술대회를 개최한 이래, 한국 사회복지정책학회는 '한국의 복지정치와 지속가능성'(2011년 6월 3일)이라는 제목으로, 한국비교사회학회가 '국가-시민사회와 복지정치의 전망'(2011년 10월 14~15일), 그리고 한국정치사회학회가 '한국 복지정치의 대전환'(2011년 12월 2일)을 주제로 학술대회를 개최했다.

이들 학술대회에서 그간의 한국의 복지정치 일반과 영역별 복지정치, 그리고 대안에 대한 논의가 있었지만, 정당과 복지정치에 관한 논의, 그중에서도 특히 왜 당시 진보정당뿐만 아니라 보수정당 역시 복지정책을 쏟아냈는지에 대한 논의는 찾아보기 어렵다. 이러한 배경에는 복지가 진보정당의 전유물이라는 사고가 깔려 있다. 하지만 한국 복지정책의 역사를 살펴보면, 한국 복지제도의 틀을 마련한 주요 복지정책은 보수정권 시절에 그 기틀을 잡거나 확대·개편되어 왔다. 그러나 우리가 이 장에서 보수정권이 한국을 복지국가로 만들었다고 말하는 것은 아니다. 다만 그들이 한국의 '복지체제'(welfare regime)의 틀을 설정해왔음을 지적할 뿐이다. 우리 사회의 복지 포퓰리즘 논쟁은 우리나라가 복지국가와는 여전히 거리가 멀다는 사실을 반증하는 동시에 복지가 중요한 정치의 대상이라는 것을 말해준다.

정치에서 정당은 극히 중요한 요인이다. 얼마전 우리 사회에 번역되어 소개된 집권정당과 자살률의 관계를 증명한 책(길리건, 2012)은 정당이 정치의 영역을 넘어 사회에 어떠한 영향을 미치는지를 잘 보여준다. 다른 영역보다도 복지정치에서 정당은 특히 중요하다. 이러한 상황을 반영하듯, 한국에서 정당과 복지정치에 대한 연구는 그간 꾸준히 누적되어왔다. 하지만 그러한 연구들은 거의 복지와 진보정당의 관계에 집중되거나(이를테면 권혁용, 2011; 강병익, 2009), 개별 진보정권의 복지정책에 대한 평가(이영환, 2002; 손호철, 2005; 박용수, 2009; 김영순, 2009; 백두주, 2011; 김연명 편, 2002)가 주류를 이루고 있다.

보수정권의 복지정책도 박정희 정권(권문일, 1989; 김영재·서봉섭, 1995; 강명세, 2003; 양재진, 2007)과 이명박 정권(주은선, 2008; 최재성, 2010; 김순영, 2011; 김원섭·남윤철, 2011)을 중심으로 일정한 연구가 이루어지고 있다. 이 가운데 박정희 정권에 대한 연구가 복지정책의 실시 원인에 초점이 맞추어져 있다면, 이명박 정권에 대한 연구에서는 복지정책의 축소가 주요한 논제로 부각되고 있다. 이러한 연구에서 나타나는 주요 논점은 중요한 문제를 제기하게 한다. 진보정당 또는 진보정권과 동일시되는 복지정책이 왜 보수정권·보수정당에서도 제기되는가? 보수정권 내에서 복지의 확대와 축소를 가져오는 요인은 무엇인가? 그리고 보수정권 복지정치의 특성과 한계는 무엇인가?

이 장은 바로 이러한 문제의식에서 출발하며, 이에 대한 감정사회학적 해석을 시도한다. 즉 이 장은 집권 보수세력의 권력축소와 권력상실의 공포가 보수정권의 복지정치의 동학을 해명할 수 있음을 보여주는 것을 목적으로 한다. 이를 위해 우리는 먼저 복지국가의 우파적 기원을 탐색하고 우파 복지정치의 배후에는 우파정권의 공포가자리하고 있음을 밝힌다. 그다음으로 보수정권의 복지정책을 추동하고 제약하는 두 축으로 공포정치와 복지정치라는 개념을 이상형(idea-type)적으로 설정한다.

이어서 우리는 공포정치와 복지정치라는 두 축을 중심으로 한국보수정권의 복지정치를 감정사회학적으로 해명한다. 여기서는 아직 '복지국가' 담론은 아니지만 '복지사회' 담론이 제기된 박정희정권부터 다룬다. 하지만 김영삼 정권의 경우, 집권 이전의 진보적 정치활동경력을 감안하여 논의에서 제외했다. 그렇지만 우리가 우파정당을 복지의 주체로 상정하고자 하는 것은 아니며, 좌파정당의 복지노력을무시하거나 폄하하고자 하는 것도 아니다. 단지 복지국가의 우파적기원과 그 동학을 감정사회학적 관점에서 찾아내고 그 특성과 한계를 밝히는 것을 목적으로 한다. 따라서 구체적인 복지정책의 내용에대한 분석은 제외된다. 마지막으로, 이러한 보수정권 복지정치의 특성과 한계를 지적하고, 복지정치 강화의 감정적 토대를 탐색한다.

복지국가의 우파적 기원과 복지정치의 감정적 토대

그간 복지정치는 좌파의 전유물로 여겨지고, 복지문제를 제기하는 사람들은 좌파로 간주되는 경향이 있었다. 이러한 인식은 복지 체제가 가장 잘 발전한 사회민주주의 국가가 우리에게 주는 선입견 때문일지도 모른다. 하지만 복지국가의 역사가 보여주듯이, 복지정 치는 좌파의 전유물이 아니다. 복지국가의 발전과정에서 좌파정부 와 노동계급이 수행한 역할이 무엇이든 간에, 초기의 복지국가 조치 는 일반적으로 자유주의적 또는 보수적 엘리트들에 의해 도입되었 다. 심지어 스칸디나비아 사회민주주의에서조차 복지국가는 보수적 또는 자유주의적 정치세력에서 기원한다.(에스핑-안데르센, 2006: p.167; Pierson, 2006: p.36)

보다 구체적으로 살펴보면, 건강보험(1883), 산재보험(1884), 고 령장애연금(1889)을 비롯한 사회보장제도를 세계 최초로 법제화하 여 복지정책의 기틀을 마련한 비스마르크는 익히 알듯이 독일 보수 주의의 수장이었다. 영국에서도 1911년 세계 최초로 도입된 실업보 험을 주도한 것은 자유당이었고, 영국 복지제도의 초석을 마련한 베 버리지 역시 경제적 자유주의자였다. 그리고 스웨덴은 1913년 노인 연금법을 도입했는데, 그것을 주도한 것은 사회민주당이 아닌 자유 당이었다. 스웨덴 역시 영국이나 독일과 마찬가지로 보수정당에서 복지제도를 만든 셈이다.(신광영, 2011)

하지만 복지국가의 발전에서는 조금은 다른 이야기가 가능하 다. 복지국가의 발전과정과 좌파정당의 밀접한 관계에 대한 경험 적 조사가 다수 제출되어왔기 때문이다.(Stephens, 1979; Furniss and Tilton, 1979; Hewitt, 1977) 특히 코르피(Korpi, 1983)는 이 분야에 관 한 연구에 집중하며, 복지국가의 발전정도는 좌파정당이나 노동계 급 역량과 함수관계에 있음을 입증하기도 했다.

이와는 조금 다르게 힉스와 스완(Hicks and Swan, 1984)은 우파정 권의 집권이 복지팽창의 기를 현저히 꺾기는 하지만, 좌파, 중도파,

그리고 기독교민주당 등을 포함한 '기업지향적'(businsss-oriented) 이지 않은 정당의 집권은 복지국가의 확대에 기여한다고 주장한다. 그리고 윌렌스키(Wilensky, 1981)는 이와 대조적으로 좌파정당보다는 가톨릭정당의 집권을 복지지출의 가장 강력한 지표로 규명하고, 정당경쟁의 강도가 복지지출 노력을 증대시킬 수 있다고 주장한다.

이러한 주장 역시 복지정치는 좌파만이 아니라 우파에게도 중요한 정치적 대상이라는 점을 말해준다. 또한 보수적 정치세력이 거듭 집권한 국가라고 하더라도, 그리고 좌파와 노동운동 세력의 힘이 약한 국가라고 하더라도, 이들 국가가 복지 '후진'국일 뿐, 이들 국가에 복지제도가 전무한 것은 아니다. 또한 우파 정치세력은 복지국가 '위기론'을 자신들의 무기로 사용하면서도, 복지팽창에 두려워할 뿐 실제로 복지지출을 축소시키지는 못했다. 그리고 우파정당이 중요한 시기와 고비마다 좌파정당과 복지 경쟁을 벌이는 것도 사실이다. 그렇다면 우파정권들이 그 내부에서 제기되는 좌파적이라는 비난에도 불구하고, 그리고 더욱이 보수진영을 설득하면서까지 복지정치를 자신들의 주요한 정치적 대안으로 제시하는 이유는 무엇인가? 독일과 영국의 초기 복지도입의 역사는 이에 대한 설명의 단초를 제공해준다.

비스마르크가 사회보험제도를 도입한 배경에는 당시 사회민주당의 부상과 노동계급의 성장이 자리하고 있었다. 비스마르크는 1878년 황제 암살기도를 빌미로 사회주의자를 억압하기 위한 '사회주의 탄압법'을 제정했지만, 노동계급이 실업과 빈곤의 위협에 노출되어 있는 한, 이것만으로는 사회주의의 확산을 막고, 노동계급과 사회민주당의 결합을 차단할 수 없었다. 이러한 상황에서 비스마르크는 "사회적 폐단의 척결은 사회민주주의자들의 과격행동을 탄압하는 것 외에 근로자 복지의 적극적인 향상이 꾀해지면서 실현되어야 할 것"이라고 강조하고, 사회보험 입법이야말로 '사회주의 탄압법'을 '보충'할 수 있는 수단이라고 보았다.(김태성·성경륭, 2000: pp.90~91)

영국의 경우, 베버리지 보고서가 채택되어 복지제도가 도입된 배경에는 양차 대전과 대공황이라는 전쟁과 실업이 자리하고 있었다. 베버리지는 실업과 전쟁으로 고통받는 영국인들 사이에 연대의식을 고취시키기 위해 다섯 가지 사회적 질병, 즉 가난·질병·무지·불결·나태를 해결하는 것이야말로 국가가 존재하는 이유라고 주장했다.(신광영, 2011: p.38) 이들 사례를 놓고 볼 때, 보수정권이 복지제도를 도입하지 않을 수 없게 만든 것은 '사회주의 혁명의 위협'에 대한 선제조치와 '전쟁을 위한 국민동원'이었다고 할 수 있다. 그렇다면 이 두 요인은 우파 복지정책의 근원으로 얼마나 설득력을 갖는가?

먼저 전자의 경우를 살펴보면, 사회주의의 위협 그 자체가 곧 우파정권에 의한 복지제도의 수립으로 이어지지는 않는다. 이를테면 사회주의와의 전면적 대립에 나섰던 국가들, 특히 미국과 한국의 경우는 이를 잘 보여준다. 하지만 체제 외부의 사회주의와의 대립이 아닌 체제 내부의 사회주의와의 경쟁이 우파세력으로 하여금 국민의 지지를 획득하기 위한 수단으로 복지정책을 채택하게 했다고 할 수도 있다. 이러한 경우는 사회민주주의 세력이 강력한 국가에서 드러난다. 그러나 이는 우파 정치세력이 보다 일반적으로는 '복지 위해론'을 펼쳐왔다는 사실을 설명하기 어렵다.

다음으로 전쟁과 우파복지의 관계를 살펴보자. 이와 관련해서는 전시에 국민의 희생을 강요하거나 충성심을 확보하기 위한 수단으로 국내적으로 복지 서비스를 강화한다는 이른바 '전쟁-복지국가'(warfare-welfare state) 가설이 제기되기도 했다.(김태성·성경륭,

2000: p.109) 그러나 이러한 전쟁에 기초한 복지정책이 미국과 같은 '복지 지체국'에서 사회보장법 제정의 토대로 작동하기도 했지만, 이는 군인 및 특수 계층의 복지에만 적용되었을 뿐 보편적 복지와는 거리가 멀다. 그리고 한국의 경우에는 전쟁이 복지 억압의 토대가 되기도 했다.

그렇다면 우파정권의 복지정치를 추동하는 동력은 무엇인가? 이와 관련하여 살펴볼 필요가 있는 것이 바로 '당파성이론'(partisan theory)이다. 이 이론은 복지국가 발전과정에서 정당과 정부의 당파성이 중요하다고 주장한다.(Hibbs, 1977; Korpi, 1983) 그러나 이 이론이 논증하는 것은 사회민주당 등 좌파정부의 집권이 빈번했던 국가들이 더 큰 복지체제를 겸비하고 있던 반면 빈번한 우파정부 집권을 경험한 국가일수록 사회지출의 비율이 현저하게 낮았다는 것이다.(권혁용, 2011: p.14) 따라서 이 주장에 따르면, 우파의 복지정책은 예외적 상황일 수도 있다.

그렇다면 무엇이 우파정당과 정권에게 복지를 적극적 정책수단으로 만드는가? 여기서 앞서 논의한 윌렌스키의 지적에 주목할 필요가 있다. 즉 그는 복지국가의 발전과 정당경쟁의 관계에 주목한다. 이 맥락에서 중요한 변수로 등장하는 것이 바로 선거이다. 경쟁적 정당민주주의에서 표를 얻기 위한 정당 간의 경쟁이 보수정당으로 하여금 핵심적 지지자층의 이해관계를 넘어 복지정책을 선거정치의 핵심적 쟁점으로 부상시킬 수 있다는 것이다. 하지만 이러한 주장 역시 한계가 있다. 왜냐하면 복지는 좌파정당의 핵심정책이며, 우파정당이 복지를 먼저 쟁점으로 부각시키는 것은 우파정치에서도 또한 예외적 상황이기 때문이다.

이렇듯 우파정권의 복지정치는 이중의 예외적 상황이다. 그렇다면 언제 이러한 예외적 정책이 발생하는가? 앞서의 논의를 종합해보면, 사회주의와의 대결, 전쟁, 실업, 정당 간의 격심한 경쟁 등 우파세력의 '정치적 위기' 상황이 그 배경으로 깔려 있다. 그러나 이러한 정치적 위기에 직면했을 때, 우파세력이 항상 복지정치를 그 돌파구로 삼은 것은 아니었다. 그리고 경제적 위기에 따른 정치위기 시기에는 우파세력은 복지를 경제위기의 주범으로 몰아 복지국가의 위기를 소리 높여 주장하기도 하며, 어쩌면 이러한 대응이 더 일반적이었다.

우파의 이 같은 대응방식의 차이는 왜 발생하는가? 이러한 차이는 구조적 원인이 곧바로 복지정책의 결정요인이 되지 않는다는 것을 의미한다. 이는 사회학적으로 말하면, 구조가 직접 행위를 규정하지 않는다는 것을 의미한다. 그렇다면 그 이면에는 어떠한 동학이 존재하는가? 거시적 감정사회학은 이 문제에 대해 유용한 해결책을 제시해준다. 거시적 감정사회학은 구조와 행위 사이에는 배후감정이 자리하고 있으며, 이 감정이 구조와 행위를 매개하고, 이 감정동학이 행위의 방향을 규정한다고 주장한다.(바바렛, 2007, 2009; 박형신·정수남, 2009: 이 책 제2장; 박형신·이진희, 2008; 이 책 제9장)

일례로 실업상태에 처한 노동자의 경우를 살펴보자. 이 노동자가 심각한 감정적 좌절을 경험한다고 가정한다면, 그의 행위는 좌절의 감정동학에 따라 다양하게 나타날 수 있다. 이 노동자가 자신의 좌절이 자신의 무능력에서 기인한다고 파악할 경우 사회적 부적응자가 될 수도 있으며, 사회적 제약을 원인으로 파악할 경우 저항에 나설 수도 있다. 마찬가지로 우파 정치세력 역시 자신이 처한 구조적 상황과 그에 따른 감정, 그리고 그 감정을 해소하기 위한 개인적·집합적 노력은 감정동학에 따라 서로 다른 형태로 나타날 수 있다. 우파정당의 복지정치 역시 이와 같은 논리에서 해명할 수 있다.

그렇다면 우파 복지정치의 배후에 깔려 있는 감정은 무엇인가? 그것은 바로 정치적 위기 상황이 초래하는 권력축소 또는 권력상실에 대한 '공포'이다. 사회주의의 부상, 경기침체, 전쟁, 좌파 또는 대항 세력과의 권력거리 축소는 모두 집권세력에게 극심한 공포를 경험 하게 한다. 그리고 이러한 공포에 그들이 대응하는 방식이 바로 그들 집단의 정책노선을 결정한다. 이 장에서 우리는 이러한 우파정당 또 는 보수정권이 느끼는 공포의 감정동학을 규명함으로써 우파 복지 정책의 근원과 그 성격을 규명하고자 한다.

공포의 감정동학과 복지국가: 공포정치와 복지정치의 변증법

정치 엘리트와 공포

하이데거의 철학적 논의에 따르면, 공포는 우리를 보호해주는 안 전장치가 풀렸을 때 거기서 비롯되는 위협이나 무서움으로 이해된 다. 즉 공포는 안전장치가 풀린 상태에서 자신에게 아직 위험이 닥치 지 않았지만, 이미 그 위험을 느낀 상태에서 발생하는 감정이다.(하 이데거, 1998: pp.450~457; 구연상, 2002: pp.64~73: 정수남, 2010: p.63) 이러한 공포 감정에는 두 가지 통념이 있다.

첫째는 공포에 대한 다윈(Dawin)의 정식화에서 나타나는 것으로, 공포는 무력감이나 위축감을 특징으로 한다는 것이다. 따라서 일반 적으로 공포는 무능력하다는 느낌을 유발하고, 행위를 억제하고, 변 화를 초래하기보다는 가로막는다고 인식되어왔다. 둘째는 공포가 유발하는 무능력감 때문에, 공포는 전적으로 종속적이거나 또는 취 약한 지위나 역할을 차지하고 있는 사람들의 감정이라고 빈번히 가 정된다.

하지만 바바렛(2007: pp.249~251)은 이 두 가지 통념 모두에 이의 를 제기한다. 먼저 바바렛은 첫 번째 통념과 관련하여, 공포가 특정 한 관계 속에서 주체의 취약성을 표현할 경우, 공포는 필연적으로 주체에게 자신의 이익에 더욱 적절하게 기여할 수 있도록 상황을 변화시킬 수 있는 선택과 유인책을 고려하게 한다고 지적한다. 또한 두 번째 통념과 관련해서는 공포를 경험하는 것은 단지 무력한 사회적 행위자만이 아니라고 지적한다. 즉 엘리트도 그들이 지배하는 사회 체계 내에서 권력관계가 상대적으로 변화하여 자신들의 특권적 지위가 위협받을 때, 공포를 느낄 수 있다. 그리고 플람(2009)은 기업감정에 대한 연구에서 피고용자뿐만 아니라 경영자들 역시 공포를 느끼고 있음을 경험적으로 입증하고 있다.

그렇다면 엘리트의 공포는 어디에서 오는가? 바바렛은 이를 권력불균형과 관련하여 다음과 같이 설명한다.

> 막강한 또는 상위의 지위를 차지하고 있는 사람들에게서는 절대적인 권력불균형이라기보다는 상대적 권력불균형이 공포를 초래할 수도 있다. ……예컨대 엘리트 권력이 상대적으로 쇠퇴하고 하위 또는 종속 집단의 권력이 상대적으로 증가하는 형태의 권력관계 변화는 엘리트에게 자신의 특권적 지위가 위험에 처할 수 있다는 공포를 유발할 수 있다. 다른 경우에서와 마찬가지로 여기서도 역시, 공포는 ……권력관계로부터 야기된 전망에 의해 그의 이해관계가 위협받고 있다는 것을 드러내는 징후로서 기능한다.(바바렛, 2007: p.269)

플람(Flam, 1993: pp.59~60) 역시 이와 유사한 맥락에서 공포는 "주관적으로 느낀 권력관계의 산물"이며, 공포가 "권력관계의 침해로부터 생겨나는 자아에 대한 ……위협을 나타낸다"는 의미에서 "공포는 현실에 대한 점검"이라고 주장한다.

이렇듯 바바렛과 플람은 엘리트의 공포를 권력관계에서 찾고 있으나, 그 공포가 가져오는 결과에 대해서는 서로 다르게 진단한다.

플람의 경우에, 조직상황에서 공포는 기존의 조직유형을 변화시키거나 발전시키는 것이 아니라 유지하고 보존하게 한다. 즉 공포는 조직경영자들을 순응과 보수주의로 이끈다.(Flam 1993: pp.70~71)

반면 바바렛은 엘리트의 공포가 보다 광범위한 정치적 환경에서 표출된 압력을 상쇄하기 위한 제도적 혁신으로 이어질 것이라고 가정한다. 이를테면 그는 제1차 세계대전 기간과 직후의 영국 노동계급의 성장은 엘리트들에게 공포분위기를 조장하는 데 기여했고, 그러한 공포로 인한 엘리트의 조치가 노동조직의 혁신과 발전을 틀지우며 노동세력을 사회의 비위협적인 세력으로 전환시켰을 뿐만 아니라 영국 복지제도의 토대가 되었다고 해석한다.(바바렛, 2007: pp.274~278)

그렇다면 왜 결과에서 이러한 차이가 나는가? 이는 정치 엘리트들이 공포에 어떻게 대응하는가에 달려 있다. 이에 대한 단초를 제공해주는 것이 켐퍼(Kemper, 1978)의 논의이다. 켐퍼는 공포의 원인을 권력부족으로 보고, 개인적 수준에서 주체가 권력부족을 유발한 책임이 자신에게 있다고 인식할 경우 그것은 주체에게 무력감을 불러일으켜 피하기를 유발하고, 그 원인이 타자에게 있다고 판단할 경우 타자에게 적대감을 드러내고 싸우게 한다고 주장한다.

하지만 이는 개인적 수준에서의 대응행동일 뿐, 집합적 수준, 특히 집합적 정치 엘리트나 그들의 조직인 정당의 경우에는 상황이 전혀 달라진다. 권력의 쟁취 또는 유지에 최고의 목적이 있는 정당과 정치 엘리트로서는 전자의 정치적 행위 유형을 따르는 것은 이론적으로나 현실적으로 불가능하다. 그들에게서는 자신들의 권력목표상, 자신들이 공포 유발의 원인 제공자일 경우라도, 권력유지를 위한 적극적 정치행위가 불가피하게 요구되기 때문이다.

그렇다면 정치 엘리트는 어떠한 행위를 통해 공포에 대처하는가?

이 문제를 구체적으로 설명하기 위해 바바렛은 공포의 '원인'과 '대상'을 구분할 것을 강조한다. 그에 따르면, 공포의 원인은 공포가 유발되는 관계의 구조와 관련하여 이해되어야만 한다. 다른 한편 공포의 대상이란 감정 주체가 두려움 속에서 지향하는 그 무엇이다.(바바렛, 2007: p.256)

이 경우에도 정치 엘리트의 공포는 권력의 부족 내지는 축소에서 기인한다. 그러나 그들이 공포의 대상으로 삼는 것은 국민, 더 구체적으로는 자신의 지지세력이 이탈하는 것이다. 이러한 상황에서 지지세력의 이탈 원인이 자신에게 있다고 인식하는 경우와 외부세력의 움직임에서 기인한다고 판단하는 경우, 정치 엘리트의 행위는 전혀 다른 방식으로 나타난다. 이것이 바로 아래에서 논의하는 '공포정치'와 '복지정치'이다.

공포정치와 복지정치

일찍이 베버는 정치를 "국가들 사이에서 또는 국가 내의 집단들 사이에서 권력에 참여하고자 하거나 권력의 배분에 영향력을 행사하고자 하는 노력"이라고 정의했다.(베버, 1991: p.208) 이러한 정의에 기초할 때, 앞서 논의한 정치세력에게 공포는 자신들의 권력축소 가능성을 미리 차단하기 위한, 즉 지지세력의 이탈을 방지하기 위한, 그리고 더욱 적극적으로는 국민의 지지를 재확보하기 위한 정치를 필요로 한다. 다시 말하면 이는 국민의 순응과 복종을 재차 확보하기 위한 전략이다.

그렇다면 이러한 전략에는 어떤 것이 있을까? 이와 관련하여 베버는 "복종은 공포와 희망—주술적 권능이나 권력자에 의한 보복에 대한 공포와 현세와 내세에서의 보상에 대한 희망—이라고 하는 지극히 순진한 동기들에 의해 결정된다"고 지적했다.(베버, 1991: p.209)

이는 곧 정치적 위기시기에 지배적 정치세력은 미래에 대한 더 큰 공포의식을 유발하거나, 아니면 새로운 희망을 심어줌으로써 그 위기를 탈출할 수 있음을 의미한다. 그람시(Gramsci, 1991)식으로 표현하면, 강제적 헤게모니의 구축과 동의의 창출이라고 할 수 있다. 이것이 바로 우리가 논의하는 공포정치와 복지정치의 이론적 토대이다.

'공포정치'라는 용어는 정치가가 자신의 목적을 실현하기 위해 사람들의 불안을 의식적으로 조작한다는 의미를 함축하고 있다.(푸레디, 2013: p.167) 이는 공포라는 감정이 하나의 정치적 자원이 될 수 있음을 의미한다. 이러한 인식을 한 최초의 정치사상가가 바로 홉스이다. 홉스는 내전상태로 빠져드는 것을 피하기 위해서는 개인들이 "자신들을 경외심으로 사로잡을, 그리고 자신들의 행위를 공동의 이익으로 인도해갈, 공동의 권력"을 수립할 필요가 있다고 역설했다.

홉스는 "그 같은 공동의 권력을 확립할 수 있는 유일한 방법은 ……개인들이 자신의 모든 권력과 힘을 한 사람, 또는 하나의 인간 집단에 양도하고," 이 '공동의 권력'의 행사자—'위대한 리바이어던'—가 "자신에게 양도된 막대한 권력과 힘을 사용하게 함으로써, 그로부터 말미암은 공포로 인하여, 모든 사람들이 국내에서는 평화를 위해 그리고 대외적으로는 그들의 적에 맞서 상호 협력하는 데 뜻을 모으도록" 하는 것뿐이라고 생각했다.(피어슨, 1998: p.24)

통치자들은 "사랑받기보다는 두려움의 대상이 되는 데서 더 큰 안전"을 발견할 것이라는 마키아벨리의 말은 현실정치에서 공포가 갖는 정치적 의미를 잘 보여준다. 이것은 소극적 의미와 적극적·포괄적 의미로 살펴볼 수 있다.(푸레디, 2013: p.167, p.180) 먼저 권력 또는 '권력거리'가 축소되는 상황에서 공포 또는 겁주기 전략은 반대자들의 토대를 침식하고 유권자들의 동의를 얻는 데 기여할 수 있다. 둘째로 정치적 위기나 사회적 분열 상황에서, 공포는 공적 질서를 강요하고 무서워하게 하여 그것을 유지하는 데 이용될 수 있다. 공포는 또한 인지된 위협에 대한 하나의 공통 반응을 유발함으로써 합의와 통일성을 획득하기 위한 중심점이 될 수도 있다.

이러한 공포의 정치적 성격은 역사상 수많은 독재정치에서 정치적 무기로 이용되어왔다. 하지만 공포정치는 단지 역사적 과거의 것만이 아니다. 프레디는 최근 공포정치가 서구 사회의 공적 생활을 지배하는 것으로 보인다고 주장한다. 그에 따르면, 정치는 현재 테러 공포, 망명자 공포, 반사회적 행동 공포, 어린아이들에 대한 공포, 음식과 관련한 공포, 환경에 대한 공포, 연금에 대한 공포, 유럽의 미래에 대한 공포 논쟁에 의해 지배되고 있으며, 과거에는 공포정치가 우파정치의 일반적 특성이었지만, 현재는 좌파와 우파 모두 공포정치의 선점을 놓고 경쟁하고 있다.(푸레디, 2013)

반면 '복지정치'는 좌파정치의 전유물처럼 인식되기도 하지만, 앞서 살펴보았듯이, 우파정치의 산물이기도 하다. 그렇다면 여기에는 어떠한 감정적 요인이 작동하는가? 복지정치의 배후에 존재하는 감정 역시 공포라고 할 수 있다. 하지만 공포의 직접적 체험자라는 차원이 좌파와 우파의 복지정치를 구분해주고, 그것의 성격을 규정한다. 좌파 복지정치에서 공포를 느끼는 주체는 엘리트보다는 대중, 특히 서민대중이다. 이들 서민이 현재의 경제적 고통과 미래의 불확실성 속에서 극심한 불안과 공포를 경험하고 있기 때문에, 복지정치는 그들의 공포 감정을 희망의 감정으로 전환시키기 위한 것이다. 반면 우파 복지정치는 일반대중의 경제적 공포보다는 엘리트의 정치적 공포에서 비롯한다. 따라서 우파 복지정치는 일반대중의 공포보다 엘리트 자신의 공포를 해소하고 자신들의 정치적 기반을 유지 또는 강화하는 것에 더 큰 비중을 둔다.

이러한 우파 복지정치의 성격은 앞서 논의한 비스마르크의 사회보험정책과 베버리지 보고서의 정책 의도에서 분명하게 드러난다. 비스마르크는 자신의 구상을 실현하기 위해서는 막대한 지출이 필요하지만, "우리가 국가에 적대감을 갖는 우리 근로자의 미래의 보장을 위해 지출한다면, 그것은 곧 우리 자신의 미래의 보장이요, 또 우리 자신을 위한 투자가 된다"고 역설하고, 근로자들이 연금을 통해 생존수단을 얻게 되면, "근로자들은 희망을 갖게 될 것이며" "이 연금으로 인해 아무리 천한 사람이라도 제국을 복지구현기구로 여기게 될 것"이라는 점을 들어 우파의 반대세력을 설득한다.(리터, 2005: pp.38~39)

베버리지 역시 자신의 복지구상에서 패배할 수도 있는 전쟁이라는 공포상황에서 미래 복지국가라는 희망을 제시하는 것은 영국 청년들을 전쟁에 동원하는 유용한 수단이 될 수 있다고 인식한다. 즉 그는 "이전 세계보다 더 나은 세계에 사는 것이 승리의 목적이고, 정부가 더 나은 세계에 대한 계획을 가지고 있다면, 시민들은 전쟁터에서 승리하기 위해 더 노력할 것"이라고 주장한다.(신광영, 2011: p.38)

하지만 이러한 복지정치의 특징은 미래의 희망을 담보로 하는 것으로, 반드시 복지의 실현으로 이어지지는 않는다. 왜냐하면 우파 복지정책의 특징은 자신들의 공포를 줄이는 데 있지 복지수혜자의 공포를 줄이는 데 있지 않기 때문이다. 따라서 우파 정치세력의 공포가 줄어들거나 사라질 경우, 복지정치는 말 그대로 공약에 그칠 수 있다.

그렇다면 이러한 우파 공포정치와 복지정치는 언제 그리고 왜 발생하고 그것이 지향하는 바는 무엇인가? 공포정치와 복지정치의 기저에는 우파 정치세력이 아직 권력의 축소 또는 상실을 직접 경험하지는 않았지만, 그러할 수도 있다는 공포를 느끼고 있다는 공통의 감정적 기반이 존재한다. 하지만 그들이 그 공포가 어디에서 기인하는 것으로 인식하는지에 따라 공포정치 또는 복지정치라는 서로 다른 방향으로 나아가게 된다.

우파 세력이 자신들의 권력 축소 내지 상실이 외부세력의 권력 강화에 기인한다고 판단할 경우, 그들은 그 외부 세력이 초래할 위험을 더욱 강조함으로써 공포의 진원지를 변경시켜 공포를 외부로 표출하는 공포정치를 적극 이용할 가능성이 크다. 이때 우파 세력은 또다른 공포 유발자의 성격을 지니며, 공포정치는 새로운 지지세력의 확보보다는 기존 지지세력의 이탈을 방지하거나 반대세력에 대한 지지를 저지하거나 그들과의 연대를 약화시켜, 기존 체제를 유지하는 것을 목적으로 한다.

반면 우파 정치세력이 자신의 공포가 자신들의 실정 내지 실책에서 기인하며, 그 결과 지지세력이 이탈하고 반대세력이 결집하고 있다고 판단할 경우, 자신들의 성찰적 반성을 통해 미래에 대한 새로운 희망을 '전략적으로' 제시하는 복지정치를 택할 가능성이 크다. 이경우 우파정치는 자신들의 권력유지를 위해 전통적 지지세력의 반발에도 불구하고, 중도세력을 비롯한 새로운 지지기반을 적극 확보하기 위해 복지정치를 전면에 부각시키지만, 이 경우의 복지정치는 전통적인 보수정치의 틀 내에서 크게 벗어나지 않는 점진적 개혁을 통한 체제수호를 목적으로 한다. 이를 도식화하면 〈표 8-1〉과 같다.

하지만 이러한 구분은 베버가 말하는 하나의 이상형에 불과하다. 현실정치에서는 상황에 따라 다양한 모습으로 또는 두 가지 정치가 중첩되어 나타날 수 있다. 이를테면 우파 정치세력의 공포가 외부에서 유발될 경우에도, 외부 세력, 특히 좌파세력의 정책적 대안에 대한 국민의 지지가 광범위할 경우, 보수세력은 복지정치를 보수적 수준에서 선점적으로 도입할 수도 있다. 이 경우에는 대체로 복지정치를 우파 정치세력의 전통적 노선 내에 한정시키기 위해 복지정치가 공포정치와 동시에 실시되며, 전반적인 정치적 분위기를 보수화하

〈표 8-1〉 우파정권의 공포정치와 복지정치

	공포정치	복지정치
배후감정	공포	공포
감정 촉발의 책임 소재인식	외부 세력	집단 내부
감정의 해소방식	외부적 표출	내부적 성찰
정치 주체의 성격	또 다른 공포 유발자	자신의 공포 해소자
유도 감정	더 큰 불안/공포	희망
단기적인 전략 목적	지지세력의 이탈 방지	새로운 지지세력의 확보
궁극적인 정치적 목적	현존 체제의 유지	점진적 개혁을 통한 체제수호

는 전략이 채택되는 경향이 있다.

　다른 한편 자신들의 정치적 공포가 체제 내부의 외부세력이 아닌 체제 외부의 세력, 즉 인접국가와의 전쟁에 기인할 경우, 체제 내부의 세력을 결속시키기 위해 희생자들에 대한 복지정치를 약속할 수도 있다. 반면 자신들의 공포가 내부에서 비롯되었다고 판단할 경우에도, 자신들의 권력이 여전히 강력하다고 판단한다면, 위기의 원인을 외부로 돌리는 공포정치를 강행할 가능성이 있다. 심지어는 보수세력 내에서 공포의 근원이 달리 평가될 때, 보수세력 내에서 공포정치와 복지정치가 대결할 수도 있다. 아래에서는 지금까지 구성한 우파정권의 공포정치와 복지정치의 틀을 한국 보수정권 및 보수정당 복지정치의 다양한 맥락에 적용해보기로 한다.

한국 보수정권의 공포정치와 복지정치의 감정사회학

복지정치 없는 공포정치: 박정희 정권

박정희 시대의 개발독재는 공포정치와 '성장'의 정치를 두 축으로

하고 있다. 이 둘을 가장 분명하게 보여주는 것이 5·16 쿠데타 직후 중앙정보부 폭력적 억압기구와 경제기획원이라는 개발통치기구를 설립한 것이다. 일견 대립되는 것으로 보이는 두 정치의 배후에는 집권자의 '공포' 감정이 자리 잡고 있다. 그렇다면 당시 박정희 정권의 정치적 공포는 어디에서 기인하는가?

먼저 대항 정치 엘리트에 대한 공포이다. 이는 쿠데타에 의한 권력 장악이 갖는 법적·도덕적 한계에서 비롯한다. 자신의 쿠데타 성공은 또한 역설적이게도 언제든 또 다른 쿠데타 세력에 의한 권력 전복의 가능성을 항시 인지하게 한다. 당장 반대세력에 직면해 있지 않다고 하더라도, 반대세력의 저항이 미래의 가능성으로 항존하는 것으로 인식되기 때문에, 이는 정치적 반대세력의 성장 그 자체를 저지하기 위한 전략을 수립하게 한다.

다음으로 박정희 정권의 공포는 일반 국민의 저항 가능성에서 비롯한다. '위로부터의' 권력 장악은 항시 '아래로부터의'의 저항 가능성을 내포하며, 박정희 세력은 이미 이를 4월혁명에서 경험한 바 있다. 하지만 저항운동이 형성되기 이전에 일반 국민을 대상으로 한 억압정치는 국민의 지지와 동의를 확보하기 어렵다. 따라서 일반 국민을 대상으로 해서는 '희망'의 정치를 구사함으로써 그들의 불안의식을 희석시키는 전략이 필요하다. 박정희 시대의 공포정치와 성장의 정치는 바로 이와 같은 집권자의 공포의 근원을 약화시키기 위한 전략이었다.

박정희 정권의 초기 공포정치는 반공법과 국가보안법을 축으로 하여 안보 이데올로기를 동원하는 것이었다. 이는 외부의 사회주의(북한)를 이용하여 국민의 공포를 조장하는 동시에 정치적 반대세력의 제거 내지 움츠림을 조장하는 것이었다. 하지만 이러한 공포정치조차도 독재정치에 따른 정치적 저항세력의 성장과 산업화의 '성공'

에 따른 노동계급의 성장을 막을 수는 없었다. 그 결과 박정희 정권이 내부에서 기인한 정치위기를 탈출하기 위한 시도로 실시한 또 다른 정치가 정치적 반대세력과 노동운동을 일소하는 유신헌법의 선포와 긴급조치법으로 대변되는 더욱 강력한 공포정치었다. 박정희 집권 시기에 국가보안법과 반공법을 비롯한 정치규제법에 의한 검거자 수가 1만 명을 넘어선 것(박원순, 1997: p.31)은 이 시기 공포정치의 모습을 적나라하게 보여준다.

개발연대를 특징지어온 성장의 정치는 민주주의라는 4월혁명의 대의를 저버린 군사정부로서는 유일하게 선택할 수 있는, 그리고 강력하게 추진해야만 하는 정책이었다. 또한 그것은 '절대빈곤으로부터의 탈출'이라는 쿠데타의 대의와도 부합하는 것일 뿐만 아니라 그들의 공포정치에 따른 국민들의 불안의식을 새로운 희망으로 전환시킬 수 있는 핵심적 도구였다.(박형신, 1995: pp.111~112) 이러한 성장의 정치를 잘 보여주는 것이 "잘살아보세"와 "선성장 후분배"라는 구호였다. 특히 후자는 박정희 정권의 복지정책에 대한 태도를 적나라하게 보여주는 것이었고, 이는 복지후진국 한국의 모습을 규정하는 것이었다.

하지만 박정희 정권 시절에 복지제도 구축에서 아무런 진전이 없었던 것은 아니다. 오히려 군사정권 초기 3년의 기간에 36건의 복지 관련 법령의 제·개정이 이루어졌을 정도로 대대적인 제도도입이 있었다.(남찬섭, 2005: pp.64~66) 이보다는 적지만 유신체제 동안에도 7개의 주요 복지법률이 제정되고 1개의 법률이 개정되었다.(김영재·서봉섭, 1995: p.108) 심지어 1963년의 「의료보험법」과 「산업재해보상보험법」의 제정을 놓고는 1963년을 한국 복지국가의 '원년'으로 보는 해석이 제기되기도 했다.(강명세, 2003)

이러한 박정희 정권의 복지제도 도입에 대해서는 여러 가지 설명이 제시되었다. 우선 거론할 수 있는 것이 복지제도가 1963년 총선과 대선 과정에서 정당성 확보의 보조적 수단으로 도입되었다는 해석이다.(권문일, 1989) 두 번째 해석은 박정희 정권의 복지제도 재편이 「군인보험법」, 「군인연금법」 등 군인 및 군사원호 관련 법률에 치중되어 있었다는 점을 들어 반공국가 건설이라는 국가형성과정에 복무했다는 점을 부각시킨다.(남찬섭, 2005)

세 번째 설명은 산재보험의 제한적 도입(500인 이상 사업장)에 초점을 맞추어, 박정희 정권에게 사회보험의 도입은 절실한 산업화에 필요한 숙련 노동력을 확보하고 이들에게서 국가에 대한 충성심을 확보하여 노동계급의 내적 분열을 조장함으로써 종국적으로는 노동세력의 단결을 방지하기 위한 수단이었다고 파악한다.(강명세, 2003) 네 번째 경우는, 유신체제하에서 「국민연금법」의 도입 시도에 초점을 맞추어, 그것을 당시 중화학공업 추진을 위한 내자동원의 성격이 강한 경제정책의 수단이었다고 해석한다.(김영재·서봉섭, 1995)

이렇듯 박정희 정권의 복지제도 도입의 목적은 각 설명이 주목하고 있는 영역에 따라 다르지만, 그것의 복지적 성격에 대한 논의는 일치하는 것으로 보인다. 그것은 바로 박정희 정권의 사회정책이 대부분의 노동계급에게는 전혀 실효성이 없는 '억압적 발전국가의 반복지 전략'이라는 것이다.(김태성·성경륭, 2000: p.184) 앞서의 여러 해석에서도 엿보이듯이, 박정희 시대의 복지정책은 사실 '복지정치'가 아닌 '반공정치'와 '성장정치'의 보조물에 불과했다.

하지만 박정희 시대의 정치에서 복지담론이 전혀 없었던 것은 아니다. 쿠데타 직후 박정희 세력은 '복지사회'의 건설을 내걸고, 5차 헌법 개정(1961)을 통해 생존권보장 조항(30조)을 신설하고, 인간다운 생활을 할 국민의 권리(30조 1항)와 사회복지증진에 노력해야할 국가의 의무(30조 2항)를 명시했고(이혜경, 2006: p.30), 이것이 앞서 논의한 일련의 복지관련 입법의 토대이기도 했다.

또한 박정희는 대통령 취임연설과 연두기자회견 등에서 '복지사회구현'이라는 정치적 수사를 계속해서 사용하기도 했다.(김영화·신원식·손지아, 2007: pp.45~49; 양재진, 2007: pp.93~94 참조) 하지만 국민들에게 이러한 희망을 부여하면서도 곧바로 같은 연설에서 그는 "항상 성급한 기대의 후면에는 허망한 낙망이 상접함을 명심하고, 착실한 경제성장을 꾀하는 경제국민이 되어야"함을 강조하고 (『제5대 대통령 취임사』) "정의의 복지사회가 지금 우리가 추진하고 있는 공업입국의 대도를 통하여 이루어질 수 있음"을 강변하고 나선다.(『제6대 대통령 취임사』)

이는 박정희가 복지사회를 약속하면서도 국민들의 복지기대를 경계하고 있음을 보여주고, 또한 복지국가는 경제성장 이후에 온다는 근대화론적 복지국가관을 가지고 있음을 분명하게 보여주는 것으로, 앞서 논의한 대로 박정희 정권의 복지담론은 복지정치가 아닌 성장의 정치를 위한 도구였음을 입증해주고도 남는다.

또한 복지정책의 내용을 놓고 보더라도 우리가 개념화한 복지정치와는 거리가 멀다. 박정희 정권의 복지정책은 주로 군인과 공무원, 상층 노동자 등 정권의 지지·후원 세력을 대상으로 한 것이었다. 이것은 당시 공포정치 속에서 불안을 느끼던 정권 내부 세력의 동요를 막고 충성심을 강화하는 동시에 이들을 정권 저항세력과 분할·지배함으로써 그들과의 연계가능성을 미리 차단하는 것이었다. 이러한 점에서 박정희 정권의 복지정책은 새로운 지지세력을 확보하기 위한 것이기보다는 지지세력의 이탈을 방지하기 위한 것으로 해석될 수 있으며, 따라서 그것은 단지 공포정치의 보완물일 뿐이었다. 이렇듯 박정희 시대는 다양한 복지제도를 도입하려는 시도가 있기는 했지만, 독자적인 복지정치가 존재하지 않는 공포정치와 성장의 정치의 시대로 특징지어질 수 있다.

복지정치를 내세운 공포정치: 전두환 정권

동일하게 쿠데타를 통해 집권한 정권인데도 불구하고, 전두환 정권은 복지정치를 전면에 내세운 공포정치를 실시했다는 점에서 박정희 정권과 구분된다. 하지만 그 이면에는 앞서 논의한 박정희 정권과 동일한 집권자의 공포가 자리하고 있다. '국가보위비상대책위원회'라는 초법적 기구를 통한 권력장악과 '국가보위입법회의'에서의 각종 정치법률의 제정을 통한 억압장치의 구축은 집권세력이 내부적으로 느낀 공포의 강도를 짐작하고도 남게 한다. 이러한 공포정치의 결과 각종 정치규제법으로 검거된 사람들의 수는 1980년에서 1987년까지 무려 12,039명에 이르러(김호진, 1994: p.105), 그보다 훨씬 더 긴 시기를 집권했던 박정희 시대보다도 더 많다. 이는 강력한 공포정치에도 불구하고, 더욱 강력한 정치적 저항활동이 존재했음을 의미하는 것이기도 하다.

다른 한편 이러한 공포정치로 인한 일반 국민들의 공포와 불안을 완화시키기 위한 조치가 바로 '삼청교육'이었다. '사회악 일소'라는 명분으로 조직폭력 소탕을 전면에 앞세워 진행된 이 조치는 언론통제 상황에서 그 실체적 내용과는 무관하게 국민들에게 국가가 걱정 없는 편안한 삶을 보장한다는 이미지를 심어주려는 것이었다. 그렇다면 전두환 정권이 복지정치를 전면에 내세운 이유는 무엇인가? 그것은 공포정치로 정권의 기반을 공고화할 수는 있지만, 국민들의 결집을 이루어내기에는 많은 문제가 있었기 때문이다.

첫째, 전두환 정권은 자신들이 느끼는 공포를 다른 세력으로 돌리기가 쉽지 않았다. 박정희 사후 아직 그 뒤를 이은 정권이 없는 상태에서 당시 사회혼란의 원인을 박정희처럼 이전 정권(장면 정권)이나 내부의 반대세력에 돌릴 수 없었다. 단지 '김대중 내란음모 사건'을 조작함으로써 내부의 적을 만들어내기는 했지만, 그것은 실체 없는 것으로, 그것이 저항의 축으로 전환될 경우 전두환 정권에게 또 다른 공포의 원인이 될 수밖에 없었다.

둘째는 1980년 '서울의 봄'이 보여주듯이, 민주화에 대한 국민들의 열망이 치솟아 있었기 때문에, 그러한 기대를 억압하기보다는 다른 측면으로, 이를테면 정의사회나 복지사회와 같은 미래의 약속으로 전환시킬 필요가 있었다.

셋째로는, 전두환 정권 역시 박정희식 성장모델의 한계를 알고 있었다는 점이다. 국보위 상임위원장 시절에 한 전두환의 한 회견문은 이를 잘 보여준다.

> 80년대에 들어와서도 ……지속적인 성장을 계속 추구해나가야 할 것입니다. 그러나 양적인 성장의 그늘에 국민생활의 향상이 언제까지나 밀려 있어서는 안 되겠습니다. ……특히 우리가 추구하는 복지사회에서는 개발의 혜택을 국민 모두가 다같이 누릴 수 있어야 합니다. 성장의 열매가 일부 층에 편재하고 상당수의 국민이 성장의 그늘 속에 방치될 때 국민 간의 일체감은 조성될 수 없으며, 그러한 사회는 사회복지가 구현된 건전한 사회라고 할 수 없습니다.(전두환, 1980: p.2)

이에 전두환 정권은 '복지사회의 건설'을 국가통치 이념의 하나로 뚜렷이 표방하고, 제5공화국 「헌법 전문」에서 국민의 정치·경제·사회·문화의 모든 영역에 있어서 기회균등을 강화하고 사회정의에 입각하여 전 국민이 행복을 향유할 수 있는 복지사회를 건설하겠다는 의지를 천명한다.(윤종주, 1983: pp.i~ii) 그리고 실제로도 전두환 정권은 1981년 「아동복지법」, 「심신장애자복지법」, 「노인복지법」

등 복지관련 법률을 통과시키고 복지예산도 1982년에 전년도 대비 37.1퍼센트, 1983년에는 21.0퍼센트를 증가시켰다.(김영화 외, 2007: pp.68~69)

하지만 전두환 정권이 실제로 성장의 정치를 넘어 복지정치로 전환한 것은 아니다. 전두환 정권의 복지사회 구현은 성장의 정치를 극복하기 위한 것이기보다는 앞서의 인용문이 보여주듯이 '국민의 일체감'을 이루기 위한 수사였으며, 박정희 시대 성장의 정치의 연장선상에서 전혀 벗어나지 않았다. 이 점은 전두환의 제11대 대통령 취임 연설에서 잘 나타난다. 전두환은 이 연설에서 "경제발전은 사회복지의 기본 전제"이며, 사회복지정책은 "고용기회의 확대에 중점을 두어, 모든 국민이 자신의 능력에 따라 경제활동에 참여하여 …… 풍요롭고 인간다운 생활을 영위하게" 하는 것을 목적으로 한다고 명시하고 있다.

또한 전두환 정권의 경우, 사실 복지정치보다도 성장의 정치가 당면과제였다. 당시 1980년은 마이너스 경제성장을 기록할 정도로 경제위기 국면에 있었으며, 정치적 정당성을 결여한 전두환 정권 역시 경제성장 이외의 정당화 메커니즘을 확보할 수 없었고, 그것의 효력은 이미 박정희 시대에 입증된 것이었다. 따라서 당시 전두환 정권이 채택한 성장정치 전략이 바로 '자유시장경제 창달'이라는 명분하에 추진된 '경제자유화정책'이었다. 국가주도적 산업화의 한계를 시장경제원리에 기초하여 극복하겠다는 경제자유화정책은 사실 자본가 세력에게는 특혜를 주고 경제적 약자는 시장에 방치하거나 그 폐해를 그들에게 전가하는 것으로, 복지정치와는 정면으로 배치되는 것이었다.

자본자유화와 수입자유화를 두 축으로 한 경제자유화정책은 대외채무의 완화와 물가안정에 기여했지만, 그 피해는 수출증진을 위해 저곡가와 저임금을 강요받은 농민과 노동자에게 고스란히 돌아갔다. 하지만 노동자, 농민 등 경제적 약자에게 누적된 불만과 억압적 정치상황은 1985년 총선에서 야당을 강력한 저항세력으로 등장하게 하는 결과를 가져왔고, 이는 전두환 정권에게는 또 다른 공포의 원인이 되었다.(박형신, 1995: pp.127~142)

이 같은 반대세력과의 권력거리 축소는 전두환 정권에게 1986년에 복지사회의 건설을 재차 내세우며, 의료보험과 국민연금의 확대와 최저임금제 실시라는 3대 복지개혁안을 발표하게 했다. 이 복지개혁 조치는 한국 역사상 최초로 원초적 수준의 복지국가가 태동하는 기틀을 마련한 것으로(김태성·성경륭, 2000: p.375), 그리고 이 제도들은 우리나라 사회복지 역사에서 보편주의적 복지제도의 본격적 도입을 상징하는 중요성을 가지는 것으로 평가되기도 한다.(이영환·김영순, 2001: p.269)

하지만 이러한 복지제도의 확대에 대한 약속에도 불구하고, 전두환 정권의 복지정책은 여전히 성장의 정치에 갇혀 있었다. 이를 보여주는 것이 같은 해에 보건사회부가 마련한 복지정책의 기본 방향이다. 당시 보건사회부는, 첫째 국가발전 수준에 알맞은 복지시책의 모색, 둘째 서구적 복지국가 이념의 병폐 예방, 셋째 자립정신에 맞는 복지정책의 전개를 그 기본 방향으로 설정했다.(김동규, 2004: p.87)

다른 한편 이 시기(1986~87) 국가보안법과 집시법 위반으로 검거된 사람들의 수는 8,000명이 넘는데, 이는 전두환 정권 시기 전체 구속자의 3분의 2에 해당한다. 이렇듯 당시의 복지구호는 기본적인 정책노선의 변화가 전혀 없이 단지 제도의 도입과 확대를 선언했다는 점에서 정치적·사회적 위기를 모면하기 위한 수단으로 추진된 것(김종일, 1992: p.32)으로 볼 수밖에 없다. 그리고 이는 전두환 정권의 복지정치를 내세운 공포정치를 아주 분명하게 보여주는 사례이기도 하다.

복지정치와 공포정치의 공존: 노태우 정권

노태우 정권이 들어서고 나서 1988년에 앞서 언급한 3대 복지제도의 시행, 1989년 「모자복지법」과 「장애인복지법」 제정, 1990년 「장애인고용촉진법」 제정, 1991년 「사내근로복지기금법」 제정, 1992년 「산업재해보상보험법」 적용범위의 확대, 1993년 「고용보험법」 제정 등 일련의 복지제공이 폭발적으로 이루어졌다.

이러한 유형의 복지제공은 1987년 이후 노동운동의 폭발에 대응한 노동계급에 대한 일종의 '복지공세'(welfare offensive)라는 평가가 제시되기도 했다.(김태성·성경륭, 2000: p.398) 이 점 역시 무시할수 없지만, 노태우 정권의 복지정치의 배후에도 역시 정권이 느끼고있던 공포가 자리하고 있다고 할 수 있다. 그러한 공포의 근원을 이루고 있던 것이 바로 대선에서의 '불안한 승리'와 '여소야대 정국'이다.

얼핏 보면, 노태우 정권은 직선제 개헌 후 합법적 방법에 의해 권력을 획득한 정부로서 이전 정권과는 달리 집권과정에서 초래된 정권 차원의 공포는 없었다고 할 수도 있다. 하지만 노태우 정권은 대선과 총선 과정에서 야당 또는 저항세력과의 권력차이 축소라는 심각한 정치적 공포를 동반했다.

먼저 대통령 선거 결과 노태우 정부가 성립되었지만, 그것은 불안정한 것이었다. 당시 반독재민주전선이 분명하게 존재하는 상황에서 집권세력이 직선제를 받아들인 것은 도전세력이 지역적으로 분할되어 있는 상황에서 지역주의를 이용할 경우 승리할 수 있다는 판단 때문이었다. 하지만 노태우의 승리는 지지기반의 확대가 아니라 "반군부독재의식의 지역의식으로의 왜곡화"(조희연, 1993: p.325)를 통해, 투표자의 33.6퍼센트(총 유권자의 33퍼센트)의 지지를 받아 획득한 불안한 승리였다.

노태우 정부의 지역주의에 의거한 대선에서의 승리는 또한 총선에서 사실상 패배하게 한 원인이 되기도 했다. 즉 지역주의의 정치적 고착화는 선거정치에서 상대방의 지역적 고립뿐만 아니라 자신의 지역적 토대 또한 축소하는 의도하지 않은 결과를 가져왔다. 다시 말해 곧이어 실시된 총선에서는 대선에서 극단화시킨 지역주의가 경남, 전라, 충청 지역민들로 하여금 그들의 표를 특정 야당에게 집중케 함으로써 집권 민정당이 야당분열의 이익을 전혀 얻을 수 없게 하여 '여소야대' 정국이라는 위기구조를 창출했다.(이갑윤, 1989: pp.11~12)

게다가 집권 이후 국민들의 정치현실에 대한 불만의식이 계속해서 증가하고 있는 상황에서(김석준, 1991: p.324 참조), 이미 6월 민주항쟁과 노동자 대투쟁을 경험한 노태우 정권에게 권력기반의 축소와 국민들의 불만은 정권 차원에서 느끼는 공포의 강력한 원인이었다. 그렇다면 노태우 정권이 이전 정권과는 달리 공포정치보다는 복지정치를, 그것도 정치적 수사를 넘어 제도적 실행의 차원에서 실시할 수밖에 없었던 이유는 무엇인가?

첫째는 그 공포의 원인이 다르다는 데 있다. 박정희 정권과 전두환 정권이 느낀 권력상실 및 축소 공포는 태생적 한계에 기인하는 것으로 권력대립의 직접적 결과가 아니었다. 따라서 두 정권은 미래의 위협, 즉 공산주의라는 체제 외부의 적을 활용하거나 내부의 국가반란 세력을 조작하여 일반 국민에게 공포를 유발함으로써, 자신들의 공포를 약화시키고 국민을 자신들을 축으로 응집시키는 것이 가능했다. 이에 반해 노태우 정권은 이미 선거를 통해 자신들의 권력축소를 확인했고, 이를 탈피하기 위해서는 기존 지지세력의 공고화보다는 지지세력의 확장이 강력하게 요구되었다.

둘째는 경제적 상황이 이전 정권과는 달랐다는 점이다. 이전 정권의 집권 초기에 정치적 문제는 경제적 문제와 맞물려 있었다. 1960년대 초의 절대빈곤과 1970년대 초의 경기침체, 그리고 1970년대 말과 1980년대 초의 경기하락은 국민들에게 역시 경제적 공포를 초래하는 것이었고, 따라서 당시 정권들은 경제위기설을 통해 국민의 공포를 경제 쪽으로 돌리고 또 부풀리는 경제적 공포정치가 가능했다. 하지만 노태우 정권 초기 시기는 '3저 호황' 국면을 통과하는 과정에 있었기에, 그러한 공포정치는 불가능했다.

셋째, 당시 정치적 현실뿐만 아니라 경제적·사회적 현실에 대한 국민의 불만은 '복지'를 통한 국민의 '동의' 확보를 더 이상 미룰 수 없게 했다. 이것들이 바로 노태우 정권으로 하여금 선거 전략으로 '경제민주화정책'을 제시하지 않을 수 없게 했고, 또한 집권 후에 복지정책을 쏟아내지 않을 수 없게 하는 조건이 되기도 했다.

이러한 배경에서 진행된 노태우 정권의 복지정치는 한국국가의 성격을 "안보국가로부터 복지국가로의 변환"(김석준, 1989) 또는 "억압에서 복지로"(성경륭, 1992)라고 표현하게 하기도 했지만, 이러한 정책기조가 노태우 정권 내내 진행된 것은 아니었다. 1989년 경기침체, 문익환 목사의 방북, 현대중공업 파업을 계기로 공포정치가 전면에 부상했다. '공안정국'과 '삼당합당'은 이 당시 공포정치의 양면을 보여준다.

앞서 언급한 사건으로 상징되는 노동운동과 통일운동을 빌미로 하여 진행된 공안정국은 '경제위기론'과 '체제수호론'을 무기로 한 공포정치였다. 노태우 정권은 하반기 경제종합대책(1989년 6월)을 통해 당시의 경제현실을 위기로 규정하고, 그 원인을 6·29 이후 민주화과정에서 일어난 소외계층의 과잉욕구 분출에서 찾음으로써,

민주화가 경제위기의 주범임을 분명히 했다. 또한 이보다 조금 앞서 발표된 「민생치안 확립을 위한 특별담화」(1988년 12월)를 통해 노태우 정권은 사회적 욕구의 집단적 표출이나 민주화에 대한 집단적 요구를 사회혼란과 법질서 문란으로 파악하고 물리적 공권력으로 그 같은 집단행동을 억압하겠다고 천명한다.(박형신, 1995: p.155, p.193) 이러한 경제위기론과 체제수호론은 당시의 정치적·경제적 위기의 원인을 정치적 저항세력에게 돌리고, 국민에게는 앞으로 있을지도 모르는 경제적 어려움의 공포를 조장하고, 실제적·잠재적 저항세력에게는 신체적 구속의 공포를 심어주는 것이었다.

다른 한편 공안정국의 와중에 '구국의 결단'이라는 명분하에 이질적 정파 간에 결행된 삼당합당은 정치 엘리트들의 '정치계급'의 성격을 분명하게 보여주는 것이기도 하지만, 또한 노태우 정권에게 그것은 공포정치를 뒷받침하기 위한 권력기반의 확대를 의미하는 것이었다. 앞서의 논의에서도 언급되듯이, 노태우 정권의 복지정치를 불가피하게 만든 것 중의 하나는 공포정치를 뒷받침하기에는 권력기반이 너무나도 축소되었다는 점이었고, 복지정치는 그 기반을 확대하고자 하는 것이었다.

하지만 노태우 정부 시절 정치적 측면에서는 권위주의에서 형식적이나마 민주주의로 이행하면서 그 불가피한 결과로 저항공간이 확대되었다. 반면 경제적 측면에서는 그간 노동계급에게 양보를 가능하게 했던 3저 호황이라는 경제조건은 사라져갔다. 이러한 모순적 상황의 진전은 집권세력에게 권력기반을 심히 위축시키는 것이었다. 그 결과 노태우 정권이 정권의 불안정성을 극복하기 위해 선택한 것이 취약한 정치적 기반 위에서의 공포정치였다.

그러나 이러한 취약한 정권의 공포정치에는 또한 저항세력의 결집을 강화할 수 있는 가능성이 항존하고, 따라서 그러한 공포정치는 집권 정치세력의 공포를 덜어주기보다는 내적으로 심화시킨다. 이러한 점에서 노태우 정권에서의 삼당합당은 노태우 세력에게는 거대여당의 성립을 통해 공포정치의 불안정성을 해소하기 위한 것이었다고 할 수 있다.

공포정치와 복지정치의 대결: 이명박 정권

이명박 정부는 일명 '747 공약'이 대변하는 성장의 정치를 통해 집권한 정권이다. 당선 직후 '기업친화적'(business friendly) 정부를 만들겠다는 이명박 대통령의 발언과 부자감세정책은 복지정치가 아닌 성장의 정치를 상징적으로 보여주는 것이었다. 이러한 발언과 정책의 이면에는 공포가 아닌 '자신감'이 자리하고 있었고, 이를 잘 보여주는 것이 자신의 정부의 명칭을 이전 정부와는 달리 자신의 이름을 내건 '이명박 정부'라고 지칭한 것이다. 여기에는 이명박 정권이 다른 정부와는 달리 대선에서 '압도적 승리'(투표자의 48.7퍼센트가 지지했음을 강조하는 표현이지만, 실제 전체 유권자 대비 득표율로는 30.5퍼센트로 역대 당선자 중 가장 낮은 수치이다)를 거두었고, 그 후의 일이기는 하지만 총선에서도 역시 과반수에 달하는 의석을 획득했기에, 정당성의 확보는 물론 대항세력과의 권력거리를 더욱 확대했다는 점이 작동했다.

이 같은 성장의 정치는 다시 복지정책이 성장의 하위 범주로 설정되었음을 의미한다. 이것을 보여주는 것이 바로 '선진일류국가의 건설'이라는 이름하에 제시된 '능동적 복지'였다. '일을 통한 복지', '경제성장과 함께하는 복지', '민간주도 복지'를 내용으로 하는 능동적 복지(김순영, 2011)는 노동의 상품화와 복지의 시장화를 통해 '경제에 포위된 복지'(김원섭·남윤철, 2011: p.121)를 구축하고자 하는 것이었다. 이러한 복지의 시장화에서 주요 내용을 이루는 국민연금

기금 운용의 자유화와 의료의 산업화는 한국 복지국가의 발전경로를 시장중심적인 복지공급 시스템, 선별성을 중심으로 하는 최소한의 공공복지, 공적보험 대체형 민간보험으로 방향을 전환하고자 하는 것이었다.(주은선, 2008: p.130)

하지만 이러한 방향전환 시도는 미국산 쇠고기 수입반대 촛불시위에서 촉발된 신자유주의 반대 분위기 속에서 주춤할 수밖에 없었다. 그러나 일을 통한 복지는 촛불시위와 세계금융위기 이후 '친서민 중도실용' 노선을 천명한 이후에도 계속된다. 2009년 실시된 '일자리 대책 및 녹색뉴딜 사업' 등 금융위기 이후의 사회정책을 분석한 한 연구에 따르면, 이명박 정부는 노동시장에 노동공급을 단기적으로 축소하는 효과를 가진 탈상품화보다는 노동공급을 최대한 촉진하고자 하는 상품화를 지향하는 것이었다.(김원섭·남윤철, 2011: p.140)

이명박 정권의 공포정치는 미국산 쇠고기 수입반대 촛불집회를 계기로 시작되었다. 이명박 정권의 촛불집회 관련자들에 대한 사법처리, 미네르바 구속, 용산 참사 철거민들에 대한 사법처리, 정부 비판 언론인들의 잇따른 체포, 진보단체의 압수수색과 진보적 인사의 체포, 민간인 불법사찰 등은 과거 공안정국을 떠올리게 하기에 충분한 것이었으며, 이에 수많은 공안정국 규탄 시위가 발생하고, 국제앰네스티는 "한국정부가 공포정치를 하고 있다"(『경향신문』, 2010. 5. 13)는 견해를 밝히기도 했다.

그런데 이러한 이명박 정권의 공포정치는 기존의 공포정치와는 다르다. 이전 정권들이 일정 정도 정권 내부의 한계 또는 결함을 인식하고 있었다면, 이명박 정권은 자신들이 처한 정치적 불안과 위기의 원인을 전적으로 외부세력의 선동에 의한 것으로 인식한다. '명박산성'으로 상징되는 '불통'은 이러한 공포를 외부로 전가하는 또 다른 모습이다. 수많은 비판과 저항에도 불구하고, 이명박 정권이 국민과의 소통을 거부하는 것은 '옳은' 정부와 '그릇된' 선동세력이라는 자기인식에 기초한다. 따라서 비판세력들이 말하는 공안탄압과 공포정치는 또 다른 선동일 뿐이고, 자신들의 행위는 단지 체제혼란 세력에 대한 올바른 법집행일 뿐이다.

따라서 복지정치와 같은 새로운 희망의 정치는 제시되지 않고, 저항세력에 대한 강력한 처벌만이 뒤따른다. 세계금융위기 이후의 친서민정책 역시 이러한 인식 범위에서 벗어나지 않는다. 즉 현재의 경제적 어려움은 정권의 정치적 실패에 있는 것이 아니라 세계경제라는 외부에 원인이 있을 뿐이고, 따라서 '착한' 정부가 어려운 국가재정에도 불구하고 '불쌍한' 생계곤란자들의 삶을 지원한다고 생각한다.

하지만 청와대와 집권여당의 감정은 서로 달랐다. 지방선거와 잇단 보궐선거에서의 패배는 집권여당에게 엄청난 권력상실의 공포로 다가왔다. 특히 무상급식을 둘러싸고 대결을 벌인 2010년 지방선거와 2011년 서울시장 보궐선거에서의 패배는 집권여당으로 하여금 복지정치를 전면에 내세우게 했다. 한나라당 시절 지방선거 패배 이후 박근혜 전 대표의 '한국형 복지국가' 구상 발표 , 원내 대표의 반값 등록금 발언, 서울시의 무상급식 반대 주민투표의 패배 이후 '평생맞춤형 복지' 당론 채택, 그리고 새누리당으로 당명을 바꾼 후의 '생애 주기별 맞춤 복지' 등이 바로 그것들이다.

박근혜의 한국형 복지국가 구상을 근간으로 하며 집권여당의 비주류세력이 내세운 제한적인 선별적 복지는 진보세력의 보편적 복지와의 논쟁을 통해 복지정치를 전면화했다. 하지만 집권여당의 복지정책이 야당과의 복지대결을 야기한 것만은 아니었다. 이에 대해 당내 보수세력과 청와대는 복지 포퓰리즘에 대한 경고로 대응했다.

이명박 대통령이 2011년 신년사에서 직접 복지 포퓰리즘에 깊은 우려를 표명하는가 하면, 2012년 총선 국면에 접어들면서, 정부는 복지비용을 내세워 "복지 포퓰리즘과 전면전을 선포"(『뉴스투데이』, 2012. 2. 20)하고 나섰다. 이러한 청와대와 정부의 대응 배후에는 또다시 공포정치가 자리 잡고 있다. 바로 '재정위기론'을 앞세워 서구의 '복지국가 위기' 담론 전파를 통한 공포정치이다. 또한 이러한 공포정치의 배후에 깔린 감정이 바로 정권의 자신감을 넘어 현실을 직시하지 못하는 '자만심'이며, 그것의 표현이 바로 이명박 대통령 자신이 말한 "도덕적으로 완벽한 정권"이었다.

이렇듯 이명박 정권은 청와대와 당 간의 공포정치와 복지정치의 대결을 특징으로 했다. 그러나 이명박 정부의 성장의 정치를 위한 공포정치는 다음과 같은 한계로 인해 그 목적을 달성하기 어려웠다.

첫째는 성장의 정치가 이미 공포정치가 유발하는 공포를 넘어서는 공포를 성장의 한계로 인해 노정했고, 이것이 바로 복지정치의 지평을 확대시키고 있었다는 점이다. 둘째는 정치적 반대세력이 바로 성장의 정치가 노정한 공포, 즉 환경 공포와 원자력 공포 등을 그들의 공격의 무기로 삼았고, 심지어는 이것이 새로운 공포정치의 토대가 되고 있었다는 점이다. 셋째는 그간 우파정권의 계속된 공포정치를 학습한 결과 국민들은 이제 공포정치가 조장하는 공포를 의심하거나 심지어는 비웃었다는 점이다. 이는 천안함 사건의 경우에서처럼 국민이 그것의 사실여부를 떠나 그것에 대한 정부의 발표에 불신감과 의혹을 드러내는 데서 분명하게 드러났다. 넷째는, 국민들이 보수정권이 유발하는 미래의 공포보다도 당장 현재의 경제적 현실에서 더 큰 불확실성과 공포를 실제로 경험하고 있었다는 점이다. 이러한 점에서 현실은 공포정치의 공간을 축소하고, 복지정치의 공간을 확대하고 있었다.

공포의 연대에서 안전의 연대로

지금까지 검토한 바와 같이, 한국 보수정당 내에서 복지정치의 공간이 확장되고 있고, 복지정치를 둘러싼 대립과 논쟁이 정치의 한 축을 형성하고 있다. 특히 이명박 정권 후기와 차기 대통령 선거 국면에서는 우파정치의 지형이 공포정치에서 복지정치로 이행하고 있다고 착각하게 할 정도였다. 한국의 보수세력에게 복지 또는 분배라는 단어가 좌파 내지 사회주의의 동의어처럼 간주되어 복지가 공포의 대상이었던 시대에 비한다면, 그들이 복지를 "사회성원들에게 잘못된 버릇을 들여 결국엔 시장원리를 망치고 경제성장을 멈추게 할 몹쓸 전염병"으로 인식하던 것에서(홍경준, 2010: p.196) "성장과 복지의 선순환"을 내세우는 박근혜식 복지로의 진전을 모색하는 것은 격세지감마저 느끼게 했다.

그러나 우파정치세력의 복지정치는 그 태생적 한계로 인해 커다란 제약에 처할 수밖에 없다. 첫째, 보수정권의 복지정치는 집권 보수세력의 권력상실 또는 권력축소의 공포에서 연원한다. 여기서 문제가 되는 것은 복지정치의 목적이 타자, 특히 사회적 약자의 공포가 아니라 자신들의 공포를 축소시키려는 데 있다는 점이다. 즉 복지이념 또는 복지정책의 근본을 이루는 '타자지향성'보다는 '자기중심성'이 우파 복지정치의 중심을 차지하고 있다. 따라서 이러한 복지정치는 자신의 공포가 사라지거나 약화되는 순간 단순한 레토릭에 불과한 것이 되고 말 가능성이 크다. 따라서 우파 복지정치는 항상 그 반대세력으로부터 진정성을 의심받을 수밖에 없고, 그리하여 그 정책이 실행되기 이전에는 지지세력의 확보에도 일정한 한계가 따른다.

둘째, 보수세력의 복지정치는 항상 외부 진보세력과 복지 대결을 벌여야 할 뿐만 아니라 그 내부에서 복지정치를 둘러싸고 분열이 발생한다. 특히 성장의 정치와 복지정치를 둘러싼 보수진영 내부의 갈등은 결국 당 정체성 논쟁을 유발하고, 그 과정에서 복지정치의 공간을 스스로 축소시킨다. 그 결과 앞서 언급한 복지정치의 자기중심성이 설정한 선별적 복지조차 축소되어 잔여적 복지에 그치게 되는 경향이 있고, 그것은 결국 '우파 포퓰리즘'이라는 내·외적 비판에 취약해진다.

셋째, 강력한 보수세력에 의해 복지정책이 실행된다고 하더라도, 이것은 사회 내에 매우 보수적인 복지제도의 틀을 설정하기 마련이며, 이는 다시 후일 복지국가의 변화와 발전에 독자적인 영향력을 미치게 된다. 실제로도 그간 우파정권이 우리 사회의 복지정책을 주도한 결과, "철저히 시혜의 산물로 시작된 생활보호제도, 국가통치에 우군인 군인·공무원 등에게 특혜적 조치를 준 각종 사회보험제도, 국가는 없고 민간 복지사업자만 있게 만든 사회복지제도 등등의 틀은 두고두고 바로잡기 힘든 왜곡된 복지지형의 기초가 되고 말았다."(이태수, 2010: p.201) 즉 복지제도의 '경로 의존성'(path dependency)의 문제를 만들어냈다. 그간 의료보험제도를 완전히 통합하는 데서 겪은 어려움은 이를 잘 보여준다.

이러한 한계에도 불구하고 이제 복지정치는 보수정당에서도 배제할 수 없는 핵심 정책이 되었을 뿐만 아니라 선거 국면에서 보수정당은 진보정당과 피할 수 없는 복지 대결을 벌이고 있다. 하지만 두 정당의 지향점은 보편적 복지와 선별적 복지로 분명하게 다르다. 그리고 선거 결과 항상 진보진영이 승리할 수 있는 것도 아니다. 또한 진보진영이 선거에서 승리한다고 하더라도, 복지정책과 관련하여 세금폭탄론, 재정파탄론, 경제파탄론을 앞세워 보수진영이 펼치는 강력한 공포정치는 국민들에게 불안의식을 조장하고 진보정권에게는 권력상실 또는 축소의 공포를 불러일으켜 역시 복지정책에 일정한 제약을 가져오게 한다. 그간 진보정권에서 시행된 복지정책과 관련하여 "왼쪽 깜빡이 켜고 우회전했다"고 평가하게 한 것(안상훈, 2011: p.1)도 바로 이러한 상황에서 연유한다.

따라서 역설적이지만, 한국의 복지국가 발전을 앞당기는 또 다른 방법 중의 하나는 우파정권에서도 역시 복지정치를 진정하고 강력하게 펼칠 수밖에 없는 정치사회적 분위기를 조성하는 것이다. 비록 우파의 복지정책이 제한성과 선별성, 그리고 선거포퓰리즘의 성격을 지니지만, 앞서 살펴본 바와 같이 보수 정치세력이 겪는 극도의 권력상실 공포는 복지정책의 범위를 확대하고 단순한 레토릭을 넘어 복지정책을 실천하도록 강요하며, 복지정책에 반발하던 우파진영을 설득할 수 있는 토대로 작동한다. 이른바 박근혜식 복지구상이 "보수정당 최초의 종합적이고 체계적인 복지국가 설계이며 생애의 전 주기를 보장하는 보편적 서비스의 확대를 지향한다는 점에서 전향적"이라는 평가(마인섭, 2011: p.49)가 만약 올바른 지적이었더라면, 그것은 이러한 가능성을 보여주는 것이라고도 할 수 있었다. 하지만 선거승리 후 슬프게도 박근혜 정권은 앞서 언급한 우파정권 복지정책의 한계와 실체를 그대로 보여주고 있을 뿐이다.

그럼에도 불구하고 이러한 모든 것을 추동할 수 있는 힘은 시민사회에서 나온다. 복지정책을 설계하고 실행하는 힘은 보수정당과 진보정당을 막론하고 정치세력에 있지만, 그것을 추진하게 하는 힘은 현재로서는 선거권력에서 나오고 또 그것이 그 정책을 뒷받침하기 때문이다. 그러나 지금까지 살펴보았듯이, 복지정치에는 현재 약화되었지만 여전히 강력한 대항정치, 즉 공포정치가 존재한다. 복지국가의 발전을 위해서는 바로 이 공포정치를 넘어서는 것이 필수적이다.

그렇지만 복지국가 위기담론이 우세한 현 시점에서, 그리고 세계경제의 침체 국면에서 경제위기설에 기초한 공포정치는 여전히 위력을 발휘한다. 경제적 불안정 시기가 미래의 불안과 공포를 강화하기 때문이다. 하지만 복지정치는 그러한 불안과 공포를 안전의 감정으로 전환시키기 위한 것이다. 그럼에도 불구하고 복지정치가 사람들에게서 막연한 불안과 공포를 가져오는 까닭은 복지에는 복지부담자와 복지수혜자라는 이분법적 구조가 존재한다고 믿기 때문이다. 그리고 잔여적·선별적 복지는 이러한 이분법적 인식을 더욱 강화한다.

하지만 복지를 보편적 권리로 인식할 경우, 부담자와 수혜자라는 이분법적 구조는 사라진다. 복지는 우리 모두가 그 대상자인 잠재적 수혜자를 위한 것으로, 우리 모두는 부담자인 동시에 수혜자가 된다. 이러한 인식은 모든 사람에게서 복지에 대한 공포에서부터 복지를 통한 미래의 안전으로의 '감정적 전환'을 가져온다. 이것은 바로 복지국가로의 길은 공포로 인한 움추림이 아니라 '안전의 연대'에 있음을 말해준다. 부담자와 수혜자를 가르는 공포로 인한 분열과는 달리 모두를 아우르는 안전의 연대는 우파의 복지정치를 넘어 진정한 복지정치로 나아가는 복지국가 감정정치의 토대가 될 것임에 틀림없다.

9 먹을거리, 공포, 가족 동원
미국산 쇠고기 수입 반대 촛불집회의 경우

감정과 동원

2008년 미국산 쇠고기 수입 반대 촛불집회는 언론과 잡지는 물론 학계의 뜨거운 관심의 대상이 되었다. 그중에서도 가장 주목받은 것은 집회의 '여성화'였다. "시청 앞과 광화문을 가득 메운 촛불광장의 발랄한 여중생들과 청소년들, 유모차를 끌고 나온 엄마들과 아줌마들 아저씨들, 삼삼오오 가족 단위로 소풍 나온 엄청난 인파의 사람들"(박승옥, 2008: p.79)이라는 표현은 촛불집회 참여자들의 모습을 아주 잘 보여준다.

미국산 쇠고기 수입 반대 촛불집회에서 가장 두드러진 특징은 단연 '가족 단위의 참여'라고 할 수 있다. 물론 2002년 효순이·미선이 촛불시위에서도 "생기발랄하고 순수한 여중생의 죽음에 대한 '감정적 동요'와 '애도'"(이정은, 2003: p.448)가 가족 단위의 참여를 가져오기도 했지만, 미국산 쇠고기 수입 반대 촛불집회처럼 '유모차 부대' '아줌마 부대'라는 이름으로 집단적·조직적 참여가 이루어진 적은 없었다.

이 장에서 우리의 관심은 이 독특한 성격, 즉 미국산 쇠고기 수입 반대 촛불집회의 '가족 동원'에 있다. 그렇다고 해서 우리가 가족 단위가 미국산 쇠고기 수입 반대 촛불집회의 주체라거나 그 성격을 규정했다고 주장하는 것은 아니다. 우리 연구의 대상은 초기의 평화로운 촛불문화제에서와는 달리 폭력 진압이 자행된 촛불시위에서조차 무엇이 "미래의 엄마인 소녀"(『경남도민일보』, 2008. 6. 23)와 어머니들을 촛불광장으로 끌어냈는가 하는 것이다.

이와 관련한 기존의 연구는 크게 '여성성/모성'이라는 '주체'의 성격을 강조하는 설명과 보다 포괄적인 정치사회적 '맥락'을 강조하는 설명으로 나누어 볼 수 있다. 먼저 첫 번째 설명은 여성/어머니-먹을거리-생명을 일치시키고, 여성들이 이번 집회에 적극적으로 참여한 것은 "쇠고기 문제라는 이슈 자체가 직접적인 생활 문제일 뿐만 아니라 생명과 직접 관련을 가지는 감성의 문제"이기 때문이라고 본다.(고병권 외, 2008: p.26) 그러나 이러한 설명은 가부장제적 성 역할 분화의 모습을 촛불집회에 그대로 대입할 뿐, 어머니로서의 여성이 촛불을 들게 한 구체적인 메커니즘을 설명해주지 못할 뿐만 아니라 남성들도 촛불을 들었다는 점을 설명해주지 못한다.

두 번째 설명은 다시 둘로 나눌 수 있다. 하나는 정치적 요인을 강조하는 것으로, 먹을거리 문제를 둘러싼 갈등을 조정해줄 '정당정치'가 부재하기 때문에 주부들이 직접 '거리의 정치'로 뛰어들었다는 설명이다. 그리고 다른 하나는 사회 문화적 요인을 강조하는 것으로, 보다 질 좋은 먹을거리를 원하는 주부들의 '탈물질주의적 가치'가 집회 참여의 동력이라는 설명이다. 하지만 전자는 한국에서 정당민주주의의 부재가 어제오늘의 일이 아님에도 불구하고 왜 유독 이번 쇠고기 수입 반대 집회에서만 가족 동원이 폭발적으로 이루어졌는지를 설명하지 못한다. 그리고 후자는 이번 촛불집회가 '안전한 먹을거리'라는 생활정치적 요소를 포함하고 있음이 분명하지만, 인간의 '육체적인 물질적 삶'이라는 생명권과 직결된 생명정치적 요소를 근간으로 하고 있다는 점을 놓치고 있다.

우리는 이와 같은 기존의 설명은 '그릇된 이분법'―앞에서 순서대로 이성과 감정의 이분법, 구조와 행위의 이분법, 가치 이원론―에 기반하여 양자를 이어주는 연결고리를 설명하지 못함으로써, 미국산 쇠고기 수입 반대 촛불집회에 가족이 동원되는 구체적 메커니즘을 밝히지 못하고 있다고 주장한다. 그리고 우리는 이 공백을 감정 범주를 통해 메울 수 있다고 역설한다. 콜린스(Collins, 2004: p.103)가 지적하듯이, 감정은 "사회를 하나로 묶어주는 힘―연대의 접착제―이자 갈등을 동원하는 힘―집단 동원의 에너지―이다." 그리고 "감정은 사회적 행위를 동반하며, 그것에 동기와 목적을 제공한다. 사회운동은 보다 안정적인 정서적 연대와 충성심에 의해서뿐만 아니라 일시적이고 맥락 특수적인 감정, 즉 정보와 사건에 대한 반발로부터 영향을 받는다. 그리고 어떤 감정은 그들이 저항집단에 참여하기 전에 개인 속에 존재하거나 발생하고, 다른 감정은 집합행위 자체 속에서 형성되고 강화된다."(Jasper, 1998: p.397)

미국산 쇠고기 수입 반대 촛불집회에 대한 설명에서도 감정의 중요성이 인식되고 있다. 그중에서 자주 거론되는 것이 '분노'이다.(김영옥, 2008; 이영민, 2008) 그리고 이러한 분노는 이전의 촛불집회, 즉 2002년 여중생 추모 촛불집회에 대한 분석에서도 중요한 요인으로 검토된 바 있다.(이정은, 2003; 김경미, 2006) 하지만 이들 분석은 분노라는 감정을 언급할 뿐이지, 그것이 신뢰, 공포 등의 감정 범주와 함께 촛불집회에서 어떻게 구체적으로 작동했는지를 감정사회학적 관점에서 설명하지는 못하고 있다. 우리가 앞으로 설명하고자 하는 것은 바로 이들 범주가 미국산 쇠고기 수입 반대 촛불집회에서 가족 동원의 메커니즘으로 어떻게 작동했는가 하는 것이다.

하지만 우리가 이성과 감정, 남성 영역과 여성 영역이라는 이분법을 또 다른 방식으로 제시하려는 것은 아니다. 먼저 우리가 감정을 중시한다고 해서 초기 집합행동 이론처럼 집회 참여자들을 '비합리적' 또는 '무(無)합리적' 군중으로 바라보는 것은 아니다. 오히려 우리의 목적은 그들의 인지적 동원에서 작동하고 있는 '배후의 감정들'을 들추어내어 그간 "놓치고 있던 연결고리"(missing link)를 밝혀내는 것이다.

다음으로 우리가 가족 동원을 연구 대상으로 설정한 것에 대해 여성주의적 시각에서 의혹의 눈초리를 보낼 수도 있다. 하지만 우리는 여성/가족의 영역에 감정을 위치시키려는 것은 전혀 아니다. 그렇지만 하나 지적해둘 것은 우리가 여성의 감수성을 강조하기 이전에도 이미 한국 사회의 가부장제적 구조는 여성들로 하여금 모성 감정을 자연스럽게 지니게 하거나 강요했고, 이것이 촛불집회에 참여한 어머니의 행위를 규정지었다는 것은 부정할 수 없다는 점이다. 다른 한편 이러한 오해의 소지에도 불구하고 가족 동원을 연구의 대상으로 한 것은 그간 사회학에서 무시되어온 감정 범주의 사회학적 적실성을 부각시키기 위한 전략적 선택이기도 하다.

이분법의 연결고리로서의 감정

정당민주주의 부재론 비판: 구조와 행위의 이분법을 넘어서

촛불집회가 세간의 주목을 끈 것만큼이나 한국의 사회과학자들 역시 이에 대한 다양한 설명을 쏟아냈다. 그중에서 가장 많은 논란을 일으킨 것이 이른바 '정당민주주의 부재론'이다. 이 주장에 불을 지핀 것은 그간 민주주의의 발전에서 정당의 역할을 역설해온 최장집 교수이다. 그는 촛불집회와 관련한 한 시국 토론회에서 "누구로부터 견제받지 않는 무책임의 통치권을 행사하는 대통령의 통치 스타일이 오늘의 촛불 정국의 직접적 원인"이라고 지적하고, 이는 "민주화 이후 한국 사회에서 민주주의의 제도가 제대로 작동하지 못한 결과"라고 진단했다.

최장집 교수는 촛불집회가 이같이 "민주주의의 제도들이 무기력하고 작동하지 않고 그 중심적 메커니즘으로서의 정당이 제 기능을 못할 정도로 허약할 때 그 자리를 대신한 일종의 구원투수 같은 역할을 수행"하며, "한국 민주주의를 수호하는 역할을 맡고 있다"고 그 의미를 평가한다. 그리고 그는 더 나아가 "이번 촛불집회의 중요한 의미 중 하나는 시민들이 민주화라는 큰 얘기가 아니라, 그들의 실생활과 직결된 구체적인 사회경제적 정책 문제에 대해 목소리를 내기 시작했다는 사실"이라고 지적한다. 하지만 그는 "촛불집회로 제기된 문제를 해결하는 것은 민주주의 제도를 넘어서는 어떤 방법으로서가 아니라, 그 제도를 더욱 강화하고 발전시키는 방법을 통해서"라고 주장한다.(최장집, 2008)

이상과 같이 최장집 교수는 촛불집회의 핵심적 원인은 "사회적 이해관계가 폭넓게 대표되지 못하고, 참여 기반이 협애한 정치적 대표의 체제, 즉 정당 체제의 문제"이며, 따라서 현재 한국 민주주의의 발전을 위해서는 촛불집회에서 나타나는 "운동의 에너지를 정당의 제도화로 전환"할 필요가 있음을 역설하고 있다. 이러한 논의는 그의 '정당민주주의론'의 연장이다.

최장집 교수가 이러한 주장의 전거로 삼고 있는 것은 샤츠슈나이더(Schattschneider, 1942: p.1)의 언명, 즉 "민주주의를 만든 것은 정당이며, 정당 없는 현대 민주주의는 생각할 수 없다"는 언명으로 보인다. 사실 현대 민주주의의 발전에서 정당의 역할은 아무리 강조해도 지나치지 않으며, 최장집 교수(2007: p.126)가 주장하듯, "다수자가 아닌 소수자, 사회적 약자의 이익과 요구를 조직하고 그 권익을 방어하는" 정당 조직의 발전은 한국 민주주의의 발전에서 지극히 중요하다.

하지만 우리는 최장집 교수의 '정당 책임론'과 '운동의 정당으로의 제도화' 논의는 촛불집회의 동원과 관련하여 볼 때 다음과 같은 문제가 있음을 지적할 수밖에 없다. 먼저 정당 책임론은 촛불집회에 왜 그렇게 많은 사람들이 참여하게 되었는지에 대한 정치학적 배경 설명으로는 적실할 수 있다. 하지만 이 같은 설명은 그러한 상황에서 왜 사람들이 직접행동에 나서는지를 설명하지 못한다. 다시 말해 정당이 정부의 잘못을 시정해주지 못한다고 하더라도 사람들이 항상 국가에 대한 저항행위에 즉각 나서는 것은 아니다.

피어슨(1998: p.47)의 지적대로, "시민들은 바쁜 사람들이다. 그들은 자신의 직업을 유지하고 싶어하고, 연인과 사랑을 나누고 싶어하고, 축구경기를 하고 싶어하고 애완용 고양이를 빗질 해주고 싶어한다." 따라서 사람들은 저항행위와 순응이나 체념이 자신에게 가져다줄 결과, 저항행위로 인해 상실할 또 다른 행위의 가능성, 저항행위에 따른 이익과 비용을 계산한다. 하지만 이러한 합리적·이성적 판단은 즉각 행위를 실행하게 하기보다는 참여를 머뭇거리게 한다. 또한 이 같은 합리적 행위 선택은 집합행위에서 커다란 장애물인 '무임승차'의 문제를 낳는다.(올슨, 1987)

다른 한편 정부는 국민의 저항을 막기 위해 설득, 선전 등 '동의의 정치'(politics of consensus)를 통해 자신을 정당화한다. 요컨대 정당 민주주의의 부재 그 자체가 곧바로 촛불집회를 성립시키지 않는다. 사회학적으로 말하면, 구조가 행위를 결정하거나 규정짓지는 못한다. 사회학에서 흔히 구조결정론자로 간주되는 뒤르케임(Durkheim, 1951: p.319)조차도 "집합적 힘은 개인을 지배하려 하는 반면, 개인은 그 힘을 격퇴하려 한다"고 지적한다.

이렇듯 최장집 교수는 구조와 행위의 이분법을 전제한 채 구조 결정론적 입장으로 이 문제를 해결하고 있다. 이처럼 구조와 행위가 일대일의 대응관계를 보이지 않는다면, 양자를 잇는 매개 고리에 대한 탐색이 필요하다. 우리는 그것이 바로 아래에서 논의할 감정 범주라고 판단한다.

둘째로, 최장집 교수는 "운동만으로는 민주주의를 수호하고 발전시키기에 불충분하다"고 지적하고, 촛불집회의 운동 에너지를 정당으로 제도화할 필요가 있다고 역설함으로써 '대의제 숭배론자'(고병권 외, 2008: p.21)로 비판받기도 한다. 원론적인 수준에서 민주주의의 발전에서 정당정치의 발전이 중요하다는 것은 부정할 수 없다. 하지만 정당정치 자체가 민주주의의 발전을 보장해주지는 않는다. 그리고 정당 체계는 소수자와 사회적 약자의 이해관계를 대변해주기에는 기본적 한계를 지니고 있다.

오페(Claus Offe)가 지적하듯이, 선진 자본주의사회가 정치적 안정을 확보할 수 있었던 것은 정치적 욕구를 전담하는 제도 속에 확립되어 있는 규제 메커니즘을 통해 만약 표출될 경우 체계의 존속에 위협을 가할 요소들을 체계적으로 배제하고 억압했기 때문에 가능했다. 오페에 따르면, 정당이라는 조직 형태 그 자체는 기존 체계를 넘어서는 정치적 제도들—즉 사회적 욕구·필요에 대한 시민 자신들의 집단적 자기계몽에 기반해서 존재할 수 있는 정치적 제도들—의 발전을 가로막는 장애물일 뿐이다.(오페, 1988: p.117)

또한 대의민주주의 제도는 의사결정의 효율성과 능률성을 위해 시민사회가 공적 생활에 참여하는 것을 주기적인 투표와 선거 시기에 한정하며, 모든 공적 결정을 시민이 아닌 대표자의 결정에 의존하는 제도이다. 민주주의 국가의 원리에 따라 이러한 기능을 수행하는 정치조직은 고작 '의사 대변'의 여과 체계로밖에 기능하지 못하며, 따라서 국민의 직접적인 요구와 이익에 즉각 반응하는 정치적 · 행정적 활동을 기대할 수 없다.(오페, 1988: pp. 122~123) 오페에 따르면, 이 같은 제도정치의 한계가 바로 운동 정치가 발생할 수밖에 없는 이유이다.(오페, 1993)

셋째로, 최장집 교수는 촛불집회의 또 다른 의미를 '생활정치'라는 측면에서 찾고 있다. 하지만 이는 그의 대의민주주의론과 배치된다. 대의민주주의의 기반은 다수결의 원칙이다. 하지만 다수결의 원칙은 인간사의 '공적' 또는 '정치적' 영역에서는 타당한 의사 결정 규칙일 수 있지만, '사적' 영역에서는 그렇지 않을 수 있다는 데 그 한계가 있다.(Offe, 1985: p.270) 특히 사회적 과정이 국가의 정치적 개입을 통해 규제되고 유지되며 공적 영역과 사적 영역 간의 경계를 긋는 일이 어려워진 현대 자본주의사회에서 국가의 결정이 사적 영역을 침해할 가능성은 보다 증대한다. 기든스(1997: p.339)의 표현으로 "삶의 결정에 관한 정치"인 생활정치는 이처럼 공적 영역이 사적 영역을 침범함으로써 발생한다. 바로 대의민주주의가 생활정치를 발생시키는 것이다.

이렇듯 최장집 교수는 정당민주주의의 부재와 촛불집회의 일대일 대응관계를 설정하고, 정당민주주의의 발전을 문제의 해결책으로 제시함으로써 촛불집회의 발생 메커니즘과 동원 메커니즘 모두를 제대로 포착하지 못하고 있다.

가치충돌론 비판: 가치 이원론을 넘어서

국내 사회학계에서 제기된 설명은 앞서 지적한 생활정치론과 상통한다. 김호기 교수는 촛불집회 속에서 탈현대적 정치의 속성을 찾아내며, "제도정치와 맞서는 생활정치, 대의정치에 맞서는 참여정치, 계급정치에 맞서는 위험정치, 권위정치에 맞서는 인정정치를 관통하는 것은 가치의 정치다"라고 강조하며, 촛불 정치의 성격을 물질주의적 가치(material value)와 탈물질주의적 가치(post-material value)로 대비시켜 파악하고 있다.(김호기, 2008) 정치학자 조기숙 교수 역시 촛불집회 참가자들은 "집단이 개인을 억압하는 구시대적 의미의 광장이 아니라 사생활이 보호되는 인터넷이라는 아고라(광장)와 시청 광장을 오가며 권력에 비판적이고 엘리트에 도전하는 탈물질주의자"라고 지적한다.(조기숙·박혜윤, 2008)

이러한 논의는 공히 잉글하트(Ronald Inglehart)의 '조용한 혁명론'(silent revolution)에 기초한다. 그는 제2차 세계대전 이후 서구는 약 20년에 걸쳐 공전의 번영을 경험했고 전면전쟁이 없었던 결과(잉글하트, 1983: p.22), 사람들은 이제 안전하게 살며 식생활에 곤란을 겪지 않게 되면서 물질주의적 가치에서부터 탈물질주의적 가치로의 변화를 경험하게 되었다고 주장한다. 즉 질서의 유지와 경제적 이익의 보호라는 물질주의적 가치로부터 자기실현과 정치참여라는 탈물질주의적 가치로 '조용한 혁명'이 일어났다는 것이다. 잉글하트는 이 같은 탈물질주의적 가치의 발흥이 새로운 사회운동의 출현과 관련된 유일한 원인은 아니지만 결정적인 역할을 하고 있다고 주장한다.

미국산 쇠고기 수입 반대 촛불집회에서 탈물질주의적 가치가 전면에 부각된 것은 물론이다. "값은 싸지만 위험한 쇠고기"와 "비싸지만 안전한 쇠고기"의 대립 구도는 물질주의적 가치 대 탈물질주의적 가치의 대립 구도를 보여준다. 하지만 촛불집회를 이 두 가치의 충돌 내지는 가치의 전환을 보여주는 것으로 파악하는 데에는 한계가 있다. 왜냐하면 촛불집회 참가자들을 탈물질주의자라고 단정하는 데에는 무리가 있기 때문이다. "이명박을 찍은 것을 후회하고 있다"는 집회 참여자의 소회가 말해주듯, 이들 중 일부는 대통령 선거에서 일명 "747 공약'으로 대변되던 '경제적인 물질적 욕망'"(박영균, 2008: p.121)을 드러냈던 사람들이다.

잉글하트의 지적을 따르더라도, 가치는 그렇게 쉽게 변하지 않는다. 잉글하트(1996: p.78)가 자신의 논의를 정당화하는 가설 중의 하나가 '사회화 가설'(socialization hypothesis)이다. 이 사회화 가설은 사람들의 기본적 가치는 그가 성인이 되기 이전 시기에 그를 지배했던 상황을 상당 정도 반영한다는 것이다. 즉 인간의 인성이 성인기에 달해 결정되고 나면, 그 이후 그것은 상대적으로 별달리 변화하지 않는 경향이 있다는 것이다. 결국 인간은 인격 형성기에 일단 확립된 일정한 가치 우선순위를 성년기 전체를 통하여 보유한다는 것이다.

조기숙 교수는 이러한 면을 인식했는지 "세대교체가 이뤄지면서 촛불집회 참가자들의 탈물질주의 문화와 적극적인 비전통적 정치 참여 행위는 더 넓게 확산될 것"이라고 전망한다. 하지만 풍요의 시대와 전쟁 없는 사회를 경험한 우리의 젊은 세대 역시 모두 탈물질주의적 가치를 드러내는 것은 아니다.

이를테면 '촛불 소녀'들의 참여적 목소리(전상진, 2008b: p.2)와 '쿨'한 감수성(이동연, 2008: p.161)은 탈물질주의적 가치를 보여준다. 30대 주부들의 '먹을거리 정치'도 생활정치의 모습을 보여준다. 하지만 그 사이에 끼어 있는 "20대, 특히 대학에 재학 중인 청년 세대는 정치보다는 경제를 선호하며 사회적 양극화의 구조적 모순에 저항하기보다는 그 양극화의 상위 10퍼센트 안에 편입되기 위해 안간힘을 쓴다. ……노동과 취업의 불안정 속에서 꾸준한 소비활동의 욕구를 충족시켜야 하는 20대들로서는 '쇠고기 수입을 허용하는 대신 휴대폰을 더 많이 팔면 된다'는 식의 경제적 효율성을 강조한다."(이동연, 2008: p.161)

이렇게 볼 때, 전후 세대라고 해서 역시 동일한 가치관을 보여주는 것은 아니다. 그렇다고 해서 20대 모두가 철저한 물질주의자라거나 집회에 전혀 참여하지 않았다는 것은 아니다. 잉글하트의 논의에 따를 때, 이들은 교육받은 대중으로, 가장 탈물질주의적 성향을 드러내야 하는 집단이다. 그럼에도 불구하고 이들이 처한 상황과 그에 대한 현실적 인식은 이들로 하여금 촛불광장이 아니라 캠퍼스 내 도서관에 머물게 하고 있다.

또한 촛불집회 참여자가 전적으로 탈물질주의적 가치로 가치 이전을 했다고도 할 수 없다. 왜냐하면 그들 역시 물질적 성공에 대한 열망을 지니고 있음을 부정할 수 없기 때문이다. 앞서 언급했듯이, 대통령 선거에서 그들의 선택은 형식적으로는 국가의 경제적 성장이었지만, 그 내용은 그것을 통한 가족과 개인의 성공이었다.

촛불집회와 관련한 이 같은 가치 이분법은 "'애국심과 국익'에서 '주권과 생명'"으로 가치가 전환되고 있다고 파악하는 논의에서도 나타난다. 목수정(2008: p.131)은 촛불집회에 대해 이렇게 평가한다. "2008년 촛불의 중심에는 '애국심' 대신 '주권'이 있고, '국익' 대신 '생명'이 들어앉았다. '애국심과 국익'이 테마이던 시절, 여전히 에너지 투사의 대상은 '국가'였던 데 반해, '주권과 생명'이 테마가 되는 현 상황에서 우리는 비로소 국민의 한 사람인 '나'를 이끌어냈다. 이런 의미에서 2008년 촛불 혁명은 전대미문의 사건이었다."

이 주장을 좀더 거칠게 표현하면, '국가주의' 대 '개인주의'의 가치 대립이다. 사실 우리 사회도 민주주의가 진전되면서, 조셉 S. 나이(2001: p.41)의 표현으로 "권리에 의해 움직이는 사회"가 되었고, 개인들은 자신의 이익 및 권리가 국가의 이익과 상충할 경우에는 이에 맞서 거침없이 의견을 표출할 수 있게 되었다. 목수정(2008: p.132)도 지적하듯이, "정부가 식량 주권을 포기하는 협정을 하고 왔고, 그것이 바로 나의 생명, 내 가족의 생명을 건드리는 일임을 자각하였을 때, 우리의 비판의식을 무력하게 짓누르던 국익 이데올로기는 순식간에 길바닥에 내던져졌다. '국익'을 압도하는 가치, '주권'과 '생명'이 등장했기 때문이다."

하지만 촛불집회 참여자를 개인주의자라고 단정하기는 어렵다. 왜냐하면 그간 내면화된 "우리 안의 국가주의"(권혁범, 2004)는 잉글하트의 지적대로 쉽게 변하지 않기 때문이다. 또한 신진욱 교수(2008)는 촛불집회에서 휘날리던 태극기와 애창되던 「헌법 제1조」 노래를 놓고 '헌정 애국주의'(constitutional patriotism)라는 용어를 만들어내기도 했다. 즉 촛불집회는 "민주적 법치국가의 보편주의적인 헌법이념을 특수한 정치 공동체에의 애착과 헌신을 통해 구현하고자 하는 열망으로, 이것은 한국 저항운동의 역사에 매우 특징적인 현상이며, 헌정 애국주의의 규범적 내용은 1960년 4·19혁명, 1980년 광주항쟁, 1987년 6월 항쟁, 그리고 2008년 촛불시위로 이어져 오면서 형식적 민주주의로부터 시민적 자결과 사회적 연대의 이념으로 서서히 발전해오고 있다"는 것이다.

하지만 이처럼 촛불집회 및 그 참여자들의 가치를 이분법적으로 표현해서는 곤란하다. 사실 촛불집회 참여자뿐만 아니라 모든 사람은, 이성과 함께 감정을 가지고 있듯이, 물질주의적 가치 및 국가주의를 탈물질주의적 가치와 개인주의와 함께 가지고 있다. 그렇다면 그 가치는 어떻게 표출되는가? 개인들이 소유하고 있는 가치는 그들 자신과 관련된 사안 및 사건에 대해 갖는 감정에 따라 달리 표현된다.

가령 대통령 선거 당시 이명박 후보의 경제성장 전략에 대한 '동감'이 물질주의적 가치를 자극하여 이명박에 대한 지지로 이어졌다면, 대통령 당선 이후 위험한 미국산 쇠고기 수입에 대한 '반감'은 탈물질주의적 가치를 자극하고 사람들을 광장으로 내몰았다. 여기서 개인들이 공유하고 있던 성장지상주의는 분열하고, 탈물질주의적 가치가 표출될 공간이 마련된다. 하지만 탈물질주의적 가치를 표출한 집회 참여자들 역시 물질주의적 가치를 지니고 있음을 부정할 수 없다. 그 속에는 자신과 가족의 '육체적 몸'을 지키고자 하는 '원초적 물질주의'가 자리하고 있고, 질 좋은 비싼 음식에 대한 열망은 결코 물질적 성공의 욕망을 버리지 못하게 하기 때문이다.

한편 미국산 쇠고기 수입 반대 촛불집회는 국가주의 대 개인주의의 대결이 아니라 개인주의 대 개인주의의 대결일 수도 있다. 다시 말해 쇠고기 수입에 대한 개인들의 동감과 반감이 물질주의자 대 탈물질주의자의 대결을 낳았을 수도 있다. 다른 한편 국민 주권을 무시당했다는 개인주의적 감정은, 촛불집회가 보여주듯, 개인주의를 넘어 '집단지성' 또는 '다중'의 모습을 갖출 수도 있다. 여기서 우리는 감정이 앞서 언급한 구조와 행위를 매개하며, 행위의 방향을 결정짓는 핵심 요소라는 점을 다시 한번 알 수 있다.

여성주의적 시각 비판: 이성과 감정의 이분법을 넘어서

미국산 쇠고기 수입 반대 촛불집회의 촉발 및 참여 과정에서 여성이 보여준 모습은 촛불집회를 여성의 시각에서 바라보게 했다. 특히 여성주의적 시각에서는 "'공·사의 이분법'을 넘어선 생활정치/생명정치", "'배운녀자'로서의 국민/시민"이라는 담론이 촛불집회 논의의 중심을 차지하고 있다.

김영옥 교수는 미완의 글에서 전자와 관련하여 다음과 같이 평가한다. "광우병에 걸린 소가 생명을 위협하며 모든 식탁을 점령할지도 모른다는 불안 속에 광장에 나간 여성들은, 그들의 오랜 역사 속에서 사적 영역과 공적 영역 사이의 경계를 넘나들며 두 영역을 매개하는 데 익숙하다. ……전적으로 여성적 영역, 여성의 일이라고 간주된 살림의 영역을 가장 순수한 정치적 영역이라고 간주되어온 광장과 연결시킨 이번 소녀/여성들의 행위성이야말로 기존의 정치철학이 전제로 하고 있는 공사 영역의 이분법적 사고방식을 깨며 새로운 정치 행위성, 수행성을 보여준 뛰어난 예가 아닐 수 없다." "여기서 관건이 되는 것은 이들의 '몸'을 통해, 그리고 곧바로 이들과 연계한 다른 여성들의 집단적 '몸'을 통해 생체권력(biopower)이 관리하고 검열하는 생명이 일종의 '정치적인 것의 몸'으로 가시화되었다는 사실이다. ……이번 촛불집회는 광장에 등장한 다양한 여성들의 몸과 그들의 몸에 축적된 재생산과 보살핌의 역사가 갖는 정치적 성격을 여실히 보여준 중대 사건이다."(김영옥, 2008)

이를 놓고 볼 때, 김영옥 교수는 생활정치를 여성의 일상적 삶과 연결짓고, 이번 촛불집회를 남성 지식인들이 논의해온 생명정치에 대한 도전으로 이해하는 듯하다. 하지만 이러한 여성주의적 생활정치론에 대해서도 만만찮은 비판이 제기되었다. 이 비판의 핵심에 있는 것이 양현아 교수이다. 물론 이 비판은 여성학자들의 해석을 꼭 집어 겨냥한 것은 아니겠지만, 앞서의 요약과 관련하여 볼 때, 여성주의적 시각 역시 이 비판에서 자유롭지는 못하다. 언론에 보도된 양교수의 입장은 다음과 같이 요약될 수 있다.

첫째, 촛불집회를 "생활정치라는 성격으로 규정하는 것은 기존의 남성, 정치 중심의 사고에 젖어 있는 것이다." 즉 "남성 엘리트들이 장악해온 정치 코드로 해독이 안 되면 그것을 생활정치적이라고 두루뭉술하게 불러서는 안 된다." 둘째, "촛불집회 분석에서 '시민+여성'이라는 이중화된 시각이 드러났"는데, 여기에는 "거리행진을 벌이는 시민, 구호를 외치는 시민 등은 기본적으로 남성이라는 인식이 자리 잡고 있다." 셋째, "유모차 부대, 하이힐 부대 등 촛불집회에서 부각된 여성들은 기존의 '여성성'을 지나치게 강조한 측면이 있고", "'여성'이란 기호는 매우 이질적인 존재성들이 모여 있는 것인데 상품과 문화의 소비자로서의 여성만 부각됐다." 넷째, "먹을거리와 같은 '생활 쟁점', 그것도 '어머니', 모성의 역할과 관련된 쟁점에서만 여성이 동원된다는 통념이 스며들어 있어 불편하다."(『프레시안』, 2008.7.27)

이 비판의 요점은 촛불집회 분석에는 남성과 여성이라는 이분법적 사고가 자리하고 있다는 것이다. 좀더 구체적으로 표현하면, 생활정치를 여성의 영역으로 등치시키고, 촛불집회의 성격을 여성, 소비자, 먹을거리, 모성과 연결시키는 사고를 보이고 있다는 것이다. 이처럼 여성주의적 인식은 물론 이러한 비판 속에도 남성의 영역을 이성의 영역, 여성의 영역을 감성 내지 감정의 영역으로 나누는 이분법적 사고가 드러나 있지만, 후자는 또한 그러한 이분법에 대한 반감을 표현한 것이기도 하다.

두 번째로 살펴볼 수 있는 여성의 시각은 촛불집회를 통해 여성이 새로운 정치세력으로 떠올랐다는 주장이다. 예컨대 권지희(2008: pp.57~58)는 "촛불 항쟁을 통해 분출된 여성들의 놀라운 사회의식과 참여의식은 여성운동에 새로운 모델을 보여줬을 뿐만 아니라 남성중심의 거대담론에 가려졌던 생활정치와 여성의 눈높이를 강조하는 '성 정치' 등 새로운 정치담론을 탄생시켰다"고 평가한다. 이 새로운 정치세력의 중심에 있는 것이 일명 '배운녀자'이다. '배운녀자'란 단순히 많이 배운 고학력 여성이 아니라 배운 지식을 사회에 도움이 되도록 올바르게 활용하는 2030 여성을 지칭한다. 이들의 핵심 세력은 '소울드레서' 등 온라인 카페의 회원들이다. 그리고 더 나아가 이들이 집회에 참여하게 된 동인은 "대한민국 소비의 주체이며 집안의 기둥인 주부들을 무시하거나 만만하게 봤기 때문"이라고 분석된다.

권지희(2008: p.62)는 이들 배운녀자가 촛불 항쟁에서 남성을 압도하는 논리성과 실천력을 보여줬다고 분석한다. 이 같은 '배운녀자론'에도 사실은 남성과 여성, 합리성과 감정이라는 이분법이 자리하고 있다. 이제 배운녀자는 감정에 사로잡혀 있고 집안 살림에만 전념하는 것이 아닌 합리적이고 이성적인 정치적 개인으로 등장한다. 게다가 촛불집회에 참여한 이성적 여성과 그렇지 못한 감성적 여성이라는 또 다른 이분법이 등장하고, 또 이성적 여성도 탈물질주의적 여성과 물질주의적 여성으로 나뉘고 있다. 이러한 다중적 이분법에도 불구하고 거기에는 생명에 위협을 가하는 먹을거리를 가족에게 먹이고 싶어하는 여성/어머니는 존재하지 않는다.

이 같은 여성주의적 시각에서 나타나는 문제는 결국 남성과 여성 사이에 이성과 감정이라는 이분법을 중첩시키고 또한 그것에 긍정과 부정이라는 평가를 뒤덮는 데서 연유한다. 하지만 이성과 감정, 또는 합리성과 감정은 이분법적으로만 파악할 수 있는 것이 아니다. 다시 말해 전통적인 인식대로 감정이 이성의 완전한 실현을 위해 억제되어야 하는 무분별한 충동인 것만은 아니다. 흔히 감정과 합리성의 이분법적 전통에 속해 있는 것으로 간주되는 베버조차도 '감정적 행위'의 중요성을 강조한다.

베버에 따르면, 감정적 행위는 "어떤 예외적 자극에 대한 통제되지 않은 반응일 수 있다. 감성적으로 결정된 행위가 감정적 긴장의 의식적 방출로 나타나는 경우, 그것은 승화의 한 사례이다. 그러한 일이 발생할 때, 그것은 대개 이미 ……합리화의 길을 걷고 있는 것이다."(Weber, 1968: p.25) 이렇듯 감정은 "이성이 해결해야만 하는 문제들을 지적해주고 일련의 해결책의 범위를 설정하는 데 도움을 준다."(바바렛, 2007: p.83) 이를테면 배운녀자들은 "집회에 참여하는 사람들을 불순 배후세력의 조종에 놀아나는 어중이떠중이 우중쯤으로 모욕하는 조·중·동의 보도 행태에 '분노'를 느끼면서 언론문제에 깊은 관심을 갖게 됐다"고 고백한다.(『경향신문』2008. 7. 3)

하지만 이성과 감정의 이분법적 구도 속에서는 이처럼 행위의 "배후에 있는 감정"은 무시된다.(바바렛, 2007; 제2장) 감정은 인간이 합리적으로 행동하는 것을 방해하는 것이 아니라 행위의 목표 또는 목적을 설정한다. 그리고 이것은 남성과 여성 간에 구분이 없다. 따라서 우리는 이 같은 감정 범주가 촛불집회에서 어떻게 핵심적 메커니즘으로 작동했는지를 살펴보고자 한다.

가족 동원의 감정 메커니즘: 모성, 분노, 도덕감정

먹을거리, 모성, 생명

짐멜(2005: pp.141~151)에 따르면, "먹는다는 것은 가장 이기적이고 개인적인 것이나 원초적인 생리학적 사실이기 때문에, 모든 사람에게 공통적이다." 그렇기에 '먹기 공동체'(eating community)라는 사회적 현상이 출현한다. 그중에서 하나의 식탁을 공유하는 가장 핵심적 공동체가 바로 가족이다.

그렇기에 무엇을 먹을 것인가의 결정은 개인의 취향과 선택의 문제지만, 가족 내에서의 먹을거리 책임은 여성에게 부과되어왔다. 그리고 이는 여성의 생명 창조와 유지라는 맥락에서 '모성'의 중요한 요소로 인식되어왔다. 그리하여 "아내/어머니의 대부분은 다른 가족 성원을 위하여 영양가 있고 맛있는 식사를 제공할 의무가 있다고 느낀다."(Morgan, 1996: p.159) 그리하여 결국 가족 내에서의 먹을거리에 대한 선택은 주부의 책임이 된다.

하지만 모든 먹을거리가 인간에게 안전하고 건강에 유익한 것은 아니다. 따라서 주부의 합리적 선택에는 먹을거리에 대한 충분한 정보와 음식의 영양학적 가치에 대한 지식이 요구된다. 그러나 전문가가 아닌 개인으로서의 주부는 가족의 생명과 건강을 책임지면서도 먹을거리에 대한 정확한 정보를 가질 수도 없고 그것에 대한 통제권도 없다. 바로 이 같은 모순 속에서 먹을거리의 불확실성을 약화 내지 제거해주는 메커니즘이 바로 국민의 생명과 건강의 보호자로서의 '국가'이다.

미국산 쇠고기 수입 반대 촛불집회는 생명과 건강을 둘러싼 두 주체, 개인 내지 그 가족 대행자와 국가 간의 생명권과 건강권을 둘러싼 대립이다. 다시 말해 촛불집회는 "내 몸의 주체로서 위험한 먹을거리를 먹지 않을 권리를 무시당한 근대 시민의 분노의 표현이다." (홍세화, 2008: p.34) 우리는 바로 여기서 미국산 쇠고기 수입 반대 촛불집회에 여성이 그리고 그것도 가족 단위로 참여한 동기적 원인을 찾을 수 있다. 그중에서도 주목해서 볼 것은 그간의 '모성 감정'의 직접적·적극적·역설적 표출이다.

그간 어머니의 태도는 가족 내 '보호자'로서 자식의 안전과 성공을 위해 현실 참여를 멀리하게 하고 학생 신분을 철저하게 유지케 하는 것이었다. 전통적 태도로 볼 때, 거리로 뛰쳐나간 '촛불 소녀'는 부모로서의 어머니에게는 걱정거리이며, 막아내야 하는 일이었다. 하지만 촛불을 든 딸과 함께 시위에 참여하는 어머니는 그간의 '여성 억압적 제도'로서의 모성이 아닌 "생명을 기르고 보전하는 여성들의 끊임없는 실천"으로서의 모성(배은정, 2008: p.70)을 가시화한 것이었다. "촛불의 배후 세력이 있다면 그건 바로 가족들의 건강을 걱정하는 모정일 것"이라는 김혜경(82쿡닷컴 대표)의 단언(『미디어오늘』, 2008. 6. 12)은 이를 분명하게 보여준다. 눈에 넣어도 아프지 않을 자식이 "광우병 소를 먹게 된다는데 어머니들이 가만있을 리

없다"(『무등일보』, 2008. 5. 19)라거나, "나는 먹고 죽어도, 내 자식은 먹으면 안 되잖아요"(「KBS 뉴스 12」, 2008. 7. 4)라는 어느 주부의 격정적인 발언도 앞서의 말과 전혀 다르지 않다.

이렇게 모성 감정이 집합적으로 표출하게 된 데에는 먹을거리의 선택과 무(無) 선택이라는 두 가지 요인이 동시에 작동했다. 먼저 지적할 수 있는 것은 위험한 먹을거리 문제를 개인의 선택의 문제로 돌린 정부, 즉 먹을거리의 문제를 주부의 책임으로 돌린 정부에 대한 '분노'였다. 이러한 분노를 촉발한 것은 "미국산 쇠고기가 들어올지라도 먹고 싶지 않은 사람은 사 먹지 않으면 될 것"이라는 대통령의 발언이었다. 이제 국가는 국민의 건강권 책임을 면제받고, 모든 책임은 개인과 주부에게로 돌려진다. 이에 대한 국민들의 분노가 쏟아낸 반응은 "자신의 정치적 성공을 위해 국민의 건강 따위는 안중에도 없는 대통령을 원하지 않는다"(『프레시안』, 2008. 5. 2)는 것이었다.

다른 하나는 자신의 선택만으로는 자식의 안전을 지킬 수 없다는 주부들의 '불안감'이었다. 다시 말해 자신들의 선택 밖의 영역에도 식탁 공동체가 존재한다는 사실, 즉 학교급식의 안전에 대한 염려였다. 가정 내에서의 음식 문제는 어머니가 직접 통제한다고 하더라도, 학교급식은 외부에 위탁하여 운영하고 있기 때문에, 어떤 식재료를 사용했는지 일일이 간섭할 수 없다. 자신들이 직접 음식을 할 수도, 식재료를 직접 고를 수도 없기 때문에, 어머니들의 불안은 더욱 커질 수밖에 없었다. 따라서 어머니들은 "배낭에 기저귀, 젖병, 보온병, 물티슈, 손수건 등을 챙기는 수고"를 하면서까지 시청으로 나온 것이다. 이들은 "어린 자녀들의 먹을거리 문제로 불안에 떨게 하지 말아달라"는 아주 기본적이고도 가장 기초적인 권리를 호소하는 것이었다.(『오마이뉴스』, 2008. 6. 28)

아울러 어머니들의 모정은 '사회적 모성'으로까지 확대되어 집회 참여 어머니들을 폭력으로부터 보호하며, 이들의 참여를 촉진하는 기제로서 작용했다. 촛불집회에 참여하는 어머니들을 향해 "밥은 하고 나왔냐?", "아이들은 어떻게 하고 나왔냐?"라고 곱지 않은 시선을 보낼 때, 마음이 통한 어머니들이 서로가 서로의 아이들을 돌봐주면서, 참여를 격려하고 촉진했다. 즉 어머니로서 느끼는 공통의 감정과 "감성적으로 느끼는 위기의식"이 이들을 움직이게 한 원동력이라고 할 수 있다.(『오마이뉴스』, 2008. 6. 28)

또 다른 사회적 모성이 존재했다면, 그것은 유모차 부대를 보호한 예비군 부대였다. 이들은 "경찰과 시민이 대립할 때, 인간 띠를 만들어 충돌을 막고, 유모차 부대의 안전 지킴이 역할을 도맡았다.(『경향신문』, 2008. 5. 31) 국가가 국민 생명의 보호자 역할을 포기하자, 예비군 남성이 가족의 보호자의 역할을 자임하고 나선 것이다. 이렇듯 촛불집회 참여자들의 행동 원리와 가치에는 '모성의 사회적 실천'이 자리하고 있었다.

신뢰, 공포, 분노

그렇다면 미국산 쇠고기 수입 반대 촛불집회 속에서 이 같은 모성을 사회적으로 작동시킨 감정 메커니즘은 무엇인가? 이는 신뢰, 공포, 분노라는 감정 범주로 집약될 수 있다. 기든스에 따르면, 신뢰는 사람들의 '존재론적 안전'(ontological security)의 바탕을 이룬다. 이는 사람들이 자신들의 "행위를 둘러싼 물리적·사회적 환경의 지속성에 대해 확신을 지니고 있다"는 것을 의미한다.(기든스, 1991: p.101) 매일매일의 생활은 "예측 가능한 관례 내에서의 신체적 통제의 자율성을 표현하는 존재론적 안전"을 포함한다.(Giddens, 1984: pp.50~51) 반면 예측불가능성 또는 미래의 불확실성은 "존재론적 불안 또는 공포로 가장 잘 요약할 수 있는 마음의 상태"를 낳는다.(기

든스, 1991: p.109)

현대 세계에서 개인들이 이러한 미래의 불확실성을 극복할 수 있게 해주는 두 가지 주요한 메커니즘이 국가와 '전문지식체계'이다. 사실 미국산 쇠고기 수입 반대 촛불집회는 이 두 메커니즘에 대한 불신에서 초래된 것이라고 할 수 있다. 특히 "국가에 대한 국민의 신뢰가 점점 더 상실되는 현대사회"에서(나이, 2001), 국가는 미래에 대한 국민의 기대감을 확보하는 동시에 신뢰를 흔들 수 있는 모든 것을 신중하게 피해야 한다.

이명박 정부의 성립은 미래의 경제적 불확실성을 극복할 수 있으리라는 강한 기대감이 작동한 결과였다. 그의 도덕적 결함에도 불구하고 "경제만 살린다면 괜찮다"는 투표 심리는 이를 증명하는 것이었다. 하지만 "경제 살리기를 위한 주요 방편의 하나인 한미 FTA의 조속한 국회 비준과 연계된 미국산 쇠고기의 수입 재개 속행은 …… 광우병 우려에 대한 '죽음의 공포'"(고길섶, 2008: pp.131~132)를 국민에게 안겨주었다. 이처럼 신뢰 문제는 사람들이 왜 이명박 후보를 '열렬히' 지지하다가 돌연 '때 이르게' 지지를 철회했는지를 잘 설명해준다.

앞에서도 언급했듯이, 국가는 불안하고 위험한 먹을거리로부터 국민을 보호하기 위해 먹을거리에 대한 선택지를 축소시켜주는 식품 통제 기구로 작동할 것을 요구받는다. 하지만 정부는 미국산 쇠고기의 안전성을 전문지식체계에 전적으로 의지한 채, 그 선택권을 국민 개개인에게 돌려버렸다. 하지만 기든스(1991: p.132)도 지적하듯이, "어떤 전문가체계도 전문적 원리를 통해 얻어지는 결과에 대해 완전히 전문적일 수는 없다."

게다가 우리는 '제조된 불확실성'(manufactured uncertainty)의 시대에 살고 있다. 우리 문제의 점점 더 많은 것들이 자연적 과정의 결과라기보다는 인간의 지식과 관행의 산물이다.(터커, 1999: p.233) 광우병 문제도 여기에서 예외가 아니다. 또한 루만(Luhmann, 1979: p.25)이 말하듯이, 신뢰에 따른 결정은 타당한 지식에 근거할 수 없다. 왜냐하면 신뢰에 근거한 행위가 옳은지의 여부는 신뢰가 유지되거나 깨지는 것에 의해서만 결정될 수 있기 때문이다. 더욱이 사람들은 이제 지배적인 전문지식체계에까지 맞서 자신들의 삶을 변형시킬 수 있는 성찰적 능력을 지니고 있으며, 전문가의 담론도 일상생활의 맥락 속에서 재해석될 수 있다. "우리 아이들에게 광우병 쇠고기를 먹일 수 없다"는 절박함이 어머니들을 '광우병 박사'로 만들었다는 지적은 이를 잘 보여준다.(권지희, 2008: p.60)

광우병 파동이 만들어낸 '죽음의 공포'는 사람들로 하여금 '자기보존'을 위해 그리고 '자식의 안전'을 위해 촛불집회에 참여하게 했다. 애덤 스미스에 따르면, 공포는 "전적으로 상상력으로부터 도출되는 격정, 즉 우리가 실제로 느끼는 것이 아니라 우리가 앞으로 고통당할지도 모르는 것을 ……표현한다."(Smith, 1982: p.30) 다시 말해 공포는 "사건에 대한 반응이 아니라 사건에 대한 전망이다."(바바렛, 2007: p.260) 그리고 '공포스러운 것'은 '아직 닥치지 않은 것'이며, 공포의 감정적 성격은 "안전이 위협받을 수 있다"는 것이다.(구연상, 2002: p.33 참조)

따라서 공포의 대상은 손상 또는 위해에 대한 예견이지 피해야만 하는 위협적인 행위자 또는 물리적 힘이 아니다. 이처럼 공포는 합리적 선택에 의해 피할 수 있는 대상이 아니라 위험에 처할지도 모른다는 감정적 느낌이다. 게다가 공포는 위협에 대한 개인적 반응이 아니라 상호주관적 경험이라는 의미에서 사회적으로 경험된다. 이러한 감정적 분위기는 사회적·정치적 조건과 그것을 다른 사람과 공유할 기회 및 제약에 대한 느낌과 감상의 준거점으로 기능함으로써, 개인의 행동에 사회적으로 영향을 미치는 동시에 집합행위의 원천이 된다.(바바렛, 2007: p.259, p.255, p.266) 이 같은 미래에 대한 공포는 "아직 연애도 못해봤고, 하고 싶은 것도 많은데, 빨리 죽고 싶지 않아요"라는 촛불 소녀의 발언(목수정, 2008: p.136)과 "쇠고기를 너무 좋아하는 아들이 걱정돼서 나왔다"는 워킹맘의 말(권지희, 2008: p.60)에서 분명하게 드러난다.

그러나 위험과 그로 인한 공포가 집합행동에 참여하게 하는 것만은 아니다. 현재의 직접적 공포는 사람들로 하여금 위험한 환경에서 피하게끔 한다. 이것이 바로 집회와 시위 현장에서 경찰이 무력과 폭력을 사용하는 이유이다. 미국산 쇠고기 수입 반대 촛불집회에서 가족 단위의 동원을 촉진했던 것도 바로 집회 초기의 비폭력성, 즉 집회 참여에 따른 위협이 감지되지 않았다는 점 때문이었다. 반면 경찰의 물대포 발사와 무차별적 폭력 진압은 공포 유발을 통해 집회의 해산은 물론 집회의 참여를 원천 봉쇄하고자 하는 것이었다.

여기서 우리는 인간행동의 동인으로서의 공포라는 감정이 하나의 대립 감정으로 작동한다는 것을 알 수 있다. 하지만 이때 사람들의 행위를 규정짓는 것은 위험 내지 공포의 강도와 범위이다. "오늘 거리 행진을 하게 되면 아이들이 위험할 수 있는데, [그렇다고 그것이] 이명박 정부의 정책보다 더 위험하겠[는가]"라는 유모차 부대원의 발언(아고라페인들 엮음, 2008: p.67)은 이를 잘 보여준다. 심지어는 집회를 강제해산시키려던 물대포를 한 엄마가 유모차로 물리치기까지 했다. 이는 두 가지 감정이 대립하며 만들어진 사건으로 보인다. 하나는 아이의 위험을 불사하는 어머니의 극단적 한계상황에까지 달한 죽음의 공포이다. 다른 한편 경찰이 살수차를 되돌리게 한 것은 평화와 생명을 상징하는 어린아이 앞에서 폭력을 행사하던 경찰의 '도덕적 죄의식'이다.

이처럼 미국산 쇠고기 수입 반대 집회는 '운명적 상황'과 '운명적 순간'이 감정적으로 결합하여 발생한 사건이다. 기든스(1997: p.196)에 따르면, 운명적 상황은 "한 개인이나 집단에게 특히 중대한 상황으로, 여기에는 사람들에게 잠재적으로 생명을 위협할 수 있을 정도로 영향을 미치는 ……바라지 않는 결과가 포함된다." 한편 운명적 순간은 "개인들이 그들의 열망에, 또는 보다 일반적으로는 그들의 미래의 삶에 특히 중대한 결정을 내리도록 요청받는 순간이다." 그렇다면 이 둘을 결합시켜 행위를 촉발한 감정 범주는 무엇인가? 그것은 바로 분노이다.

바바렛에 따르면, 분노는 "기본권의 주장과 연관된 도덕적 분개의 형태 내지 표현", 다시 말해 "욕구 충족이 사회적으로 침해당한 것에 대한 감정적 이해"이며, "분노의 표출은 권리 요구의 신호"이다.(바바렛, 2007: p.226, p.214, p.222) 미국산 쇠고기 수입 반대 촛불집회는 실제로 "한마디로 사람의 권리 중에서도 가장 원초적 권리인 생명권과 건강권, 그리고 이를 담보할 국가의 핵심 권한이라고 할 수 있는 검역 주권을 깡그리 내팽개친 것"(장성익, 2008: p.15)에 대한 국민의 분노의 표현이었다. 그리고 그것은 재협상 요구이자 국민의 권리 주장이었다.

하지만 쇠고기 협상의 두 당사자였던 이명박 정부와 미국이 보여준 국민을 무시하는 듯한 발언은 국민들의 분노를 증폭시키기에 충분한 것이었다. 그중에서도 특히 미국산 쇠고기 문제로 성난 민심에 기름을 부은 것은 "값싸고 질 좋은 고기" 발언, "도시 근로자들이 값싸고 좋은 고기 먹는 것이고, 마음에 안 들면 적게 사면 되는 것"이라며 "개방하면 민간이 알아서 하는 것"이라는 대통령의 발언이었다.(『이데일리』, 2008.7.1)

게다가 대국민 담화문에서도 '뼈저린 반성' 운운하면서도, "FTA

는 우리 경제의 새로운 활로가 될 것"이라고 언급하는 등 이명박 대통령은 국민의 건강권에 시장주의적으로 접근했다. 이러한 시장주의는 '도구적 이성'에 기초한다. 도구적 이성은 "우리가 주어진 목적을 성취하기 위한 수단을 어떻게 하면 가장 경제적으로 응용할 수 있을까를 계산할 때 의지하게 되는 일종의 합리성이다."(테일러, 2001: p.14) 이 같은 도구적 이성은 국민에게는 두려움을 낳는다. 그것은 "결국 생명체를 보호하고 이끌고 나가야 할 독자적인 목표들조차도 생산물의 총량을 최대로 확보하라는 지상명령에 의해 왜곡되고 말 것이라는 두려움이다."(테일러, 2001: p.15)

다른 한편 미국산 쇠고기가 신자유주의 국가에게는 험난한 국제 환경 속에서 경제적 도약을 이룰 수 있는 도구라면, 시민들에게 그것은 개인의 건강과 생명을 위협하는 하나의 먹을거리다. 그리고 촛불집회는 국민이 '먹을거리의 안전성'을 요구하는 것이었다. 그러나 정부 당국자와 주한 미국 대사의 발언은 국민이 이미 불신하고 있던 전문지식체계를 강변하고, 국민의 대항적 지식체계를 무시하는 것이었다. "미국산 소의 안전성은 국제수역사무국 기준에 따라 이미 확인된 상태"라는 정운천 당시 농림수산식품부장관의 발언이나, "한국 국민들이 미국산 쇠고기와 관련한 사실 관계나 과학에 대해 좀더 배우기를 희망한다"는 버시바우 당시 미국 대사의 발언은 이를 잘 보여준다. 이 같은 무시감에 대한 국민의 분노는 촛불집회 참여를 촉진했다. 각 개인은 촛불집회 참여를 통해 "모욕을 느낄 만큼 무시당했던 자신의 속성 자체를 공개적으로 보여줌으로써 상실된 자기존중을 어느 정도 되찾을 수 있기" 때문이다.(호네트, 1996: p.270)

촛불집회에 기름을 부은 또 다른 요인은 경찰의 폭력 진압이었다. 앞서도 언급했듯이, 폭력 진압은 공포 유발을 통해 시민들이 움츠러들게 하기 위한 것이지만, 반대로 극도의 분노를 불러일으키기도 한다. 경찰의 여대생 군홧발 폭행, 유모차에 대한 소화기 분사, 여중생 강제 연행, 얼굴에 피를 흘리는 중년 남성, 실신해 주저앉은 여학생, 경찰에 머리채를 붙잡힌 여성 장애인 등, 이러한 과잉진압 장면은 집에서 인터넷과 TV를 통해 그것을 본 많은 사람들을 시위에 동참하게 했다. "인터넷 생중계를 보다가 내 아버지뻘 되는 사람이 전경에게 얻어맞는 것을 보고 화가 나서 시위 현장에 나왔다"는 고등학생의 발언(경향신문사, 2008: p.82)은 이를 증명하고 있다.

이 같은 분노의 증폭은 복수심으로 발전했다. 이는 폭력 진압 이후 '정권 퇴진'과 '독재 타도'의 구호가 등장한 데서 잘 나타난다. 분노가 기본권의 침해에 대해 나타나는 감정이라면, 복수심은 그 침해자를 향하는 감정이다. 바바렛에 따르면, "복수심은 권력관계의 감정이다. 그것은 불균형하고 체계가 잡히지 않은 권력관계를 교정하는 기능을 한다. 복수심은 사회적 행위자들이 자신들의 당연한 지위를 회복하려는 데 관심을 기울인다. 그러므로 복수심은 자신들의 권리의 취소에 대한 항의이며, 일반적으로 인정된 자신들의 지위에 대한 행위자의 권리 주장인 동시에, 자신들의 정당한 지위로부터 권리를 박탈하고자 하는 사람들에 대해 응징하는 것이다."(바바렛, 2007: p.230) 이는 국민의 요구를 무시하는 이명박 정권에 대해 왜 국민들이 배후도 없이 '광장 집회'에서 '거리 투쟁'으로 나아갈 수밖에 없었는지를 보여준다.

시간, 세대, 도덕감정

이번 미국산 쇠고기 수입 반대 촛불집회에는 시간 범주가 자리하고 있다. 그것도 세 가지 측면에서 시간성이 중첩되고 있다. 그 핵심에 있는 것이 바로 미래의 '불확실성'이다. 첫째는 앞서 설명한 감정 범주와 관련된다. 즉 신뢰가 정보의 결핍으로 인한 미래의 불확실성을 감소시키기 위해 필요한 감정이라면, 공포는 미래를 통제할 수 없음으로 인해 증폭된 불확실성이 초래하는 감정이다.

둘째는 감정 대상과 관련된 것으로, 인간 광우병 발병 물질의 섭취와 그 발병 간의 긴 시간 간격은 소비자들로 하여금 먹을거리에 대한 불안감을 지울 수 없게 한다. 왜냐하면 광우병에 대한 과학적 지식은 여전히 추측과 통계적 가능성에 불과하기 때문이다.

셋째로, 이 같은 미래에 대한 걱정과 우려는 가족에 내재한 시간성과도 연관되어 있다. 가족은 크게 부부 관계와 부모-자녀 관계, 즉 '젠더'(gender)와 '세대'(generation)의 두 축으로 구성되어 있다. 따라서 '시간'의 개념이 '세대' 그 자체 내에 내포되어 있다고 할 수 있다. 다시 말해 부모-자식 관계의 연속성이 가계를 형성하며, 가족의 실재성은 시간상의 연속성과 연결되어 있다.(레비-스트로스, 2001: p.8)

이중에서도 특히 세 번째 요인이 앞서의 두 요인과 결합하여, 미국산 쇠고기 수입 반대 촛불집회에서 가족 동원의 원동력으로 작동한 것으로 보인다. 에리히 프롬은 "모성애는 어린애의 생명과 욕구에 대한 무조건적 긍정"이며, 어린애의 생명의 긍정의 한 측면이 바로 "어린애의 생명 유지와 성장에 절대로 필요한 보호와 책임"이라고 언급한 바 있다.(프롬, 2005: p.73) 프롬이 동시에 "아버지는 이 어린애가 태어난 특정 사회가 직면하게 하는 문제들을 처리하도록 어린애를 가르치고 지도하는 기능"(프롬, 2005: p.65)을 한다고 언급하는 데서 알 수 있듯이, 여기에는 분명 성차별적 인식이 자리하고 있다.

우리가 여기서 모성에 대한 이 같은 인식을 여성들의 집회 참여에 직접적으로 대응시키고자 하는 것은 아니다. 하지만 이 같은 인식의 옳고 그름을 떠나 우리 사회의 여성들에게 이 같은 모성관이 자리하고 있다는 사실을 부정하기는 힘들다. 다시 말해 우리 사회에서 실제로 어머니는 자식, 즉 미래 세대에 대한 책임을 떠맡고 있다. 하지만 자식들이 살아갈 미래 사회는 개별 어머니가 통제할 수 있는 영역이 아니다. 확실한 것이라고는, 미래는 불확실하다는 것뿐이다.(아담, 2009: p.275) 그렇지만 현재의 조치들이 미래 사회를 규정하고 미래 세대의 운명을 결정한다는 것은 분명하다. 하지만 사람들은 기본적으로 운명이나 자신들의 통제를 벗어난 외재하는 힘의 자비에 자기 자신을 맡기지 않는다.(아담, 2009: p.152) 호네트(1996)의 표현으로 사람들은 "자기보존을 위한 투쟁"에 돌입한다.

광우병의 시간 간격은 당대가 아닌 다음 세대, 즉 아이에 대한 어머니의 책임 의식을 크게 증폭시켰을 것이 틀림없다. 한 주부의 다음과 같은 말은 이를 잘 입증해준다. "제가 어머니의 입장으로서, 혹시 광우병에 걸린다면 잠복기를 놓고 봤을 때, 나는 사회활동이 끝날 때쯤 닥칠 문제니 상관없다고 할지 몰라도 내 아이들은 한창 때거든요. 그렇기 때문에 이건 절대로 받아들일 수 없는 것이에요. 엄마들한테는 이게 가장 큰 문제죠. 그래서 정말 쇠고기 문제는 직격탄이었어요."(김형수 외, 2008: p.54)

그렇다고 해서 아버지가 미래 세대에 대한 책임 의식이 없다는 것은 아니다. 촛불집회에 참여한 한 아버지는 "어른들의 잘못으로 자식들이 먹을거리에 대해 불안해하는 등 미래를 보장받지 못하는 것이 너무 미안하다"며 "세상을 바꿔놓은 줄 알았는데 여전히 정부에 말할 수 있는 수단은 시위뿐인 이 현실이 부끄럽다"고 언급하기도 했다.(『이데일리』, 2008. 6. 11) 그러나 여기서도 아버지는 미래 세대의 생명을 지키는 것보다는 자신들의 사회적 책임을 자책하고 있다. 여기서 우리는 부모 세대가 미래 세대에 대한 책임을 공유하면서도, '부'와 '모'가 실제로 서로 다른 동기에서 촛불집회에 참여하고 있음을 알 수 있다. 그러나 그들 모두가 가족의 미래를 우려하고 있다는 점은 분명하다.

혹자는 이 같은 인식이 가족 범주를 넘어서지 못하는 극히 개인주의적 내지 가족 이기주의적 속성을 드러내는 것이라고 비판할 수도 있다. 하지만 한 논자의 지적대로, 광우병의 불안과 공포의 상황에서 "자신과 아이들의 생명과 건강 보호를 위해 본능적인 방어기제가 작동하는 것은 자연스런 일이다. 내가 저지른 잘못이 아닌 일로, …… 오로지 권력이 제 맘대로 내린 반민주적이고 불의한 결정 때문에 내가 비참하게 죽을 수는 없다는 것, ……내 자식 곧 미래 세대 또한 그러한 위험으로부터 보호해야겠다는 것은, 그것이 설사 개인적 동기에서 말미암은 것이라고 하더라도, 살아 있는 생명체로서 느끼는 지극히 자연스러운 생명 감각의 발로라고 할 수 있다. 생명을 영위하는 주체로서 내 삶을 위태로운 벼랑으로 내모는 권력에 맞서고자 하는 것은 생명 자체에 본질적으로 내장돼 있는 생태적 감수성의 산물이자 자연이 명령하는 본능적 몸짓이다."(장성익, 2008: p.25)

그렇지만 이것은 개인의 참여동기일 뿐이지, 촛불집회의 공통의 이념은 아니다. 가족을 넘어 이들을 묶고 있는 원리는 "나는 무섭다"는 미래에 대한 '공포의 연대'(벡, 1997)이다. 촛불의 축제 속에서 사람들은 "후대의 미래를 고려하는 것은 하나의 적극적인 조치만이 아니라 오히려 하나의 불가피한 책무라는 것"을 느끼며, 개인을 넘어 사회적이 된다.

전경의 강경 진압이라는 공포 분위기에서도 시위에 참여했던 한 주부가 말하는 다음과 같은 참여동기는 이를 입증하고도 남는다. "내 자식을 지키고 싶은 마음이 너무 크니까. 그건 비단 쇠고기 문제뿐만이 아니라 내 자식이 살아가는 세상에 대한 절실한 염려 때문이지요."(김형수 외, 2008: p.57) 이것이 바로 유모차 부대, 아줌마 부대, 예비군 부대 등을 만들어내며, 촛불집회를 지속적으로 이끈 윤리였다. 다시 말해 촛불 참여자들을 하나로 융합시킨 것은 가족 감정을 넘어서는 도덕감정, 즉 아담(2009: p.281)의 표현으로, 우리가 "후손의 미래에 대해 책임을 진다는 것은 하나의 칭찬할 만한 목적만이 아니라 도덕적 정명으로, 선택이 아니라 필연적인 의무라는 것"이었다.

감정, 연대, 민주주의

지금까지 거듭 살펴보았듯이, 감정은 결코 집합심리학자들이 주장하듯 무분별한 집합적 흥분 상태를 일으키는 비합리적인 것이 아니다. 셸러의 지적처럼, "감정은 바로 가치라는 본질에 대한 직관이며, 이성적 사고에 앞서 작용한다."(조정옥, 1999: p.41) 그리고 감정과 이성적 사고가 함께 이 같은 인간행위의 방향을 결정한다. 이렇듯 감정과 이성은 서로 대립하는 것이 아니라 동일선상에 있다. 하지만 인간이 지닌 감정은 복합적이고 다차원적이다. 그리고 동일한 사태에 대해서도 사람들은 공감과 반감을 드러낸다. 또한 일부 감정은 자신의 지위나 위치에 의해 이미 개인들에 내재되어 있기도 하다.

이제 마지막으로 미국산 쇠고기 수입 반대 촛불집회에서 이 같은 감정의 복합적·다중적 측면이 어떻게 발현되었는지를 살펴보고자 한다. 자식에게 보다 나은 경제 여건이 마련되었으면 하는 바람에서 이명박을 '신뢰'한 것도 모성이고, 쇠고기 수입에 '분노'하여 '명박 퇴진'을 외친 것도 모성이다. 자식의 생명과 건강에 위협을 느껴 촛불을 들게 한 것도 공포이며, 폭력 진압이 두려워 참여자들을 움츠러들게 한 것도 공포이다. 이렇듯 감정은 개인적이고 가변적이다.

다음과 같은 논평은 미국산 쇠고기 수입 반대 촛불집회의 감정 동원의 성격을 잘 보여준다. "촛불 소녀들은 미친 소로 인한 인간 광우병에 원초적인 공포심을 드러냈었고, 촛불 시민들 또한 미친 소를 자식에게 먹이지 않겠다는 원초적 이기주의를 드러내고 있었다." 그들에게 FTA로 인한 "농촌 붕괴는 농사짓는 사람들의 문제였지 '내' 문제가 아니었다. 그러나 미친 소 문제는 전 국민적인 관심사였고 생활의 문제였으며 생명의 문제였다. 미국산 쇠고기 수입으로 한우 농가가 망하는 것보다는 미친 소 때문에 내가 죽고 내 가족, 내 애인이 죽는다는 사실이 더 중요했다."(이득재, 2008b: p.92)

촛불집회의 이 같은 성격은 그 반대자들로 하여금 국익을 무시한 이기주의 내지 가족 이기주의의 발로라는 비난을 야기하기도 했다. 하지만 촛불집회에서 드러나는 이기주의는 자기이익에 집착하는 사리추구(self-interest)나 자기만 살겠다는 자기중심주의(egoism)가 아니라 개인의 생명에 대한 원초적 사랑(self-love)이다. 다시 말해 개인, 가족, 그리고 사랑하는 사람들의 생명의 존중, 한마디로는 인간의 존중이 바로 촛불집회의 원초적 감정이다. 그렇기에 이 같은 이기주의는 원자화가 아니라 '연대'(solidarity)의 근원이 된다.

뒤르케임에 따르더라도, "오늘날 개인의 생명은 자신과 사회를 초월하는 일종의 존엄성을 가지고 있다." 따라서 "인간은 유한한 어떤 존재에 의해서도 침해될 수 없는 존재가 된다. 인간은 종교적 가치를 갖게 되며, 인간은 인간의 종교가 되었다." 그리하여 뒤르케임은 "인간 집단의 성원들을 연결 짓는 유일한 유대는 우리 모두가 인간이라는 점에 있게 된다"고 주장한다.(Durkheim, 1951: pp.333~334, p.336)

또한 공포에 대한 도덕적 분노 역시 연대의 토대로 작동한다. 분노는 "자동적인 반응이 아니다. 그것은 도덕적 직관과 관련되어 있고, 책임과 권리를 느낀다."(Goodwin, Jasper, Polletta, 2001: p.13) 이 같은 도덕감정은 '감정공동체'를 형성시킨다. 촛불집회가 진행되면서 참여자들이 "단순히 산발적인 '구호'를 외치는 것"을 넘어 "의료 봉사, 집회 생중계, 광고 모금 운동, 적대적 언론 보이콧 활동 등을 다각도로 펼치며 긴밀한 네트워크를 형성하며 '촛불집회 공동체'로 진화해간 모습"은 이를 잘 보여준다.(『국민일보』, 2008. 05. 28) 많은 논자들은 이 같은 연대의 과정을 '다중' 또는 '집단지성'으로 표현하기도 하지만, 감정사회학적으로는 집회 참여자들이 '동감'을 형성하는 과정이다.

다른 한편 또 다른 분노가 동시에 또 다른 연대를 형성하기도 했다. 즉 이명박 정권에 대한 '무조건적 신뢰'와 촛불집회에 대한 분노는 태극기와 성조기를 든 '맞불집회'를 만들어내기도 했다. 이 맞불집회 세력을 묶고 있는 감정은 '맹목적 애국주의'이다. 애국주의는 "개인을 특정한 국가에 묶어주는 관념과 느낌의 전체"이다.(뒤르케임, 1998: p.140) 이들은 국가의 이상을 가족과 개인의 이상과 결합시키며, 국가이익 속에서 가족과 자신의 이익을 추구한다. 다시 말해 이들의 국가주의 속에도 사실은 '국가 숭배'를 넘어 이기적 개인주의가 자리하고 있다. 그러면서도 이들에게서 감정의 주체인 개인은 국가에 복속되고, 개인의 감정은 억제되어야 하는 것 내지는 이기적 개인주의의 표출로 간주된다. 따라서 이들에게서는 국민 주권의 관념은 사라지고 국가의 '권위'가 전면에 등장한다. 그리하여 이들은 촛불집회를 '제도'로서의 민주주의를 파괴하는 것으로 보고, '헌정질서'의 유지를 강조한다. 결국 이들의 분노는 이기적 개인주의를 숨긴 채 '전체주의'의 모습으로 드러난다.

하지만 촛불집회의 참여자들이 볼 때, 국가의 권력과 권위는 국가를 구성하는 개인 외부에 존재하지 않으며, 국가는 그 구성원들과의 '소통'을 필요로 한다. 그들에게 소통하지 않는 국가는 '독재국가'로 인식되고, 이것이 바로 촛불집회 참여자의 분노의 원인이며, 촛불집회는 바로 이 소통을 요구하는 것이었다. 이는 국가와 개인의 이분법을 넘어서는 양자 간의 소통에 민주주의가 자리하고 있음을 보여준다. 그리고 이는 민주주의의 정신이 인간의 존엄성의 존중, 개인의 숭배에 있다는 근본적 원리를 분명하게 드러내준다. 촛불집회는 곧 제도로서의 민주주의를 지키고자 하는 것이 아니라 민주주의의 원리를 '실천'하라는 요구였다. 결국 촛불집회 참여자의 분노는 개인주의를 전면에 내건 민주주의의 모습으로 드러났다.

이렇듯 미국산 쇠고기 수입 반대 촛불집회의 과정은 감정의 다중적·복합적 측면이 어떻게 갈등을 동원함과 동시에 또 연대의 토대를 이루면서 한 사회의 모습을 규정짓는지를 분명하게 보여준 사건이라고 할 수 있다. 하지만 그 격렬하고 열정적이었던 촛불집회 이후 우리 사회에서 그 촛불의 의미를 찾아보기 힘들다. 언젠가부터 식당의 메뉴에는 미국산 쇠고기임을 밝히는 문구들이 보이기 시작했고, 곳곳에서 미국산 쇠고기가 맛있다는 소리도 들린다. 사회는 예전과 달라 보이지 않고, 민주주의의 모습도 수십 년 전으로 돌아간 듯한 느낌이 들기도 한다. 우리의 논의의 출발점은 감정이 사회를 바꿀 수도 있다는 것이었지만, 미국산 쇠고기 수입 반대 촛불집회에서는 그 징후를 찾아보기 힘들다.

우리는 이제 이 책을 마무리하며 또 다른 감정사회학적 과제들을 던질 수밖에 없다. 그렇다면 촛불을 더 이상 켜지 않게 한 감정동학은 무엇인가? 또 어떠한 감정동학이 당시의 열정의 에너지를 무력화했는가? 그렇다면 그곳에는 또 다른 대항감정들이 작동하는 것은 아닌가? 이는 우리가 제기했던 전제, 즉 감정은 사회를 변화시킬 뿐만 아니라 사회변화를 지체시킬 수도 있다는 전제 중 후자에 대한 연구를 더욱 진척시킬 것을 요구한다. 이 문제는 이 책에서 여전히 미완의 상태로 남아 있다. 이에 대한 치밀한 후속 연구들이 덧붙여질 때 거시적 감정사회학의 적실성이 더욱 입증될 수 있을 것으로 보인다.

참고문헌

강내원, 2007, 「사회적 배제 대상으로서의 노숙인에 대한 언론의 프레이밍」, 『스피치와 커뮤니케이션』 제8호.

강명세, 2003, 「한국 복지국가의 기원: 비스마르크와 박정희 모델 비교」, 이숙종 엮음, 『경제위기와 복지의 정치』, 세종연구소.

강병익, 2009, 「정당 체계와 복지정치: 보수-자유주의 정당 체계에서 열린우리당과 민주노동당의 복지정치를 중심으로」, 『기억과 전망』 제20호.

강수돌, 2008, 「비싼 돈 주고 사는 건 바보짓이라고? 그 아름다운 바보짓이 세상을 살려!」, 홍세화 외, 『거꾸로 생각해봐! 세상이 많이 달라 보일걸』, 낮은산.

_____, 2008, 『경쟁은 어떻게 내면화되는가』, 생각의나무.

강수택, 2007, 『시민연대사회』, 아르케.

_____, 2012, 『연대주의』, 한길사.

강이현, 2008, 「공포의 식탁: 인간 욕망에 대한 지구의 경고: 광우병 쇠고기, GMO, 조류 인플루엔자를 중심으로」, 『환경과생명』 제56호.

경동현·구미정·김강기명 외, 2011, 『잉여의 시선으로 본 공공성의 인문학』, 이파르.

경향신문사, 2008,『촛불 그 65일의 기록』, 경향신문사.

고길섶, 2008,「공포정치, 촛불항쟁, 그리고 다시 민주주의는?」,『문화과학』 제55호.

고든, 콜린, 1997,『권력과 지식: 미셸 푸코와의 대담』, 홍성민 옮김, 나남.

고르, 앙드레, 2011,『프롤레타리아여 안녕』, 이현웅 옮김, 생각의나무.

고병권 · 김세균 · 박영균 · 원용진 · 강내희, 2008,「특집좌담: 좌파, 2008년 촛불집회를 말하다」,『문화과학』제55호.

구연상, 2002,『공포와 두려움 그리고 불안: 하이데거의 기분분석을 바탕으로』, 청계.

구해근, 2002,『한국 노동계급의 형성』, 신광영 옮김, 창작과비평사.

구혜란, 2010,「위험 인식의 집단 간 차이」, 정진성 외,『위험사회, 위험정치』, 서울대학교출판문화원.

굿윈, 제프 · 스티븐 파프, 2012,「고위험 사회운동에서의 감정작업」, 제프 굿윈 외 엮음,『열정적 정치: 감정과 사회운동』, 박형신 · 이진희 옮김, 한울.

권문일, 1989,「1960년대의 사회보험」, 하상락 엮음,『한국 사회복지사론』, 박영사.

권영근, 2001,「'환경 호르몬', 유전자 조작 물질, 먹을거리의 안전」,『환경과생명』제30호.

권오헌, 2006,「IMF 이후 성공학 서적의 유행과 출판 · 독서 시장」,『한국 사회』제7권 제2호.

권지희, 2008,「여성, 새로운 정치주체로 떠오르다」, 권지희 외,『촛불이 민주주의다』, 해피스토리.

권혁범, 2004,『국민으로부터의 탈퇴: 국민국가, 진보, 개인』, 삼인.

권혁용, 2011,「정당, 선거와 복지국가: 이론과 선진민주주의 국가의 경험」,

『의정연구』 제17권 제3호.

글래스너, 배리, 2005, 『공포의 문화』, 연진희 옮김, 부광.

기든스, 안소니, 1991, 『포스트모더니티』, 이윤희·이현희 옮김, 민영사.

_____, 1997, 『현대성과 자아정체성』, 권기돈 옮김, 새물결.

_____, 1999, 『현대사회의 성·사랑·에로티시즘』, 배은경·황정미 옮김, 새물결.

_____, 2000, 『질주하는 세계』, 박찬욱 옮김, 생각의나무.

기든스, 안소니, 울리히 벡, 스캇 래쉬, 1998, 『성찰적 근대화』, 임현진·정일준 옮김, 한울.

기어츠, 클리퍼드, 1998, 『문화의 해석』, 문옥표 옮김, 까치.

기요사키, 로버트·레흐트, 샤론, 2000, 『부자 아빠 가난한 아빠 1』, 형선호 옮김, 황금가지.

길리건, 제임스, 2012, 『왜 어떤 정치인은 다른 정치인보다 해로운가: 정치와 죽음의 관계를 밝힌 정신의학자의 충격적 보고서』, 교양인.

김원, 2006, 「신자유주의하에서 노동조합의 균열구조 변화: 한국통신 정규직과 비정규직 간의 노동조합 내부정치를 중심으로」, 『아세아연구』 제121호.

김준, 2006, 「1974년 현대조선 노동자 '폭동'의 연구: 문헌 및 구술자료에 기초한 재구성」, 『사회와 역사』 제69집.

김경동, 1988, 「감정의 사회학: 서설적 고찰」, 『한국 사회학』 제22집 겨울호.

김경미, 2006, 「인터넷이 집합 행동 참여에 미치는 영향: '2002 여중생 추모 촛불집회'를 중심으로」, 『한국 사회학』, 제40집 제1호.

김국현, 2005, 『20대 부자 만들기』, 이지북.

김덕영, 2014, 『환원근대』, 길.

김동규, 2004, 「한국 사회복지정책의 통사적 고찰」, 『한국행정사학지』 제
　15집.

김석준, 1989, 「한국에서 신중상주의적 안보국가의 대두와 복지국가로의
　변환」, 『성곡논총』 제22집.

김석준, 1991, 『한국자본주의국가위기론』, 풀빛.

김수현 외, 2000, 『서울시 노숙자 지원사업 백서 1990–2000』, 서울시노숙
　자대책협의회.

김수현, 2009, 『생존의 밥상: 광우병에서 멜라민까지 죽음을 부르는 끔찍한
　공포』, 넥서스BOOKS.

김순영, 2011, 「이명박 정부의 사회복지정책: 사회복지정책의 후퇴?」, 『현
　대정치연구』 제4권 제1호.

김아람, 2011, 「5·16 군정기 사회정책」, 『역사와 현실』 제82호.

김연명 편, 2002, 『한국 복지국가 성격논쟁 I』, 인간과 복지.

김영순, 2009, 「노무현 정부의 복지정책」, 『경제와 사회』 제82호.

김영옥, 2008, 「여성의 관점에서 본 촛불: 생명/생활정치, 국민/시민으로서
　의 여성」, 한국정치사회학회 특별 심포지엄, 『촛불집회와 한국 사회』(발
　표논문).

김영재·서봉섭, 1995, 「권위주의 정치체제에서의 복지정책의 형성에 관한
　연구: 유신체제에서의 억압적 성격의 변화를 중심으로」, 『지역개발연구』
　제7집.

김영화·신원식·손지아, 2007, 『한국 사회복지의 정치경제학』, 양서원.

김왕배, 2001, 『산업사회의 노동과 계급의 재생산』, 한울.

───, 2007, 「노동중독─직무태도와 조직특성의 관점에서 본 사회심리
　학적 접근」, 『한국 사회학』 제41집 제2호.

───, 2010, 「자살과 해체사회」, 『정신문화연구』 제33권 제2호.

김원섭 · 남윤철, 2011, 「이명박 정부 사회정책의 발전: 한국 복지국가 확대의 끝?」, 『아세아연구』 제54권 제1호.

김유선, 2012, 「비정규직 규모와 실태」, 한국노동사회연구소.

김은진, 2009, 『유전자 조작 밥상을 치워라』, 도솔.

김정란 외, 2004, 『미친 돈바람을 멈춰라』, 포럼.

김종덕, 2009, 『먹을거리 위기와 로컬푸드』, 이후.

김종일, 1992, 「한국 사회 복지정책의 흐름과 논리」, 『경제와 사회』 제16호.

김종태, 2013, 「박정희 정부 시기 선진국 담론의 부상과 발전주의적 국가정체성의 형성: '대통령 연설문'과 '조선일보'를 중심으로」, 『한국 사회학』 제7집 제1호.

김진혁, 2007, 『행복한 부자로 만드는 황금열쇠』, 경영이있는풍경.

김철규, 2008a, 「현대 식품체계의 동학과 먹거리 주권」, 『ECO』 제12권 제2호.

_____, 2008b, 「신자유주의 세계화와 먹거리 정치」, 『한국 사회』 제9집 제2호.

김태성 · 성경륭, 2000, 『복지국가론』, 나남.

김태형, 2010, 『불안증폭사회』, 위즈덤하우스.

김형기, 1988, 『한국의 독점자본과 임노동』, 까치.

김형수 · 김희정 · 손지연 · 박지원, 2008, 「좌담: 길이 끝나는 곳에서 길이 시작되고—2008년 촛불광장에서」, 『녹색평론』 제101호.

김호기, 2008, 「촛불집회, 거리의 정치, 제도의 정치: 서울 광장에서 그람시와 하버마스를 다시 읽는다」, 『촛불집회와 한국민주주의』(토론회 자료집).

김호진, 1994, 「제5공화국의 정권적 성격」, 『5공평가 대토론: 현대사를 어떻게 볼 것인가 6』, 동아일보사.

김홍중, 2006, 「멜랑콜리와 모더니티: 문화적 모더니티의 세계감 분석」, 『한국 사회학』 제40집 제3호.

_____, 2008, 「스노비즘과 윤리」, 『사회비평』 제39호.

_____, 2010, 「진정성의 기원과 구조」, 『한국 사회학』 제43집 제5호.

_____, 2011, 「미디어스케이프와 모바일 성찰성」, 『사회와 문화』 제10권.

김홍주, 2006, 「생협 생산자의 존재형태와 대안농산물체계의 모색: 두레생협 생산자회를 중심으로」, 『농촌사회』 제16집 제1호.

_____, 2008, 「풀무생협 생산자의 사회경제적 성격에 관한 연구」, 『농촌사회』 제18집 제1호.

나이, 조셉 S., 2001, 「들어가는 말: 정부에 대한 신뢰저하」, 나이 외, 『국민은 왜 정부를 믿지 않는가』, 임길진 감수·박준원 옮김, 굿인포메이션.

남찬섭, 2005, 「한국의 60년대 초반 복지 제도 재편에 관한 연구: 1950년대와의 관련성을 중심으로」, 『사회복지연구』 제27권.

남춘호, 2011, 「일자리 양극화와 이동에 대한 사회학적 연구」, 『사회과학연구』 제35호 제1권, 전북대학교 사회과학연구소.

노대명, 2009, 「계층이동과 탈락의 세습화: 외환위기 10년 계층구조의 변화」, 『황해문화』 통권 제64호.

노명우, 2009, 「몸의 지배양식과 개인화의 역설」, 『문화과학』 제59호.

뒤르케임, 에밀, 1992, 『종교생활의 원초적 형태』, 노치준·민혜숙 옮김, 민영사.

_____, 1998, 『직업윤리와 시민도덕』, 권기돈 옮김, 새물결.

_____, 2012, 『사회분업론』, 민문홍 옮김, 아카넷.

라자라토, 마우리치오, 2012, 『부채인간』, 허경·양진성 옮김, 메디치.

랭, 팀·마이클 헤즈먼, 2007, 『식품전쟁: 음식 그리고 문화와 시장을 둘러싼 세계대전』, 박중곤 옮김, 아리.

레비-스트로스, 클로드, 2001, 「서문」, 앙드레 뷔르기에르 외 엮음, 『가족의 역사 1』, 정철웅 옮김, 이학사.

로즈, 리처드, 2006, 『죽음의 향연: 광우병의 비밀을 추적한 공포와 전율의 다큐멘터리』, 안정희 옮김, 사이언스북스.

류희철, 2012, 「노숙의 긴 터널을 벗어나 새 삶의 둥지를 틀다」, 『내일을 꿈꾸는 희망 이야기: 2012 취업성공패키지 우수사례집』, 고용노동부.

리터, 게하르트, 2005, 『복지국가의 기원』, 전광석 옮김, 법문사.

리트비노프, 마일즈·존 메딜에이, 2007, 『인간의 얼굴을 한 시장경제, 공장무역』, 김병순 옮김, 모티브.

리프킨, 제레미, 1997, 『노동의 종말』, 이영호 옮김, 민음사.

마든, 오리슨 S., 2010, 『세상을 자신 있게 살아가는 부의 지혜』, 박진배 옮김, 나래북.

마라찌, 크리스티안, 2013, 『금융자본주의의 폭력』, 심성보 옮김, 갈무리.

마르크스, 칼·프리드리히 엥겔스, 2005, 『칼 마르크스·프리드리히 엥겔스 저작 선집, 제1권』 김세균 감수, 박종철출판사.

마르틴, 한스 피터·하랄드 슈만, 1997, 『세계화의 덫』, 강수돌 옮김, 영림카디널.

마인섭, 2011, 「한국정당의 복지정책과 선거」, 『의정연구』 제17권 제3호.

맥도프 프레드·존 포스터·프레드릭 버텔 엮음, 2006, 『이윤에 굶주린 자들』, 유병선 외 옮김, 울력.

메스트로비치, 스테판, 2014, 『탈감정사회』, 박형신 옮김, 한울.

모이시, 도미니크, 2010, 『감정의 지정학: 공포의 서양, 굴욕의 이슬람, 희망의 아시아』, 유경희 옮김, 랜덤하우스.

목수정, 2008, 「촛불소녀와 배운녀자, 문화적 상상력을 운동에 불어넣다」, 남구현 외, 『대한민국은 민주공화국이다』, 메이데이.

문강형준, 2011, 「허무를 허물기: 파국시대의 정념에 대하여」, 『문학동네』 여름.

바바렛, 잭, 2007, 『감정의 거시사회학: 감정은 사회를 어떻게 움직이는 가?』, 박형신·정수남 옮김, 일신사.

_____, 2009a, 「서론: 왜 감정이 중요한가」, 잭 바바렛 엮음, 『감정과 사회학』, 박형신 옮김, 이학사.

_____, 2009b, 「과학과 감정」, 잭 바바렛 엮음, 『감정과 사회학』, 박형신 옮김, 이학사.

바우만, 지그문트, 2008, 『쓰레기가 되는 삶들』, 정일준 옮김, 새물결.

_____, 2009a, 『유동하는 공포』, 함규진 옮김, 산책자.

_____, 2009b, 『액체근대』, 이일수 옮김, 강.

_____, 2010a, 『모두스 비벤디』, 한상석 옮김, 후마니타스.

_____, 2010b, 『새로운 빈곤』, 이수영 옮김, 천지인.

박경철, 2006, 『시골의사의 부자경제학』, 리더스북.

박성일, 2010, 「일상을 잠식한 금융자본주의」, 김현미 외, 『친밀한 적』, 이후.

박성희, 2006, 「위험보도의 위기구축 기제 프레임 분석: 식품안전 보도를 중심으로」, 『한국언론정보학보』 제35호.

박소진, 2009, 「'자기관리'와 '가족경영' 시대의 불안한 삶」, 『경제와 사회』 제84호.

박승옥, 2008, 「촛불, 민주주의, 석유혁명」, 『녹색평론』 제101호.

박영균, 2008, 「촛불의 이념, '민주공화국'은 우리에게 무엇을 보여주는가」, 남구현 외, 『대한민국은 민주공화국이다』, 메이데이.

박용수, 2009, 「국내 진보정부하 사회복지 개혁의 한계에 대한 이론적 고찰」, 『한국동북아논총』 제52권.

박원석 외, 2008, 『촛불이 민주주의다』, 해피스토리.

박원순, 1997, 『국가보안법연구 2: 국가보안법적용사』, 역사비평사.

박정호, 2009, 「마르셀 모스의 「증여론」: 증여의 사회학적 본질과 기능 그리고 호혜성의 원리에 대하여」, 『문화와 사회』 제7권.

박해광, 2003, 『계급, 문화, 언어』, 한울.

박형신, 1995, 『정치위기의 사회학』, 한울.

_____, 1999, 「김영삼정부의 정치위기: 구조와 동학」, 『사회와 문화』, 제11집.

_____, 2010, 「먹거리 불안·파동의 발생 메커니즘과 감정동학」, 『정신문화연구』 제33권 제2호.

박형신·이진희, 2008, 「먹거리, 감정, 가족동원: 미국산 쇠고기 수입반대 촛불집회의 경우」, 『사회와 이론』 제13집.

박형신·정수남, 2009, 「거시적 감정사회학을 위하여」, 『사회와 이론』 제15집.

_____, 2013, 「고도경쟁사회 노동자의 감정과 행위양식」, 『사회와 이론』 제23집.

박혜경, 2010, 「신자유주의적 주부 주체화 담론의 계보학: 신문기사를 중심으로」, 『한국여성학』 제26권 제2호.

배은정, 2008, 「구술생애사를 통해 본 산업화시기 한국 어머니의 모성경험」, 『페미니즘연구』 제8권 제1호.

백두주, 2011, 「경제위기 이후 한국 사회정책의 변화와 효과: 김대중·노무현 정부를 중심으로」, 『담론 201』 제14권 제1호.

백선기·최경순, 2000, 「한국 사회의 성공신화와 이데올로기―MBC TV·다큐멘터리 성공시대」에 대한 분석을 중심으로」, 『기호학연구』 제7집.

백욱인 엮음, 2013, 『속물과 잉여』, 지식공작소.

백진아, 2009, 「한국의 가족 변화: 가부장성의 지속과 변동」, 『현상과 인식』

제33권 제107호.

버킷, 이안, 2009, 「복합적 감정: 감정 경험의 관계, 느낌, 이미지」, 잭 바바렛 엮음, 『감정과 사회학』, 박형신 옮김, 이학사.

번, 론다, 2007, 『시크릿』, 김우열 옮김, 살림.

베레진, 마벨, 2009, 「안전국가: 감정의 정치사회학을 향하여」, 잭 바바렛 엮음, 『감정과 사회학』, 박형신 옮김, 이학사.

_____, 2012, 「감정과 정치적 정체성」, 제프 굿윈 외 엮음, 『열정적 정치』, 박형신·이진희 옮김, 한울.

베버, 막스, 1991, 『막스 베버 선집』, 임영일 외 옮김, 까치.

_____, 1997, 『경제와 사회 1』, 박성환 옮김, 문학과지성사.

_____, 2006, 『직업으로서의 학문』, 전성우 옮김, 나남.

_____, 2007, 『직업으로서의 정치』, 전성우 옮김, 나남.

_____, 2010, 『프로테스탄티즘 윤리와 자본주의 정신』, 김덕영 옮김, 길.

벡, 울리히, 1997, 『위험사회: 새로운 근대(성)를 향하여』, 홍성태 옮김, 새물결.

_____, 1999, 『아름답고 새로운 노동세계』, 홍윤기 옮김, 생각의 나무.

벡, 울리히·벡-게르샤임, 1999, 『사랑은 지독한 그러나 너무나 정상적인 혼란』, 강수영 외 옮김, 새물결.

보건사회연구원, 2014, 『2014년 한국복지패널 기초분석 보고서』.

보건복지부, 2011, 『노숙인 등의 복지 및 자립지원에 관한 법률』.

_____, 2013, 『노숙인 등의 복지 사업 안내』, 보건복지부.

부르디외, 피에르, 1995, 『자본주의의 아비투스』, 최종철 옮김, 동문선.

_____, 2001, 『파스칼적 명상』, 김웅권 옮김, 동문선.

부자학연구학회, 2008a, 『부자의 생각은 당신과 다르다』, 무한.

_____, 2008b, 『생각이 부를 결정한다』, 무한.

비어즈워스, 알렌·테레사 케일, 2010,『메뉴의 사회학: 음식과 먹기 연구로의 초대』, 박형신·정헌주 옮김, 한울.

사이쇼 히로시, 2003,『아침형 인간』, 최현숙 옮김, 한스미디어.

사카이 다카시, 2011,『통치성과 '자유'-신자유주의 권력의 계보학』, 오하나 옮김, 그린비.

새로운 사회를 여는 연구원, 2014,『분노의 숫자: 국가가 숨기는 불평등에 관한 보고서』, 동녘.

서동진, 2009a,「신자유주의 분석가로서의 푸코: 미셸 푸코의 통치성과 반정치적 정치의 회로」,『문화과학』제16권 제2호.

_____, 2009b,『자유의 의지, 자기계발의 의지』, 돌베개.

서상철, 2011,『무한경쟁이 대한민국을 잠식한다』, 지호.

서울대학교 사회발전연구소, 2007,『국민의식조사: IMF 10년, 한국 사회 어떻게 변했나』, 서울대학교 사회발전연구소.

석희정·이혁구, 2004,「푸코의 권력이론을 통해 조망한 노숙자 담론분석」,『상황과 복지』제19권.

성경륭, 1992,「억압으로부터 복지로: 한국의 정치민주화와 국가—자본의 노동통제」(한림대학교 사회조사연구소 연구논문 시리즈 #92~18).

세넷, 리처드, 2004,『불평등 사회의 인간존중』, 유강은 옮김, 문예출판사.

_____, 2009,『뉴캐피털리즘』, 유병선 옮김, 위즈덤하우스.

셀리그만, 마틴, 2006,『긍정 심리학』, 김인자 옮김, 물푸레.

소쉬르, 페르디낭 드, 2006,『일반언어학 강의』, 최승언 옮김, 민음사.

손승영, 2007,「한국 가족의 과시적 구별짓기와 사랑의 물신주의」,『현상과 인식』봄/여름.

손호철, 2005,「김대중 정부의 복지개혁의 성격」,『한국정치학회보』제39집 제5호.

송호근, 2003, 『한국, 무슨 일이 일어나고 있나』, 삼성경제연구소.

슘페터, 조지프, 2011, 『자본주의, 사회주의, 민주주의』, 변상진 옮김, 한길사.

스미스, 아담, 2009, 『도덕감정론』, 박세일·민경국 옮김, 비봉출판사.

신광영, 2011, 「복지는 좌파의 정책일까」, 김연명 외, 『대한민국 복지: 7가지 거짓과 진실』, 두리미디어.

신병식, 2006, 「박정희 시대의 일상생활과 군사주의」, 『경제와 사회』 제72권.

신원우·김소영, 2005, 「1990년대 이후 한국노동시장 변화와 노숙인 문제의 등장」, 『아세아 연구』 제48권 제2호.

신진욱, 2007, 「사회운동의 연대 형성과 프레이밍에서 도덕감정의 역할」, 『경제와 사회』 제73호 봄호.

_____, 2008, 「낡은 정치와 새로운 저항의 주기: '촛불 시민사회'의 정치적 함의」, 민주화운동기념사업회 토론회 발표문.

실링, 크리스, 2009, 「감정사회학의 두 가지 전통」, 잭 바바렛 엮음, 『감정과 사회학』, 박형신 옮김, 이학사.

실링, 크리스·필립 멜러, 2013, 『사회학적 야망』, 박형신 옮김, 한울.

아감벤, 조르조, 2010, 『장치란 무엇인가? 장치학을 위한 시론』, 양창렬 옮김, 난장.

아고라페인들 엮음, 2008, 『대한민국 상식사전 아고라』, 여우와두루미.

아담, 바바라, 2009, 『타임워치: 시간의 사회적 분석』, 박형신·정수남 옮김, 일신사.

아렌트, 한나, 2006, 『예루살렘의 아이히만』, 김선욱 옮김, 한길사.

아베 쓰카사, 2006, 『인간이 만든 위대한 속임수 식품첨가물』, 안병수 옮김, 국일출판사.

아이작, 로버트 A., 2006, 『세계화의 두 얼굴』, 강정민 옮김, 이른아침.

안상훈, 2011, 「한국 복지정치의 지형」, 『한국의 복지정치와 지속가능성』, 한국 사회복지정책학회 춘계학술대회 발표문.

안승갑, 2009, 『거리의 남자, 인문학을 만나다』, 따뜻한손.

안정옥, 2010, 「위험인식의 구성과 위험경험의 구조: 권리를 가질 권리」, 정진성 외, 『위험사회, 위험정치』, 서울대학교출판문화원.

안종주, 2012, 『위험증폭사회: 수많은 불안과 공포가 시시각각 덤벼드는 위험사회 대한민국의 현주소』, 궁리.

양재진, 2007, 「유신체제하 복지연금제도의 형성과 시행유보에 관한 재고찰」, 『한국거버넌스학회보』 제14권 제1호.

엄기호, 2010, 『이것은 왜 청춘이 아니란 말인가』, 푸른숲.

엄묘섭, 2008, 「시각문화의 발전과 루키즘」, 『문화와 사회』 제5권.

_____, 2009, 「감정의 시대: 문화와 집합행동」, 『문화와 사회』 제6권.

에렌라이크, 바버라, 2011, 『긍정의 배신』, 전미영 옮김, 부키.

에스핑-안데르센, 요스타, 2006, 『복지자본주의의 세 가지 세계』, 박형신 외 옮김, 일신사.

엘리아스, 노르베르트, 1995, 『문명화 과정 I』, 박미애 옮김, 한길사.

엥겔스, 프리드리히, 1988, 『영국노동계급의 상태』, 박준식 외 옮김, 도서출판 세계.

오스틴, 조엘, 2005, 『긍정의 힘』, 정성묵 옮김, 두란노.

오페, 클라우스, 1988, 『국가이론과 위기분석』, 한상진 엮음, 전예원.

_____, 1993, 「새로운 사회운동: 제도정치의 한계에 대한 도전」, 정수복 편역, 『새로운 사회운동과 참여민주주의』, 문학과지성사.

올슨, M., 1987, 『집단행동의 논리』, 윤여덕 옮김, 청림출판.

워틀스, 월러스 D., 2007, 『부자 마인드 수업』, 정현섭 옮김, 열린숲.

윈, 프랜시스, 2001, 『마르크스 평전』, 정영목 옮김, 푸른숲.

윌리엄스, 레이먼드, 2009, 『마르크스주의와 문화』, 박만준 옮김, 지만지.

유선형·이강형, 2008, 『저신뢰 위험사회의 한국 언론』, 한국언론재단.

유형근, 2012, 『한국 노동계급의 형성과 변형: 울산지역 대기업 노동자를
　　중심으로, 1987-2010』, 서울대학교 사회학과 박사학위논문.

윤명희, 2008, 「합리성의 감성적 고찰」, 『문화와 사회』 제4권.

윤병선, 2008, 「세계 농식품체계하에서 지역먹거리운동의 의의」, 『ECO』
　　제12집 제2호.

윤종주, 1983, 「서언」, 『복지사회의 본질과 구현』, 한국정신문화연구원.

윤형근, 2008, 「식량 위기의 해법, 먹을거리 민주주의」, 『환경과생명』 제
　　56호.

윤혜준, 1999, 「구조조정과 잉여인간: 비유의 정치경제」, 『사회비평』 제
　　19권.

이갑윤, 1989, 「13대 국회의원선거에서의 투형형태와 민주화」, 김호진 외,
　　『한국의 민주화: 과제와 전망』, 경남대 극동문제연구소.

이광배, 2010, 『대한민국 2030 위기돌파 재테크 독하게 하라: 월급 220만
　　원으로 시작해도 누구나 10억까지』, 베가북스.

이국헌, 2006, 『20대에 시작하는 내 집 마련 프로젝트』, 팜파스.

이귀옥·박조원, 2006, 「식품 위해(food risk) 보도의 뉴스 프레임 분석: 김치
　　파동 사례를 중심으로」, 『한국방송학보』 제20집 제5호.

이기수, 2008, 『대한민국 3040 노후 재테크 독하게 하라』, 미르북스.

이동연, 2008, 「촛불집회와 스타일의 정치」, 『문화과학』 제55호.

이득재, 2008a, 「신자유주의 국가의 주체화 양식」, 『문화과학』 제54호.

　　　　, 2008b, 「촛불집회의 주체는 누구인가」, 『문화과학』, 제55호.

이성식·전신현, 1995, 「서론」, 이성식·전신현 편역, 『감정사회학』, 한울.

이영권, 2009, 『안전한 부자』, 국일증권경제연구소.

이영민, 2008, 「인터넷 커뮤니티와 사회운동의 새로운 패러다임: 멀티플 멤버십, 자기 동원, 집단적 프레이밍」, 한국정치사회학회 특별 심포지엄, 『촛불집회와 한국 사회』(발표논문).

이영자, 2010, 「소비시장과 라이프스타일의 정치학」, 『현상과 인식』 제110호.

이영환, 2002, 「김대중 정부의 사회복지정책 평가: 탈빈곤과 재분배의 관점에서」, 『경제와 사회』 제55호.

이영환·김영순, 2001, 「한국 사회복지발달에 대한 계급정치적 고찰」, 『상황과 복지』 제9호.

이일화, 2008, 『부자의 습관부터 배워라』, 다밋.

이재열, 2009, 「무너진 신뢰, 지체된 투명성」, 정진성 외, 『한국 사회의 트렌드를 읽는다』, 서울대학교출판부.

이정국·임지선·이경미, 2012, 『왜 우리는 혼자가 되었나』, 레디셋고.

이정규, 2012, 「전국노숙인실태조사 결과보고」, 〈2012 전국노숙인실태조사 결과발표회 및 임시주거비지원사업 방형성 모색을 위한 정책토론회〉, 전국노숙인복지시설협회·한국노숙인복지시설협회·전국홈리스연대·홈리스연구회.

이정은, 2003, 「한국현상 촛불시위에 관한 철학적 고찰」, 『시대와 철학』 제14권 제2호.

이지원·백승욱, 2012, 「한국에서 생명보험의 신자유주의적 전환」, 『한국사회학』 제46권 제2호.

이철호, 2005, 『식품위생사건백서 II』, 고려대학교 출판부.

─────, 2006, 「우리나라 식품위생사건의 발생현황과 대응사례분석」, 『식품과학과 산업』 제39집 제2호.

이철호·맹영선, 1999,『식품위생사건백서』, 고려대학교 출판부.

이태수, 2010,「보수에게도 복지는 있다. 그러나 철학은 없다」, 이창곤 쓰고 엮음,『어떤 복지국가에서 살고 싶은가?: 대한민국 복지국가 논쟁』, 도서출판 밈.

이태진, 2007,『노숙인 정책 10년의 흐름과 진단: 노숙인 정책의 변천과정』, 한국보건사회연구원.

이혁구, 2000,「권력의 장치로서의 사회복지」,『한국 사회복지학』제43권.

_____, 2003,「푸코의 권력학으로 본 사회복지학의 새로운 지평 모색」,『상황과 복지』제15권.

이혜경, 2006,「현대 한국 사회복지 제도의 전개: 경제성장, 민주화 그리고 세계화를 배경으로」, 이혜경·다케가와 쇼고 엮음,『한국과 일본의 복지국가레짐 비교연구』, 연세대학교 출판부.

이희영, 2010,「섹슈얼리티와 신자유주의적 주체화: 대중 종합여성지의 담론 분석을 중심으로」,『사회와 역사』제86집.

일루즈, 에바, 2010,『감정자본주의』, 김정아 옮김, 돌베개.

_____, 2013,『사랑은 왜 아픈가: 사랑의 사회학』, 김희상 옮김, 돌베개.

_____, 2014,『낭만적 유토피아 소비하기: 사랑과 자본주의의 문화적 모순』, 박형신·권오헌 옮김, 이학사.

임동근, 2012,「'인간'과 장치―푸코 통치성의 문제설정」,『문화과학』제71호.

잉글하트, 로날드, 1983,『조용한 혁명』, 정성호 옮김, 종로서적.

_____, 1996,「새로운 사회운동의 가치, 이데올로기 그리고 인지적 동원」, 달턴·퀴흘러 엮음,『새로운 사회운동의 도전』, 박형신·한상필 옮김, 한울.

장성익, 2008,「촛불, 그리고 새로운 꿈」,『생명과 환경』제56호.

장원봉·정수남, 2009, 『노숙인·부랑인 심층면접 녹취록』, 사회투자지원재단 (미출간).

장희정, 2006, 「자기계발의 시대: 프랭클린 플래너 유저 모임을 중심으로」, 서강대학교 석사학위논문.

전두환, 1980, 「민주복지 국가의 건설」, 『전기저널』 제44호.

전상진, 2008a, 「자기계발의 사회학: 대체 우리는 자기계발 이외에 어떤 대안을 권유할 수 있는가?」, 『문화와 사회』 제5권.

_____, 2008b, 「우울증, 자기계발, 민주주의: '촛불소녀'와 '무기력한 20대'에 대한 세대사회학적 소묘」, 『촛불집회와 한국 사회』(한국정치사회학회 특별 심포지엄 자료집).

정광진, 2006, 「211명 전사들의 투쟁은 계속되고 있다」, 『비정규노동』 6월호, 한국비정규노동센터.

정근식, 2012, 「노숙인 담론과 제도의 역사적 변동」, 『한국의 노숙인』, 구인회·정근식·신명호 편저, 서울대학교출판문화원.

정수남, 2009, 「기독교 관련 단체의 노숙인 구호 활동」, 노길명·박형신 외, 『한국의 종교와 사회운동』, 이학사.

_____, 2010, 「노동자의 불안·공포와 행위의 감정동학」, 한국학중앙연구원 한국학대학원 박사학위논문.

정승화, 2010, 「감정자본주의와 치유문화」, 김현미 외, 『친밀한 적』, 이후.

정원오, 1999, 「노숙자의 실태와 대책」, 『상황과 복지』 제5집.

정일준, 2010, 「통치성을 통해 본 한국 현대사—87년 체제론 비판과 한국의 사회구성 성찰」, 『민주사회와 정책연구』 제17호.

정철진, 2006, 『대한민국 20대 재테크에 미쳐라』, 한스미디어.

정태석, 2009, 「광우병 반대 촛불집회에서 사회구조적 변화 읽기: 불안의 연대, 위험사회, 시장의 정치」, 『경제와 사회』 제81권.

제윤경, 2007, 『아버지의 가계부』, 티비.

제임스, 윌리엄, 2008, 『실용주의』, 정해창 옮김, 아카넷.

조기숙·박혜윤, 2008, 「광장의 정치, 조용한 문화혁명」, 한국정치학회·한
　　국국제정치학회·한국세계지역학회 공동주최, 2008 하계 및 건국 60주
　　년 기념학술회의」 발표문.

조명래, 1997, 「신빈곤에 관한 시론」, 『경제와 사회』 제34권.

　　　　, 2007, 「한국 사회의 불확실성과 퇴행」, 『환경과 생명』 제51호.

조문영, 2001, 「'가난의 문화' 만들기: 빈민지역에서 '가난'과 복지의 관계
　　에 대한 연구」, 서울대학교 대학원 인류학과 석사학위논문.

조정옥, 1999, 『감정과 에로스의 철학: 막스 셸러의 철학』, 철학과현실사.

조정환, 2009, 『미네르바의 촛불』, 갈무리.

조프스키, 볼프강, 2006, 『안전의 원칙』, 이한우 옮김, 푸른숲.

조희연, 1993, 「'지역감정'과 한국의 민주주의」, 『창작과 비평』 93년 봄호.

주은선, 2008, 「이명박 정부 시대의 사회복지: 복지시장의 전면화」, 『서석
　　사회과학논총』 제1집 제2호.

지젝, 슬라보예, 2011, 『폭력이란 무엇인가』, 이현우·김희진·정일권 옮김,
　　난장이.

지주형, 2011, 『한국 신자유주의의 기원과 형성』, 책세상.

짐멜, 게오르그, 2005, 『짐멜의 모더니티 읽기』, 김덕영·윤미애 옮김, 새
　　물결.

천선영, 2004, 「컨설팅 사회」, 『담론 201』 제7권 제1호.

　　　　, 2008, 「'공개고백성사'의 시대」, 『미디어, 젠더 & 문화』 제10호.

최기억, 2003, 『부자들의 저녁식사』, 거름.

최장집, 1988, 『한국의 노동운동과 국가』, 열음사.

　　　　, 2007, 「왜 정당이 중심이 되는 민주주의를 말하는가」, 최장집 외,

『어떤 민주주의인가: 한국민주주의를 보는 하나의 시각』, 후마니타스.

──── , 2008, 「촛불집회가 제기하는 한국민주주의의 과제」, 『촛불집회와 한국민주주의』(토론회 자료집).

최재성, 2010, 「이명박(MB)정부의 사회복지정책의 특성과 과제: '친기업적 보수우익'에서 '친서민 중도실용?'」, 『한국 사회복지조사연구』 제25권.

최정숙·전혜경·황대용·남희정, 2005, 「주부의 식품안전에 대한 인식과 안전성 우려의 관련요인」, 『한국식품영양학회지』 제34권 제1호.

최종렬, 2010, 「무조건적 사회 2: 가부장적 핵가족의 내파와 사회의 에로틱화」, 『문화와 사회』 제8권.

──── , 2011, 「사회적 공연으로서의 2008 촛불집회」, 『한국학논집』 제42권.

최태섭, 2013, 『잉여사회』, 웅진지식하우스.

칙센트미하이, 미하이, 1999, 『몰입의 즐거움』, 이희재 옮김, 해냄.

캐스티, 존 L., 2012, 『대중의 직관』, 이현주 옮김, 반비.

켈러허, 콤, 2007, 『얼굴 없는 공포 광우병』, 김상윤·안성수 옮김, 고려원 북스.

켐퍼, 시어도어, 2009, 「집단 감정 예측: 9·11에서 얻은 몇 가지 교훈」, 잭 바바렛 엮음, 『감정과 사회학』, 박형신 옮김, 이학사.

코비, 숀, 2005, 『성공하는 10대들의 7가지 습관』, 김경섭·유광태 옮김, 김영사.

코비, 스티븐, 2003, 『성공하는 사람들의 7가지 습관』, 김경섭 옮김, 김영사.

콘, 알피, 2009, 『경쟁에 반대한다』, 이영노 옮김, 산눈.

콜린스, 랜달, 2012, 「사회운동과 감정적 관심의 초점」, 제프 굿윈 외 엮음, 『열정적 정치』, 박형신·이진희 옮김, 한울.

클라인, 슈테판, 2006, 『행복의 공식』, 김영옥 옮김, 웅진지식하우스.

터커, 케니스, 1999, 『앤서니 기든스와 현대사회이론』, 김용규·박형신 옮김, 일신사.

테일러, 찰스, 2001, 『불안한 현대사회』, 송영백 옮김, 이학사.

티틀, 마틴, 2008, 『먹지마세요 GMO』, 김은영 옮김, 미지북스.

포레스테, 비비안느, 1997, 『경제적 공포』, 김주경 옮김, 동문선.

폴라니, 칼, 2009, 『거대한 전환』, 홍기빈 옮김, 길.

_____, 2011, 『우리는 왜 공포에 빠지는가?: 공포문화 벗어나기』, 박형신·박형진 옮김, 이학사.

푸레디, 프랭크, 2013, 『공포정치: 좌파와 우파를 넘어서』, 박형신·박형진 옮김, 이학사.

푸코, 미셸, 1990, 『성의 역사—쾌락의 활용』, 문경자·신은영 옮김, 나남.

_____, 1997, 『감시와 처벌』, 오생근 옮김, 나남.

_____, 2011, 『안전, 영토, 인구』, 오트르망 옮김, 난장.

프랭크, 로버트, 2012, 『경쟁의 종말』, 안세민 옮김, 웅진지식하우스.

프랭크, 로버트·필립 쿡, 2008, 『승자독식사회』, 권영경·김영미 옮김, 웅진하우스.

프로이트, 지그문트, 1997, 『문명 속의 불만』, 김석희 옮김, 열린책들.

프롬, 에리히, 2005, 『사랑의 기술』, 황문수 옮김, 문예출판사.

플람, 헬레나, 2009, 「기업 감정과 기업 내의 감정」, 잭 바바렛 엮음, 『감정과 사회학』, 박형신 옮김, 이학사.

피어슨, 크리스토퍼, 1998, 『근대국가의 이해』, 박형신·이택면 옮김, 일신사.

픽슬리, 조슬린, 2009, 「감정과 경제학」, 잭 바바렛 엮음, 『감정과 사회학』, 박형신 옮김, 이학사.

하비, 데이비드, 2010, 『신자유주의 세계화의 공간들』, 임동근·박훈태·박준 옮김, 문화과학사.

하이데거, 마르틴, 1998, 『존재와 시간』, 이기상 옮김, 까치.

한국보건사회연구원, 2011, 「한국의 사회복지지출 현황과 정책과제」, 『보건·복지』 제94호.

───, 2014, 『2014년 한국복지패널 기초분석 보고서』, 한국보건사회연구원.

한병철, 2012, 『피로사회』, 김태환 옮김, 문학과지성사.

한윤형, 2013, 『청춘을 위한 나라는 없다』, 어크로스.

핼웨일, 브라이언, 2006, 『로컬푸드』, 김종덕·허남혁·구준모 옮김, 시울.

호네트, 악셀, 1996, 『인정투쟁』, 문성훈·이현재 옮김, 동녘.

홍경준, 2010, 「복지담론을 가지지 못한 한국 보수주의」, 이창곤 쓰고 엮음, 『어떤 복지국가에서 살고 싶은가?: 대한민국 복지국가 논쟁』, 도서출판 밈.

홍성민·김영범·김은기, 2007, 『대한민국 2030 평생부자 프로젝트』, 비즈페이퍼.

홍성태, 2009, 「촛불집회와 민주주의」, 홍성태 외, 『촛불집회와 한국 사회』, 문화과학사.

홍세화, 2008, 「사회귀족체계와 촛불광장: 몸의 저항을 넘어, 공화국의 이상을 향하여」, 당대비평 기획위원회 엮음, 『광장의 문화에서 현실의 정치로』, 산책자.

후지타 다카시, 2008, 『아니다 혁명: 상식을 뛰어넘는 부자만의 발상법』, 김경인 옮김, 리더&리더.

후트, 올라프, 2007, 『백만장자들의 성공비결』, 여진 옮김, 투멘.

Averill, J.R., 1980, "A Constructionist view of Emotion", R. Plutchik and H. Kellerman(eds), *Theories of Emotion*, New York: Academic Press.

Barbalet, J.M., 1992, "A macro sociology ofemotion: Class resentment," *Sociological Theory*, 10(2).

_____, 2008, *Weber, Passion and Profits: 'The Protestant Ethic and the Spirit of Capitalism' in Context*. Cambridge: Cambridge University Press.

Beck, U., 1992, *The Risk Society*, London: Sage.

Bell, D., 1996, *The Cultural Contradiction of Capitalism*, Twentieth Anniversary Edition, New York: Basic Books.

Binkley, S., 2009, "Governmentality, Temporality and Practice: From the individualization of risk to the 'contradictory movements of the soul'", *Time & Society* 18.

Blumer, H., 1969, *Symbolic Interactionism: Perspective and Method*, Englewood Cliffs, N.J.: Prentice-Hall.

Burkitt, I., 1997, "Social Relationships and Emotions", *Sociology* 31(1).

_____, 2014, *Emotions and Social Relations*, London: Sage.

Campbell, E., 2010, "The Emotional Life of Governmental Power", *Foucault Studies* No. 9.

Caswell, J., 2006, "A Food Scare a Day: Why Aren't We Better at Managing Dietary Risk?", *Human and Ecological Risk Assessment* 12.

Collins, R., 1981, "On the Microfoundations of Macrosociology", *American Journal of Sociology* 86(5).

_____, 1984, "The Role of Emotion in Social Structure", K.R. Scherer and P. Ekman(eds), *Approaches to Emotion*, Hillsdale, N.J.: Lawrence Erlbaum.

_____, 1990, "Stratification, Emotional Energy, and the Transient

Emotions", T.D. Kemper(ed.), *Research Agendas in the Sociology of Emotions*, Albany: State University of New York Press.

_____, 2004, *Interaction Ritual Chains*, Princeton: Princeton Univ. Press.

Cruikshank, B., 1999, *The Will to Empowerment*, Ithaca, N.Y.: Cornell University Press.

Denzin, N., 1984, *On Understanding Emotion*. San Francisco: Jossey-Bass.

de Rivera, J., 1992, "Emotional Climate: Social Structure and Emotional Dynamics", K.T. Strongman(ed.), New York: John Wiley & Sons.

Donzelot, Jacques, 1991, "Pleasure in Work", G. Burchell, C. Gordon and P. Miller(eds), *International Review of Studies on Emotion, The Foucault Effect*, Chicago: The University of Chicago Press.

Dumouchel, P., 2008, "Social Emotions", L. Canamero, R. Aylett(eds), *Animating Expressive Characters for Social Interaction*, Amsterdam: John Benjamin Publishing Company.

Durkheim, E., 1951, *Suicide*, New York: The Free Press.

_____, 1966, *The Rules of Sociological Method*, New York: The Free Press.

_____, 1995, *The Elementary Forms of Religious Life*, New York: The Free Press.

Elster, J., 1999, *Alchemies of the Mind: Rationality and the Emotions*, Cambridge: Cambridge University Press.

Fischler, C., 1980, "Food Habits, Social Change and the Nature/Culture Dileinma", *Social Science Information* 19(6).

Flam, Helena, 1993, "Fear, Loyalty and Greedy Organizations", S. Fineman(ed.), *Emotion in Organizations*, London: Sage Publications.

Frijda, N.H., 1986, *The Emotions*, Cambridge: Cambridge University.

Furedi, F., 2004, *Therapy Culture: Cultivating Vulnerability in an Uncertain Age*, Routledge.

Furniss, N. and T. Tilton, 1979, *The Case for Welfare State*, London: Univ · of Indiana Press.

Ganskau, E., 2008, *Trust in Coping with Food Risks: The Case of St. Petersburg Consumers*, Saarbücken, VDM.

Garland, D., 2003, "The Rise of Risk", R.V. Ericson adn A. Doyle(eds), *Risk and Morality*, Toronto: Univ. of Toronto Press.

Giddens, A., 1984, *The Constitution of Society: Outline of the Theory of Structuration*, Berkeley: University of California Press.

_____, 1994, "Risk, Trust, Reflectivity", Beck, U., Giddens, A. and Lash, S.(eds), *Reflexive Modernisation: Politics, Tradition and Aesthetics in the Modern Social Order*, Cambridge: Polity Press.

_____, 1959, *The Presentation of Self in Everyday Life*, Garden City. N.Y.: Doubleday.

Goffman, E., 1959, *The Presentation of Self in Everyday Life*, New York: Anchor Books.

_____, 1963. *Behavior in Public Places: Notes on the Social Organization of Gathering*, Greenwood Press.

Goodwin, J., J.M. Jasper, and F. Polletta, 2001, "Introduction: Why Emotion Matter", Goodwin, J. et. al.(eds), *Passionate Politics: Emotion and Social Movement*, Chicago: The University of Chicago Press.

Gordon, S.L., 1990, "Social Structural Effects on Emotions", T.D. Kemper(ed.), *Research Agendas in the Sociology of Emotions*, New York: State Univ. of New York Press.

Gramsci, A., 1991, *Selections from the Prison Notebooks*, London: Lawrence and Wishart.

Green, L., 1994, "Fear as a Way of Life", *Cultural Anthropology*, 9(2).

Grele, R.J., 1991, *Envelopes of Sound: The Art of Oral History*, New York: Praeger.

Hacking, I., 1995, *Rewriting the Soul: Multiple Personality and the Science of Memory*, Princeton: Princeton Univ. Press.

Hammond, M., 1990, "Affective Maximization: A New Macro-Theory in the Sociology of Emotions", T.D. Kemper(ed.), *Research Agendas in the Sociology of Emotions*, New York: State University of New York Press.

_____, 1996, "Emotions, Habutuation and Macro-Sociology: The Case of Inequaltiy", *International Journal of Sociology and Social Policy* 16(9/10).

Hewitt, C., 1977, "The effect of political democracy and social democracy on equality in industrial societies", *American Sociological Review* 42.

Hibbs, D., 1977, "Political Parties and Macroeconomic Policy", *American Political Science Review* 71(2).

Hicks, A. and D. Swan, 1984, "On the political economy of welfare expansion: A comparative analysis of 18 advanced capitalist democracies, 1960-1971", *Comparative Political Studies* 17.

Hochschild, A., 1979, "Emotion Work, Feeling Rules, and Social Structure", *American Journal of Sociology*, 85.

_____, 1983, *The Managed Heart: Commercialization of Human Feeling*, Berkeley: University of California Press.

Hogget, P., 2000, *Emotional Life and the Politics of Welfare*, Palgrave MacMillan.

Hughes, J., 2010, "Emotional intelligence: Elias, Foucault, and the Reflexive Self", *Foucault Studies* 8.

Illouz, E. 2007. *Cold Intimacies: The Making of Emotional Capitalism*. London: Polity Press.

———, 2008, *Saving the Modern Soul: Therapy, Emotions, and the Culture of Self-Help*, Berkeley: University of California Press.

Jackall, R., 1988, *Moral Mazes: The World of Corporate Managers*, New York: Oxford University Press.

Jasper, J.M., 1997, *The Art of Moral Protest: Culture, Biography, and Creativity in Social Movements*, Chicago: University of Chicago Press.

———, 1998, "The Emotions of Protest: Affective and Reactive Emotions in around Social Movements", *Sociological Forum* 13(3).

Jenks, C., 1993, *Culture*, London: Routledge.

Kemper, T.D., 1978, *A Social Interactional Theory of Emotion*, New York: John Wiley & Sons.

———, 1981, "Social Constructionist and Positivist Approaches to the Sociology of Emotions", *American Journal of Sociology* 87.

———, 1987, "How Many Emotions Are There? Wedding the Social and the Autonomic Components", *American Journal of Sociology* 93(2).

Kneen, B., 1992, *From Land to Mouth*, Toronto: University of Toronto Press.

Knight A. and R. Warland, 2005, "Determinants of Food Safety Risks: A Multi-disciplinary Approach", *Rural Sociology* 70(2).

Korpi, W., 1983, *The Democratic Class Struggle*, London: Routledge and Kegan Paul.

Kurt W. Fischer K.W., P.R. Shaver, and P. Carnochan, 1990, "How

Emotions Develop and How They Organize Development," *Cognition and Emotion* 4.

Lasch, C., 1979, *The Culture of Narcissism: American Life in an Age of Diminishing Expectations*, New York: Warner Books.

Lash, Scott and John Urry, 1987, *The End of Organized Capitalism*, Cambridge: Polity.

Lemke, T., 2002, "Foucault, Governmentality, and Critique" *Rethinking Marxism* 14(3).

Lipset, M., 1963, *Political Man: The Social Basis of Politics*, New York: Anchor Books.

Luhmann, N., 1979, *Trust and Power*, Chichester: John Wiley & Sons.

_____, 1991, *Risk: A Sociological Theory*, Berlin: Walter de Guyter.

Lupton, D., 1998. *The Emotional Self: A Sociocultural Exploration*. London: Sage.

Lutz, C., 1985, "Depression and the translation of emotional worlds", in A. Kleinman and B. Good(eds), *Culture and Depression: Studies in the Anthropology and Cross-Cultural Psychiatry of Affect and Disorder*. Berkeley, CA: University of California Press.

Mazur, A., 1985, "A Biosocial Model of Status in Face-to-Face Primary Groups", *Social Forces* 64.

May, Rollo, 1977, *The Meaning of Anxiety*, New York: W.W. Norton & Company.

Mcdonald, C. and G. Marston, 2005, "Workfare as Welfare: governing unemployment in the advanced liberal state", *Critical Social Policy* 25.

McMichael, P., 1994, *The Global Restructuring of Agro-Food System*, Ithaca:

Cornell University Press.

Miller, D. and J. Reilly, 1995, "Making an issue of food safety: the media, pressure groups, and the public sphere", D. Maurer and S. Sobel(eds), *Eating Agendas: Food and Nutrition as Social Problems*, New York: Aldine de Gruyter.

Morgan, D., 1996, *Family Connections*, Cambridge: Polity Press.

Offe, C., 1985, *Disorganized Capitalism*, Cambridge: The MIT Press.

––––––., 1987, "Toward a Theory of Late Capitalism" Volker Meja et al.(eds), *Modern German Sociology*, New York: Columbia University Press.

Pierson, C., 2006, *Beyond the Welfare State*, Third Edition, Cambridge: Polity Press.

Power, M, 2010, *The Audit Society: Rituals of Verification*, Oxford: Oxford University Press.

Schattschneider, E.E., 1942, *Party Government*, New York: Rinehart & Company, Inc.

Scheff, T. and S. Retzinger, 1991, *Emotions and Violence: Shame and Rage in Destructive Conflict*, Lexington, Mass.: D.C. Heath.

Scheff, T., 1979, *Catharsis in Healing, Ritual and Drama*, Berkeley and Los Angeles: University of California Press.

––––––., 1988, "Shame and Conformity: the Deference–Emotion System", *American Sociological Review* 53.

––––––., 1994, *Bloody Revenge: Emotions, Nationalism, and War*, Boulder, Colo.: Westview Press.

––––––., 2000, "Shame and the social bond: A sociological theory", *Sociological Theory* 18.

    _____., 2006, *Goffman Unbound: A New Paradigm for Social Science*, London: Paradigm Publishers.

Scheper-Hughes, N. and Lock, M., 1987, "The mindful body: a prolegomenon to future work in medical anthropology", *Medical Anthropology Quarterly*, 1.

Sellerberg, A.-M., 1991, "In food we trust? Vitally necessary confidence and unfamiliar ways of attaining it", E.L. Fürst, R. Prättälä, M. Ekström, L. Holm and U. Kjaernes(eds), *Palatable Worlds: Sociocultural Food Studies*, Oslo: Solum Forlag.

Shott, S., 1979, "Emotion and Social Life: A Symbolic Interactionist Analysis", *American Journal of Sociology* 84.

Simmel, G., 1971, "The Metropolis and Mental Life", in Donald N. Levine(ed.), *Georg Simmel: On Individuality and Social Forms*, Chicago: University of Chicago Press.

Smith, A., 1982, *The Theory of Moral Sentiments*, Oxford: Oxford University Press.

Smith, M.J., 1991, "From policy community to issue network: salmonella in eggs and the new politics of food", *Public Administration* 69(2).

Song, Jesook, 2009, *South Korea in Debt Crisis: The Creation of a Neoliberal Welfare Society*, Durham, NC: Duke University Press.

Standing, G., 2011, *The Precariat: the new dangerous class*, London: Bloomsbury Academic.

Stearns, P., 1995, "Emotion", R Harré and P. Stearns (eds), *Discursive Psychology in Practice*. London: Sage.

Stephens, J., 1979, *The Transition from Capitalism to Socialism*, London:

Macmillan.

TenHouten, W.D., 2007, *A General Theory of Emotions and Social Life*, London: Routledge.

Tellmann, U., 2013, "Catastrophic Populations and the Fear of the Future: Malthus and the Genealogy of Liberal Economy", *Theory, Culture & Society* 30(2).

Thoits, P., 1989, "The sociology of emotions", *Annual Review of Sociology* 15(31).

Thompson, P., 1988, *The Voice of the Past: Oral History*, Oxford: Oxford University Press.

Turner, B.S., 1991, "Recent developments in the theory of the body", M. Featherstone, M. Hepworth and B. Turner(eds), *The Body: Social Processes and Cultural Theory*, London: Sage.

Turner, J., 1988, "Personality in Society: Social Psychology's Contribution to Sociology", *Socil Psychological Querterly* 51.

―――., 2011, *The Problem of Emotions in Societies*, Routledge.

Walkerdine, V., 2003, "Reclassifying Upward Mobility: Femininity and the Neo-Liberal Subject", *Gender and Education* 15(3).

Weber, W., 1968, *Economy and Society: an Outline of Interpretive Sociology*, New York: Bedminster Press.

―――., 1975, *Roscher and Knies: the Logical Problems of Historical Economics*, New York: Free Press.

Weinberg, A.M., 1972, "Science and trans-science", *Minerva* 10(2).

Whitaker, R., 2000, *The End of Privacy: How Total Surveillance Is Becoming a Reality*, New York: The New Press.

Wilensky, H., 1981, "Leftism, Catholicism and democratic corporatism", P. Flora and A. Heidenheimer(eds), *The Development of Welfare States in Europe and America*, London: Transaction Books.

Winson, A., 1993, *The Intimate Commodity*, Ontario: Garamond Press.

찾아보기

박형신 朴炯信

고려대 문과대학 사회학과를 졸업하고 같은 대학교 대학원 사회학과에서 석사와 박사학위를 취득했다. 강원대 사회과학연구소 연구교수, 고려대 인문대학 사회학과 초빙교수, 연세대 사회발전연구소 연구교수 등을 지냈다. 현재 고려대와 한양대에서 강의하고 있다. 사회이론, 감정사회학, 음식과 먹기의 사회학 분야 연구를 진행하고 있다.

주요 저서로 『정치 위기의 사회학』 『현대사회의 구조와 변동』 (공저), 『오늘의 사회이론가들』 (공저) 등이 있으며, 옮긴 책으로는 한길사에서 펴낸 『카를 마르크스의 역사이론』 (제럴드 앨런 코헨, 공역), 『시민사회와 정치이론 I, II』 (진 코헨·앤드루 아라토, 공역)를 비롯해 『감정과 사회학』 (잭 바바렛), 『열정적 정치: 감정과 사회운동』 (제프 굿윈 외 공편, 공역), 『사회학적 야망』 (크리스 실링·필립 멜러), 『탈감정사회』 (스테판 메스트로비치), 『음식의 문화학』 (밥 애슬리 외, 공역), 『음식과 먹기의 사회학』 (데버러 럽턴) 등이 있다.

정수남 鄭守男

고려대 인문대학 사회학과를 졸업하고 한국학중앙연구원 한국학대학원 사회학과에서 석사와 박사학위를 취득했다. 호주 뉴사우스웨일즈 대학 교환연구원, 서울대 사회학과 박사후연수연구원을 거쳐, 현재 한국학중앙연구원 현대한국연구센터 학술연구교수로 있다. 주요 연구분야는 감정사회학, 문화사회학, 역사사회학이다.

저서로 『한국의 종교와 사회운동』 (공저), 『열풍의 한국사회』 (공저) 등이 있다. 옮긴 책으로는 『뒤르케임주의 문화사회학: 이론과 방법론』 (제프리 알렉산더 외, 공역), 『감정의 거시사회학』 (잭 바바렛, 공역), 『타임워치』 (바바라 아담, 공역), 『사회이론의 역사』 (알렉스 캘리니코스, 공역) 등이 있다.

감정은 사회를 어떻게 움직이는가
공포 감정의 거시사회학

지은이 박형신·정수남
펴낸이 김언호

펴낸곳 (주)도서출판 한길사
등록 1976년 12월 24일 제74호
주소 10881 경기도 파주시 광인사길 37
홈페이지 www.hangilsa.co.kr
전자우편 hangilsa@hangilsa.co.kr
전화 031-955-2000~3 **팩스** 031-955-2005

부사장 박관순 **총괄이사** 김서영 **관리이사** 곽명호
영업이사 이경호 **경영담당이사** 김관영
편집 안민재 백은숙 노유연 김광연 신종우
디자인 창포 **마케팅** 윤민영 양아람 **관리** 이중환 문주상 이희문 김선희 원선아
CTP 출력 및 인쇄 천일문화사 **제본** 경일제책사

제1판 제1쇄 2015년 12월 18일
제1판 제2쇄 2016년 12월 30일

값 24,000원
ISBN 978-89-356-6012-4 93330